북한 연구의 성찰

경남대학교 북한대학원 엮음

한울
아카데미

국립중앙도서관 출판시도서목록(CIP)

북한 연구의 성찰 / 경남대학교 북한대학원 엮음. -- 파주:
한울, 2005
　p. ; cm. -- (한울아카데미 ; 815)(경남대학교 북한대학원
총서 ; 4)

색인수록
ISBN 89-460-3484-X 93910

340.911-KDC4
320.95193-DDC21　　　　　　　　　CIP2005002771

서문

　『북한연구방법론』과 『북한현대사 1』, 『남북한 관계론』에 이어 경남 대학교 북한대학원 총서 네 번째 권으로 『북한 연구의 성찰』을 출간한 다. 『북한 연구의 성찰』은 제목이 말해 주고 있듯이 기존에 다양하게 논의되었던 북한 연구의 현재를 살펴보고, 과거에 진행되었거나 현재 진행되고 있는 북한 연구에 대한 성찰을 통해 미래의 북한 연구를 조금 더 풍성하게 하기 위한 작은 노력의 결과물이다. 그동안의 북한 연구는 여러 분야에서 다양하게 논의되면서 양적·질적 성장을 함께 이룩하였 다. 여기에 더해서 현재의 북한 연구를 살펴보고 과거를 되짚어보는 작 업은 앞으로 진행될 북한 연구의 차원을 과거와 현재의 그것보다 모든 측면에서 한층 더 높여줄 것이다.

　이 책은 다섯 부분으로 구성되어 있다. 첫 번째 부분에는 북한 정치 연구와 관련된 내용으로 북한의 변화, 김정일과 북한 체제, 북핵과 선군 정치를 소재로 한 연구물에 대한 비판을 담았다. 김연각은 북한의 변화 를 주제로 하는 기존 연구를 정리하면서 북한 연구에 필요한 과학성과 통찰력을 강조한다. 유호열은 김정일에 관한 세 편의 연구가 과거의 김정 일 연구보다 더욱 실제에 근접한 것은 인정하지만, 그것이 전부가 아님을 강조하고 있다. 이정철은 북한 핵문제와 선군정치가 북한에서 어떻게 인 식되고 있는지를 북한에서 출판된 세 권의 책을 통해 풀어내고 있다.

두 번째 부분에는 북한 경제연구에 관한 고현욱과 박순성의 비판을 담았다. 고현욱은 기존에 진행되었던 북한의 경제개혁에 관한 논의를 검토하면서 북한의 경제개혁에 대한 포괄적 접근의 필요성과 북한의 경제개혁을 검증하기 위한 분석틀의 결여, 북한 경제개혁의 가능성 또는 전망에 관한 규범적 접근의 한계를 지적하고 있다. 박순성은 2000년과 2001년에 출간된 네 권의 저서를 통해 각 연구자의 가치판단과 사실분석, 각 연구자가 북한 경제를 설명하기 위해 고안한 개념, 북한 경제의 개혁·개방 또는 체제변동에 대한 접근방법을 비교한다.

세 번째 부분에는 북한 사회연구에 관한 내용으로 남한에 있는 연구자들이 북한의 사회와 문학을 어떻게 바라보고 있는가에 대한 검토와 비판을 담았다. 이우영은 북한 사회와 관련된 아홉 권의 책을 북한 사회연구와 사회학적 북한 연구로 구분하여 검토·비판하고 있다. 전영선은 북한문학 연구가 궁극적으로 지향하는 것은 남북한 통합문학사의 작성이라고 전제하면서, 정치사회적 상황과 사회적 관심에 따른 북한문학연구의 부침을 지적하고 있으며, 북한 사회의 내면적 구조를 바탕으로 북한문학작품에 접근해야 한다고 강조한다.

네 번째 부분에는 북한과 국제정치 연구에 관련된 내용으로 북미관계를 주제로 하는 기존 연구에 대한 비판을 담았다. 박종철은 북한 핵문제를 둘러싼 북한과 미국 사이의 협상에 대한 여러 전문가의 연구에 대해서 다차원적 접근을 시도하면서, 한편으로 북한 핵협상의 전체 그림을 위해 북한과 남한에 대한 보다 심층적이고 체계적인 연구의 필요성을 강조한다. 구갑우는 모든 연구에는 연구자의 시각이 투영되어 있다고 전제하면서, 외국인이 저술한 북한 관련서를 통해 북한 연구에서 나타나는 오리엔탈리즘을 비판하고 있다. 이혜정은 네 권의 책을 통해 '한반도 문제의 한반도화'를 허용하지 않는 미국 패권의 굴레를 지적하고 있다.

　다섯 번째 부분에는 남북관계 연구에 관련된 내용을 담았다. 정규섭은 세 권의 책을 통해 기능주의를 이론적 기반으로 하는 김대중 정부의 햇볕정책이 보여준 성과와 한계를 동시에 지적하면서, 남한의 대북정책이 가질 수밖에 없는 딜레마를 감안하여 효율적인 대북정책의 수립을 희망한다. 이우영은 다섯 권의 책에 나타난 북한 이탈주민의 모습을 검토하면서 북한 이탈주민과 관련된 문제는 소수자 문제가 아니며, 다수자가 문제가 있기 때문에 소수자 문제가 생겨난다고 지적한다. 전효관은 교육현장에 적용할 수 있는 세 권의 책을 선정하여 검토하면서 추상적 개념인 통일과 평화를 어떻게 구체화시키고 현실화시켜 교육할 것인지에 대해 논하고 있다.

　이 책의 글들은 경남대학교 북한대학원이 발간하고 있는 『현대북한연구』에 게재되었던 서평논문들이다. 1998년부터 발간된 『현대북한연구』는 순수 전문학술지를 지향하고 있으며, 『현대북한연구』에 게재되었던 서평논문들은 당시에 이루어졌던 북한 연구를 검토하여 다양한 시각에서 비판하고 있다. 이러한 비판이 양적·질적 측면 모두에서 북한 연구의 미래를 더욱 풍성하게 할 것이라는 믿음에는 변함이 없다. 이 책을 만드는 과정에서 많은 분들의 도움을 받았다. 우선 단행본 출간을 허락해 주신 필자 여러분에게 깊은 사의를 표하며, 경남대학교 북한대학원 총서 간행을 위해 노력해주신 북한대학원 교직원께도 감사의 말씀을 드린다. 그리고 미래 북한 연구의 풍성함을 위해 기꺼이 총서 발행을 맡아주신 도서출판 한울 관계자 여러분께도 깊은 감사를 드린다.

2005년 12월
경남대학교 총장 박재규

차례

제1부 북한 정치

제1장

북한 '변화' 연구*

과학성과 통찰력 사이에서

김연각 (서원대학교 교수, 정치학)

1. 머리말

1980년대 말부터 1990년대 초 사이에 소련을 위시한 현실 사회주의 체제들이 갑작스럽게 붕괴되거나 해체되었다. 이러한 변화는 남아있는 몇 안 되는 사회주의 체제의 변화 가능성에 대한 세인의 관심을 한껏 부풀려 놓았다. 북한의 경우 '우리식' 사회주의 체제의 우월성과 그 '필승불패'를 부르짖었지만,[1] 어떤 식으로든 세계사적 변화 추세에서 자유로울 수 없을 것이라 여겨졌다. 특히 1994년 김일성 주석의 갑작스러운 서거, 그 이후 계속되는 흉작으로 인한 극심한 경제난 등의 요인이 겹쳐

---

* 이 글은 경남대학교 북한대학원, 『현대북한연구』, 제2권 1호(서울: 지식공작소, 1999)에 게재되었던 글입니다.
1) 김정일, "인민대중 중심의 우리 식 사회주의는 필승불패이다"(조선로동당 중앙위원회 책임일군들과 한 담화, 1991년 5월 5일), 경남대학교 극동문제연구소 편, 『북한자료집 김정일저작선』(서울: 경남대학교 극동문제연구소, 1991), 541~570쪽.

북한의 변화, 심지어 조기붕괴가 성급하게 점쳐지기도 했다. 김일성 사망 직후 봇물처럼 터져 나온 여러 '전문가'들의 견해는 대체로 조기붕괴론을 주조로 한 것이었다. 한 전문가는 3-3-3설을 제기하기도 했다. 즉 3일 이내에 붕괴되지 않으면 3개월 이내에, 그렇지 않으면 3년 이내에 붕괴될 것이라는 것이다. 또 다른 전문가들은 1년 이내 붕괴 내지 최소한 3년 이내 붕괴설을 자신있게 제시하기도 했다.[2]

　그러나 북한은 그리고 김정일은 3-3-3을 모두 이겨내고, 1995년과 1998년을 모두 지내고 아직도 건재하다. 결과론적으로 조기붕괴론은 모두 엉터리가 되고 말았다. 그렇다고 해서 북한은 아무런, 또는 특별히 심각한 문제도 지니지 않은 건강한 사회이고 체제인가? 그렇지는 않은 것 같다. 한국, 미국, 일본 등지의 대다수 전문가, 정부 관계자들은 북한이 대단히 심각한 위기에 처해있고 그 원인은 구조적인 것들이기 때문에 장기적인 생존 가능성은 극히 낮지만 이러저러한 이유 때문에 단기적으로는 그럭저럭 견뎌나갈 것이라는 견해를 공유하고 있다. 그러나 이런 유의 진단 역시 공허하다. 어떻게 보면 그것은 너무나 자명한 것이기 때문이다. 또한 필자가 기억하기로 이런 유의 진단은 30년 전 필자가 초등학교 재학 시절부터 교과서를 통해, 선생님의 가르침을 통해 익히 들어온 것인데, 그후 강산이 세 번이나 바뀐 지금에도 여전히 똑같은 내용의 말을 듣고 있는 셈이다. 결국 우리 '전문가'들은 조기붕괴론 같은 엉터리 진단 아니면 하나마나한 자명한 얘기밖에 할 수 없는 것인가?

　한 차례의 '소망 섞인(wishful)' 엉터리 조기붕괴론의 일파가 가라앉은

---

2) 예컨대 영국 학자 Aidan Foster-Cater는 1991년에 개최된 학술회의에서 "북한이라 불리는 나라가 1995년까지 존재한다면 나로서는 매우 놀랄 것이다"라고 발언하였으며, 양성철 교수는 김정일의 퇴진 시기를 1년 이내로 보면서 3년이 지난 후에도 그가 권좌에 머물러 있다면 놀랄 일이라 주장한 바 있다. 양성철,『북한정치연구』(서울: 박영사, 1995), 445쪽.

현 시점에서 우리는 북한의 변화 전망과 관련해 처음부터 새로, 근본적인 문제부터 시작해 다시 한번 되짚어 재검토하고 또 필요하다면 반성할 필요가 있다. 이러한 필요성 인식에 따른 한 가지 노력으로서 필자는 현재까지 발표된 주요 연구성과물들을 재검토하고 필자 나름의 논평을 가하려 한다. 검토와 논평의 대상으로 삼는 연구성과물로는 최근 연세대학교의 문정인 교수가 편하고 연세대학교 출판부가 펴낸 『북한 체제 동학(動學) 이해하기』3)라는 책에 실린 일련의 논문을 위주로 할 것이며, 이밖에 주요 연구성과물들의 핵심 논지도 포함시킬 것이다. 그리고 논의의 편의상 필자는 중요하다고 판단되는 몇 가지 주요 논점을 추출해 논평을 가하려 한다.

2. 몇 가지 논점들

1) 관찰자와 참여자

정치학자는 현상에 대한 단순한 관찰자인가, 현상과 일정한 상호작용 관계에 있는 참여자인가? 이 질문은 사회과학자라면 누구나 한번쯤은 고민해 보는 질문이다. 특히 북한 연구의 경우처럼 순수한 이론 연구라기보다 응용 분야 내지 실천적 성격이 다분히 내재되어 있는 분야인 경우 연구자는 수시로 그러한 질문에 부딪히게 된다.

---

3) Chung-in Moon ed., *Understanding Regime Dynamics in North Korea*(Seoul: Yonsei University Press, 1998). dynamics라는 말의 번역어로 일반적으로 력학(力學), 동력학, 동태 등의 말을 쓰는데, 북한체제의 dynamics의 역어로는 모두 적절치 않다고 판단하여 이 글에서는 동학이라는 용어를 사용한다. 어느 것이 가장 타당한 역어인지 확신이 서지 않지만, 아무튼 이하에서 동학이라는 말은 모두 dynamics의 역어임을 밝혀 둔다.

이 질문에 대한 답변은 사람에 따라 달라질 수 있다. 한편에서는 사실과 가치의 분리가 가능하고 또 그것이 바람직하다고 한다. 즉 주관과 객관의 분리를 주장하는 것이다. 다른 한편에서는 사실과 가치의 분리가 가능하지도 않고 또 바람직하지도 않다고 한다. 약간 소극적으로 말하면 '행동'과 '적실성(relevance)'이라 표현할 수 있으며, 이보다 더 적극적으로 말하면 상호주관성(inter-subjectivity)이라 표현할 수 있을 것이다.

이 문제에 대한 필자의 입장은 정치학자를 '참여적 관찰자(participant-observer)'로 간주하는 것이다.[4] 이것은 두 가지 의미를 지닌다. 하나는 관찰 자체가 이론이라 불리는 색안경 내지 현미경을 통해 이루어진다는 의미이다. 다른 하나는 지식인의 사회적 책임과 관련된다. 즉 지식인은 학문활동을 통해 사회의 중요한 문제를 해결하는 데 기여해야 한다는 것이다. 특히 북한의 체제 동학 같은 주제는 한반도에 살고 있는 우리 모두의 중대한 관심사이며, 정치학자는 이 문제가 한민족 대다수에게 바람직한 방향으로 전개될 수 있도록 일조해야 한다. 그런데 다행스럽게도(?) 현재 북한이 처해있는 내외의 상황은 한·미·일 3국의 대북한 정책 여하에 따라 그것으로부터 상당한 영향을 받게 되어 있다.[5] 그렇기 때문에 북한의 변화를 다루는 우리 전문가들은 현상에 대한 과학적 관찰자인 동시에 현상의 바람직한 변화를 유도하는 실천가이기도 한 것이다.

이제 이러한 기준에서 기존의 연구들을 살펴보자. 순전히 논리적 차

---

4) 이 표현은 Bruce Cumings, *The Origins of the Korean War Vol. II: the Roaring of the Cataract 1947~1950*(Princeton: Princeton University Press, 1990), p.5에서 빌린 것이다.

5) 이 점을 아주 분명하게 인식하고 있는 연구자들도 있다. 예컨대 Marcus Noland, "Why North Korea Will Muddle Through," *Foreign Affairs*, vol.76 no.4(July/August 1997), pp.105~118; Masao Okonoki, "Japanese Perspectives on Regime Dynamics in North Korea," in Moon ed., *op cit.*, pp.65~78; Selig S. Harrison, "Promoting a Soft Landing in Korea," *Foreign Policy*(Spring 1997), pp.57~75.

원에서만 보자면, 두 가지 상반되는 경향이 있을 수 있다. 하나는 현상
에 대한 과학적 설명과 예측만을 추구하는 경향이고, 다른 하나는 과학
적 설명과 예측에 더해 '참여'를 중시하는 경향이다. 그러나 실제의 연
구들을 보면 전자의 경우는 그리 많지 않고 대부분이 후자에 해당된다.
그러나 '참여'를 중시하는 정도의 차이는 대단히 크게 나타나고 필자는
바로 이 점을 문제 삼으려 한다.

북한 변화라는 주제에 대한 가장 '참여' 지향적인 태도는 포스터 카
터의 글에서 나타난다. 그는 "북한 체제 동학에 어떻게 영향을 미칠 것
인가"라는 소제목을 별도로 설정하고서, 먼저 "북한 체제 동학에 대해
우리가 영향을 미칠 수 있고 또 반드시 그렇게 해야 한다는 나의 강한
신념을 언급하지 않고서 이 논문을 끝내는 것은 부당한 일이 될 것"이
라 전제하고 '승자 내지 유교적 만형'의 역할이라는 내용을 핵심으로
하는 제언을 한국 정부에 제시하고 있다.[6] 오코노기 마사오 교수도 연
쇄반응식의 체제붕괴를 '악몽'으로 단정하고 관계 정부, 특히 일본과 한
국의 정책에 관한 이러저러한 제언을 별도의 소제목하에 제시하고 있
다.[7] 그의 일관된 제언은 북한의 전쟁도발 및 조기붕괴를 막고 단계적
인 개혁·개방을 유도하는 것이 바람직하다는 인식 아래 한·미·일 3국,
특히 한일 양국의 공동대응 필요성을 강조하는 것이다.[8]

상대적으로 '참여'보다 과학적 분석을 지향하는 태도는 더 많은 연구
들에서 나타나고 있다. 문정인 교수가 편한 책의 다른 대부분의 저자들
의 경우가 그러하다. 예외적으로 최완규 교수의 경우 중간 정도의 입장

---

6) Aidan Foster-Carter, "Regime Dynamics in North Korea: An European Perspective," in
   Moon ed., *op cit.*, pp.113~139.

7) *Ibid.*, pp. 65~78.

8) 더 구체적이고 상세한 내용은 오코노기 마사오, "김일성 없는 북한," 『극동문제』,
   9월호(1997), 32~36쪽 참조.

에 서있는 것으로 보인다. 일견 그는 논문의 말미에 "유관 국가들, 특히
한국의 대북정책 목표는 한반도의 평화를 이룩하고 통일을 위한 길을
닦는 방향에서 검토되어야 할 것"이라 언급함으로써 그의 '참여적' 관심
을 표시하는 데 그치고 있다. 그러나 그가 세 가지 시나리오를 검토하는
과정에는 알게 모르게 그러한 관심이 반영되어 있는 것도 사실이다.9)

재미 학자이면서 카자흐스탄 공화국에서 경제개혁 실무를 지휘한 경
험도 가진 방찬영 교수의 글도 중간 정도의 입장에서 집필된 것으로 보
인다. 그는 주로 경제적인 개혁·개방이라는 제한된 범위 내에서 북한의
개혁·개방 가능성과 한계를 분석했다. 이 과정에서 그는 처음부터 중국
식의 개혁·개방을 바람직한 것으로 설정하고서 북한의 경우 현재 실시
하고 있는 이른바 개혁·개방 정책의 내용과 실질적인 의미, 북한이 중국
식 개혁·개방 정책을 채택할 경우에 취해야 할 조치들, 그러한 조치들을
취했을 경우에 김정일 통치체제에 미칠 파급 등을 분석하고 있다.10)

한편 다소 역설적이지만 정부 유관 기관에 종사하는 전문가들의 경
우 대단히 냉정하다. 허문영 박사의 경우 북한 체제 동학 문제를 김정일
정권의 안정성과 지속성이라는 범위로 좁혀 다루면서 철저히 과학적 분
석 지향으로 일관하고 있다.11) 그리고 이춘근 박사의 경우 몇 가지 북한
붕괴 시나리오를 검토하면서 "북한의 붕괴가 우리가 원하는 방식으로
이루어진다는 보장은 없다. 그렇기 때문에 폭력적 붕괴상황에 대처할
수 있는 만반의 준비를 갖추어야만 하는 것이다"라는 최종 결론으로 끝
을 맺고 있다.12) 그에게 북한의 붕괴 여하 문제는 우리의 유도 내지 참

---

9) Wan-Kyu Choi, "The Current State and Tasks of Change in North Korean Political
   System: A South Korean Perspective" in Moon ed., *op cit.*, pp.25～63.
10) 방찬영, 『기로에 선 조선민주주의인민공화국』(서울: 박영사, 1995), 특히 243～
   286쪽 참조.
11) 허문영, "김정일 정권의 안정성과 지속성," 『극동문제』, 1월호(1996), 15～33쪽.

여 대상이기보다 '대처'의 대상인 것이다.

이와 같은 '참여적' 관심의 차이는 개별적인 구체적 글의 목적에 따라 달라질 수 있다. 정책적 함의 내지 건의 도출을 주목적으로 하는 글인지 과학적 분석을 주목적으로 하는 글인지에 따라 그 관심의 차이가 크게 달라질 수 있기 때문이다. 또한 '참여적' 관심이 과학적 분석을 왜곡해서도 안 될 것이다. 그러나 '참여적' 관심을 전적으로 배제하는 것이 바람직하다거나 가능하다고 생각하는 것은 대단히 논쟁적인 생각이다. 오히려 북한 변화의 경우 우리의 '참여적' 관심에 따라 영향받을 수 있는 유관국의 정책 여하가 관찰 대상 자체를 변화시킬 수도 있음에 유의해야 할 것이다.

2) 연구의 낙후성, 그 원인과 처방

북한 연구가 타 분야 연구에 비해 현저히 낙후되어 있다는 사실은 새삼스럽게 강조할 필요도 없다. 그리고 최완규 교수가 적절히 지적하고 있듯이, 북한 연구 가운데서도 북한의 변화에 대한 연구가 특히 낙후되어 있다는 사실도 재론의 여지가 없다. 문제는 왜 그렇게 되었는가 하는 것과 어떻게 그것을 극복할 것인가 하는 것이다.

문정인 교수는 북한의 체제위기 전망함에 다음과 같은 네 가지 어려움이 있다고 지적한다. 첫째, 북한 현지조사(field survey)가 사실상 불가능하다. 둘째, 신뢰할 만한 1차 문헌 및 자료 획득이 어려우며 2차 문헌의 획득 역시 어렵다. 셋째, 망명자와 난민들의 증언은 제한된 가치밖에 없다. 넷째, 분석자들은 한국, 일본, 미국의 정부기관들에서 나온 정보에

---

12) 이춘근, "김정일 정권의 대내외 정책과 도발·붕괴 가능성," 『극동문제』, 4월호 (1996), 14~28쪽. 밑줄은 필자에 의한 강조임.

크게 의존하고 있는데, 이 정보는 객관성에 문제의 소지를 안고 있다.[13]

　이러한 어려움 때문인지 체제 동학에 관한 기존의 연구들은, 최완규 교수가 적절하게 요약·지적한 바에 의하면 첫째, 변화의 의미를 분명하게 정의하지 않고 혼용하는 경우가 있다. 즉 정책 수준에서 변화, 정권 수준에서 변화, 체계 수준에서 변화, 국가 수준에서 변화가 혼동되고 있으며 그 상호관계 역시 소홀히 취급되고 있다. 둘째, 연구자의 시각이 반공주의 혹은 반북주의에 치우쳐있거나 아니면 북한 고유의(indigenous) 측면을 지나치게 강조하는 경향을 보임으로써 정확한 분석을 어렵게 하고 있다. 셋째, 이론 적용을 통해 변화 현상을 설명, 예측한 연구가 적다. 넷째, 이론 적용을 통한 연구인 경우에도 어떠한 요인과 조건이 어떠한 내용의 변화를 가져오는지 그리고 정책변화, 정권변화, 체계변화, 국가변화의 상호관계가 연속적인지 단절적인지에 관한 해답은 제시해 주지 못하고 있다.[14]

　미국이나 유럽 학계의 경우도 여기에서 예외가 되는 것은 아니다. 오히려 더욱 심각한 지도 모른다. 미국에서 활동하고 있는 고병철 교수는 "어떤 대상을 이해해야 할 필요성과 실제로 이해하는 능력 사이에 북한이라는 연구대상의 경우만큼이나 큰 격차를 보이는 경우는 없다"라고 실토하면서 이론적 연구의 부족, 방법론적 엄격성의 결여, 자료 제한, 전문가 부족, 정치적 제약과 이데올로기적 편견, 대체로 비(非)축적적인 연구 등의 문제점을 들고 있다.[15]

　이상과 같은 논의를 통해 기존 연구의 현황과 문제점, 그 원인은 비교적 소상하게 그리고 정확하게 지적되었다고 할 수 있다. 이제 남은

---

13) Moon ed., *op cit.*, pp.12~13.

14) *Ibid.*, pp.25~63.

15) *Ibid.*, pp.79~111.

문제는 기존 연구의 한계를 어떻게 극복할 것인가 하는 것이다. 이상의 논의에서 드러난 여러 가지 문제점 가운데는 주로 연구자들에게 책임을 물어야 할 것들도 있고 연구자들에게 책임을 물을 수 없는 것들도 있다 (물론 양자를 엄격히 구분하기는 어렵지만). 이론적 연구의 부족, 방법론적 엄격성의 결여, 이데올로기적 편견, 비축적적 연구 등은 전자의 경우에 해당되며 자료 문제, 전문가 부족, 정치적 제약 등은 후자의 경우에 해당된다 할 것이다. 전자의 경우에 대해서는 따로 항목을 설정해 다루기로 하고 여기서는 후자의 경우에 대해서만 간략하게 살펴보자.

　자료 문제, 전문가 부족, 정치적 제약, 이런 것들은 일종의 악순환 구조를 이루고 있다. 북한을 연구하는 사람은 일단 북한 연구를 자신의 전문 직업으로 삼지 않을 수 없다. 직업인 이상 그것에 상응하는 사회적 경제적 보상이 있어야 한다. 그런데 자료 부족과 정치적 제약 때문에 부득이 연구의 수준이 타 분야 연구 수준에 비해 현저히 낮아질 수밖에 없고, 취업 전망도 밝지 못하며, 자칫하면 이데올로기적 공격이나 정치적 탄압을 받을 수도 있는 상황을 상상해 보라. 누가 과연 북한 연구에 헌신하겠는가? 사회과학적으로 잘 훈련된 사람은 더 나은 보상을 찾아 처음부터 북한 연구에 뛰어들지 않거나 설령 한때의 '실수'로 시작했다가도 곧 이탈해 버릴 것이다. 이러한 상황은 주로 국내의 상황을 염두에 두고 설정해 본 것이지만, 해외의 경우에도 여기에서 크게 벗어나지는 않을 것으로 본다. 특히 과거 오랜 기간 북한 연구를 선도하면서 북한 연구의 본산이 되어왔던 미국 학계의 경우 그 주요 구성원이 재미교포 학자들이었는데, 이들은 어떤 식으로든 본국과 관계를 맺지 않을 수 없었으며, 그런 정도만큼은 국내 학계의 악순환 구조가 이들에게도 적용된다.

　이 같은 악순환 구조는 정부의 입장에서 볼 때 어쩌면 바람직한 상황인지도 모른다. 즉 정부는 이러저러한 정치적 사정 때문에 북한 및 통일

문제에 관한 논의를 정부에서 독점하고 싶고 그렇게 하기 위해서는 원래 부족한 자료나마 접근에 제약을 가하고 싶을 것이며 정부 밖에서, 특히 정부 정책에 비판적일 수도 있는 전문가들이 양성되는 것을 달가워하지 않을 것이다. 이렇게 본다면 이제 해답은 자명해진다. 악순환의 고리를 끊는 작업은 정부에서 시작, 주도해야 할 것이다. 만일 정부가 그것을 하지 않는다면 '얄지 못하게도' 북한 연구에 '밥줄'을 걸고 있는 우리 연구자들이 나서서 정부로 하여금 그렇게 하도록 만들어야 할 것이다.

　국내외의, 특히 국내의 여러 연구자들은 기존 연구들을 널리 조사해 그 문제점을 날카롭게 인식하면서도 연구자 공동체와 사회 전체의 관계 속에서 발생하는 이러한 측면에까지 인식의 지평이 확대되지 못하고 있는 것으로 여겨져 아쉬움을 남긴다.

3) 연구방법 또는 접근방법 문제

　북한의 체제 동학에 대한 연구방법 또는 접근방법과 관련해 가장 큰 관심을 보인 저자는 최완규 교수이다. 그는 이미 오래 전부터 북한 연구 방법론과 관련해 지대한 관심과 노력을 기울였고 이 분야에서 반드시 거론되는 훌륭한 업적을 남기기도 했다.[16] 여기서는 최 교수의 논의를 중심으로 이 문제를 검토하기로 하자.

　그가 지적하는 북한 체제 동학에 관한 기존 연구들의 문제점은 이미 앞에서 소개되었다. 문제점의 원인에 대해서 그는 북한 체계의 특수성과 자료의 부족을 들면서, 그러나 이러한 장애가 이론적 연구 부족에 대한 변명이 될 수는 없다고 강조한다. 북한의 특수성이라는 장애와 관

---

16) 대표적인 예로서 최완규,『북한은 어디로: 전환기 '북한적' 정치현상의 재인식』
　　(마산: 경남대학교 출판부, 1996), 제1장 참조.

런해 그는 "연구자들은 사회주의 체계들 전체에 대해 관심을 가지고서 사회주의 체계들에 대한 기존의 비교연구들과의 관련 속에서 북한을 다루어야 한다"고 주장한다. 특히 사회주의 국가들의 체계위기의 1차적 원인이 경제문제였다는 점을 감안해 경제위기와 체계변동의 상호관계에 관한 기존의 이론들을 북한의 경우에 적용할 수 있다고 주장한다.

자료 부족 문제에 대해서는 그것을 부분적으로 극복할 수 있다고 하면서, 이론의 기능 가운데 하나가 바로 1차 자료를 선택, 분류, 서열화, 단순화 및 종합하는 것이며 다른 하나는 적절한 자료를 생산하는 것이라는 새뮤얼 킴(Samuel S. Kim) 교수의 지적을 인용하고 있다. 현지조사의 어려움 역시 탈북자, 무역상, 보따리장수, 방북자 등과의 인터뷰를 통해 부분적으로 극복할 수 있다고 한다.

그리고 그는 앞으로의 연구를 위한 과제를 제시하고 있다. 먼저 사회주의국가 체계변화의 주된 요인과 관련해 그것을 경제문제로 파악하고 경제문제와 체계변화의 상호관계를 규명할 것을 제안한다. 그리고 경제문제가 체계변화를 가져오는 과정을 두 가지 수준에서 검토할 수 있다고 한다. 두 가지 수준이란 위로부터의 변화와 아래로부터의 변화를 가리킨다. 그리고 정치학, 경제학, 사회학 간의 학제적(inter-disciplinary) 연구의 필요성을 제기한다.

요컨대 최 교수는 이론적 연구가 가능하다고 보고 그 가능성을 비교사회주의 연구에서 개발된 이론들에서 찾고 있으며, 금후의 과제로 경제문제와 체계위기의 상관관계 설정 등을 제기하고 있다. 이러한 그의 입장과 관련해 필자는 세 가지 측면에서 논평하려 한다. 하나는 그의 주장에 암묵적으로 전제되어 있는 인식론적 입장에 관한 것이고, 다른 하나는 북한의 특수성에 관한 것이며, 마지막 하나는 경제위기가 체계위기로 연결된다는 발상에 관한 것이다.

첫째, 최 교수의 인식론적 입장은 실증주의와 현상학적 입장을 절충한 것으로 보인다. 한편으로 그는 '현상을 있는 그대로(as they are) 인식해야' 할 것을 주장한다. 이것은 100% 옳은 주장이지만 문제는 그렇게 할 것인가 말 것인가, 즉 선택의 문제가 아니다. 이것은 그렇게 할 수 있느냐 없느냐의 문제, 어떻게 그렇게 할 수 있느냐의 문제, 즉 가능성과 방법의 문제이다. 심지어 과학적 정치학의 가능성을 굳게 믿고 있는 한 학자의 경우에도 객관성 문제는 '지향'의 문제로 인식되고 있다. 알몬드에 의하면, "우리는 객관성을 지향하고자 하는 우리의 자세에 대해 뿌리깊고 확고부동한 입장을 견지할 필요가 있다"라고 한다.17) 연구자를 '참여적 관찰자'로 볼 때 '현상을 있는 그대로 인식'한다는 것은 가능하지도 않고 바람직하지도 않은 것이다.

그러나 최 교수가 실증주의로 일관하고 있는 것은 아니다. 다른 글에서 그는 실증주의의 폐해를 날카롭게 지적하고 있다. 즉 "사회과학에서는 방법론상으로 사실과 가치를 엄격하게 구분하기 어렵다. 연구자는 항상 연구대상을 자신이 설정한 가정이나 인식틀로 재구성하기 마련이다. 인식의 존재구속으로부터 완전하게 탈피하려는 경우, 즉 사실을 가치로부터 분리하려고 하는 것 자체가 일종의 가치판단이고 현상의 가치를 묵시적으로 지지하는 자가당착의 위험에 빠질 수 있다"는 것이다.18) 이러한 문제점을 인식해 그는 그 해결책을 현상학적 발상에서 찾고 있다. 즉 '현상학적 발상'의 수용을 제안하면서 "현상학적 접근은 연구자 자신은 연구대상을 볼 때 일단 자신의 가치관 선입관 등을 배제하고 연구대상의 주관적 세계 속에 스스로를 위치시키는 것을 중시한다. 현상학적 방법에서 말하는 자연적 태도의 판단중지(the epoche of the natural

---

17) Gabriel A. Almond, "Separate Tables: Schools and Sects in Political Science," *A Discipline Devided: School and Sects in Political Science*(Calif: Sage Publications, 1990), p.29.
18) 최완규, 『북한은 어디로』, vii쪽.

attitude)나 괄호 안에 넣는 행위(bracketing)가 바로 이것을 의미한다. (중략) 연구자 자신이 현상의 의미를 해석함으로써 연구대상을 그 자체로서만 이해하는 데서 오는 오류를 어느 정도 피할 수 있을 것"이라 한다. 따라서 그는 "올바른 북한 연구의 시각을 정립하기 위해서는 우선 연구자 자신이 어떤 입장에서 북한을 연구하는가에 대한 쉼 없는 자기점검과 자신이 사용하는 방법론에 대한 비판적 성찰이 필요하다"고 한다.[19)

'현상을 있는 그대로' 인식하는 것을 중시하면서 이에 대한 방법론적 비판으로 제시된 현상학적 방법을 수용한다는 것은 실증주의의 폐해를 잘 인식하면서 그 극복을 시도한다는 점에서 높이 평가할 만하다. 그러나 이 양자의 혼합은 어느 면에서 원칙 없는 절충주의로 오해받을 소지를 안고 있다. 차라리 실증주의를 기본으로 하면서 그 폐해를 날카롭게 경계하는 입장이라 밝히는 것이 오해의 소지를 줄이는 방편일는지 모른다. 실제로 그의 다른 연구들에서 '현상'을 다루는 인식론적 방법은 실증주의에 가까운 것으로 보이며 이 점에서 오해는 오해로 끝난다. 그러나 이러한 사실은 다시 그가 말하는 현상학적 발상의 수용이 제대로 이루어지지 못하고 있는 것이 아닌가 하는 문제를 야기한다. 즉 '쉼 없는 자기점검'과 '비판적 성찰'의 흔적이 뚜렷하게 나타나지 않는다. 다만 그의 '현상학적 방법'은 아직 모색 단계이며, 또 새로운 대안적 시각의 정립이 그리 쉬운 일이 아니라는 정황을 함께 고려해야 할 것이다.[20)

둘째, 북한의 특수성과 관련해 최 교수는 간단히 북한을 사회주의 전체의 일반론 속에 위치지을 수 있는 것으로 치부한다. "북한 사회도 어디까지나 인간 사회이다. 북한 사회도 다른 사회주의 일반에서 나타나

---

19) 위의 책, 47쪽.

20) 최 교수의 연구방법론에 대한 더 상세한 논의는 김연각, "북한연구방법론," 경남대학교 극동문제연구소,『한국과 국제정치』, 제12권 제2호(가을/겨울, 1996) 375~387쪽 참조.

는 일정한 특징을 가지고 있다. 그렇기 때문에 북한의 특수성도 다른 사회주의의 경우와 비교함으로써 더욱 뚜렷하게 부각될 수 있다." 그의 입장을 이렇게 이해한다면 그것은 하등 문제삼을 것이 없다. 그러나 만일 '북한적' 특수성 가운데서 사회주의 일반의 특징과 전혀 무관하며 오히려 한국적 전통과 관련된 부분이 있다면, 그리해 다른 사회주의 국가들과의 비교보다 남한과의 비교가 더 유의미하게 되는 부분이 있다면, 이 부분에서 그의 입장은 한계를 드러낸다. 이미 많은 연구에서 북한의 권위주의적 정치문화는 한국적 전통에서 말미암은 것이라거나 남한 정치문화와의 일정한 공통성과 차이를 보인다거나 하는 식의 주장이 제기된 바 있다.21) 이러한 맥락에서 스타인버그(David I. Steinberg)의 다음과 같은 인식은 대단히 교훈적이라 할 수 있다. "어떤 의미에서 북한은 매우 전통적인 유교사회이며, 비록 위아래가 뒤바뀌었지만 매우 한국적인 사회이기도 하다." "한국 문화의 전통은, 비록 내외의 자극을 받아 진화와 적응 과정을 거치겠지만 한국 민족주의가 남과 북의 한국적 맥락에서 중요한 요소로 남아있는 한, 미래에도 그러한 상황이 계속되는 한, 여전히 강하게 남아있을 것이다."22)

그리고 다른 사회주의와의 비교에서도 문화적 전통은 중요한 비교 기준이 될 수 있다. 예컨대 스칼라피노 교수는 "아시아의 공산주의"라는 논문에서 북한, 중국, 베트남에서 공산주의가 살아남을 수 있는 요건 가운데 하나로 문화적(주로 유교적인) 전통을 꼽고 있다.23) 그의 분석이

---

21) 예컨대 김영수, "북한의 정치문화: '주체문화'와 전통정치문화"(서강대학교 정치외교학과 박사학위논문, 1991); 김연각, "김일성 주체사상에 관한 연구: 그 민족주의적 성격에 대한 비판적 분석"(서울대학교 정치학과 박사학위논문, 1993) 참조.

22) Moon ed., *op cit.*, pp. 244, 248.

23) Robert Scalapino, "Communism in Asia," *Problems of Post-Communism*, vol.41(Fall, 1994), pp.3~10. 여기서 그는 아시아 3국에서 공산주의가 살아남을 수 있게 만드는 요인

타당하다면, 우리는 비교 사회주의가 아니라 비교 문화라는 견지에서 북한 사회주의를 살펴볼 필요성이 있는 것이다.

셋째, 경제·정치 위기의 관계에 대해 최 교수는 대체로 정방향의 인과관계를 그대로 수용하고 있는 것 같다(이것은 다른 많은 연구자들도 당연한 것으로 받아들이고 있다). 경제위기가 전체 체계위기의 중요한 요인이라는 사실은 누구도 부인하기 어려울 것이다. 그러나 하나의 체계를 떠받쳐주는 것은 경제만이 아니다. 정통성 내지 일체화의 힘, 강제력, 물질적 보상 능력, '순응의 습관' 같은 것도 중요하다.24) 체계의 급진적이고 근본적인 변화(혁명)에 관한 이론들은 마르크스식의 경제적 요인도 중시하지만, 테드 거(Ted R. Gurr)가 말하는 '상대적 박탈감' 같은 개인 차원에서의 심리학적 요인, 스카치폴(Theda Skocpol)이 말하는 국가조직과 지배계급 간에 발생하는 관계 및 상호작용의 동태 등과 같은 정치적 요인, 존슨(Charlmers Johnson)이 말하는 혁명의 정치적 촉진제 등과 같은 것도 중시한다.25)

그리고 실제에서도 경제위기가 체계위기로 곧바로 이어지지 않은 유력한 사례들이 있다. 마커스 놀랜드에 의하면 루마니아, 쿠바, 이라크, 자이레의 경우가 그러하다고 한다. 특히 루마니아의 경우 많은 점에서 북한과 매우 유사하다. 인구, 1인당 소득, 제 사회지표, 노동력의 분야별 배분, 중앙계획경제와 그 본래적인 결함 등에서 유사하다. 양국 모두 국

으로서 공산주의가 서방 및 일본 제국주의를 대상으로 하는 혁명의 한 표현으로 도입되었다는 점, 공산주의가 3국의 문화적 전통 및 발전 단계와 양립 가능하다는 점, 그리고 공산주의가 급속한 현대화의 희망을 준다는 점 등의 세 가지를 들고 있다.

24) 구영록 외, 『정치학개론』(서울: 박영사, 1986), 92~94쪽.
25) 더 상세한 내용은 위의 책, 287~294쪽; 오명호, 『현대정치학이론』(서울: 박영사, 1994), 462~508쪽 참조.

내에서 엄격한 독재를 대외 문제에서 상징적 독자성과 결부시켰으며, 족벌과 개인숭배에 의한 사회주의를 채택했다. 또한 1970년대에 들어서부터 심각한 경제문제, 특히 외채의 누적문제를 안게 되었다. 단 한 가지 중요한 차이점은 초세스쿠는 외채상환을, 김일성은 채무불이행을 선택한 것뿐이다. 그런데 루마니아는 1980년대 초부터 생활수준이 급격히 하락하기 시작해 1985년 무렵에는 매우 심각한 상황이 되었다. 그러나 대중적 소요가 발생한 것은 생활수준이 악화되기 시작한 지 6년이 지난 1987년의 일이었으며, 초세스쿠 정권이 전복된 것은 다른 사회주의 정권들이 붕괴되고 경제가 자유낙하로 곤두박질치기 시작한 1989년의 일이었다. 이러한 일련의 사태진전으로 미루어 볼 때 경제적 곤경과 정치적 실패를 직결시킨다는 것은 문제가 있는 것이다. 더욱이 북한의 경우 주변 강대국들이 현정권을 지원하려는 의지를 가지고 있기 때문에 '경제적 곤경=정치적 실패'라는 등식은 더욱 불분명해진다.[26]

또한 북한에서 생활한 경험을 가지고 있기도 한 러시아 학자 알렉산더 제빈은 식량난을 위시한 북한의 경제위기가 대중봉기나 체제붕괴로 이어질 것 같지 않다는 주장을 펴면서 그 근거로 다음과 같은 것들을 들고 있다.[27]

> 첫째, 북한의 식량난은 북한 정권 전 기간에 걸친 현상이다.
> 둘째, 실제로 식량난의 심각한 정도는 아직 불분명하다.
> 셋째, 북한 언론매체에서는 현재의 식량부족에 대한 보도가 거의 없다.
> 넷째, 통치 엘리트 수준에서 볼 때 북한 지도부는 아직 단결되어 있다.

---

26) Marcus Noland, "Why North Korea Will Muddle Through," pp.105~118.

27) Alexaner Zhebin, "North Korea: Recent Development and Prospects for Change," *The Journal of East Asian Affairs*, vol.XII(Winter/Spring, 1998), pp.135~164.

만일 경제난이 체제위기 내지 체제의 중대한 변화를 초래한다면 북한은 이미 수십 년 전에, 최소한 1980년대 후반 이후에 중대한 변화를 보였을 것이다. 그러나 아직 북한은, 물론 의미있는 변화를 보이지 않은 것은 아니지만, 체제나 주요 대내외 정책면에서 중대한 변화를 보이지 않고 있다. 그렇기 때문에 오히려 무엇이 현재의 북한을 유지해 주고 있는가 하는 문제로 방향을 돌리는 것이 더 현실적인지도 모른다. 이러한 견지에서 볼 때 김정일 체제의 지탱 요인으로 강한 정권, 유일한 조직 세력인 군부에 대한 확실한 통제, 외부 국가들의 정권 유지 지지 등의 요인을 꼽고 있는 오코노기 교수의 논문, 경제적 빈곤으로 인한 붕괴설과 권력투쟁으로 인한 붕괴설을 일축하면서 주체사상과 독특한 유형의 정치적 사회화 등이 체계의 유지를 가능하게 하는 요인으로 꼽고 있는 박한식 교수의 논문이 돋보인다.[28] 또한 앞에서 언급한 스칼라피노와 놀랜드의 논문도 여기에 위치 지을 만하다.

4) 체제 동학

필자가 아는 모 경제연구소에서 주식시세 동향을 분석하는 한 연구원은 아주 행복한 경우와 아주 불행한 경우를 겪는다고 한다. 행복한 경우는 주가가 왜 상승 또는 하락했는가 하는 질문을 받을 때이다. 그는 평소에 주식 시세에 영향을 줄 만한 각종 요인에 대한 데이터를 가능한 한 많이 수집해 분류, 정리한다. 그리고 그날그날 주가 상승요인 리스트와 하락요인 리스트를 작성해 축적한다. 그래서 어느 날 왜 주가가 상승했는가 하는 질문을 과제로 받으면 상승요인 리스트를 꺼내서 보고서를 작성한다. 반대로 왜 주가가 하락했는가 하는 질문을 받으면 하락요인

---

28) 각각 Moon ed., *op cit.*, pp.65~78, pp.221~235.

리스트를 꺼내서 보고서를 작성한다. 이렇게 해 그의 보고서는 그럴듯한 것이 되고 그래서 그는 행복해진다고 한다. 그러나 앞으로 주가가 어떻게 될 것인가 하는 질문을 받으면 그는 불행해진다. 그는 상승요인 리스트와 하락요인 리스트를 동시에 꺼내놓고 고민에 빠진다. 고민에 고민을 거듭해도 자신있는 보고서를 작성하기가 어렵다. 궁여지책으로 국내외 다른 증권 전문기관에서 작성한 보고서를 참조하기도 한다. 이런 과정을 거쳐서 정해진 시간까지 보고서를 작성하기는 하지만, 그것이 맞을지 틀릴지에 대해 불안하다.

이와 비슷한 얘기는 약 20년 전 정부의 정보기관에 근무하는 어떤 사람에게서도 들었다. 그리고 그는 심지어 김정일의 사주(정확하지도 않은)를 가지고서 미아리에 몰려있는 '도사'들을 찾기도 한다.

경제연구소의 연구원의 고민은 북한의 체제 동학 문제를 숙제로 안은 우리의 고민이기도 하다. 우리는 지금까지 외부 세계에서 포착된 북한 내부의 이러저러한 변화를 그럴듯하게 설명할 수 있다. 전문가로서 우리는 평소 북한에 대한 수집 가능한 모든 자료를 수집해 분류, 정리하고 나름대로 가공해 둔 덕분이다. 그러나 '앞으로 어떻게 될 것인가' 하는 질문에 대해서는 우리 역시 불행해진다.

우리는 북한의 내부 동학에 영향을 줄 만한 요인들은 많이 열거할 수 있다. 이 책의 필자들이 들고 있는 것들을 간추려보면, 경제사정을 위시해 지도부의 구성, 정권의 내구성, 외교적 유연성, 주변국의 정책, 정권의 실적, 군부의 동향, 구조적 요인 및 상황적 요인과 이에 대한 지도부의 관리능력, 군사적 긴장상태, 계급투쟁, 문화적 특성 등이 있다. 이것으로 부족한가? 결코 그렇지는 않을 것이지만, 그래도 혹 부족할지 모르니까 필자는 여기에다가 지도부의 심리적 특성 내지 주관적 정세인식 같은 것도 추가해 두고 싶다.

그러나 우리는 이런 요인들 가운데 어느 것이 더 중요한가, 요인들

상호간의 관계는 독립적인가 아닌가, 요인들이 구체적으로 어떠한 과정
을 거쳐 어떠한 결과를 가져오는가 등의 문제에 대해 자신있게 답변할
수가 없다. 그렇기 때문에 우리는 앞의 경제연구소 연구원처럼 불행해
지는 것이다. 아니 그보다 우리가 훨씬 더 불행하다. 왜냐하면 그 연구
원은 너무나 풍부한 자료를 획득할 수 있고, 그중 상당수는 계량화된
데이터이기 때문이다.

　이 글에 등장하는 연구자들은 바로 이러한 어려운 여건 속에서 어려
운 주제를 다루게 된 불행한 사람들이다. 어떤 연구자는 체제 동학과
관련된 기존의 시나리오를 비판적으로 검토하고 자신의 독자적 시나리
오를 제시하기도 한다. 어떤 연구자는 중요하다고 판단되는 요인들을
들고 그것을 검토한다. 또 어떤 연구자는 경제, 계급투쟁, 인권, 환경 등
특정 분야를 중심으로 체제 동학 문제에 접근한다. 이들이 내린 결론을
필자 나름대로 재구성해 보면 대체로 다음과 같다:

- 북한의 경제위기가 대단히 심각하다. 경제위기의 원인은 상황적이
  라기보다 구조적인 것이다.
- 경제위기가 체제위기의 가장 중요한 요인이다.
- 체제위기를 극복하기 위해서는 개혁과 개방이 불가피하다.
- 그러나 개혁과 개방은 다시 체제에 위기를 초래할 수 있고, 이 때문
  에 북한지도부는 '버티기' 정책으로 대응하고 있다.
- 그럼에도 불구하고 아직 북한이 붕괴되지 않은 것을 보면 이러저러
  한 내구력을 가지고 있는 것 같다.
- 그래서 단기적으로는, 혹은 중기적으로는 붕괴와 같은 급속한 변화
  를 보일 것 같지는 않다.
- 그러나 장기적으로는 붕괴위기로 갈 수밖에 없다.
- 주변 국가들, 특히 한국은 북한의 갑작스런 붕괴나 전쟁도발을 방지
  하기 위하여 연착륙(soft landing) 내지 점진적인 개혁·개방으로 유도
  해야 한다.

이러한 결론에 대해 필자는 이의를 제기하고 싶은 생각이 없다. 이러한 결론에 필자 자신도 대부분 동의하기 때문이기도 하고, 저자들 모두가 충분한 논거를 가지고 있다고 보기 때문이기도 하고, 또 필자가 특별히 더 추가할 만한 주장을 가지고 있지 않기 때문이기도 하다. 또한 연구자들의 '불행한' 처지를 상기하자. 그러나 이러한 결론은 어느 면에서 지극히 상식적인 판단에 해당되는 것이 아닌가 하는 생각도 든다.

결국 우리는 우리의 불행한 처지에 대해 슬퍼하면서 상식적인 얘기를 잘 포장해서 상품화하는 데 그쳐야 할 것인가? 우리가 좀더 전문적이 되고 그래 좀더 행복해질 수는 없을까? 이렇게 해보면 어떨까?

우선 다양한 변수들을 좀더 포괄적인 범주로 묶어보는 방법이 있을 수 있다. 이를테면 20개 정도의 변수들을 4~5개 정도의 범주로 묶는다면 각 범주들 간의 가중치, 상호관계, 결과를 가져오는 구체적 과정 등의 파악이 그만큼 용이해지지 않을까? 이렇게 보면 그런 발상에서 이루어진 연구성과물들이 이미 꽤 있다. 예컨대 1994년에 발표된 필자의 한 논문은 김정일 정권의 안정성을 평가하는 변수들의 범주로서 강제력, 정통성, 물질적 보상능력, 정치문화 등 네 가지를 설정한 바 있다.[29] 이 네 가지 범주 중에서 앞의 세 가지는 립셋의 소론(所論)[30]을 수용한 것이다. 그리고 보면 앞서 소개한 허문영 박사의 논문 역시 립셋의 소론을 수용한 외에 연대성이라는 범주를 추가해 동일한 주제를 다루고 있다. 정진위·이석수 교수가 위기의 근원을 '구조적 조건'과 '상황적 조건'으로 범주화하고 있는 것도, 오코노기 교수가 '체제의 내구성', '지도부의 구성', '외교적 유연성' 그리고 주변국의 정책 등으로 범주화한 것도 같

---

29) 김연각, "김정일 정권의 안정성"(1994년도 한국정치학회 연례학술대회 발표논문).
30) Seymour M. Lipset, *Political Man*(Garden City, NY: Doubleday & Company Inc., 1963), pp.64~86.

은 맥락에서 파악할 수 있다.[31]

이렇게 하는 것이 그냥 변수들을 임의로 선정하고 묶어보지 않는 것에 비해 한결 과학적일 수 있다. 그러나 범주 상호간의 관계 등에 대한 판단은 여전히 연구자 개인의 주관적 견해에 의존할 수밖에 없다. 그러면 이런 방법은 어떨까? ① 정치학, 경제학, 사회학, 역사학 등 다양한 전공 배경을 갖는 학자들을 망라해 한 곳에 모아놓고, ② 각 전공 분야에서 개발되거나 적어도 그 적용 가능성이 시사된 바 있는 각종 시각이나 이론 개념 아이디어 등을 총 동원해 고려 가능한 모든 요인 내지 변수들을 설정하도록 하고, ③ 각 변수들을 몇 개의 범주로 묶어 각 범주간의 상호관계 등을 토론 결정토록 하고, ④ 그렇게 해서 만들어진 분석틀을 소련과 동구권을 포함한 지금까지의 역사적 정치변동 사례에 시험 적용함으로써 그 적실성을 검토해, ⑤ 최종적으로 각 연구 참여자가 동의하고 또 공유할 수 있는 분석틀을 수립하도록 한다. 정치학 분야와 관련해서 반드시 추가해야 할 발상이나 개념으로는 발전전략으로서의 사회주의라는 발상,[32] 국가와 시민사회라는 틀 속에서 공산주의 체제의 시민사회라는 개념[33] 등이 있을 수 있다.

---

31) Moon ed., *op cit.*, pp.143~165, pp.65~78.

32) 이러한 발상에서 북한의 정치사회 전반을 분석한 연구 사례가 이미 있다. 예컨대 김근식, "북한 발전전략의 형성과 변화에 관한 연구: 1950년대와 1990년대를 중심으로"(서울대학교 정치학과 박사학위논문, 1999) 참조.

33) 이러한 발상에서 이루어진 연구 사례 역시 있다. 예컨대 장경섭, "남북한 통합과 잠재적 시민사회," 한림과학원 편, 『남북한의 체계론적 전환』(서울: 소화, 1997), 155~185쪽 참조.

3. 맺음말

비가 왜 오는지를 설명할 수 있다면, 앞으로 비가 올지 안 올지에 대해서 예측할 수도 있다. 좀더 풀어서 말하면, 비를 오게 만드는 요인들이 무엇인지, 그 요인들간의 상대적 비중과 상호관계, 요인들이 결과를 만들어내는 과정 등을 정확히 알 수 있으면 우리는 비가 오는 현상에 대한 과학적 설명과 예측을 할 수 있는 것이다. 오늘날 기상학자들은 어느 정도 정확한 설명과 예측을 할 수 있다. 문제는 우리 사회과학자들에게 그러한 능력이 없다는 점이다.

한편으로 우리는 북한 체제 동학에 대한 과학적 설명을 끊임없이 시도해야 할 것이다. 설령 그것이 완전한 과학이 되지는 못한다는 것을 처음부터 알고 있다고 하더라도. 다른 한편으로 우리는 과학적 설명 외에도 인간의 직관과 통찰력 같은 비과학적 능력이나 방법의 중요성도 인정해야 할 것이다. 연구주제가 학문적으로 중요한 것이라면, 또는 우리의 실천적 삶에 비추어 중요한 것이라면, 그것에 대한 과학적 연구가 가능한지 불가능한지, 바람직한지 아닌지 하는 문제에 집착하는 것은 사치스런 일일 수도 있다. 이 글에서 언급된 여러 연구성과물들도 바로 이러한 견지에서 평가해야 할 것이며, 그렇게 할 때 이 성과물들은 이 분야 연구의 뚜렷한 진전을 반영하는 것이고 동시에 장차 더 나은 연구를 위한 이정표이기도 하다. 덧붙여서 필자의 논평과 문제 제기, 제안 같은 것들도 장차 더 나은 연구에 조금이나마 보탬이 될 수 있기를 기대해 본다.

제 2 장

김정일 지도자와 북한 체제[*]
우상과 실제

유호열 (고려대학교 교수, 정치학)

- 서대숙, 『현대 북한의 지도자:김일성과 김정일』(서울: 을유문화사, 2000).
- 정창현, 『곁에서 본 김정일』(서울: 토지, 1999).
- 이주철, 『김정일의 생각읽기』(서울: 지식공작소, 2000).

2000년 6월 평양에서 개최된 남북정상회담은 불과 2박 3일의 짧은 일정이었지만 분단 55년 만에 남북정상 간의 첫 만남이라는 역사성에 걸맞게 엄청난 일들을 이루어냈다. 반세기 동안 쌓여온 불신과 적대적 관계를 일시에 털어버리기라도 하듯이 파격적 현상들이 연속적으로 터져 나왔고 그 중심에 김정일 국방위원장이 있었다.

제1차 남북정상회담에서 김정일 위원장(이하 논문에서는 존칭, 칭호 생략)은 그동안의 '은둔'을 벗어나 남한 사회를 비롯해 국제사회에 화려하

---

* 이 글은 경남대학교 북한대학원, 『현대북한연구』, 제3권 2호(서울: 지식공작소, 2000)에 게재되었던 글입니다.

게 데뷔했다. 그동안 일반인들이 그에 대해 알고 있던 모습과는 차이가 있어 이에 대해 적지 않은 혼란도 있었다. 정상회담 이후 방북한 남한 언론사 대표들과 격의 없는 환담을 했던 김정일은 평양을 방문한 울브라이트 미 국무장관과의 만남에서 서방세계에 또다시 그 모습을 드러냈다. 물론 김정일에 대한 이 같은 '신드롬' 또는 '쇼크'는 그동안 베일에 싸인 지도자가 갑자기 공개되었다는 점과 동시에 극히 부정적 이미지로만 알려졌던 그가 극히 평범하고 소탈한 모습을 보여주었기 때문이다. 국내 시사주간지 『시사저널』(2000.12.28.)은 이러한 그를 '2000년 올해의 인물'로 선정했고 미 시사주간지 『타임』(2000.12.25.)도 김정일을 2000년 아시아의 뉴스메이커로 선정했다.

실제 그에 대한 연구가 1990년대 들어 활발해졌지만 우리 사회에서 김정일에 대한 평가와 인식은 정상회담을 통해 그의 '살아있는' 모습을 직접 접하기 전까지 비정상적 폭군, 예측 불가능한 독재자 등 음험하고 위험한 인물로 각인된 것이 대부분이었다. 이처럼 그에 대한 인식이 부정 일변도로 고착된 채 변화하지 못한 것은 그동안 김정일에 대한 연구가 양적으로는 증가했지만 내용면에서는 크게 달라지지 못했기 때문이다. 김정일 연구가 새로운 자료, 새로운 인식, 새로운 연구방법론 등을 통해 질적 성장을 하지 못한 이유는 첫째, 연구대상인 김정일에 관한 자료가 절대 부족했던 점을 들 수 있다. 공산주의 국가들 중에서도 가장 폐쇄적인 북한 사회는 스스로 자료가 될 만한 것은 엄격히 통제했으며 특히 최고지도자에 관한 사항은 극비로 다루고 있어 이들 자료에 대한 접근과 활용이 불가능에 가까웠다. 그나마 공개된 자료는 대부분 선전 활동의 일환으로 작성된 것이어서 그 실체에 접근하기가 쉽지 않았던 것도 사실이다. 둘째, 김정일 연구의 기초 자료는 그의 이름으로 발표된 논문이나 담화, 또는 그에 대한 북한 측 논문 및 해설, 귀순자 및 북한 방문자들의 수기나 증언 등이 주류를 이루었는데 이들 자료는 진실성과 공정성에 문제가 있다. 더구나 연구자들 역시 이러한 단편적이고 주관적인 자료들을 연구자의 취향에 따라 선별적으로 취합해 연구에 활용하는 등 연구자 중심의 일방적인 자료선택이 아무런 이론적·학문적, 실제적 검증을 거치지 않고 무분별하게 사용되었다. 셋째, 김정일 연구가 축적을 통해 발전하지 못했던 이유는 연구자들 간의 체계적 학문적 교류가 이루어지지 않았기 때문이다. 즉 각 연구자는 각자가 수집한 자료를 각자의 입장에 따라 자의적인 평가를 시도함으로써 객관적인 김정일 연구가 이루어지기보다는 '아무개가 보는 김정일'식의 편견이 개입된 독단적 연구를 고집해 왔기 때문이다. 마지막으로, 연구의 대상인 김정일 스스로 대단히 복잡하고 복합적인 인물일 뿐만 아니라 북한 체제에서 차지하는 그의 위상과 역할이 광범위하고 포괄적이어서 체계적인 연구가 어려웠기 때문이다. 또한 스스로 '은둔'하려는 성향과 그를 둘러싼 첩첩산중의 비밀주의, 폐쇄적 정치구도로 인해 평범한 관찰자가 접근할 수 있는 통로 자체가 봉쇄되어 왔기 때문이다.

이 같은 상황에서 김정일은 1994년 7월 김일성 주석의 사망 이후 유일한 지도자로 부각되고, 북한의 핵문제와 극심한 식량난은 역설적으로 북한 사회를 외부로 노출시키는 결과를 초래함으로써 지도자 김정일에 대한 연구는 국내외에서 활발히 진행될 수 있는 계기를 맞이했다. 그러나 비록 정상회담 이후 친숙한 이미지로 재등장했지만 김정일은 아직도 많은 점이 알려져 있지 않으며 더구나 부분적으로 드러난 그의 모습이 철저한 계산과 연출에 따른 결과일 수도 있다는 점을 감안한다면 이에 대한 객관적인 분석과 평가가 시급한 실정이다. 또한 김정일은 평범한 인간이 아니라 지난 수십 년간 2,300만 북한 주민을 통치해 온 절대권력자인 점도 간과할 수 없다. 그와 그를 둘러싼 체제에 대한 정확한 평가는 이제 막 시작된 남북관계의 개선을 위해서도 꼭 필요한 작업이다.

이 연구에서는 이러한 김정일 연구의 시대적 필요성에 부응해 열악한 조건에서도 최근 출판된 서대숙의 『현대 북한의 지도자: 김일성과 김정일』(서울: 을유문화사, 2000), 정창현의 『곁에서 본 김정일』(서울: 토지, 1999), 이주철의 『김정일의 생각읽기』(서울: 지식공작소, 2000)를 비교 검토함으로써 김정일 연구의 현주소와 과제들을 점검하려 한다. 이들 연구서들은 기본적으로 김정일의 출생부터 김정일이 통치하는 북한 체제의 향후 전망까지를 시대 순으로 정리하고 있지만 기존의 김정일을 다룬 많은 글들과 비교할 때 김정일의 인간적 실체, 정치지도자 김정일을 그의 생각과 언행, 그의 정치활동 및 추진정책과 연계해 파악하려 시도한 글들이다. 이들 연구서들은 이제까지 우리가 김정일에 대해 몰랐던 사실을 새로 밝혀낸 점도 있지만 그보다는 우상화의 베일에 싸여있던 김정일의 실체를 객관적인 자료와 실증적인 경험 자료를 토대로 현실로 끌어내어 북한의 정치지도자로서 재평가함으로써 그가 추진하는 정책과 그가 주도하는 북한 체제의 장래에 대한 객관적인 전망과 이에 대한 합리적 토론이 이루어질 수 있는 계기를 마련했다는 데 더 큰 가치가 있다. 이 연구는 이들 연구서들이 각 분야별로 제기한 쟁점 및 김정일 시대의 특징과 향후 전망들을 비교한 후 김정일 연구를 위한 향후 과제들을 제시하는 순으로 전개하려 한다.

1. 김정일의 출생과 성장

김정일의 출생에 대해서 북한은 공식적으로 백두산 밀영에서 출생했다[1]고 주장하고 있으며 김일성은 그의 사후에 출판된 『세기와 더불어』

---

1) "김정일에게 영웅 칭호와 훈장을 주기 위한 중앙인민위원회 정령," 『로동신문』, 1982년 2월 15일.

제8권에서 이를 다시 강조하고 있다. 실제 문건으로서 김정일이 후계자로 공식화된 이후 일본에서 출판된 김정일 위원장의 전기『김정일지도자』에는 김정일이 1942년 2월 16일 백두산의 항일 유격대 밀영에서 탄생했다고 밝히고 있다.[2] 북한은 1987년 2월 12일 백두산 밀영을 김정일 혁명사적지로 지정하고 이 지역을 성역화했으며, 1988년 8월 이 귀틀집에서 가까운 백두산 장수봉을 정일봉이라 명명하기도 했다. 이와 함께 백두산 지역에서 각종 구호나무들이 발견되었다며 이제까지 만여 개 이상의 구호나무를 찾아내어 김정일의 백두산 출생설을 기정 사실화하고 있다.

정창현은 중국측 자료와 김일성 빨치산 동료들의 증언을 제시하며 남한, 일본 등에서 제기하고 있는 백두산 출생 조작설이 사실이 아닐 수도 있다는 반론을 제기하고 있다.[3] 1992년 중국의 당문서보관소에서 발간한『동북지구 혁명역사 문건휘집』에 수록된 문건을 통해 이재덕이란 여인이 러시아 브야츠크 밀영에서 아기를 낳은 것은 1943년 가을이고 이 시기라면 김일성과 김정숙의 차남(평일)에게 젖을 물렸을 것이며 따라서 김일성의 장남인 김정일에게 브야츠크에서 젖을 물렸다는 통설은 잘못되었다는 것이다. 또한 김일성이 연해주를 떠나 만주 지역에 파견된 일자가 1941년 4월 10일부터 11월 12일까지라는 문건인데 이 문건이 사실이라면 이 기간 내에 김일성은 백두산 밀영에 거쳐하던 김정숙을 만나 김정일을 임신하고 다음해인 1942년 김정일이 백두산에서 태어났다는 주장을 뒷받침하게 된다는 것이다. 이 외에도 항일 유격대원들인 김익현, 최광의 부인 김옥순 등의 회고와 정창현이 인용하고 있는 신경완의 증언 역시 김정일이 백두산에서 태어났으며 김정숙은 1943년 초에야 연해주 남야영으로 들어갔다는 것이다.

---

2) 탁진·김강일·박홍제,『김정일지도자』, 제1부(東京: 東邦社, 1984), 8쪽.
3) 정창현,『곁에서 본 김정일』(서울: 토지, 1999), 11~18쪽.

그러나 북한 이외의 김정일 연구서들은 이러한 백두산 출생설이 허구이며 북한의 혁명 역사가 다시 씌어지고 김정일의 우상화가 강화되면서 조작되었다고 분석하고 있다. 서대숙은 김일성이 1941년 3월 훈춘현 메이리를 거쳐 연해주로 피신했고, 이후 하바로프스크 부근의 브야츠크에 머물면서 이에 합류한 김정숙이 다음해 김정일을 출생했으며 백두산 출생설은 거짓이라고 주장한다.[4] 특히 김일성도 사후에 발간된 회고록 이외에는 한 번도 자신이 해방 전에 조선에서 유격대 활동을 지속했다는 주장을 하지 않았으며 연해주로 피신한 것조차 부인하면서 만주에서 소부대 활동을 했다고 주장한 것을 그 근거로 제시했다. 박규식은 주로 소련파에 속했던 사람들의 증언을 토대로 김정일은 김일성과 김정숙이 소련으로 들어온 이후 머무르던 블라디보스토크와 볼로시로프의 중간 지점인 하마탄 마을 부근의 남야영에서 출생했으며 4~5개월이 지난 후 500km 북쪽에 위치한 하바로프스크 부근 브야츠크 지역 바츠코예의 북야영에서 성장했다고 기술하고 있다.[5] 황장엽은 그의 저서에서 "김정일이 러시아에서 태어나 '유라'라는 이름으로 유년기를 보냈다는 것은 세상이 다 아는 사실이며…… 그런데 굳이 그런 사실을 속이면서 백두산 아래에서 태어났다는 거짓말을 할 필요가 어디 있는지 나는 이해할 수가 없었고……"라고 하면서 김일성의 지시에 따라 애초에 없던 백두산 밀영지가 등장했는가 하면 구호나무도 발견되었다고 주장했다.[6] 더구나 김일성의 회고록 역시 1, 2권을 제외하고는 김일성 사후에 거짓말로 지어지고 있다고 비판하고 있다.

사실 김정일의 출생지에 이처럼 상이한 주장이 제기되고 있으나 대

---

4) 서대숙, 『현대 북한의 지도자: 김일성과 김정일』(서울: 을유문화사, 2000), 174~175쪽.

5) 박규식, 『김정일평전』(서울: 양문각, 1992), 14~20쪽.

6) 황장엽, 『나는 역사의 진리를 보았다』(서울: 한울, 1999), 245~246쪽.

부분 연구서들은 관련자들의 증언을 토대로 추정하고 있다. 정작 김일성 자신도 이 문제에 대해서 애매한 입장이었음을 감안한다면 나머지 북한 측 증인들의 증언의 신뢰도에는 당연히 의문이 갈 수밖에 없다. 오히려 보다 객관적일 수 있는 재소 한인들의 증언은 여러 정황상 남야영에서의 출생설에 신빙성을 더해 주고 있으며 황장엽의 증언으로 미루어 백두산 출생설의 조작 가능성을 높여주고 있다. 더구나 김정일의 백두산 밀영 출생설은 김정일이 후계자로 공식화된 이후 집중적으로 제기되었으며 이후 본격적으로 이 지역을 성역화, 역사화한 북한 측의 의도를 무시할 수 없을 것이다.

그러나 김정일이 해방 전까지 브야츠크 북야영에서 항일 유격대의 아들로서 성장했고 이후 해방된 조국의 최고지도자가 된 아버지 김일성을 따라 귀국했던 것은 모든 연구서에서 공통으로 인정하고 있다. 더구나 출생지 여부에 관계없이 어린 시절을 대장의 장남으로서 그를 애지중지하는 빨치산 대원들 속에서 자라난 경험과 배경이, 향후 김정일의 성격과 권력의 토대가 되었다는 점은 김정일 연구에서 빼놓을 수 없는 중요한 대목이다. 김정일은 오늘날도 측근으로 그를 뒷받침하고 있는 전문섭, 조명록, 백학림, 이을설과 같은 빨치산 대원들의 보살핌 속에 성장했으며 평양으로 돌아와서도 계속 이들과 함께 생활하면서 그들과의 의리, 동지애가 무엇보다도 중요함을 뼛속 깊이 새기면서 성장했다.

김정일은 유년기에 세 번의 큰 위기를 겪게 되는데, 첫 번째는 1948년 동생 평일(슈라)이 수상 관저 내 연못에 빠져 죽음으로써 1946년에 출생한 경희만이 유일한 혈육으로 남게 되었다는 것, 둘째, 1949년 9월 22일 생모인 김정숙이 병원에서 해산중에 사망한 일, 셋째, 1950년 6·25 전쟁 발발 때부터 1952년 평양으로 돌아올 때까지 아버지와 헤어져 만주 길림시 일대에서 피난생활을 했던 일이다. 이런 일들은 당시 인민학교에 다니던 김정일에게는 견딜 수 없는 큰 충격이고 상실감이었으며 동시에 아버지에 대한 한없는 그리움을 키우는 계기가 되었을 것이다. 그 당시 어린 김정일의 심정이나 이 같은 위기 속에서 견뎌내던 모습과 어린 김정일의 동생 경희에 대한 애틋한 보살핌 등은 신경완의 증언을 토대로 한 정창현의 저서에 자세히 묘사되어 있다. 특히 생모 김정숙의 평양에서의 행적 및 김정일에 대한 생모의 교육 태도, 그의 임종 시 최용건, 김일, 김책 등 빨치산 동료들이 김정일을 후계자로 키우겠다는 맹세 등은 후일 김정일이 권력을 장악해 나가는 데 중요한 단서를 제공하고 있다.[7]

　김정일은 전쟁 시기에 만경대혁명자유자녀학원을 다녔고 전후에는 비교적 순탄하게 삼석인민학교, 평양제4인민학교, 평양제1중학교, 남산고급중학교를 다녔다.[8] 그러나 수상의 아들인 김정일의 학교생활은 우상화 작업의 일환으로 집필된 『김정일지도자』에 묘사된 것처럼 그렇게 화려하지는 않을지라도, 그가 처한 환경이나 아버지 김일성 수상의 배려를 감안한다면 보통의 학생들과는 다른 점이 많았던 것은 사실이다. 박규식은 김정일이 고급중학교 시절 동독과 소련에서 유학했을 것이라고 지적하고 있으나,[9] 실제 김정일이 김일성을 수행하거나 또는 개인적으로 소련 및 동유럽 지역 등을 순방했던 정도가 사실일 가능성이 높다. 김정일은 중학교 3학년 때 김일성의 동유럽 국가 순방길에 동행했고, 고급중학 2～3학년 때 세계청년학생축전에 참가했으며, 이어 소련 및 동유럽 지역을 탐방하고 1959년 1월에는 모스크바에서 열린 소련공산당 제21차 대회에 김일성을 수행해 방문했다.[10] 김정일이 외국 유학을 하지 않았다는 것은 이 시기 소련 모스크바 대학의 유학 제의를 단호히

---

7) 정창현, 『곁에서 본 김정일』, 27～37쪽.
8) 탁진·김강일·박홍제, 『김정일지도자』, 제1부, 23쪽.
9) 박규식, 『김정일평전』, 31～32쪽.
10) 정창현, 『곁에서 본 김정일』, 39～40쪽.

거절했던 것을 보아도 알 수 있다.[11] 어쨌든 김정일은 정상적인 교육과정을 마치고 1960년 9월 김일성 종합대학 경제학부 정치경제학과에 입학했다. 다만 대학에 입학하기 전 김정일은 이미 아버지 김일성 수상을 수행해 국내외의 많은 지역을 현지 시찰하면서 아버지로부터 직접 통치 수업을 받고 있었으며, 학교수업 이외에 각 방면에 걸친 최고의 '개인 교습'을 받을 수 있었다는 점도 빼놓을 수 없는 사항이다.

김정일은 대학 재학 시절에는 보다 체계적인 '제왕학'을 학습했다. 각 분야별로 당시 북한 최고의 전문가, 학자들로부터 개별지도를 받았는가 하면 아버지를 수행해 각지의 현지 지도를 수행하면서 본격적인 지도자 수업을 받았다. 또한 김일성의 해외여행에도 동행했고 세계청년학생축전과 세계민청뷰로회의에는 북한 대표로 참석해 국제적 감각과 안목을 키웠다.[12] 북한의 공식 김정일 전기에서는 김정일이 대학생활 중 그의 졸업논문 "사회주의 건설에서 郡의 위치와 역할"을 비롯해서 몇몇 주요 논문들을 썼다고 주장하지만 이에 대해서 서대숙, 정창현 등은 회의적인 시각을 가지고 있다. 그의 개인 교수들이 김일성의 의도에 따라 계획적으로 과제를 주고, 정리된·논문을 수정해 주는 식으로 논문이 작성되었다는 것이다. 결국 그의 논문은 당 정책의 기초 자료가 되기도 하고 졸업 논문으로는 박사원에 들어가 몇 년씩이나 공부한 후에나 받을 수 있는 학사학위가 바로 수여되기도 했다.

김정일은 대학에 입학하자마자 대학 당위원회에서 당생활도 시작했는데 대학 당위원회만이 아니라 로동당 중앙위원회 회의 등에도 참석했으며, 대학 내 사상 검열과 함께 대학 개편작업에도 참여하는 등 정치생활을 시작했다.

---

11) 황장엽, 『나는 역사의 진리를 보았다』, 126~127쪽.
12) 정창현, 『곁에서 본 김정일』, 47쪽.

2. 후계자 김정일의 권력장악 과정

김정일은 1964년 대학 졸업과 동시에 로동당 중앙위원회 중앙지도과 지도원으로 공적생활을 시작했다. 1980년 6차 당대회에서 공식 후계자로 공표될 때까지의 16년 동안은 김정일이 후계자가 되기 위한 준비 기간이었다. 특히 김정일이 1973년 9월 당중앙위원회 제5기 제7차 전원회의에서 당비서로 선출되고 1974년 2월 8차 전원회의에서 당중앙위원회 정치위원으로 선출되기 이전까지는 김일성의 후계자 선정을 둘러싸고 권력투쟁이 치열했던 시기였다. 김정일의 북한 측 전기는 김정일이 당 중앙위원회에서 일을 시작한 직후부터 수령의 권위를 훼손하고 수령이 이룩해 놓은 혁명업적을 말살하려고 책동하는 수정주의자들에 대항해 주체의 혁명적 기치를 들고 수령의 절대적인 권위를 옹호하며 수령의 혁명사상과 당의 혁명전통을 고수하기 위한 투쟁을 전개했다고 기록하고 있다.[13] 김정일은 독서중에 당 내 부르주아 사상, 수정주의 사상, 봉건유교 사상 등이 유포되고 있음을 발견하고 이와 관련된 자료를 수집, 다각적인 분석을 통해 이를 당에 보고함으로써 김일성은 1966년 10월에 소집된 당대표자회에서 종파주의자들에 대해 경고하게 되었으며, 김정일은 1967년 5월 초 당중앙위원회 제4기 제15차 전원회의에서 이를 폭로하는 등 정치투쟁을 본격화했다고 주장하고 있다.[14] 이를 계기로 반당 반혁명 분자들이 남김없이 제거되고 당을 강화하는 획기적 변화가 이루어졌다. 김정일은 지체 없이 문학·예술 혁명에 매진했으며 1970년 11월 로동당 제5차 당대회 이후에는 농업, 공업 등 전반적인 분야의 현지 지도를 수행했을 뿐만 아니라, 남북대화 분야까지 지도 영역을 확대하며

---

13) 탁진·김강일·박홍제, 『김정일지도자』, 제1부, 125~127쪽.
14) 위의 책, 138~144쪽.

실질적인 후계자로서의 위상과 권한을 확보했다는 주장을 담고 있다.

이 같은 북한 측 기록에 대해 서대숙은 당에 들어온 지 2, 3년밖에 되지 않은 25세의 김정일이 1967년 분파 책동의 조짐을 발견하고 반당 분자들을 폭로, 처단하는 데 그 같은 역할을 했다는 것은 과장이며, 김일성의 권력이 아니라면 불가능한 일이었다고 평가하고 실제 당 공식 문건인 『조선로동당력사』에는 당시 김정일의 역할에 대해서 일절 언급한 것이 없다는 점을 증거로 제시하고 있다.15) 더구나 서대숙은 이효순, 박금철 등 갑산파가 김일성이나 로동당에 도전하거나 반당 행위를 조직할 만한 힘도 조직도 없었다는 것은 분명하며 빨치산 등이 중심이 되어 당의 유일사상체계를 확립하거나 김일성을 수령으로 옹립하는 데 적극적으로 협조하지 않았다는 것이 사실에 가깝다고 평가하고 있다. 김일성 등 직계 빨치산 일파들은 이들 갑산파를 제거한 후 모험주의적 빨치산 계열의 장군들마저 숙청해 제5차 당대회에서 명실공히 김일성의 유일지배 체제가 확립되고 당 내외가 완벽하게 주체사상화되었을 뿐, 김정일의 이 당시의 공적은 그를 후계자로 공식화한 후 그의 지도력을 선전하기 위해 조작되었다고 결론짓고 있다.16) 반면 당시 당중앙위원회에서 근무했던 신경완의 증언을 토대로 정창현은 갑산파 숙청과 관련한 김정일의 적극적인 역할이 실재했다고 분석하고 있다. 김정일은 당사업 초기부터 당과 정부 사업의 전반적인 상황을 파악할 수 있는 핵심 부서에서 근무했으며, 당조직지도부장인 김영주 밑에서 본격적인 당 내 권력기반 장악에 나섰고 갑산파 숙청을 주도함으로써 당 내 입지를 강화했다는 것이다.17) 이 사건을 성공적으로 처리한 후 김정일은 당중앙위

---

15) 서대숙, 『현대 북한의 지도자: 김일성과 김정일』, 181~182쪽.
16) 위의 책, 183~186쪽.
17) 정창현, 『곁에서 본 김정일』, 113~115쪽.

원회 선전선동부 문화예술지도 과장으로 자리를 옮겨 1967년 9월부터 종파주의자들의 영화·예술 분야에서의 반당적 여독을 청산하기 위해 대사상투쟁회의를 개최하는 등 정열적인 혁명화 사업을 추진했으며, 1969년 초 선전선동부 부부장으로 승진하는 등 당의 선전선동 및 조직 사업 전반을 실질적으로 장악해 나갔다는 분석이다. 동시에 정창현은 신경완의 증언을 토대로 1967년의 갑산파 숙청이 김영주를 후계자로 옹립하는 것을 견제하는 과정에서 파생된 사건이었다면 1969년 초 당 정치위원회 확대위원회에서 김창봉, 허봉학 등 군부의 반발 역시 당시 굳어지던 김일성-김영주의 후계구도에 대한 도전이었다고 평가하고 있다. 이것이 사실이라면 김정일은 삼촌인 김영주 조직지도부장이 후계자로 설정된 구도를 이행하면서 자신의 역량을 키워갔다고 할 수 있다.

김정일과 김영주 간의 관계에 대해서 서대숙은 특별히 언급하지 않았으나 김정일이 후계자로 선정되는 데 김일성의 의지가 반영되었으며 이 과정에서 김일성은 김정일의 능력을 세심히 점검했다고 분석했다.[18] 따라서 김정일은 이러한 아버지로부터 인정받기 위해 열심히 일했으며 영화·예술 등을 통한 선전활동에서는 높은 평가를 받았으나, 3대 혁명 소조 활동에서는 실패했으며 결국 이러한 제한된 능력을 가진 김정일을 후계자로 공식화하는 데 김일성이 결정적 역할을 했다는 평가이다. 반면 정창현은 김정일은 김영주의 건강이 악화된 상황에서 안정적인 후계 구도를 모색하던 빨치산 그룹에 의해 1971년 4월 하순 당중앙위원회 제5기 제2차 회의 직후부터 본격적으로 추대되기 시작했다고 지적했다.[19] 이러한 추론에 따르면 빨치산 그룹은 한편으로는 김일성을 적극 설득하는가 하면 다른 한편으로는 당정치위원회의 분위기를 김정일을

18) 서대숙, 『현대 북한의 지도자: 김일성과 김정일』, 190~196쪽.
19) 정창현, 『곁에서 본 김정일』, 105쪽.

추대하는 것 이외에는 대안이 없다는 식으로 몰아갔다고 볼 수 있다. 그러다 보니 자연 김정일은 김영주와 상관없이 빨치산 그룹의 적극적인 추대에 의해 김일성의 승인하에 후계자로서의 위치를 확고히 했다는 것이다. 이에 대해 황장엽은 김정일의 의지와 역할이 보다 적극적이었다고 증언하고 있다. 즉 김영주는 김일성이 김정일을 후계자로 지목하고 있는 상황에서 어쩔 수 없이 병을 얻어 물러날 수밖에 없었으며 김정일 역시 김영주가 주체사상을 반대하는 데 대해 못마땅해 하면서 황장엽을 통해 설득하려 했었다는 것이다.[20] 아울러 황장엽의 증언에 따르면 김정일이 공식 후계자로 지명되었던 당중앙위원회 제5기 제8차 전원회의에서 김일성이 공개적으로 김영주를 비판했다는데 이를 유추하면 결국 후계자 선정 과정에서 김정일과 김영주는 후원, 협력의 관계에서 경쟁의 관계로 전환되었음을 알 수 있다.

김정일은 1974년 2월 당중앙위원회 제5기 제8차 회의 또는 1974년 비밀리에 개최되었던 제5기 제9차 회의에서 후계자로 공식화되었는데 이때부터 김정일의 당사업을 '당중앙'의 사업이라 칭하고 '대를 이어' 혁명 위업을 완수해야 한다는 보도가 나오기 시작했다. 그리고 1974년 4월 25일자 『로동신문』에서 후계자 문제를 암시함으로써 그의 후계자 추대 작업이 마무리되었다고 할 수 있다.[21] 후계체제 확립 과정에서 김일성의 후처인 김성애와 김정일의 이복 동생 및 김성애의 동생들이 김정일의 또 다른 경쟁 상대로 부각되기도 했으나, 일단 당에서 후계자로 결정된 김정일은 생모 김정숙과 친밀했던 빨치산 그룹의 도움으로 여맹 위원장이던 김성애를 권력에서 축출하는 동시에 1980년대 초반까지 이른바 '곁가지' 문제를 완전 정리함으로써 권력기반을 확고히 할 수 있

---

20) 황장엽, 『나는 역사의 진리를 보았다』, 168~169쪽.
21) 서대숙, 『현대 북한의 지도자: 김일성과 김정일』, 191~192쪽.

었다.[22]

　김일성에 이어 유일한 후계자로 선정된 김정일은 비록 부친인 김일성의 특별한 배려가 있었긴 하지만 후계 선정 과정 이후 치밀하고 체계적인 방법과 절차를 거쳐 권력을 강화했다. 김정일은 후계자로 선정되기 전 이미 조직과 선전 부문을 완전히 장악했으며 1974년 2월 19일 "온 사회를 김일성주의화하기 위한 당사상사업의 당면한 몇 가지 과업에 대하여"를 발표해 주체철학을 김일성주의로 확립하는 작업을 시작했다.[23] 김정일이 주체사상을 '김일성주의'로 선포하면서 북한의 사상체계에 대한 확고한 지도력을 장악하는 동시에 1974년 2월 25일 '당 선전선동 부문 일군들의 회의와 강습'에서 "당사상사업에서 제기되는 몇 가지 기본 문제에 대하여"란 강연을 통해 자신이 김일성이 창시한 주체사상을 발전시킬 유일한 계승자임을 선포하기도 했다.[24] 그러나 김정일이 사상 분야를 독점함으로써 후계자로서의 권력을 강화하는 결정적인 계기는 후계자로 확정된 직후인 1974년 4월 당중앙위원회 정치국 회의에서 발표한 '당 유일사상체계 확립 10대 원칙'이었다. 황장엽은 이를 통해 김정일이 김일성에 대한 신격화 수준을 격상시켜 나가는 동시에 자신에 대한 우상화를 강화해 나가게 되었다고 지적했다.[25] 또한 김정일은 사상에서의 해석권을 독점했을 뿐만 아니라 이러한 지침을 전당, 전군, 전국에 침투시키기 위해 쉴 새 없는 학습과 강습을 진행토록 해 자신의 지침을 확산하는 데 강력한 권한을 행사해 나갔다.[26]

　유일사상체계를 확립한 김정일은 1974년 중반까지 로동당, 1974년

---

22) 박규식, 『김정일평전』, 33~38쪽.
23) 황장엽, 『나는 역사의 진리를 보았다』, 181쪽.
24) 정창현, 『곁에서 본 김정일』, 134쪽.
25) 황장엽, 『나는 역사의 진리를 보았다』, 173~174쪽.
26) 이주철, 『김정일의 생각읽기』(서울:지식공작소, 2000), 31쪽.

후반부터 1975년 중반까지 군대, 1975년부터 1976년 중반까지 정권 부문과 대외·대남 부문에 대해 유일지도 체제를 수립함으로써 그의 권력 기반을 강화해 나갔다.27) 정창현은 신경완의 증언을 토대로 이 기간 동안 김정일이 각 부문에 걸친 사업 내용을 구체적으로 정리했다고 밝히고 있다.28) 김정일은 각 분야의 사업 내용 및 간부, 조직 체제를 정비하고 이를 검열하고 보고하는 체제를 자신에게 일원화하는 작업을 강화함으로써 당을 기반으로 전 사회를 자신의 명령하에 움직일 수 있도록 직할 직속 체제를 구축하는 동시에 이를 통해 1980년 6차 당대회에서 후계자로 공표될 시점에서는 확실한 지도자로서의 위상과 카리스마를 구축했다.

'당중앙'으로서 확실한 권력기반을 구축한 김정일은 김일성 수령의 생존 시에 그에 대한 극진한 효성과 절대적 충성심을 통해 그의 신임을 확보하는 데 게을리하지 않았다. 김일성 유일체제를 독재화하기 위해 주체사상을 변용하는 작업을 지속적으로 진행했는데 이는 사상적으로 상호 모순되는 마르크스·레닌주의와 인간 중심의 사상을 억지로 수령 절대주의 사상으로 변질시킨 것이다.29) "주체사상에 대하여" 및 "주체사상에서 제기되는 몇 가지 문제에 대하여" 등 대표적인 김정일의 논문들은 주체사상을 사회·정치적 생명체론으로 비약시킴으로써 독재체제를 철저히 옹호하고 인민을 철저히 수령과 당의 부속물로 전락시켰다. 동시에 김정일은 1980년대 대규모 평양시 건설과 기념비적 건축물 축조를 통해 김일성 우상화 작업을 강화했다. 김정일은 이러한 사상 및 각종 상징 조작물의 건설을 통해 수령을 절대화하고 그 수령의 충성스

---

27) 정창현, 『곁에서 본 김정일』, 142쪽.
28) 위의 책, 143~200쪽.
29) 황장엽, 『개인의 생명보다 귀중한 민족의 생명』(서울: 시대정신, 1999), 101쪽.

런 후계자인 본인의 위상을 반석 위에 올려놓았다.30)

김정일의 권력강화 과정에서 빼놓을 수 없는 것은 측근 엘리트에 관한 내용이다. 김정일은 1980년 6차 당대회에서 새로운 권력 엘리트들을 대거 충원했으며 이후 현재까지 지속적으로 엘리트들을 충원, 교체함으로써 자신에게 충성하는 권력집단을 구축했다. 김정일의 측근 및 주요 권력 엘리트들의 인맥은 김일성과 함께 빨치산 활동을 했던 혁명 1세대 및 친인척 그룹, 김정일의 직접 지휘하에 있던 당비서국 및 정권기관에 포진한 전문 관료, 김정일 후계체제수립에 기여했고 김정일이 직접 승진, 발탁했던 군장성, 만경대 혁명학원 출신 및 김정일의 전위 조직이었던 3대 혁명소조 등을 들 수 있다.31) 서대숙은 이들 김정일 인맥에 속하는 엘리트들이 북한 권력구도상 중첩되기도 하지만 6차 당대회 시 중앙위원에 선출된 정위원 145명과 후보위원 103명 중에서 새로이 등용된 인물이 155명에 이르고 있으며, 6차 당대회 이후 당중앙위원회 제6기 제1차 회의(1980년 10월)에서 제21차 회의(1993년 12월)까지 당중앙위원으로 모두 261명을 새로 기용, 교체함으로써 김정일은 북한의 권력 엘리트 전부를 완전히 장악했다고 평가하고 있다.32)

---

30) 서대숙, 『현대 북한의 지도자: 김일성과 김정일』, 200~216쪽.
31) 김현식·손광주, 『다큐멘터리 김정일』(서울: 천지미디어, 1997); 이항구, 『김정일과 그의 참모들』(서울: 신태양사, 1995); 중앙일보사 특별취재반, 『한반도 절반의 상속인 김정일』(서울: 중앙일보사, 1994); 조민호, 『김정일과 친위세력』(서울: 공보처, 1992); 전현준·안인해·이우영, 『북한의 권력엘리트 연구』(서울: 민족통일연구원, 1992); 박규식, 『김정일평전』 등.
32) 서대숙, 『현대 북한의 지도자: 김일성과 김정일』, 203~210쪽.

3. 김정일 시대의 개막

김일성 주석의 유일한 후계자인 김정일은 1998년 9월 새로 구성된 최고인민회의 제10기 제1차 회의에서 국방위원장에 추대됨으로써 북한의 최고 통치권자의 자리에 취임했다. 사상 초유의 극심한 식량난을 극복하고 새로운 시대를 개막함에 즈음해 최고지도자 김정일은 사상, 군사, 정치, 경제에서 강성대국 건설을 선언했고 그 토대인 헌법을 개정하고 권력기구와 각종 제도를 정비했다.[33] 김일성이 지난 반세기 동안 자신의 이념과 구상에 따라 북한식 사회주의 체제를 구축했듯이 김정일도 자기 자신의 새로운 이념과 구상을 가지고 있다. 향후 북한 체제의 운명과 정책노선은 이러한 최고지도자 김정일의 정세인식과 그의 이념체계에 따라 상당 부분 규정될 것인데, 지도자에 대한 자유로운 접근이 불가능한 상황에서 김정일의 생각은 결국 그의 이름으로 발표된 문헌을 중심으로 살펴볼 수밖에 없을 것이다. 이주철은 이러한 점에 주목해 비록 이들 문헌이 김정일의 서기에 의해 정리되거나 대필되었다 하더라도 김정일의 목소리가 뚜렷한 부분을 찾으려 했으며 이를 통해 김정일 시대의 정책을 분석했다.[34]

김정일은 김일성 주체사상을 체계화했고 김일성 생존 시 온 사회를 김일성주의화하기 위해 철저한 수령 중심의 유일사상체계를 확립했다. 특히 김정일은 주체사상에 대한 이론적·사상적 지도력을 확보함으로써 미래의 수령으로서의 위치를 구축해 왔다. 김일성주의의 또 다른 해석자로 등장한 김정일은 1974년 '당 유일사상체계 확립 10대 원칙'을 발표한 이래 1982년 "주체사상에 대하여"를 통해 주체사상을 이론화, 체

---

33) 이종석·백학순, 『김정일시대의 당과 국가기구』(성남: 세종연구소, 2000).
34) 이주철, 『김정일의 생각읽기』, 3~5쪽.

계화했다. 이후 후계자로서의 권력승계가 공고해지면서 그의 각종 논
문, 담화, 연설문 등이 선집의 형태로 출판되기 시작했다.[35] 김정일은
이러한 일련의 이론적·사상적 지도를 통해 자신의 권력기반에 대한 정
당성을 확보해 나갔으며 아울러 "주체사상에 대하여"에서도 나타나듯
이 김일성과 함께 주체사상을 해석할 수 있는 유일한 사상적 지도자로
서의 위상을 꾸준히 확보해 왔다.

　김정일은 또한 본인의 사상과 이념 또는 북한 사회주의 체제 각 분야
에 대해 가지고 있는 문제의식들을 각종 논문을 통해 표명해 왔다. 그는
우선 사회주의권의 급격한 변화에 직면해 "인민대중 중심의 우리식 사
회주의는 필승불패이다"(1991.5.27.)라는 논문을 발표해 북한 체제가 어
떠한 외부로부터의 불건전한 사상이 북한 체제로 침투되는 것을 방지해
야 한다고 주장했다. 사회주의 국가들이 비록 마르크스·레닌주의를 신
봉했지만 사회주의 사상을 기계적으로 해석해 현실에 적용했기 때문에
체제와 인민이 유리될 수밖에 없어 결국은 인민들로부터 버림받게 되었
지만, 북한의 '우리식 사회주의'는 인민과 당이 수령을 중심으로 일심단
결되었기 때문에 어떠한 어려움이 닥쳐와도 결코 변질됨이 없이 유지될
수 있다는 주장이다.

　김정일은 김일성 사망 이후 체제통합과 사상교양을 강조하면서 어려
운 과도기를 헤쳐나갔다. "사회주의는 과학이다"(1994.11.1.)에서 북한식
사회주의는 기존의 사회주의와 전혀 다른 형태의 사회주의임을 주장함

---

35) 김정일, 『김정일 선집』, 1~12권(평양: 조선로동당출판사, 1992~97); 김정일, 『친
　　애하는 지도자 김정일동지의 문헌집』(평양: 조선로동당출판사, 1992); 리상걸, 『친
　　애하는 지도자 김정일동지의 론문 "주체사상에 대하여"의 해설』(평양: 사회과학출
　　판사, 1983); 리상걸·박승덕, 『친애하는 지도자 김정일동지의 로작 "주체사상교양
　　에서 제기되는 몇 가지 문제에 대하여"의 해설』(평양: 조선로동당출판사, 1988); 이
　　주철, 『김정일의 생각읽기』 등.

으로써 북한은 붕괴하지 않는다는 사실을 강조했으며, "사상사업을 앞세우는 것은 사회주의 위업수행의 필수적 요구"(1995.6.19.)라는 논문에서는 사회주의의 변질은 사상의 변질로부터 시작되며 사상 전선이 와해되면 사회주의의 모든 전선이 와해된다고 주장하면서 사상 강화를 역설했다. "조선로동당은 위대한 수령 김일성 동지의 당이다"(1995.10.2.)를 통해서 김정일은 제국주의의 정치 외교적 압력, 사상 문화적 와해 책동, 경제적 봉쇄, 군사적 위협을 강조하고 이에 대응해 주체사상의 순결성을 고수할 것과 이를 위해 당의 대중적 기반을 강화하라고 촉구했다. "혁명선배를 존대하는 것은 혁명가들의 숭고한 도덕의리이다"(1995. 12.25.)에서는 세계 사회주의 운동 역사는 혁명 선배들을 저버리고 그들의 업적을 부정할 때 혁명이 좌절된다는 교훈을 주고 있다고 전제하고, 북한 체제가 복잡한 환경 속에서도 승승장구하는 것은 앞 세대 혁명가들을 혁명 선배로 존대하며 선배들이 개척한 혁명위업을 충실히 계승 발전시키고 있기 때문이라고 주장했다. 따라서 혁명 선배를 존대하는 도덕 기풍을 배우고 고상한 도덕 의리 관계를 발전시키는 것은 사회주의 위업의 계승 완성을 위해 중요한 과업이며 특히 호기심이 많고 감수성이 빠른 청소년들에 대한 사상교양은 향후 북한 체제가 혁명위업을 제대로 계승할 수 있는지의 중요한 관건임을 거듭 강조했다. 이주철은 이러한 일련의 김정일의 이념체계를 '김정일의 체제수호논리 1·2'를 통해 정리, 제시했다.36)

아버지의 뒤를 이어 최고 통치권자가 된 김정일은 이른바 유훈통치라는 것을 활용해 공식 승계 시까지 권력의 공백을 메우고 김일성 수령의 영향력을 최대한 활용했다. 유훈통치 기간 동안 김정일은 새로운 정책을 제시하는 대신 주체사상에 입각한 수령의 유훈관철을 최우선 과제

---

36) 이주철, 『김정일의 생각읽기』, 42~119쪽.

로 제시했고, 이 같은 유훈달성을 통해 권력기반을 공고화하고 정통성을 증대시키는 등 인민동원의 전술을 효과적으로 사용했다. 또한 권력이양기의 혼란을 방지하고 자신의 권력승계를 정당화하기 위해 김정일은 김일성 수령의 카리스마가 본인에게 전이되도록 적극적인 우상화 작업을 전개했으며, 이를 통해 자연스럽게 주체사상의 계승자인 본인의 지도자적 자질을 부각시켰다.

김정일은 이 같은 북한 체제에 대한 믿음과 김일성의 후광을 적절히 활용한 유훈통치 3년 상을 마감하고 1997년 10월 8일 당중앙위원회·당중앙군사위원회 공동으로 당총비서에 추대되었다. 김일성의 당총비서직을 공식 승계한 김정일은 수령의 유훈관철을 강조하면서 '김일성 노선의 완성'을 명제화하고 이 완성 명제의 근본을 수령에 대한 '충실성', '무조건성'에 두었다. 김정일이 내세우는 충실성과 무조건성의 요체는 수령과 주체사상에 대한 절대화만이 북한 사회주의 체제의 존재 이유가 된다는 것이며 나아가 이를 통해서만이 자신의 정당성이 발현될 것으로 본 것이다. 이는 곧 수령에 대한 극도의 우상화 작업으로 구체화되었는데 김정일은 김일성을 영원한 수령으로 추대하고 수령의 출생일을 주체 원년으로 하는 새로운 연호를 제정해 사용함과 동시에 수령의 생일을 '태양절'로 선포하기도 하는 등 수령유일체제를 지속적으로 강화했다.

사회주의권 붕괴와 김일성 주석의 사망 이후 북한은 극심한 식량난으로 경제적인 어려움뿐만 아니라 사회기강 이완 등 심각한 체제위기에 처해 북한의 간부와 주민들 모두는 엄청난 시련과 사기저하를 겪을 수밖에 없었다. 김정일은 이러한 간부들과 일반 주민들을 독려하기 위해 새로운 각오와 정신을 담은 강렬한 구호를 지속적으로 개발, 활용했는데 '속도전', '속도창조운동', '3대 혁명소조운동', '3대 혁명 붉은 기 창조운동', '새기준·새기록 창조운동' 등이 그것이다. 김정일은 김일성으로부터 물려받은 유산인 파탄 직전의 북한 경제를 재건해야 할 책무가

주어졌으나, 이미 내부 가용 자원은 고갈되었으며 인도적 차원의 식량
지원을 제외하고는 서구의 대규모 경제적 지원도 기대할 수 없을 뿐만
아니라, 중국식 개혁·개방을 취할 수도 없는 상황에서 김정일이 기대할
수 있는 것은 오직 인민들의 노동력을 극대화하는 것이었다.

극심한 식량난의 위기 속에 제창된 '붉은 기 철학'은 김정일 두리에
일심단결해 고난의 행군을 줄기차게 전개함으로써 위기를 극복하자는
노력동원 구호의 성격이 강했으며, 식량난의 늪에서 벗어날 즈음에 제
기된 강성대국론도 같은 맥락에서 김정일 권력승계의 정당성을 확보하
고 주민들을 통합, 강력한 동원체제를 통해 주체의 강국을 건설하려는
주민동원 구호로서의 성격이 매우 강했다. 따라서 대부분의 김정일 연
구서에서도 지적하고 있지만 김정일의 어록 등을 집중 검토했던 이주철
은 김정일 시대에도 근본적으로 김일성 시대의 연속선상에서 강력한 이
데올로기를 통한 체제결속과 주민통합을 달성하고 경제건설에서도 고
난의 행군, 자력갱생 등을 통한 내부 역량, 내부 자원의 극대화를 우선
적으로 꾀하고 있다고 분석했다.[37]

김정일은 1998년 국가수반인 국방위원장에 재추대된 이후 미국을 비
롯한 국제사회로부터 대규모 식량지원을 받아냄으로써 극심한 식량난
등 최악의 경제 파탄을 모면하고 중국의 지원확대와 남한의 현대그룹으
로부터의 금강산 관광사업 대가로 적지 않은 외화를 획득하게 됨에 따
라 경제회생의 발판도 마련했다. 이와 같은 부분적 대외 개방의 상황
진전에 맞추어 북한의 모든 선전매체들은 "김정일은 곧 우리 당이고 우
리 국가, 우리 군대이며 우리 인민"이라며 모든 분야에서 김정일의 사
상과 노선 구현을 촉구하는 동시에 '모기장을 든든히 침'으로써 온갖
외부 사조의 침투 및 내부 와해 책동에 대항해 체제를 유지할 것을 역설

---

37) 위의 책, 129~214쪽.

했다.

동시에 이들 매체들은 군사 부문에서 군이 체제유지의 근간임을 계속 강조하는 가운데 군의 역할과 영향력을 사회 전 분야로 확산, 전 사회를 병영화할 것을 촉구했다. 김정일은 군인들의 혁명적 군인 정신이 투철하고, 군당사업 일군들은 일을 잘하고 있다고 높이 평가하면서 군의 기백이 높은 것은 사회의 당정치 사업과는 달리 군대의 당정치 사업이 잘되고 있기 때문이라고 평가했다. 이와 같은 김정일 시대의 새로운 국가 목표를 달성하고 모든 분야에서 김정일의 사상과 노선을 구현하기 위한 방식을 '선군정치(先軍政治)'라고 명명했다. 김정일은 당 일군들이 혁명적 군중노선을 적극적으로 전개해야 한다는 질타와 동시에 요령주의에 물든 당중앙위원회나 당책임 일군들에 대해서 응분의 처벌이 있을 것임을 경고하고 이들로 하여금 군의 모범을 따라 배울 것을 강력히 지시했다. 이주철은 이처럼 김정일이 선군정치를 강조하는 것은 난국과 위기에 처한 북한 체제를 군과 군당 일군들의 혁명적 기백을 통해 극복하려는 그의 강한 의지와 그의 실천적 경험 때문이라고 평가했다.[38]

4. 김정일 체제의 향후 전망

본론에서 검토했던 연구서들은 공통으로 김정일은 수령 유일사상, 강성대국론, 선군사상 등의 사상·이념적 토대 위에 김일성의 유훈을 관철해 나가면서 자신의 시대를 점차 김일성 시대와 구분해 펼쳐나갈 것으로 전망하고 있다. 향후 김정일이 당면한 가장 큰 문제는 수령으로서의 정통성을 확립하는 일인데 이미 김일성 생존 시부터 후계체제를 구축하

---

38) 위의 책, 122~128쪽.

는 과정에서 김정일의 우상화 작업은 대대적으로 실시되어 왔다.[39] 김정일의 지도자적 자질 및 위대성을 교육시키기 위해 각종 우상화 상징물과 문학 및 예술 작품을 제작하는가 하면 그의 지도력을 부각시키기 위한 사업을 조직적으로 추진해 왔다. 또한 해외 인사들을 통해 자신의 업적을 찬양하게 하거나 남한 사람들의 김정일 흠모 내용을 지어내면서까지 우상화를 진행시켜 왔다. 수령으로서 아버지에 비해 떨어지는 카리스마를 보완하기 위해 좀더 강도 높은 우상화 작업이 불가피했다는 것이다.[40]

김일성 사망 이후 김정일이 새로운 시대를 열어나가는 데 본인의 사상가적 자질 제고에 우선적인 비중을 두었던 것은 김정일 연구자들이 공통으로 지적하는 부분이다. 또한 김일성 시대로부터 시작된 강성대국의 건설이 김일성 주석의 유훈임을 강조하면서 이를 수령 중심의 강성대국으로 명명해 김정일이 바로 이를 이어받은 수령으로서 김일성 주석의 못다 한 유훈인 경제강국까지 이룩하리라는 점을 대대적으로 선전하고 있다. 강력한 지도자로서의 이미지를 배경으로 배신자에 대해서는 철저하게 응징하고 충성스러운 혁명가에게는 무한한 은혜를 베푸는 김정일식의 은덕 정치, 광폭 정치를 통해 선대에 이룩한 업적을 철저히 계승하는 것을 김정일 자신의 정통성 기반으로 삼고 있다. 김일성을 영원한 주석으로 옹립하고 자신은 정치, 경제, 군사 등 국가 전반을 총괄하는 국가수반으로서의 국방위원장에 취임함으로써 강성대국론, 선군사상에 입각한 김정일식의 강력한 지도자, 절대화, 수령화 유일체제를 구축해 나가고자 노력하고 있다.

---

39) 통일원 편, 『김정일우상화 사례집』(서울: 통일원, 1992).
40) 이와 다른 견해도 있는데, 초기 김정일의 공적 활동을 경험했던 신경완은 김정일이 김일성보다 오히려 더 북한 주민들의 신뢰와 신망을 얻었다고 증언하고 있다. 정창현, 『곁에서 본 김정일』, 214쪽.

연구서들은 수령으로서의 위상과 권력을 안정적으로 계승한 김정일이 향후 식량난을 비롯한 경제문제를 해결하는 데 최대의 역점을 둘 것으로 전망하고 있다. 이미 김정일은 자력갱생에 입각한 경제강국 건설을 통해 강성대국을 완성하겠다고 선언하고 과거 국방력 강화에 매진함으로써 군사강국을 건설했던 것과 마찬가지로, 향후 강력한 자립적 민족 경제건설을 위한 집중적인 투자를 통해 경제강국도 건설할 수 있을 것이란 강한 자신감을 드러낸 바 있다. 그러나 강력한 경제강국을 건설하기 위해 경제체제의 개혁이나 급속한 개방을 통한 경제발전 전략을 채택할 가능성에 대해서 연구서들은 유보적인 입장을 취하고 있다. 경제난 해결에 우선적으로 매진하되 그 방식은 고난의 행군 정신, 이데올로기 중심의 노력 배가 운동을 통한 자력갱생에 토대를 둔 민족 경제발전 방식을 고수하리라는 것이다. 실제로 김정일은 부분적인 개방의 모습을 보이면서도 구사회주의권의 경제해결 방식인 시장 기제의 도입을 통한 개혁·개방은 채택하지 않고 있다. 오직 주민들에게 철저한 사상무장과 최대한의 노력동원을 통해서 생산활동을 증대시킬 것을 적극 호소하고 있으며 '제2의 천리마 대진군 운동', '최후 승리를 위한 강행군 앞으로' 등 새로운 동원구호를 지속적으로 창출하는 등 주민의 노력동원을 극대화하고 있다. 1999년에 이어 2000년에도 김정일의 경제 부문 현지 지도가 눈에 띄게 증가했지만 경공업이나 무역 제일주의보다 발전소 등 기간산업 및 중공업우선주의를 강조하는 데서도 북한 경제의 자력갱생적 경향을 엿볼 수 있다.[41] 다만, 이러한 불확실성 속에서도 경제난 해결을 위해 남한을 비롯한 미일 등 자본주의 국가들과의 경제 교류·협력이 불가피하고 이러한 외부와의 연계 불가피성에 대한 인식이 오히려 이처럼 내부 체제를 보수적으로 정비하는 것으로 평가하고 있다. '모

---

41) 위의 책, 229쪽.

기장'을 든든히 침으로써 사회 각 분야에 대한 자본주의적 요소들의 침투를 방지하자는 주장도 이러한 개방을 중심으로 한 경제정책 변화에 대한 대비책으로 보아야 할 것이다.

그러나 문제는 이러한 김정일의 의지와 현실은 결코 동일시할 수 없다는 것이다. 서대숙은 김정일의 의지나 정권의 정책목표와 현실 세계에 나타난 북한의 모습은 아주 동떨어져 있다고 비판했다. 즉 '우리식 사회주의'나 '대외 정책의 자주' 등 북한의 목표 그 자체는 나쁘지 않지만 북한의 어려운 현실을 극복하는 데는 도움이 되지 못하는 슬로건에 불과했다는 평가를 내리고 있다. 따라서 김정일에게 주어진 절대 과제는 '도덕론'의 제창이 아니라 북한을 어떻게 잘 꾸려나가느냐 하는 것이며, 이는 결국 김정일이 어떤 사람을 등용해 인민들의 윤택한 삶을 보장해 줄 수 있을 것이냐로 귀결되고 이것이 그의 정권유지와도 직결될 것이라는 진단을 내렸다.42)

김정일이 정권을 승계하는 데는 일단 성공했으나 이를 유지하는 것은 전적으로 그의 역량에 달려 있다. 권력을 장악하는 데는 탁월한 수완과 능력을 보여주었으나 국가를 통치함에 있어서 실적이 없거나 무능하다면 정권을 안정적으로 유지할 수 없기 때문이다. 김정일은 일찍부터 군을 중시하고 군에 의지하는 성향을 보여왔으며, 이러한 군 중시의 경향이 급격한 국제질서의 개편과 북한의 식량난 등 경제·사회적 심각한 위기 상황에 직면해 더욱 상승작용함으로써 군대를 중시할 뿐만 아니라 군의 위상과 역할의 대폭적인 확대 강화 현상을 초래했다. 선군정치하의 북한군은 수령을 결사 옹위하며 체제를 무력으로 보장하는 강력한 세력으로 그 위상과 역할이 강화 확대되었음은 의심의 여지가 없다. 이러한 군에 대해 최고지도자인 김정일은 그 자신이 국방위원장으로서, 그

---

42) 서대숙, 『현대 북한의 지도자: 김일성과 김정일』, 276~280쪽.

리고 최고사령관으로서 최대의 신뢰를 표시하고 군우대정책을 지속함으로써 자신의 든든한 후방 세력으로 보유하고 있다.

또한 김정일 스스로 당의 역할에 대한 기대를 거두지 않고 있으며 기회가 있을 때마다 당의 분발을 촉구하고 있음을 볼 때 전통적인 당국가체제에 근본적인 변화가 있을 것 같지는 않다. 즉 군의 위상이 비약적으로 강화되고 군의 포괄적 역할확대에도 불구하고 현 단계에서 당을 능가하거나 당을 지배·통제한다는 의미에서의 군의 역할이나 위상이 확대·강화되는 것을 방치하지는 않을 것이다. 서대숙은 김정일은 군을 중시하고 군을 우대하는 데 비중을 두고 있으며, 또한 이를 통해 당의 일군이나 당조직 사업이 분발해 자신의 권력을 유지하는 인전대로서의 역할을 보다 충실히 하도록 할 것으로 전망했다.[43]

김정일이 추진해야 할 또 하나의 과제는 북한의 지도자로서 조국 분단의 민족적 문제를 해결하는 것이다.[44] 김일성 사망 이후 3년간의 '유훈통치' 기간을 마무리하던 1997년 8월 4일 김정일은 "위대한 수령 김일성 동지의 조국통일 유훈을 철저히 관철하자"는 논문을 통해 7·4 공동 성명의 '조국통일 3대 원칙', '전민족 대단결 10대 강령', '고려민주연방공화국창립방안' 등을 통일의 3대 헌장이라고 지칭하면서 김일성의 통일방안을 그대로 실천할 것을 천명했다.

남한의 김대중 정부가 출범하면서 화해·협력에 기초한 대북 포용정책을 적극적으로 추진하자 이에 대응해 김정일은 1998년 4월 18일 "온민족이 대단결하여 조국의 자주적 평화통일을 이룩하자"는 '민족 대단결 5대 방침'의 내용을 담은 서한을 발표했다. 비록 명칭은 민족 대단결이지만 주한 미군 철수, 보안법 철폐 및 안기부 해체 등 선결조건 이행

---

43) 위의 책, 283~284쪽.
44) 위의 책, 294~301쪽.

과 연북 화해정책으로의 전환 등을 요구함으로써 정치적으로는 기존의
대남 정책과 크게 다르지 않음을 보여주었다. 반면 김대중 정부의 정경
분리 원칙에 따른 기업들의 대북 진출을 선별적으로 수용해 금강산 관
광사업과 남한 기업인의 방북 등을 통한 경제적 실익을 챙기는 등 남북
경제교류 협력정책은 적극 추진했다. 즉 김대중 정부의 적극적인 대북
화해·협력 정책을 다른 형태의 '흡수 통일'로 인식하고 민족 대단결 논
리로 남북 간 접촉과 교류를 민간 부문에 한정하되, 접촉과 교류에 따른
부정적 효과를 최대한 차단하려 했다. 그러나 김대중 정부의 대북 포용
정책이 주변국들의 지지와 호응 속에 잠수정 침투사건, 연평해전, 금강
산 관광객 억류 사건 등 남북관계상 악재들이 발생했음에도 일관성 있
게 추진되자 김정일은 김대중 정부의 대북정책에 대해 일정 부분 신뢰
를 표시했으며 적어도 남북 간 경제교류 협력을 북한 체제가 체제 자체
를 유지하면서 경제회생을 도모할 수 있는 돌파구로 인식하게 되었다.
이러한 맥락에서 김정일은 2000년 3월 김대중 대통령의 남북정상회담
제의를 수용해 6월 15일 역사적인 남북정상회담과 남북공동선언을 발
표하게 되었다.

문제는 남북정상회담에서 채택한 6·15 공동선언에도 명시되어 있듯
이 김정일은 김일성 시대의 통일정책이던 한국 정부를 타도한 바탕 위
에 북한의 사회주의 정부로 민족을 통일하려는 발상을 포기해야 하는
것이다. 서대숙은 김정일에게 남과 북이 모두 각각 단독 정부임을 인정
하고 통일과 민족화합을 힘으로 강요해서 이루려는 꿈을 버려야 한다고
충고하면서, 남과 북 모두에게 헌법의 영토 조항을 개정하고 민족 분단
을 인정해야 새로운 화합의 길이 모색될 것이라고 제안했다. 정창현도
북한의 변화가 비록 점진적이지만 대외 개방은 일시적·전술적 조치가
아니라 경제전략적 방침이며 남한 및 서방과의 합작, 교류는 북한으로
서는 불가피한 선택이며 이것이 지속적으로 확대되어야 할 것이라고 지

적하고 있다. 아울러 김정일이 확고하게 정권을 장악하고 있는 조건에서 북한이 대담하게 개방으로 나설 가능성이 크기 때문에 이러한 변화의 싹을 적극적인 남북협력을 통해 키워나가야 할 것이라고 제안했다.[45]

반면 황장엽은 김정일은 과거에도 그랬고 앞으로도 변화하기 힘든 인물일 뿐만 아니라 체제의 속성상 변화할 수도 없다고 단언한다. 북한 인민을 구해내고 북한을 개혁·개방으로 이끌 수 있는 길은 오직 김정일 체제를 하루속히 붕괴시키는 것이라고 주장했다. 기아와 질병에 시달리는 북한 주민들의 고통을 해소하는 데 노력을 기울여야 하지만 북한의 경제적 자립성이 강화되는 데 도움을 주는 경제협력이 이루어져서는 안 된다는 지적이다.[46] 따라서 북한 주민들에게 가급적 많은 외부 정보가 유입되도록 해야 하며 이는 북한의 민주화 운동을 통해서만 가능할 것이라고 전망하고 있다. 이주철도 김정일이 사상과 군대의 힘을 통해 정권을 유지하려고 하지만 북한이 당면한 절실한 과제는 민주화와 인권이라고 진단했다. 그는 황장엽의 주장과 같이 북한 인민에 대한 인도적 식량지원이 확대되어야 한다고 주장하면서 민족문제에는 냉정함을 잃지 말고 경제협력과 민주화를 병행해서 요구하는 전략이 필요하다고 충고했다.[47]

5. 김정일의 성격 및 통치행태

무릇 정치지도자의 성격이나 리더십은 체제가 법과 제도에 의해 엄

---

45) 정창현, 『곁에서 본 김정일』, 235~244쪽.
46) 황장엽, 『나는 역사의 진리를 보았다』, 295~296쪽.
47) 이주철, 『김정일의 생각읽기』, 310~314쪽.

격히 규제되고 권력구조가 투명한 사회에서는 정치나 국가정책을 연구
하는 데 그다지 큰 비중을 두지 않지만 북한과 같이 수령유일체제 사회
에서는 지도자의 성격이나 통치행태가 다른 어떤 요소에 비해 결정적인
변수로 작용한다. 따라서 대부분의 김정일 연구서들은 상당 부분을 그
의 성격과 사생활 및 그의 통치행태 분석에 할애하고 있다.

북한의 절대권력자 김정일은 출생과 성장 과정이 남달랐던 만큼 그
의 성격도 특이한 점이 많다. 초기에는 일반 귀순자 및 김정일을 직접
접촉한 인물들이 이들의 경험을 수기 형태로 출판하면서 비밀에 싸였던
그의 성격이나 행태에 대한 연구가 가능해졌다.[48] 이러한 기초 자료를
토대로 김정일의 성격 유형을 체계적으로 정리한 대표적인 연구서로는
조영환의 『매우 특별한 인물 김정일』을 들 수 있다.[49] 조영환은 김정일
이 불안한 성장기 환경으로 인해 모성애 결핍, 성격장애, 외모에서 오는
열등감 등 부정적인 면과 조기 특수 교육, 명석한 두뇌, 결단력과 솔직
성, 장남의 성격 등 긍정적인 면을 동시에 갖고 있다고 분석했다.[50] 이
러한 그의 성격은 현실 정치에서 인덕 정치, 광폭 정치의 형태로 나타나
기도 하는데 인덕 정치와 광폭 정치는 동전의 양면과 같아서 긍정적인
측면과 더불어 엄청난 보복과 낭비를 초래할 수 있는 부정적인 측면을
동시에 갖고 있다.

이미 그의 출생과 성장 과정에서 살펴보았듯이 김정일은 전투가 진
행되던 시기에 빨치산 부모 밑에서 빨치산들의 특별한 관심과 보호 속

---

48) 최은희·신상옥, 『김정일 왕국』, 상·하권(서울: 동아일보사, 1988); 고영환, 『평양
　　25시』(서울: 고려원, 1992); 신경완, "곁에서 본 김정일"(상·하), 『월간중앙』, 6월호
　　(1991); 吉村慶子, "내막: 김정일과 특권계급," 『신동아』, 7월호(1991); 김정민, "'형
　　님 김정일' 아이 때부터 제왕이었다," 『신동아』, 8월호(1994) 등.
49) 조영환, 『매우 특별한 인물 김정일』(서울:지식공작소, 1996).
50) 위의 책, 145～146쪽.

에 성장했고, 수상의 아들로서 북한 최고의 학자 및 전문가들로부터 체계적이고 특별한 교육을 아주 일찍부터 받았다. 남한을 비롯한 서방세계의 사정에 대해서도 각종 매체를 통해 자유롭게 접근할 수 있었으며 사고나 행동을 규제할 수 있는 것은 오직 부친인 김일성 수령 한 사람뿐이었다. 물론 타고난 천성도 있으나 이 같은 성장배경은 그로 하여금 합리적 현실주의 감각을 갖게 했으며 두뇌가 명석한 조건에서 대담한 결단력과 솔직한 성격을 갖게 했다. 가부장적 유교전통에서 장남으로 성장했으므로 권위적 성격뿐만 아니라 이에 수반하는 강한 책임감도 동시에 보유하게 되었다.

그러나 이 같은 긍정적인 측면보다는 출생 이후 불안정한 생활과 생모의 사망, 계모의 등장, 전쟁과 권력투쟁 속에 성장하면서 부정적인 성격도 많이 갖고 있는 것으로 보인다. 조영환에 의하면 김정일은 모성애 결핍에 따라 우울과 비탄의 증후를 보이고 있으며 불신과 증오, 피해의식과 조급성, 무절제, 자제력 결여, 저돌성, 잔인성, 교만성 등 정신불안 증세, 연상의 여인에 대한 동경, 지나친 감정의 기복도 있는 것으로 나타났다. 경계선적 성격장애로 인해 변화무쌍하고 즉흥적이며 변덕스러운데다가 정서불안 증세도 보이고 있다. 열등의식과 지나친 스트레스로 인해 잔인성과 오만성도 병적인 수준이며 충고는 잘 듣지 않고 주위로부터 주목과 찬사를 받기를 좋아하는 품성과 기분에 따라 멋대로 행동하는 방종함과 괴팍함을 동시에 가지고 있다. 또한 스피드광이고 가학성과 함께 급하고 다혈질적인 성격이며 때로는 대인기피 증세까지 있다고 분석했다.

조영환은 이러한 김정일의 성격을 정신분석학적으로 분석하면 편집증과 과대망상증, 피해망상증, 정책적 양면성을 가지고 있다고 했다.[51]

---

51) 위의 책, 166~167쪽.

특히 조영환은 다면적 인성검사(MMPI: Minnesota Multiple Personality Inventory) 척도에 김정일의 정신건강에 관한 모든 정보를 넣어 검사를 실시했는데 결과는 반사회적 성격과 조증(감정 폭발)척도에서 가장 높은 점수가 나왔다고 한다. 이러한 성격의 사람은 야심이 크고 에너지가 많으며 활동적인 동시에 교활하며 이기적이고 고집이 세며 사람을 잘 이용한다. 쉽게 싫증을 내는가 하면 즉흥적이고 주색을 좋아하며 심심한 것을 견디지 못한다. 재주가 많은 반면 핑계도 많고 이유도 많다. 모험심, 반항심이 많고 법을 어기는 것을 대수롭지 않게 생각하며 대부분의 경우 머리가 좋은 편이다. 이런 성격의 사람이 지도자가 된다면 독재자가될 가능성이 다분히 높다고 진단했다.[52] 기존의 여러 관찰자들의 증언 및 분석과 상당 부분 일치하는 측면이 있는데 이 검사결과 이러한 다면적 성격이 편집증 증세와 상승작용할 경우 충동적이고 폭발적인 경향을 띠게 되므로 아주 위험할 수도 있다고 경고했다.

사실 김정일의 성격은 그 자체가 복잡하고 다면적인 동시에 그의 언행이 대부분 비밀에 싸여있기 때문에 정확한 진단을 내린다는 것은 애초에 불가능한 일인지도 모른다.[53] 그러나 사적인 위치에서 김정일을 접한 사람들의 증언은 대체로 복합적인 그의 성격을 확인해 주고 있다. 최근 김정일을 아주 가까이서 접했던 성혜랑의 자서전도 이러한 인간 김정일의 모습을 생생히 증언하고 있다.[54] 2000년 6월 남북정상회담에서 드러난 김정일의 육성과 제스처 및 대화 내용, 8월의 남한 언론사 대표들과의 환담 내용을 보면 대단히 절제된 김정일의 모습을 볼 수 있으며 이는 김정일의 또 다른 측면을 표출했다고 할 수 있다.[55]

---

52) 위의 책, 200쪽.
53) 오사무 에야, "'成人 김정일'을 둘러싼 8가지 미스터리,"『신동아』, 8월호(2000).
54) 성혜랑, 『등나무집』(서울: 지식나라, 2000).
55) 최원기·정창현, 『남북정상회담 600일』(서울: 김영사, 2000).

6. 김정일 연구의 향후 과제

2000년 6월, 분단 55년 만에 최초로 이루어진 남북정상회담의 의미도 역사적인 것이었으나 우리에게 성큼 다가온 인간 김정일의 모습은 가히 충격적이었다. 이제 남한 사회뿐만 아니라 전 세계에 그 모습을 적나라하게 드러낸 김정일을 알지 못하고는 감히 한반도 정세나 동북아 정세를 논할 수 없는 상황이 도래했다. 이 점에서 그동안 김정일에 대해 오랫동안 연구해 온 서대숙, 정창현, 이주철 등 김정일 연구자들의 연구서는 그 자체 훌륭한 연구성과이면서 동시에 향후 김정일 연구작업의 방향을 제시했다는 점에서 의의가 크다. 김정일의 출생과 성장 및 성격과 통치행태 등 개인적 사실로부터 지도자로서의 권력장악 과정과 통치능력, 그의 이념체계와 정책 및 그가 통치하는 북한 체제의 향후 전망까지 종합적으로 분석함으로써, 김정일과 그의 체제에 대한 균형된 시각을 갖는 데 많은 도움을 주었다. 또한 이들 연구서에서 제시한 '김정일 다루기' 또는 남북관계 개선방안 등은 이미 2000년 6월 정상회담 후 남북관계에 임하는 우리의 대북정책에 상당 부분 반영되어 그 실천적 의의를 더하고 있다.

북한과 같은 수령유일체제의 경우 최고 정책결정권자인 김정일 국방위원장은 절대권력자이며 전지전능한 신과 같은 존재이다. 이러한 맥락에서 본론에서 검토했던 연구서들도 '김정일의 북한'이라는 인식론적 시각에서 인간 김정일, 지도자 김정일을 집중 분석했으며 이를 토대로 향후 북한의 국가정책과 체제발전 방향을 전망했다. 보편적인 다원주의 국가와 같은 엘리트간 또는 계급간, 계층간, 각종 정당 및 이익 단체간의 이해 갈등을 전제로 한 '정치적 행위'가 북한에는 형성되어 있지 않으며, 오히려 수령유일체제하의 주체사상에 의해 획일화된 통제구조가 유지되고 있다. 또한 북한 체제는 외부로부터 철저하게 차단된 폐쇄체제이기 때문에 외부의 상황변화나 정보가 침투하지 못할 뿐만 아니라 내부의 정보마저 정상적인 방식으로 유통되지 않고 있다는 것이다. 이러한 상황에서 북한 주민들은 오직 수령에 의한 주체적 해석을 통해 현상을 인식하고 행동하며, 이른바 인전대로 불리는 당과 권력 엘리트들의 역할도 최고지도자인 김정일이 제시하는 체제 목표나 가치를 충실히 전달하는 데 불과하다는 결론을 얻게 된다.

또한 연구서들은 김정일은 김일성 주석의 계승자이며 김정일 시대는 기본적으로 김일성 시대의 연장선상에 있다는 점을 분석의 준거로 삼고 있다. 김일성이 지난 50년 동안 구축한 거대한 가부장제 가족사회를 장남인 김정일이 새 수령으로서 유지해 나가고 있으며, 사회·정치적 생명체론이라는 유기체적 세계관에 입각해 수령 중심의 유일지배 체제에서 상속자로서의 위상을 공고히 하면서 각종 구호들을 창출함으로써 정통성을 제고해 나가고 있다는 분석이다. 핵문제로 미국 등 국제사회를 상대로 한 대결, 김일성 주석의 사망과 식량난 등 심각한 위기 상황에서 김정일은 북한 체제 최후의 보루로서 군에 의지하면서, 과거 사회주의권 국가들의 변절과 몰락의 전철을 밟지 않기 위해 배신자와 혁명가들을 구분하며 사상의 순수성을 고수하는 등 사상통제를 강화하는 것도 본질적으로 김정일이 아버지 김일성으로부터 자유로울 수 없기 때문이라는 것이다.

그러나 비록 북한의 현실이 절대권력을 가진 '왕'이 통치하는 세습군주체제와 별반 다를 바가 없다는 측면에서 김정일 개인을 중심으로 연구가 이루어질 수밖에 없다는 점을 인정하면서도, 앞으로의 북한을 이해하기 위해서는 이제 김정일 연구의 대상과 방법이 확대되고 달라져야 할 시점에 도달했음도 인정해야 한다. 과거 체제차원에서 전체주의적 접근법이 북한 사회를 이해하는 데 많은 장점이 있음에도 불구하고 내재적 방법을 통해 보완될 필요가 있었듯이, 김정일에 대한 고착화되고 정형화된(그것이 객관적인 사실과 보다 신빙성 있는 경험적 체험에 의한 것일지라도) 인식으로는 '살아 숨쉬는' 정치인 김정일과 그가 통치하는 북한 사회를 입체적으로 파악하기에 적합하지 못하다. 2000년 6월의 정상회담을 통해 '은둔'에서 해방되었다는 김정일은 역설적으로 과거의 김정일 독도법만으로는 이해할 수 없게 되었다는 것이다. 과거 왕의 어록과 행적을 중심으로 시대상황을 이해하던 왕조사 중심의 역사를 탈피해 보다 종합적인 접근이 필요하며, 그렇지 않으면 과거의 북한뿐만 아니라 오늘과 내일의 북한도 정확히 이해할 수 없을 것이다. 그렇다고 기존의 김정일 연구의 소중한 성과를 과소평가하는 것은 결코 아니다. 오히려 이러한 선행연구들을 통해 앞으로 보다 체계적이고 진일보한 연구들이 지속적으로 이어져야 할 것이다.

첫째, 김정일은 외부 세계, 특히 남한 사회에 대해 자신이 변화를 지향하는 인물로 비쳐지고 싶어하는 것 같다. 본인 스스로 이에 대해 언급하면서 혁명 1세대, 군부, 당간부 등이 따라오지 못하고 있다고 실토했다. 이는 앞서 검토한 연구서들에서도 일부 밝혀진 사실인데 그렇다면 지난 30년 동안 북한을 실질적으로 '통치'해 온 김정일의 본심과 정책기조는 무엇인지 체계적인 연구가 필요하다. 자신은 변화를 추구했는데도 과거 아버지 김일성 수령이 반대했기 때문에, '유훈통치' 기간 혁명 1세대 등 수구세력이 존재했기 때문에 본인이 추구하려는 변화가 실현되지 못한 것인지, 그리고 이제 새로운 시대를 맞아 본격적인 개방 등 변화를 추구할 것인지에 대해, 북한의 선전용 공개 문건이 아니라 북한의 정책변화의 구체적 내역을 토대로 사실 여부를 파악해야 할 것이다. 과거 당 선전선동부장과 조직지도부장과 후계자로서 북한 체제 전반을 이끌어왔던 김정일의 '생각'은 그의 이름으로 발표된 무수한 '논문', '담화' 등에 나와 있으나 현실적으로 그가 했던 '일'들은 어떠했으며, 어떤 계기, 어떤 내용들이 변화되었는지 밝혀져야 할 것이다.

둘째, 북한과 같은 철저한 통제 사회, 전체주의 사회에서 유일한 '자유인'은 현재 김정일 한 사람뿐이다. 이는 김대중 대통령과의 회담에서도, 남한 언론사 대표들과의 환담에서도 그대로 드러났다. 그의 미소, 호탕한 제스처, 과감한 발언에서 묻어나는 이러한 모습들을 통해 향후 북한에서 어떠한 차별적인 정책이 가능할 것인지 추적해 나가야 할 것이다. 그가 통치해 온 체제와 이념은 그의 개인적인 역량뿐만 아니라 북한의 체제와 이념에 동조하는 지배 엘리트들에 의해 보장되고 유지되어 왔다고 할 수 있다. 그런데 이러한 '자유인' 김정일의 결심에 따라 체제와 이념이 근본적으로 변화하게 된다면 '수구' 통치 엘리트들에 대항해 '개혁' 엘리트들이 어떤 역할을 하고 있는지 심층적인 연구가 있어야 한다. 물론 시간이 걸리는 문제이기도 하지만 근본적인 문제에 대해서는 변화하든지 아니면 변화에 저항하는 모습이 나타날 것이다. 김용순 비서를 비롯해 최근 각종 남북대화에 임하는 신진 엘리트로 대표되는 변화지향 측근들의 역량과 위상은 과연 어느 정도인지, 현재 군부와 당간부들의 성향이 과거에 비해 얼마나 차이가 있는지도 비교, 검토해야 한다. 김정일은 자신의 권력은 군력(軍力)에서 나온다고 밝힌 바 있다. 그 군력의 마지노선은 무엇이며 당과 군 등 주요 권력집단의 관계가 김정일 국방위원장 개인의 역량에 따라 좌우될 것이라면 그의 영향력의 변화에 따라 집단간 이해 대립과 갈등은 없을 것인가 하는 점에 대해서도 구체적인 연구가 진행되어야 한다.

셋째, 최근 외부에 공개된 인간 김정일의 모습으로 미루어볼 때 대부분의 연구서들이 지적하듯이, 그는 국정운영 경험을 충분히 쌓은 지도자로서의 역량을 갖추고 있으며 북한 체제를 확실히 통제하고 있음에는 틀림이 없다. 이는 정상회담 이전에 발간된 연구서들을 비롯해 이미 학계에서는 널리 알려져 있던 사실이고 다만 일반 사회에서 이에 대해 이해가 부족했을 뿐이다. 그러나 이러한 정태적이고 평면적인 김정일 연구만으로는 변화하는 북한의 현실뿐만 아니라 전체적인 김정일을 이해하는 데 실질적인 도움을 주지 못할 것이다. '주체사상', '정치사회적 생명체론', '유일지배 체제' 등 전체주의 북한 체제의 구성원리나 작동 기제 및 북한이 지향하는 정책과제 등이 우리에게 편안하게 다가온 김정일의 면모와 과연 어떠한 관계에 놓여있는지를 입체적이고 동태적으로 분석할 필요가 있다. 그는 여전히 북한을 철저한 조직관리와 엄격한 기준의 적용하에 개인의 성향과 의지에 따라 그의 '무소불위'의 역량을 통해 통치하고 있는 독재자인 동시에, 이제 외부로 향한 창을 조금씩이나마 열어가야 할 입장에 놓여있기 때문이다. 이 점에서 그와 직접 회담에 임한 김대중 대통령의 평가(대화 가능한 상대라든지, 합리적이라든지, 상황 판단이 빠르다든지, 자신의 입장을 즉각 수정한다든지 등)는 대단히 주목할 사항인데 향후 이 같은 '살아 숨쉬는' 또는 작용, 반작용의 틀에 편입된 '김정일'에 대해 정밀한 분석연구가 이루어져야 할 것이다.

남북관계는 이제 새로운 변화의 시기를 맞이하고 있다. 이런 상황에서 '자유인'이자 '절대권력자'인 김정일을 바로 아는 것이 그 어느 때보다 시급하고 절실한 과제이다. 그럼에도 불구하고 이러한 변화를 주도하고 있는 김정일의 실체와 정책, 이를 가능하게 할 수 있는 권력 구조와 체제에 대해 입체적이고 동태적인 분석이 이루어지지 않고, 일방적이고 정태적인 분석수준에 머문다면 그것이 비록 보다 상세한 증언과 자료에 토대를 두었다고 하더라도 결국은 북한이 창조해낸 현실과는 동떨어진 '우상담론'에서 벗어나지 못할 것이다. 본론에서 검토했던 연구서들이 우리의 김정일 연구에 대한 인식과 목표 과제를 '우상담론'으로부터 벗어날 수 있도록 길잡이 역할을 했던 만큼 향후 김정일 연구는 보다 실질적인 연구가 되어야 할 것이다. 동시에 이러한 논의와 평가가 객관적 사실에 기초해 편견 없이 진행되고 서로 다른 견해에 대해 최대한 관용과 수용의 자세를 갖게 될 때, 김정일 연구는 양적으로 풍성해질

뿐만 아니라 질적으로도 한층 심화될 수 있을 것이다.

참고 문헌

▪ 1차 자료

김정일, 『김정일 선집』, 제1~12권(평양: 조선로동당출판사, 1992~97).

_____, 『친애하는 지도자 김정일동지의 문헌집』(평양: 조선로동당출판사, 1992).

리상걸, 『친애하는 지도자 김정일동지의 론문 "주체사상에 대하여"의 해설』(평양: 사회과학출판사, 1983).

리상걸·박승덕, 『친애하는 지도자 김정일동지의 로작 "주체사상교양에서 제기되는 몇가지 문제에 대하여"의 해설』(평양: 조선로동당출판사, 1988).

▪ 2차 자료

고영환, 『평양 25시』(서울: 고려원, 1992).

吉村慶子, "내막: 김정일과 특권계급," 『신동아』, 7월호(1991).

김정민, "'형님 김정일' 아이 때부터 제왕이었다," 『신동아』, 8월호(1994).

김현식·손광주, 『다큐멘터리 김정일』(서울: 천지미디어, 1997).

박규식, 『김정일평전』(서울: 양문각, 1992).

서대숙, 『현대 북한의 지도자: 김일성과 김정일』(서울: 을유문화사, 2000).

성혜랑, 『등나무집』(서울: 지식나라, 2000).

신경완, "곁에서 본 김정일"(상·하), 『월간중앙』, 6월호(1991).

오사무 에야, "'成人 김정일'을 둘러싼 8가지 미스터리," 『신동아』, 8월호(2000).

이종석·백학순, 『김정일시대의 당과 국가기구』(성남: 세종연구소, 2000).

이주철, 『김정일의 생각읽기』(서울: 지식공작소, 2000).

이항구, 『김정일과 그의 참모들』(서울: 신태양사, 1995).

전현준·안인해·이우영, 『북한의 권력엘리트 연구』(서울: 민족통일연구원,

1992).

정창현, 『곁에서 본 김정일』(서울: 토지, 1999).

조민호, 『김정일과 친위세력』(서울: 공보처, 1992).

조영환, 『매우 특별한 인물 김정일』(서울: 지식공작소, 1996).

중앙일보사 특별취재반, 『한반도 절반의 상속인 김정일』(서울: 중앙일보사, 1994).

최원기·정창현, 『남북정상회담 600일』(서울: 김영사, 2000).

최은희·신상옥, 『김정일 왕국』, 상·하권(서울: 동아일보사, 1988).

탁진·김강일·박홍제, 『김정일지도자』, 제1～2부(東京: 東邦社, 1984).

통일원 편, 『김정일우상화 사례집』(서울: 통일원, 1992).

황장엽, 『나는 역사의 진리를 보았다』(서울: 한울, 1999).

_____, 『개인의 생명보다 귀중한 민족의 생명』(서울: 시대정신, 1999).

제 3 장

북핵의 진실 게임과 사즉생(死卽生)의 선군(先軍)정치*

이정철 (삼성경제연구소 수석연구원, 정치학)

- 백보흠·송상원, 『영생』(평양: 문학예술종합출판사, 1997).
- 정기종, 『력사의 대하』(평양: 문화예술종합출판사, 1997).
- 김철우, 『김정일 장군의 선군정치』(평양: 평양출판사, 2000).

1. 2002년 10월, 강석주 발언의 진실과 오해

소설 『력사의 대하』에서 김정일은 다음과 같이 주장한다.

> 지금 적들은 우리가 원자무기를 가지게 될까봐 두려워합니다. 그러나
> 그들은 우리에게 더 위력한 무기가 있다는 것을 모르고 있습니다(백보흠
> 외, 90쪽).

---

* 이 글은 경남대학교 북한대학원, 『현대북한연구』, 제7권 1호(서울: 한울, 2004)에
  게재되었던 글입니다.

거두절미하고, 이른바 '적'이 이 같은 발언을 면전에서 들었을 때 어떤 반응을 보일까? 공갈이라고 웃어넘기기보다는, 자신들을 기만하고 은밀하게 강력한 무기를 개발해 온 것으로 간주하고 적대 정책을 강화하지 않을까?

북한 핵문제가 재부상한 것은 2002년 10월 평양 회담에서이다. 당시 미국 측은 회담을 끝내고 열흘여 후인 10월 17일 워싱턴에서 "북한이 농축 우라늄(HEU)에 의한 핵 개발 사실을 시인했다"고 발표했다. 당시 미국 측이 밝힌 북측의 문제 발언은 "핵무기보다 더한 것도 갖고 있다"라는 표현이었던 것으로 알려진다.[1] 미국 관료들은 이 발언이 플루토늄이 아닌 우라늄 핵 보유를 시인한 것이라고 해석했고, 미국과 일본의 언론들은 한발 더 나아가 북측이 농축 우라늄을 시인한 것뿐만이 아니라 수소폭탄을 개발한 것이라느니, 심지어 일부에서는 생화학 무기 보유를 시인한 것이라며 호들갑을 떨었다.[2] 당시는 북한 측이 일본인 납치자 문제를 시인한 직후여서, 북한의 대미 핵 시인도 하나의 시나리오로 받아들여지는 분위기였다.

그러나 북한 측은 곧 이를 반박하기 시작했다. 자신들은 핵 개발을 시인한 적이 없다는 것이다. 협상보다 자신들에 대한 압박에만 관심이 있는 미국 측에 대해 강석주 외교부 제1부부장이 격앙된 분위기하에서

---

1) 그러나 북한이 실제 구사한 표현은 '갖고 있다'는 현재형의 표현이 아니라 '가질 자격이 있다'는 미래형의 표현이었다는 것이 서동만의 주장이다. 현재 북한의 우라늄 핵 개발 능력이라는 것은 보잘것없는 것이라는 평가다. 우라늄 농축 핵 물질 추출을 위해서는 1,700대(1대당 20만 달러)의 원심 분리기를 1년간 풀 가동하여 1개 우라늄 탄 제조 필요량의 80%가 얻어진다는 것이다. EK라서 현 단계서 북한이 우라늄 농축 방식으로 핵무기를 개발하는 데는 기술적으로 보아 5~10년이 걸릴 것이라고 평가된다. 서동만, "북한 핵문제에 대한 해법-병행전략을 중심으로," 미래전략연구원, 『2003년 북한문제 시나리오와 대책』(2002), 267쪽.

2) YTN, 2002년 11월 14일. 일본 소식통 인용; 『월간 지구촌』, 1호(2003) 등.

"핵무기보다 더한 것도 갖게 되어 있다"라고 했다는 것이다.

　회담 직후, 평양을 방문한 그레그 전 주한대사와 돈 오버도퍼 교수 일행이나 2004년 1월 평양을 방문하고 돌아온 의회 및 민간 대표단으로 구성된 존 루이스 스탠퍼드대 명예교수 일행은 이와 관련해 '통역상의 실수'가 있었다고 주장해 북한 측 주장을 뒷받침했다. 북측에서 보여주거나 설명해 준 내용에 따르면 북측은 "핵무기를 가질 자격이(entitled to have) 있고, 그것보다 더한 것도 가질 수 있다"고 했다는 것이다.3)

　지난 2월 북경에서 열린 북핵 해결을 위한 2차 6자회담에서도 여전히 이 문제는 쟁점의 하나로 남아 있다. 6자회담에서 북측은 HEU 문제를 터무니없는 것으로 일축하며 미국이 증거를 제시하면 이에 대해 북측이 하나씩 해명하겠다는 태도를 보였다. 사실상 금창리 방식의 협상4)을 제안한 것이다. 반면 켈리 미 동아시아 태평양 담당 차관보는 증거를 제출하는 순간 북한 측이 이를 은폐할 것이라며 증거 제출을 거부했다고 전해진다.5) 따라서 이 문제에 관한 한 미국과 북한의 주장은 여전히 평행

---

3) 돈 오버도퍼 교수는 당시 상황을 다음과 같이 묘사하고 있다. 『워싱턴 포스트』, 2002년 11월 10일.

　"강석주 외무성 제1부상은 켈리와 미국 대표단에게 고립된 국가인 북한은 미국의 점증하는 위협으로부터 자국의 안보를 지키기 위해 "핵무기를 가질 권리가 있다"고 말했다. 미 대표단은 자체적으로 논의를 한 끝에 북한 측의 발언을 켈리의 추궁을 사실로 인정한 것으로 해석했다. …… 북한 대표부는 비밀시설에서 농축우라늄을 생산하고 있지 않느냐는 켈리의 추궁을 명백히 사실로 인정하지도 않았고, 그렇다고 완전히 부인하지도 않았다. 다만 그들이 취한 조처가 부시 행정부의 적대정책에 대한 대응이라고만 말했을 뿐이다. …… 그들은 또한 북한이 이미 핵무기를 가지고 있는지 여부에 대해서도 "긍정도 부정도 않는" 입장이라고 밝혔다."

4) 금창리 방식이란 미측이 의혹을 제기한 금창리 시설에 대해 북측이 미국의 '참관료'를 조건으로 사찰을 허용하여 의혹을 해명한 방식의 협상을 말한다.

5) 『연합뉴스』, 2004년 3월 3일.

　"켈리 차관보는 상원외교위원회 증인으로 출석해…… '여러 나라들이 종종 우라

선을 달리고 있고 진실은 여전히 오리무중이다.

원래 실체적 진실이라는 것은 인간의 악의가 개입되지 않더라도 사소한 실수에 의해서도 어둠 속에 파묻히기 쉬워서, 모든 당사자가 선의이지만 오해로 말미암아 돌이킬 수 없는 대결로 귀결되기도 한다. 그 책임 소재는 영원히 밝혀지지 않은 채. 북핵문제에 대해서도 북한이 자발적으로 핵 개발을 시인했다는 주장 외에 다른 어떤 증거를 미국이 제출하지 않는 한 상황은 마찬가지일 것이다. 당시 회담은 평양에서 진행되었고 미국과 북한이라는 당사자 외에 어떤 객관적이고 중립적인 행위자도 없었다. 그리고 당시 상황에 대해서 양자는 정반대의 논리만을 반복하고 있기 때문이다.

그러나 이쯤에서 우리는 한 가지 분명한 사실을 확인할 수 있다. 북한이 명확하고 구체적으로 HEU 프로그램을 시인하지 않았다면,[6] 북한이 핵을 시인했다는 미국의 주장은 북한의 표현에 대한 미국 관료들의 '해석'이다. 따라서 북한의 HEU 프로그램에 대한 증명 여부를 떠나서, 미국 대표단은 북한 측의 발언에 대해서 조금은 조심스럽게 접근할 필요가 있었다는 점이다. "핵무기보다 더한 것을 갖고 있다"라는 현재형이던 "핵무기보다 더한 것을 갖게 되어 있다"는 미래형이던, 북한 측의

늄 농축 프로그램에 들어가는 이유는 우라늄 프로그램이 플루토늄 프로그램보다 숨기기가 쉽기 때문이다. 만일 내가 당신에게 그 정보를 제공하면 당신을 그것을 숨기기가 쉬워진다고 대답했다'고 말했다."

알려진 것과 달리 실제 켈리 차관보는 2002년 10월 평양회담에서 아무런 증거를 제시하지 않았다고 진술하였다. 2003년 7월 진술.

6) 실제로 당시 회동에 참여한 프리처드와 같은 전 대북교섭담당특사는 2004년 재방북 후 기자회견에서 북한이 구체적이고 명료하게 HEU 프로그램을 시인하고 있지 않다면서도, 자신은 북한이 HEU프로그램을 가동 중이라는 점을 믿고 있다고 발언하여 여운을 남겼다. 물론 미 국무부는 이에 대해 즉각 프리처드를 비판하고 나섰다. 『연합뉴스』, 2004년 1월 16일.

담론에 익숙한 사람이라면 양자간의 차이가 크지 않음을 알기 때문이
다. 글의 문두에서 인용한 소설『력사의 대하』에 나타난 김정일의 주장
에 나온 "원자무기보다 더한 것"은 어떤 실체를 지닌 물리적 무기가 아
니라 수령, 당, 대중이 일심단결된 북한식 주체를 의미하는 것임은 두말
할 나위조차 없는 사실이다. 그것은 어떤 외부의 위협에 대해서도 두려
워하지 않는다는 북한식 담론인 것이다. 실제 동일한 담론은 북한의 글
들에서 반복적으로 나타나고 있다.[7] 이미 이 같은 표현들은 북한 주민
들에게는 매우 익숙한 용어라는 점을 미국 측이 알고 있었다면 상황은
얼마나 달라졌을까?

2. 북핵 위기에 대한 2개의 이야기

사전에 북한 소설에 대해 조그마한 지식이 필요하다. 북한 소설의 시리
즈물(총서) 중에는『불멸의 역사』시리즈가 있고『불멸의 향도』시리즈가
있다.

전자는 김일성의 항일투쟁시기부터 사망 시까지의 업적을 1년 혹은
2년 단위로 소설화한 것이다. 30년대 만주 항일 투쟁 과정부터 90년대
사망 시기까지 중요한 계기들을 다루고 있다. 그 첫 권이 김일성의 첫
항일투쟁기인 '타도제국주의동맹' 결성 과정을 담은『닻은 올랐다』라

---

7) "이 인민의 힘은 원자탄보다 더 강합니다. 미 제국주의자들은 이것을 모르고 있습
니다"(백보흠 외, 90쪽).
　"그러나 우리에게는 수령, 당, 대중의 일심단결된 힘이 있습니다. 그 어떤 현대적
무기나 기술수단도 이것을 깨뜨릴 수 없습니다"(정기종, 47쪽).
　"군사적 타격에는 한계가 있지만 사상에는 한계가 없으며 그 위력은 원자탄보다
강합니다"(김철우, 146~147쪽).

면, 그 마지막 권은 이 글에서 다루는 1994년 김일성 사망 시기를 그린 『영생』이다.

반면 불멸의 향도는 김정일의 업적을 소설로 형상화한 것이다. 향도 시리즈 역시 여러 종류가 있지만, 본 글이 주목하는 것은 1993년 NPT 탈퇴기를 다룬 소설 『력사의 대하』이다.

불멸의 역사는 김일성 주석의 이야기이고, 불멸의 향도는 김정일 국방위원장의 이야기이다. 두 명의 주연을 중심으로 하여 전개되는 이야기는 각각 94년과 93년의 이야기다. 이 기간 동안 북한은 세상을 어떻게 바라보고 있었을까?

김일성 주석의 사망이 임박한 시점에서 벌어진 핵 협상, 그 가운데 북한 주민들이 느낀 세상에 대한 판단은 무엇이고 북한 주민들은 무엇을 통해 세상을 평가하고 있는가하는 것을 이 두 권의 소설은 너무나 생생하게 전해주고 있다. 지금 10년 만에 당시와 동일하게 북핵문제가 부각되어 있다. 상황은 당시처럼이나 험악하다. 지금 북한을 이해하는 데 이보다 더 유용한 자료가 있을까 하는 시각에서 두 권의 책을 권한다.

1) 『력사의 대하』

본 소설에는 여러 가지 줄거리가 있다. '향도'시리즈인 만큼 역시 가장 중요한 인물은 김정일이지만, 그를 두고 가장 큰 두 개의 줄거리를 읽어가는 인물은 문선규와 오영범이다. 두 사람은 외교와 군사를 대표하는 김정일 세대의 두 인물이다. 각각은 북한의 외교전략과 군사전략의 전개 과정을 그려가는 핵심 인물이다.

본 소설의 문선규가 강석주를 지칭한다는 점은 의심의 여지가 없다. 외교부 제1부부장이라는 명확한 지위가 밝혀지고 있고 영생을 비롯한 다른 소설에서도 강석주는 항상 문선규로 등장한다. 그렇다면 오영범이

라는 인물 역시 북한 주민들에게는 문선규처럼 분명한 상징성이 있을
것이다. 그가 누구인가 하는 것은 어쩌면 문선규가 강석주라는 스타를
상징한다는 것보다도 더 흥미로운 것일지 모른다. 군부의 신흥 실세가
누구인가를 추적하는 것이기 때문이다.

오영범이라는 인물은 누구일까? 소설 속 군데군데에서 소개하는 오
영범의 약력은 다음과 같다. 77년 공병대 소대장(정기종, 80쪽), 이후 김
일성군사종합대학 수학(80쪽), 93년 현재 제97기계화보병여단 여단장,
소장(388쪽)에서 중장 승진 및 제 68 타격군단 군단장 승진(389쪽), 당시
39세(7쪽). 그가 실존 인물이라면 11년이 지난 현재 그의 나이는 50세가
되어 있겠다. 김정일과는 15년 터울. 후계자로 적절한 연령이다. 이 같
은 경력의 인물이 실제로는 과연 누구일까? 혹시 지난해 최고인민회의
에서 급부상하여 국방위원에 임명된 백세봉이라는 인물이 아닐까?

여하간 문선규가 93년 NPT 탈퇴 과정을 이끌어가는 인물이라면, 오
영범은 준전시상태 선포 과정을 이끌어가는 두 개의 축이다. 양자는 소
설의 전면에 우연한 계기로 상봉한다. 평양행 열차간에서 만난 두 사람,
서로를 알 길 없지만, 군부와 외교부 관료라는 직책만으로 상호간 의견
을 교환한다. 재밌는 것은 군부를 대표하는 것으로 보이는 오영범이 문
선규에 대해 비난을 퍼붓는 장면이다.

> 우리 군대는 외교적 격식을 달가와하지 않습니다. 솔직히 말해서 우린
> 외교관들의 처사에 불만이 없지 않습니다(정기종, 10쪽).

> 군인들은 외교관들이 하는 처사를 아주 답답하게 여긴다구 말입니다.
> 그렇게 옴질옴질하니까 놈들이 팀 스피리트를 재개하고 핵전쟁을 몰아오
> 고 있지 않습니까 …… 물론 전쟁이야 우리가 할 일이지만 …… (위의 책,
> 12쪽).

소설은 이 같은 군부와 외교 간의 갈등을 김정일이 어떻게 중심을 잡으며 끌어가는가 하는 것을 집중적으로 보여준다. 물론 결론부에서 미국을 대화로 끌어내는 데 성공한 것에서 군사와 외교는 서로를 이해하고 화해한다.

실상 이 소설의 재미는 1993년 3월 8일 준전시상태 선포 그리고 3월 12일 NPT 탈퇴를 선언하는 과정에서 지도부가 갖고 있는 생각과 이에 대한 내부 논의 그리고 사회적 반향 등을 그리고 있다는 점에 있다. 미국이 3월 20일 개전을 목표로 하고 있다는 분석을 마친(정기종, 213쪽) 김정일은 피동에 빠져서는 안 된다며 곧 바로 선제 조치를 취한다. 준전시상태 선포와 NPT 탈퇴 선언이 바로 그것이다. 이 같은 선제타격이 미국을 굴복시킨다는 메시지는 아마 북한 인민들에게 김정일 국방위원장에 대한 신뢰를 심자는 소기의 목적을 달성하기에 충분하였을 것이다.

2) 『영생』

한편 소설 『영생』에는 자신들의 영웅을 잃어가는 애절함이 깔려 있다. 극적 재미로 치면 『력사의 대하』에 비해 『영생』은 한결 못하다. 갈등이 고조되고 해소되는 다이나믹스가 적다. 김일성 주석이 마지막까지 어떻게 최선을 다했는가 하는 것을 보여주는 데 초점이 있기 때문이다.

큰 줄기는 1994년의 핵 협상 과정을 그리고 있지만, 핵 협상 자체의 극적 요소보다는 주변국을 대하는 데서, 남북관계를 대하는 데서 그리고 이를 준비하는 과정에서 북한의 국내 정치와 경제상황을 어떻게 할 것인가 하는 점을 유훈 통치의 차원에서 그리는 것이다. 즉 김일성의 유지가 무엇인가를 분명히 하고 유훈으로 간직하고 지켜나가야 할 강령적 교시들을 내면화하는 데 이 소설의 목적이 있다.

물론 『영생』의 하이라이트는 카터 방북과 김주석과의 회동에 있다.

1994년 이른바 '불바다' 발언 이후 IAEA 탈퇴를 결정하는 과정에서 고조되던 위기는 카터와의 회동으로 일단락된다. 그러나 카터와의 회동은 미국의 일방적인 굴복을 의미한다는 점에서, 북한 주민들의 입장에서야 승리감과 만족감을 느끼기에 충분하겠지만, 우리로서는 지나친 단순화에 동의하기 어려운 내용들이어서 생경함을 느끼곤 한다.

다만 소설 곳곳에 들어있는 미국 내의 갈등과 논란과정, 중국 등 주변국에 대한 북한 지도부의 정세인식 등은 재미보다는 현재의 북핵문제를 풀어가는 데 도움이 되는 중요한 시준점을 던지고 있다.

3. 고립무원의 사회주의 전위 의식: 북핵과 '선군정치'의 내면

북핵문제의 근본 원인은 일차적으로 핵개발을 강행하고 있는 북한에게 있다. 하지만 이것은 일면적 견해일 따름이다. 자고로 핵문제라는 것은 항상 복합적이고 중층적인 국제정치의 맥락에서 다루어져 왔다. 북한의 핵문제 역시 마찬가지라고 보아야 한다. 1990년대 동북아에서 냉전 체제가 해체되는 과정이 비대칭적(asymmetric dissolution of cold war)이었다는데,[8] 북핵문제의 또 다른 한 원인이 있음을 간과해서는 안 된다. 즉 냉전이 해체되면서 러시아와 중국은 남한에 대해서 수교를 통한 안보 보장과 협력 체제를 형성하였지만, 일본과 미국은 북한에 대해서 협력 관계를 거부함에 따라 한반도에서는 냉전이 비대칭적으로 해체되었다는 것이다. 북한의 행태라는 전자의 측면에만 착안한다면 대북 포용정책은 있을 수 없는 것이겠지만, 엄연히 한반도의 안보 문제는 일방에게 책임을 전가할 수 없는 냉전사의 뿌리가 있다는 후자의 인식 또한

---

8) 장달중·이정철, "냉전과 탈냉전의 남북관계,"『국제문제연구』, 24호(2003) 참조.

배제할 수 없다. 북한의 행태에 대해서 단호할 필요도 있지만, 안보 문제는 쌍방 책임론에 기인하는 측면도 있다는 안보 딜레마(security dilemma)도 중요하게 작동한다는 점에서 감정적으로만 대응할 문제만은 아니라는 사실을 명심해야 한다.

실제로 북한 체제가 강조하는 것은 이 점이다. 냉전시기 사회주의 동방 초소였던 자신들은 냉전 해체 이후에도 사회주의 최후 보루로 남아 고군분투하고 있고, 이를 눈엣 가시같이 여기는 미국과 주변국들이 자신들의 정권을 붕괴시키려고 혈안이 되어 있다는 것이 북한의 기본 인식인 것이다.

따라서 미국이 대북 적대시 정책을 수정하지 않는 한 핵 개발은 불가피하다는 것이다. 북한이 핵문제 해결의 가장 기본적인 전제를 체제보장과 불가침조약에 두고 있는 것도 이에 연유하는 것이다. 그럼에도 불구하고 이 같은 북한의 기본 인식에도 편차는 있는 듯하다. 협상의 여지는 있고 외교는 살아있기 때문이다. 문제는 우리가 북한을 얼마나 잘 알고 접근하는가 하는 점이다.

1) 북한에도 갈등은 있다?

북한에도 강-온 갈등은 있다는 것이 상식이다. 그러나 그 근거는 미약하다. 북한 사람들은 이를 어떻게 보고 있을까?

『력사의 대하』는 앞서 잠시 보았던 것과 같은 외교와 군사 간의 갈등을 다룬다. 오영범이 외교관에 대해 갖고 있는 불신은 그들의 나약함에 있다. 외교부 관리와 오영범 간의 논쟁은 이를 잘 보여주고 있다.

"그런데 어제도 오늘도 경고해왔지만 그것들이 어디 귓등으로나 듣습니까. 그래서 내가 말하는 건 그렇게 옴니암니 시간만 끌게 없이 탁 차버리고 말던가 한방 꽝!… 하고 쏴 갈기고 말자는 것입니다."

… 중략 …

"려단장 동무, 외교는 외교로서의 특성이 있습니다. 무턱대고 탕탕 쏘
는게 아니지요."

"군대도 무턱대고 탕탕 쏘진 않습니다."

"물론! 그걸 몰라서가 아니라 외교에선 무엇보다 설득력과 인내성이
있어야 하는데."

"그렇다고 방어만 해선 안됩니다. 지내 조심하다가 공격의 기회를 놓
치면 끝장입니다. 시기 선택이 중요합니다."(정기종, 10~11쪽)

여기서 오영범이 제기하는 한방 갈기는 외교, 그것이 NPT 탈퇴를 의
미하는 것은 물론이다. 외교와 군사 간의 소설 속 갈등은 오영범이 제기
한 군사식 외교 방식을 외교 파트가 수용하는 과정에서 해소된다. 이는
강석주, 즉 문선규가 소설의 말미에서 오영범을 우연히 만나고 이를 실
토하는 장면으로 처리된다.

물론 예정된 화해로 종결되지만, 본 소설이 외교와 군사 간의 갈등을
다루고 있다는 자체가 중요하다. 그 갈등이 북의 독자들에게 호소력 있
게 받아들여질 만큼 대중화된 현상이라는 반증이기 때문이다.

한편 김정일과 김일성 사이에는 갈등이 없었을까? 소설 『영생』에서
는 두 개의 이견이 있었음을 암시한다. 하나는 김정일이 카터의 방북을
거절했다는 것이다. 소설에서는 IAEA를 탈퇴하는 조건에서 카터의 방
북을 가을에 가서나 논의할 문제로 미루자고 요구한 것으로 나온다. 물
론 이유인 즉 김일성 주석의 건강 탓이라는 게다. 이에 대해서 김주석은
김구를 만날 때 처 김정숙이 반대했었던 사례, 항일운동시기 구국군의
우사령을 만날 때 차광수가 반대했던 전례들을 들어가며, 카터를 만나
는 것이 통일전선적으로 막대한 의미를 지닌다는 것을 김정일에게 설득
한다(백보흠 외, 141~144쪽).

또한 카터와의 회동 직후 남북정상회담 일정 조절 문제에 대해서 김일성은 직접 나서서 양보할 것을 지시한다. 회담 대표는 정상회담 일정을 최대한 늦추어 잡으려 했지만, 김일성이 직접 지시하여 회담 일정을 7월 25~27일로 당겨 잡는다는 내용이다. 실제 김일성이 회담 대표와 논쟁을 하는 형식으로 그려지지만, 현실에서 정상회담 관련 논의는 김정일이 직접 나서서 지시하는 사안이었다는 점을 감안하면 그것은 김일성이 김정일과 논쟁한 것으로 보아야 하지 않을까(백보흠 외, 305~308쪽).

당시의 정황에 비추어 볼 때, 김일성과 김정일의 이견설은 충분히 가능하다. 소설 속에 그리듯이 그것이 모두 김일성의 건강을 걱정한 김정일의 배려이기만 했을까라는 의문도 가져봄 직하다.

2) 숨어있는 강경론을 끄집어내는 북한식 협상관

한편 북한은 미국 내 정책갈등을 어떻게 보고 있을까?

두 개의 소설들은 미국 내에도 강경파와 온건파 간의 갈등이 있다는 점을 강조하고, 이들 간의 갈등을 사실적으로 묘사하는 데 많은 지면을 할애하고 있다. 힐러리와 고어의 논쟁도 나오고(정기종, 225~227쪽), 애스핀 국방장관과 크리스토퍼 국무장관 간(360~367쪽)의 논쟁도 나온다. 대체로 이들의 논쟁은 신중론 대 강경론이다.

그러나 최종 결정은 역시 강경파가 주도한다는 것이 북한의 기본 판단인 듯하다. 북한 문헌들이 지속적으로 강조하는 것은 미국은 대화를 진행하면서 어떤 합의를 찾기보다는 끊임없이 지연전술을 쓰며, 결국은 강경파들이 원하는 대결 정책을 들이댄다는 점이다.

그러나 미국에는 강경보수세력이 있다는 것만은 잊지 말아야 하오. 미국의 정치를 주도하는 것은 사실상 그들이거든… 두 차례의 조미회담이

공회전한 것이 무엇 때문인가? 그들은 막부득이해서 협상을 묵인하다가
도 기회가 생기면 그것을 뒤집어엎소. 우리는 미국정계의 량면을 잘 들여
다보아야 하오. 그들은 눈에 보이지 않게 지연전술을 쓰고 있소. 우리는
여기에 경각성을 높여야 합니다. 잘못하다간 귀중한 시간을 헛되이 잃을
수 있소. 우리에게는 할 일이 얼마나 많소(백보흠 외, 136쪽).

김정일 장군께서 인민군 군인들에게 북미대화에 환상을 가지지 말고
해이됨이 없이 만단의 전투준비태세를 갖추라고 하신 것은 너무나도 응
당한 원칙적인 요구라고 하지 않을 수 없다(김철우, 315쪽).

북한의 이러한 인식은 6자회담에서도 잘 나타난다. 북한의 입장은 미
국의 태도가 변하지 않는 한 회담은 무의미하다는 것이다. 지난해 8월
1차 6자회담이 끝났을 때에도 북한은 회담이 '백해무익'하다며 결렬을
선언했고, 2차 6자회담에서도 심야 긴급 기자회견을 열어 미국 때문에
문제해결의 돌파구가 열리지 않고 있다며 대미 비난을 강화했다.9)

이 같은 협상관은 미국의 협상 팀은 재량권이 없다는 것, 그 본질에
는 미국의 강경파들이 숨어있고 이들을 전면에 끄집어내어 협상을 하던
가 대결을 하던가 하지 않는 한 문제는 풀리지 않을 것이라는 기본 철학
에서 나오는 것이다. 어차피 강경파를 누르지 못한다면, 그런 온건파가
주도하는 협상이라는 것은 시간 끌기(백보흠 외, 6쪽, 136쪽) 외에 아무런
의미가 없을 것이고, 강경파를 자극함에도 불구하고 강경파의 예상되는
반발을 온건파가 누르고 나올 때 비로소 협상이라는 것이 가능하다고
보는 것이다.

따라서 협상이 진행될수록 북한은 온건파의 입지를 키워주기보다는
강경파를 자극함으로써, 온건파가 강경파를 누를 수 있는가를 실험하는

---

9) 『연합통신』, 2004년 2월 26일.

것으로 보인다. 북한의 이 같은 대미관은 최고지도자의 확고한 철학으로 오랜 역사에 걸쳐 미국과 대립 관계를 거치면서 형성된 것이다. 나름대로 약자의 피해의식을 반영한 합리적인 협상관이긴 하나, 악순환의 기제로 작용하기 쉽다는 점에서 비판을 면하기 어려울 듯하다. 이 같은 북한의 협상 태도야말로 매번 대미 강경정책에 매달리게 만들고 또한 그것이 결과적으로 미국의 강경정책을 더욱 초래함으로써, 자신들의 강경정책이 맞았다는 엉뚱한 확신을 갖게 하는 악순환으로 빠져들게 한 원인이기도 하기 때문이다.

1992년의 일화를 보자.

당시 조선인민군 창건 60돌 경축 열병식을 준비하면서, '일부 사람들이' "조선인민의 철천지 원쑤인 미제 침략자들을 소멸하라!"는 구호를 떼자는 주장을 하였다고 한다. 미국과의 관계개선이 긍정적인 전망을 보이고 있고 미국이 우호적으로 나오고 있는 시점에서, 세상 사람들이 다 지켜보는 열병식에서 이 같은 구호를 군이 내걸어 미국을 자극할 필요가 없다는 주장을 하였다고 한다. 이에 대해 김정일 국방위원장은 그 즉석에서 구호를 그대로 두라고 하며 "혁명적 구호를 없애는 문제에 대해서는 양보할 수 없다"고 했다고 한다. 구호가 화면이나 사진에 나가도 상관없다며 김정일은 북미대화에 환상을 갖지 말고 흔들릴 줄 모르는 대미 강경입장을 만천하에 과시하라고 했다는 것이다(김철우, 312쪽). 그러나 오히려 이 같은 북의 태도가 93년 초 미국이 팀 스피리트를 강행하는 방향으로 가게 한 건 아닐까?

1994년 카터 방북시 김정일이 카터의 면담 요청을 거부하고 군부대를 시찰했다거나(백보흠 외, 221쪽), 2000년 울브라이트가 북한을 방문했을 때, 군중카드섹션으로 미사일이 날아가는 장면을 연출한 것 등도 마찬가지의 협상전술인 셈이다.

페리 전 국방부 장관이 1999년 5월 미 대통령 특사 자격으로 방북했을 당시에도 김정일은 군부대를 시찰했다고 한다. 평소와는 달리 북한의 언론들은 김정일이 어느 부대를 시찰했다는 구체적인 보도를 내보냈는데, 당시 김정일이 시찰한 것으로 보도된 김책 제4보병사단은 한국전쟁 당시 딘 중장의 24사단을 격파한 '대전해방전투'와 '서울해방전투'를 수행한 부대였다. 북한의 대미 심리전을 확인할 수 있는 단적인 사례라 하겠다(김철우, 105쪽).

3) 김정일 리더십

김정일은 행동하는 인간을 선호한다? 무자비하게 타격하는 지휘관, 지략, 배심, 의지력, 결단성을 지닌 지휘관을 선호한다는 것이다(정기종, 386쪽). 김정일이 오영범을 선택한 이유이기도 하다. 반면 작전하는 지휘관, 탐구하는 인간에 대해서는 구시대적 인물로 규정한다. 김일성 시대의 인물들은 대체로 융통성을 강조하지만 실제로는 책임 회피형이고 자리지킴이나 하는 인물들이 많다고 비판된다(정기종, 406쪽). 북한식 세대교체론의 기준인 셈이다. 김정일이 선호하는 것은 책임감있게 전투에 진입하고 사후에 보고하는 영웅의 기질을 지닌 인물이다(정기종, 389쪽).

이 같은 인물이라야 "적들을 되게 다불러댈 뿐 아니라 혼란에 빠뜨려 갈팡질팡하게 만들"수 있다. 외교부에서는 문선규가 이 같은 인물의 전형이다. "외교부의 '정예팀이 공격전뿐만 아니라 전술전, 지혜전도 잘 벌리고 있다."는 칭찬도 그래서 나온다(정기종, 443쪽).

김정일이 외교적으로 원하는 것은 선수를 잡는 것인 듯하다. 흔히들 바둑에서 승패는 선수를 쥐는 쪽이 승리한다고 한다. 그래서 집 수를 손해보더라도 백돌보다는 흑돌을 서로 쥘려고 하지 않는가? 마찬가지다. 김정일은 곳곳에서 "주동을 쥐고 적들을 역포위할 것"을 강조한다. "주동을 쥐고 배심있게 행동하게 하시오. 배심이자 곧 승리요!!"(정기종, 129쪽).

4) 북한의 피포위의식(被包圍意識, siege mentality)과 미묘한 중국관

『영생』에서 김일성은 주변국들의 대북관을 구체적으로 검토한다. 1997년에 쓰여진 소설이라는 점에서 보면 이는 단순히 일시적인 평가가 아니라 사후적으로 북한이 주변국에 대해 갖고 있는 기본 인식이라고 해도 과언이 아닐 것이다.

일본은 지금처럼 대북 제재에 대해 가장 선도적이었다. 당시에도 일본은 '즉시적인 경제 제재'를 주장하고 있었다. 김일성은 제재가 전쟁을 의미한다는 것을 잘 알고 있는 일본이 이같이 주장하는 것은 실제 전쟁을 원해서라기보다는 이를 빌미로 한 핵 개발과 군사대국화에 의도가 있다고 보고 있다(백보흠 외, 190쪽).

한편 러시아는 어떠한가? 북핵문제라는 기회를 통해 동아시아에서 패권자 지위를 얻으려고 하는 것이 의도라고 분석하며 김일성은 '쓰거운' 웃음을 짓는다. 턱도 없는 짓이라는 게다(백보흠 외, 191쪽).

작가는 중국을 물론 형제적 사회주의 국가로 쓰고 있다. '건국 이래 중국과의 친선 단결에 관심을 가지고 중국이 자신들의 핵문제에 대해 취하는 입장에 대해서도 유의한다'고 김일성은 독백한다. 그러나 소설 『영생』은 중국에 대한 편치않은 시각을 조심스럽게 드러낸다.

15일부 『도꾜신붕』은 우리의 탈퇴성명과 관련하여 중국지도자들의 발언에서 미묘한 변화가 나타나고 있다고 하면서 북조선에 대한 국제사회의 압력을 반대한다는 종래의 어조에서 후퇴하고 있다고 하였다. 신문은 계속하여 중국외교부장 전기침이 일본외상과의 회담에서 유엔안전보장리사회의 마당도 포함하여 독자적으로 건설적인 역할을 할 것이라고 말한 것은 유엔토의를 반대하는 종래의 립장에서 물러선 것이라고 썼다. 또한 신문은 강택민 주석이 제재를 반대한다는 자세는 바꾸지 않았지만 지금까지 주로 미국을 비롯한 서방세계를 향해 인내성 있게 대화에 의한

해결을 호소하던 중국이 조선을 향해서도 그렇게 할 것을 강조하고 있다
고 평하였다.

　김일성 동지께서는 조중 사이에 항상 쐐기를 치지 못해 안달아하는 일
본 신문들의 못된 버릇을 느끼면서도 우리의 『핵문제』해결에서 대화의
방법을 주장한 중국정부의 립장만은 명백히 찍었다고 보시었다(백보흠
외, 192~193쪽).

　최근 북중관계 변화론이 여러 곳에서 제기되고 있다. 그러나 소설
『영생』에 따르면 실제 북한이 중국 변화론을 느낀 것은 연원이 오래이
다. 1994년이라는 시대 배경 하에서 사회주의 배신자로 간주되는 러시
아에 비할 바 아니지만, 북한은 중국에 대한 상당한 경계심을 갖고 있음
을 드러낸다. 1997년이라는 시점, 소설이 발간된 시점에는 이미 이 같은
대중국관이 대중적으로 공감을 얻고 있는 상황이라 하겠다.

　결국 북한은 소설 속에서마저 고립무원이다. 미국은 적대국이지만 그
외 한국, 일본, 러시아뿐 아니라 심지어 중국마저도 변해가고 있다. 사
회주의를 고수하기 위한 외로운 항쟁이라는 사명감으로 포장하고 있지
만 그것은 결국 피포위의식에 다름 아니다.

4. 사즉생의 선군정치: 근거와 이론

1) 전쟁불가피론과 死卽生의 평화론

　두 개의 소설을 관통하는 기본 전제는 미국이 전쟁을 '획책'하고 있
다는 것이다. 북한 체제가 항시 전투 체제, 비상국가체제를 유지할 수밖
에 없는 이유를 암시하고 있는 셈이다. 『력사의 대하』에서는 미국이 전
쟁을 결정하는 6가지 원칙을 나열하고 그 각각에 대한 판단을 통해 미

국의 공격이 임박해있다는 것으로 결론짓는다(정기종, 214쪽). 김정일이
대미 항전을 결심하는 전제인 셈이다.

> 결국 미국과 우리와의 정면충돌은 더는 피할 길이 없게 될 것입니다.
> 그러나 우린 나서야 합니다. 지금 우리는 조국과 민족의 운명뿐만 아니라
> 사회주의와 세계의 자주권을 수호할 력사적 사명도 함께 걸머지고 있습
> 니다. 만약 우리가 이 판가리대결에서 순간이나마 주저하고 물러선다면
> 우리 혁명은 물론 세계의 자주권이 유린되고 말살될 것입니다. 그러므로
> 우리는 자주화를 지향하는 나라들의 맨앞장에 나서서 미국과 결판을 지
> 어야 합니다(백보흠 외, 317~318쪽).

김정일은 전쟁을 결심한다. 이 전쟁은 단순히 미국의 압박에 대한 준
비라기보다는 사회주의 건설의 전위대로서의 역할론이기도 하다. '장군
님께서 드디어 전쟁을 결심하셨다'는 대목(백보흠 외, 216쪽)에 이르면 우
리로서는 간담이 서늘해진다. 전쟁의 가장 큰 피해자는 바로 우리 자신
이기 때문이다.

물론 전쟁 위기가 해소되는 마지막 대목에 등장한 북한 군부의 최고
실세 오진우는 무혈전쟁론을 읊조린다. 김정일이 결심한 전쟁은 무혈전
쟁 즉 평화를 위한 전쟁 결심이었다는 것이다. 평화를 위한 전쟁이라![10]
미국이 전쟁을 '획책'하고 있는 현실에서 이에 대응하기 위해서는 '이
에는 이, 눈에는 눈' 즉, 전쟁으로 맞받아칠 때에만 전쟁 도발을 막고
평화를 지킬 수 있다는 북한식 평화론인 것이다. 그야말로 죽음을 각오
해야 살 수 있다는 사즉생의 평화론인 셈이다.

어떤 경우에도 전쟁이 있어서는 안 된다는 상식을 허무는 것이어서

---

10) "그런 즉 바로 이것이 그이께서 결심한 전쟁이었는가? …… 그것은 비록 피를 흘
리지 않은 무혈전쟁이었지만, 준엄하고도 치렬한 격전이었다. 조국과 인민, 사회주
의의 운명이 판가름된 엄혹한 전쟁이었다"(정기종, 485쪽).

남측의 독자들로서는 당혹감을 피하기 어려울 듯하지만, 북한의 정세관이 상당 정도 피포위의식에 사로잡혀있음을 확인함으로써 안타까움이 교차되는 순간이기도 하다. 저들 정세관의 근저에 놓인 사명감과 피포위의식, 그것이 바로 선군정치가 탄생하는 배경인 것이다.

2) 1994년 10월 제네바 협정의 타결과 선군정치의 시작이라는 역설

북한이 선군정치를 시작한 것은 공식적으로 1995년 1월 1일로 정식화되어 있다. 그것은 김정일이 1월 1일 다박솔 초소를 방문한 것으로부터 시작한다는 것이다. 그러나 실제 선군정치의 시작 시점은 1994년 10월경으로 알려져 있다.

> 김정일 장군께서는 1994년 10월 군대이자 당이고 국가이고 인민이라는 독창적인 군중시정치철학을 천명하시고 이를 구현한 선군정치를 펼치심으로써 미제를 위시한 제국주의련합세력의 반공화국책동에도 불구하고 사회주의를 고수할뿐 아니라 더욱 발전시켜 나가신다(김철우, 264쪽).

이 시점은 사실상 제네바협정이 타결된 바로 그 즈음이다.[11] 왜 북한은 제네바협정이 체결되고 모든 전쟁 위기가 평온으로 돌아간 바로 그 시점에 선군정치를 시작한 것일까?

> 정세의 완화에 따라 군사를 완화시키는 것은 적에게 침략과 전쟁의 결정적 순간을 제공해주는 것과 같다. 세계전쟁사는 1941년 12월의 진주만 공격을 앞두고 일제가 여느 때없이 미국을 상대하여 평화공세를 벌리고 1942년 6월 쏘련방 침공을 앞둔 히틀러가 례의 이상의 화친을 호소한 사실이라든가 력대의 전쟁개시일, 전쟁개시시간이 가장 긴장이 풀리고 해

---

11) 제네바 협정은 1994년 10월 21일 체결되었다.

이된 순간을 노려 선택되였음을 보여주고 있다. 제국주의자들이 정세를 격화시키거나 완화시키거나 상관없이 시종일관 군사가 첫째이고 국방공업이 선차라는 관점에서 군사를 중시해 나갈 때 사회주의 위업 수행이 아무런 장애없이 미래지향적으로 전진해 갈 수 있는 것이다(김철우, 92~93쪽).

제네바 협정이 체결되는 바로 그 날 그 순간에도 북한은 미국을 신뢰하지 않고 있고,[12] 바로 그 점에서 정상적인 국가체제로 돌아가기보다는 전쟁을 대비하여 군사를 선행하는 체제를 유지하기로 김정일이 결심했다는 것을 암시하는 대목이다.

앞서 보았듯이 북한은 홀로 고고히 사회주의 혁명을 수행한다는 일종의 위기감과 자부심을 동시에 지니고 있다. 1920년대 구소련이 그랬듯이 단신으로 '제국주의련합세력'에 맞선다는 대결구도를 상정하고 있는 한(김철우, 40쪽), 북한은 외부로부터의 끊임없는 공세가 지속될 것이라고 판단하고 있는 것이다.

이 점에서 김정일은 정상적인 선거를 통해 공석이 된 주석 자리를 물려받기보다는 현재의 비상 시스템을 유지하면서, 향후 계속될 '제국주의 연합세력'들의 공세를 맞받아나가겠다고 결심했다는 것이다. 그것이 바로 선군령도의 탄생 배경인 것이다. 이 점에서 선군은 군사 우위의 장기 항전 체제 즉 전쟁을 각오하고 있어야 평화를 지킨다는 사즉생의 정치방식을 제도화한 것이라 하겠다.

---

12) 이 점은 미국도 마찬가지였다. 볼튼은 미국의 가장 큰 역할은 북한의 속임수를 밝혀내고 고립시키는 데 있다고 발언하여 북한에 대한 신뢰가 전혀 없음을 재차 드러내고 있다. 『연합통신』, 2004년 3월 31일.

3) 피포위의식과 선도의식이 결합된 항구적인 비상체제: 先軍의 조직, 대중, 이데올로기

요컨대 선군체제는 피포위의식과 선도의식이 결합된 항구적인 비상체제이다. 그 조직적, 대중운동론적, 이데올로기적 특징을 보도록 하자.

먼저 선군정치가 표명하는 조직 형식을 보자.

'조직'의 측면에서는 국방위원회 중심체제라는 것이 가장 큰 특징이다. 과거 국방위원회는 최고인민회의 상설회의, 중앙인민위원회 다음 순위에 있었지만, 현재는 최고인민위원회 상임위원회, 내각, 지방주권 기관, 사법검찰기관보다 우위에 놓여있다(김철우, 24쪽). 95년부터 사실상 국방위원회가 이 같은 지위를 가지고 활동했던 것으로 보이고 이를 98년 헌법 개정 과정에 반영한 것으로 판단된다. 따라서 김정일은 당비서로서 당을 주도하고 최고사령관으로서 군을 주도하며 나아가 국방위원장으로서 국가를 주도하고 있는 것이다(김철우, 34쪽). 국방위원장이 국가와 행정을 주도하게 한 점에 선군정치의 조직적 특징이 있다.

물론 이 같은 체제는 처음부터 의도했던 것으로 보이지는 않는다. 즉 선군정치는 처음에는 비상시국을 이끌어가는 통치 '스타일' 즉 리더십 형태로 등장했지만, 이것이 장기화되면서 '시스템' 즉 제도화된 체제로 등장한 것이다.[13]

한편 '대중운동론'의 측면에서 보면 선군정치는 군사를 혁명의 주력

---

13) 이를테면 김일성 사망 후 100일이 지난 10월경, 후임 주석을 선출할 것인가 등의 국가기구체제 정비 문제를 두고 고민이 있었을 것이다. 당시 북한이 내린 결론은 김정일이 국방위원장의 자리에서 현 체제를 비상적으로 이끌어가자는 것으로 결정했던 것이 아닌가 한다. 이 점에서 선군정치의 출발은 처음에는 리더십 형태에 불과했던 것이지만, 이 같은 체제가 장기화되면서 98년 이후 제도화된 시스템으로 정착된 것이 아닌가 하는 것이 필자의 추론이다.

군으로 등장시킨 점에 특징이 있다. 선군정치론에서는 군대와 민중을 혁명의 2대 역량으로 제시하고 군사를 혁명의 제 1기둥이자 주력군으로 분류하고 있다(김철우, 27쪽). 과거 노동자, 농민, 병사 등으로 구분하던 혁명 역량 구분을 달리하고 있는 것이다. 이 점에서 군대를 하나의 독자적인 혁명 단위로 보고 다른 단위는 민중 즉 근로인민대중으로 단일화했다는 점에 특징이 있다. 이 같은 분류는 사실 1994년 11월 1일에 발표된 '사회주의는 과학이다'라는 김정일의 논설에서 언급되고 있다.

> 원래 인민대중은 각이한 계급과 계층으로 이루어진다. 인민대중의 성원인가 아닌가를 가르는 데서 사회계급적 처지를 보아야 하지만 그것을 절대화하여서는 안 된다. 사람의 사상과 행동은 사회계급적 처지의 영향만 받는 것이 아니다. 사람이 혁명적 영향을 받고 선진사상을 체득하면 사회계급적 처지는 어떠하든 인민대중을 위하여 복무할 수 있다.
>   인민대중의 성원인가 아닌가를 가르는 기본척도는 어떤 사회 계급적 토대를 가졌는가 하는 데 있는 것이 아니라 어떤 사상을 가졌는가 하는 데 있다. 각계각층의 사람들을 인민대중으로 결합시키는 사상적 기초는 사회주의, 공산주의 사상만이 되는 것은 아니다. 나라와 인민, 민족을 사랑하는 애국, 애민, 애족 사상을 가지면 누구나 인민을 위하여 복무할 수 있으며 따라서 인민대중의 성원으로 될 수 있다.[14]

이 논설에서는 인민대중이라는 단일 범주를 등장시키고 인민대중을 가르는 기본 척도를 사회계급적 토대가 아니라 사상에 따라 구분된다고 하여 노동자, 농민과 같은 고전적 계급 분류에 의미를 두지 않는다는 점을 분명히 한다. 물론 김정일은 직접적으로 군사를 혁명 역량으로 이론화하고 있지는 않다.

---

14) 김정일, "사회주의는 과학이다"(1994.11.1.), 『김정일 선집』, 13권(평양: 조선로동당출판사), 473쪽.

사회주의의 붕괴 원인에 대해서 북한은 혁명의 주체가 제대로 서지 못한 것과 다른 한편으로 군사를 소홀치 하고 인민군대를 방기한 데 원인이 있는 것으로 보고 있다. 전자가 인민대중이라는 범주를 통해 북한식 주체 개념으로 정립되었다면, 후자가 바로 군대를 혁명 주력화하는 개념으로 등장하고 있는 것이다.

이를 종합해보면 이미 이 시점부터 김정일은 인민대중과 군사라는 2 대 역량을 혁명의 주력으로 상정하고 있는 셈이었다.

끝으로, 이데올로기 측면에서는 물론 항일빨치산 전통과 유훈 체제를 의미하는 것으로 보인다. 김일성이 항일 투쟁에서 창출한 선군혁명노선이 김정일 대에 와서 선군정치노선으로 일반화되었다는 것이 김철우의 설명이다(김철우, 22쪽).

4) 선당후군(先黨後軍)의 선로(先勞)정치에서 선군후당(先軍後黨)의 선군(先軍)정치로

선군체제의 특징은 한편으로 군의 지위에서의 차이로 드러난다. 과거 출판물들에서 '당, 인민, 군'의 순서로 쓰던 것을 '당, 군, 인민'의 순서로 수정했다는 것이다. 1997년 2월 김정일은 총대철학을 제기하며 군대의 지위를 높이자며 이같이 수정할 것을 지시했다는 것이다(김철우, 278쪽).

군대의 지위는 더 나아가 선당후군이 아니라 선군후당으로 격상되기까지 한다.15)

즉 선행 사회주의 국가들의 건설 경로를 보면 모두 노동계급이 단련되고 그들 가운데에서 군대와 군사가 탄생했지만, 북한의 경우 김일성이 그랬듯이 항일혁명군이 먼저 만들어지고 그 가운데에서 당이 건설되

---

15) 물론 이는 건설 경로에서의 선후를 의미하는 것이지, 지위에서의 선후는 아니다.

었다는 것이다. 따라서 자신들의 선군정치는 역사적으로도 검증된 것이고 선행 사회주의의 경험들을 한 단계 높였다는 자부심으로 가득차 있는 것이다.

그러나 이들의 주장대로 군이 인민보다 앞서고 군이 당보다도 먼저 건설되는 시스템이라면, 사회주의가 아니라 기존의 총통제나 남미식의 훈타(júnta) 즉 군사체제와 다를 바 없지 않나 하는 의문이 제기된다.

이에 대해서 김철우의 대답은 명확하다. "에집트 대통령이 내왔던 군사총통제나 1970년대까지 세계의 많은 나라들에 존재했던 군정과는 구별되는 군 중시의 국가 정치 체제이다. 국가 기구 자체를 군사체제화한 것이 아니라 국가기구체제에서 군사를 우선시하고 군사분야의 지위와 역할을 최대한 높이도록 권능을 규제한 정치체제"라는 것이다(김철우, 24쪽).

이 같은 주장을 액면 그대로 인정하더라도 선군정치가 어떤 의미에서 사회주의적인가에 대해서는 완전히 해명되지 않은 느낌이다. 과연 북한의 선군체제는 사회주의 체제인가?

5. 2차 6자회담 이후

앞서 보았듯이 북한 핵문제는 근본적으로 냉전의 비대칭적(asymmetric) 해소에 또 다른 원인이 있다. 이에 북한으로서는 핵무기 개발을 포기할 경우 반대급부로서 체제보장을 요구하고 있는 것이다. 그러나 94년과 비교할 때, 북한의 이러한 요구가 반테러 전쟁에 여념이 없는 부시 공화당 정권에게 수용되기는 어려운 상황이다. '나쁜 행위에 보상 없다'는 부시 행정부의 철학은 거의 확고부동한 것으로 보인다.16)

〈표 3-1〉 부시 행정부의 대북정책

원칙	대화와 압박의 동시병행
3대정책수단	• 6자회담과 같은 다자대화 • UN안보리 제재 논의 • 대량살상무기확산방지구상(PSI)의 대북합동해상저지훈련
대화의 전제	북한체제의 근본적 변화(Regime Transformation)

부시 행정부는 여전히 북한에 대한 압박의 고삐를 놓지 않고 있다. 미국은 대량살상무기확산방지구상(Proliferation Security Initiative)에 따라 대북 봉쇄를 가상하는 훈련을 전개하여, 대화와 압박의 병행이라는 원칙에서 물러서지 않고 있다. 일본은 미국을 따라 사실상의 대북 제재에 돌입하고 있음은 물론이다.

<표 3-1>에서 보듯이 부시 행정부의 이 같은 대북 압박은 북한이 근본적인 개혁(regime transformation), 즉 체제전환 수준의 개혁을 수행하지 않는다면 대화의 상대로 인정할 수 없다는 점을 선언하고 있는 것이어서, 북한이 원하는 미국과의 관계개선이 얼마나 어려운 요구인가라는 점을 잘 보여주고 있다.17)

2차 6자회담에서도 이 같은 차이는 확인되고 있다. 워싱턴 포스트가 큰 차이를 확인한 회담(Talks end with gulf)18)이라고 총평한 데서 나타나듯이 양자간의 차이는 여전히 막대했다.

문제는 이제부터이고 북한의 입장은 명확하다. 미국이 숨어서 나오지

---

16) 미국은 북한에 대해 협상자체가 불가능한 분위기를 조성하는 '공격적 방치(hawkish neglect)' 또는 비포용정책을 구사하였다. 구갑우, "비판적 국제이론과 한반도 평화과정: 대안적 연구의제의 설정,"『통일정책연구』, 제11권 1호(2002), 22쪽.

17) 뉴욕타임즈는 미국의 대북정책은 이제 '맞춤형 봉쇄'라기보다는 '끝없는 압박(persistent pressure)'으로 규정하는 것이 더 적합할 것이라고 분석했다.『경향신문』, 2003년 1월 16일.

18)『워싱턴 포스트』, 2004년 3월 29일.

않는다면 강제로라도 끄집어내겠다는 것이다. 『력사의 대하』에서 문선규는 한스 블릭스 IAEA 사무총장과의 대화를 통해 "미국을 심판석에 끌어내야 한다. 이것이 바로 문제의 유일한 해결책이다"라고 선언하고 있다(정기종, 62쪽). 또한 김정일은 핵 논쟁을 법률실무적으로가 아니라 정치군사화해야 한다며 "지금 기구는 한갓 미국의 사환군에 불과하므로 이것들은 줴버리고 미국과 직접 맞붙어야 합니다. 미국을 끌어내시오!"라고 명령하고 있다(정기종, 129쪽).

이처럼 미국과 직접 맞부딪치고 미국의 시간끌기에 당하지 않겠다는 입장은 올해 초에 발간된 북한의 노동신문에서도 언급되고 있다. 신년공동사설을 해설하는 "3대전선 총공세 앞으로"라는 『로동신문』 정론[19]에서는 미국이 북한의 '선 핵포기' 선언을 고집하는 것을 북한 붕괴를 위한 '끝까지 쥐어짜기' 전술로 간주하며 올해 미국과의 "판가리 결전"이 필요하다고 언급하고 있다. 조선신보 공동사설 해설 기사 역시 미국이 지연 전술을 쓰고 있는 데 말려들지 않을 것이라고 언급하고 있다.[20]

북한은 미국이 다자회담을 강조하는 것을 회피 전술이라고 보고 있는 반면, 미국은 북한에 말려들지 않기 위해 어떠한 경우에도 북한과의 직접 대화를 거부하고 있다. 심지어 6자회담 내에서 진행된 북미대화에서도 켈리는 김계관에게 이 대화는 비공식적인 대화(talks)이고 협상(negotiation)이 아니라는 점을 반드시 언급하였다고 전해진다.

북한과 미국이 6자라는 틀을 사이에 두고 이처럼 끝없는 대립을 계속할 때, 과연 어떤 결과가 나올 것인가? 북한은 어떤 승부수를 둘 것인가?

현재 3차 6자회담이 6월 전에 예정되어 있다. 미국은 대통령선거라는 일정에 쫓기고 있고, 선거 과정에서 북핵문제에 대해 논란은 조금씩 가

---

19) 『로동신문』, 2004년 1월 3일.
20) 『조선신보』, 2004년 1월 2일.

속화되고 있다. 우리가 살펴본 3개의 이야기대로라면 북한은 미국과의 담판을 추구할 것이다. 미국이 이를 거부한다면 강제로라도 끄집어낼 듯하다. 3차 6자회담은 물론 예정대로 열릴 가능성이 높다. 아직까지는 시간이 있다. 3차 6자회담이라는 마지막 협상의 장이 있고, 그 때까지 북한은 모든 것을 외무성에 맡겨둘 것이다. 지난해 최고인민회의 제11기 1차 회의에서 '외무성의 조치를 지지한다'는 결정 사항이 있었기 때문이다. 국가권력을 주도하는 것은 국방위원회이지만 최고인민회의에서 외무성의 조치를 지지한 이상, 이 문제에 관한한 외무성에 전권을 준다는 북한식 의사표현이기 때문이다.[21)

문제는 3차 6자회담 이후이다. 3차 6자회담에서도 가시적인 성과가 나오지 않는다면 북한은 미국이 명백하게 시간끌기를 하고 있다고 판단할 것이고 따라서 승부수를 띄울 것 이다. 어차피 대통령 선거 후에 부시에게 당할 바에야 차라리 지금이 적기라고 판단하면서. 과연 북한은 어떤 승부수를 띄울까?

아니면 다행스럽게 중국이나 한국의 적극적인 중재가 먹혀들어 3차 6자회담에서 어떤 성과를 도출할 수 있을 것인가? 우리의 운명이 걸린 2004년, 한반도 호는 과연 어디로 갈까? 2004년판 카터가 있을까?

---

21) 이 점에서 3월 25일에 열렸던 최고인민회의 11기 2차회의에서 다른 결정사항이 없었던 것은 다행스러운 징조라고 하겠다. 지난 1차회의에서 외무성에 준 지지가 여전히 유효하다는 것이기 때문이다.

참고 문헌

▪ 1차 자료

김정일, "사회주의는 과학이다"(1994.11.1)『김정일 선집』, 13권(평양: 조선로동
　　　당출판사), 473쪽.
『로동신문』, 2004년 1월 3일.

▪ 2차 자료

구갑우, "비판적 국제이론과 한반도 평화과정: 대안적 연구의제의 설정,"『통일
　　　정책연구』, 제11권 1호(2002), 22쪽.
미래전략연구원, 『2003년 북한문제 시나리오와 대책』(2002), 267쪽.
장달중·이정철, "냉전과 탈냉전의 남북관계,"『국제문제연구』, 24호(2002),
　　　72~73쪽.
『경향신문』, 2003년 1월 16일.
연합뉴스, 2004년 1월 16일.
연합뉴스, 2004년 3월 3일.
연합통신, 2004년 2월 26일.
연합통신, 2004년 3월 31일.
YTN, 2002년 11월 14일.
『워싱턴 포스트』, 2004년 3월 29일.
『워싱턴 포스트』, 2002년 11월 10일(돈 오버도퍼의 기고문).
『조선신보』, 2004년 1월 2일.

제2부 북한 경제

제 **4** 장

북한 경제연구의 딜레마와 제언[*]
개혁논의를 중심으로

고현욱 (경남대학교 교수, 경제학)

1. 북한 경제연구의 딜레마

북한 경제의 연구만큼 경제학자를 곤혹스럽게 만드는 것은 없다. 사회과학 중 최고의 엄밀성을 자랑하는 수리적 분석에 결론을 의존하는 경제학적 방법도 북한이라는 대상 앞에서는 거의 무용지물이 되어버린다. 통계자료의 빈약과 그것의 신빙성에 대한 의문은 차치하고라도 서구의 주류 경제학적 분석수단이 과연 어떤 의미를 가질지 스스로 망설여진다. 비교경제체제론적 입장에서 북한 경제의 운영과 성과를 평가해야 하는 것인지, 아니면 북한 특유의 정치 경제 논리에 충실한 기준에서 북한 경제의 전개를 이해해야 하는지 혼란스럽기만 하다.[1)]

* 이 글은 경남대학교 북한대학원, 『현대북한연구』, 제2권 2호(서울: 지식공작소, 1999)에 게재되었던 글입니다.
1) 일반적인 북한 연구의 방법론에 관해서는 강정인, "북한연구 방법론: 재론," 『현대북한연구』, 창간호(서울: 지식공작소, 1998), 7~42쪽을 참조하고, 북한 경제연구에

이러한 혼란은 북한이 우리의 반쪽이라는 민족적 연대감, 그리고 지구상의 마지막 사회주의 전사로서 고군분투하는 가련함으로 더욱 커지고 있다. 1990년대를 전후해 전 세계를 휩쓴 사회주의의 개혁·개방 바람 속에서 지금쯤 벌써 체제변혁의 도정에 있어야 할 북한이 아직도 중앙집권적 계획경제로 버티어가는 것을 어떻게 설명해야 하는가? 주체사상이나 폐쇄의 강요를 통해 변화의 세계적 추세를 차단하는 데 성공했다고 간단히 말할 수 있는가? 경제체제 성과의 마지막 평가기준인 체제의 생존력(viability)이라는 측면에서 북한은 가혹한 시련을 겪고 있다.[2] 이러한 시련을 남쪽에서 예의 주시하고 있는 우리의 입장은 이중적임을 고백하지 않을 수 없다.

북한 문제에 대해 결코 가치중립적이 될 수 없다는 것이 남한 사회과학도들의 고민일 것이다. 아무리 객관적 서술과 기계적 분석을 강조한다 하더라도 북한 경제를 연구하는 많은 저술의 이면에는 북한에 대한 원초적 애증이 엇갈리고 있다. 북한을 극복대상으로 인식하도록 훈련받은 사람들은 북한 경제체제의 비효율성을 지적하면서 체제붕괴의 시점을 예언하는 데 주력하고 있다. 반면에 한국이 자본주의 발전도상국의 모범이 되었듯이 북한도 사회주의 발전의 제3세계 모형으로 계속 남아 있기를 희망하는 사람도 있다. 어느 쪽이든 간에 상대방만이 가치 편향적이라고 비난할 수 없다. 결국 이러한 혼돈이 우리가 수행하는 북한 경제연구의 본질적 딜레마라고 할 수 있다.

있어서 자료와 방법론의 문제는 이상만, "북한경제연구," 북한연구학회 편, 『분단 반세기 북한 연구사』(서울: 한울, 1999), 147~162쪽에서 잘 정리되어 있다.

2) 상이한 경제체제의 성과를 비교하기 위한 기준은 성장성, 효율성, 형평성, 안정성, 발전 목표의 성취도 등 여러 가지가 있지만, 궁극적으로는 체제의 장기적 생존력이 가장 중요한 기준이 된다. Paul R. Gregory and Robert C. Stuart, *Comparative Economic Systems*(Boston: Houghton Mifflin, 1992), pp.33~41을 참조.

북한을 보는 시각의 이중성이 곧 북한 경제연구의 방법론적 다양성
을 규정하지는 않는다. 어느 시각을 가지든지 우리가 활용할 수 있는
경제학적 방법론은 제한되어 있으며, 또한 그 어느 것도 절대적 효용
가치를 주장할 수 없게 된다. 경제체제의 작동 메커니즘도 올바르게 규
명되지 않고 있으며, 더욱이 경제성과의 정확한 평가마저 불가능한 것
이 사실이다. 서로 다른 연구들은 객관적 검증을 생략한 채 상호무차별
적인 인용으로 허상이 실상으로 정립되는 예가 허다하다. 이러한 상황
에서 정교한 분석 틀은 그 무슨 의미가 있는가? 역설적으로 실체가 불
분명한 북한 경제라는 괴물을 포획하기 위해 덫도 놓고 엽총도 사용하
는 사냥꾼의 절망적인 노력이 가상하다고 할까?

2. 북한 경제연구의 시대적 특징

암울했던 1970년대의 한국 사회에서 북한 경제의 연구는 더 더욱 암
울했다. 냉전시대의 경직된 사고로 북한이라는 호칭의 사용마저 인색했
던 지식인들은 접근이 극히 제한된 원자료와 첩보기관에서 제공한 2차
자료에 의존해 북한 경제의 묘사에 착수하기 시작했다. 그것도 기껏해
야 단편적인 실상 파악이나 남북한 경제력 비교의 범주에 지나지 않았
으나, 이것이라도 가능했던 배경은 남한의 총체적 경제력이 북한의 그
것을 앞지르기 시작했다는 자신감 때문이었다.

이 당시의 연구물을 일별하면 일본이나 미국에서 출간된 북한 관련
문헌의 재조립에 급급해 연구방법론을 감히 거론하기조차 힘든 지경이
었다. 분석 틀의 설정 없이 평면적인 사실의 나열로 만족해야 했으며,
이 가운데서도 북한 경제의 괄목한 초기 성장을 인정하는 데에는 큰 용
기가 필요했다.

1980년대는 북한 경제연구의 다양성과 전문성이 다소나마 진척된 시기였다. 이 기간을 풍미하던 한국 사회과학의 갈등과 반성의 회오리바람 속에서 북한을 객관적 실체로서 인식하려는 시도가 있었다. 당연히 북한 경제성과의 평가도 자본주의 경제의 척도가 아니라 북한이 설정한 목표의 달성 여부가 그 기준이 되어야 한다는 것이다. 비록 북한 경제가 생산성과 성장성의 측면에서 상대적으로 떨어지고 있지만 자립성과 형평성의 측면에서 나름대로 국가 생존전략에 부합되는 기능을 하고 있다는 해석도 나오게 되었다.[3]

이 시기의 북한 경제연구에서 또 한 가지 언급해야 할 것은 체제변동의 요인으로 경제의 역할을 지적하는 경향에 관해서이다. 이른바 선진 사회주의 국가의 역사적 경험으로부터 일반화된 동원정권모형을 북한의 경우에 적용해 북한 체제의 변화 가능성을 진단하는 연구가 그것이다. 몇 년 후에 불어 닥칠 사회주의의 대변혁을 아무도 예측하지 못했던 상황에서 남의 분석틀을 가지고 북한 체제의 역동적 변화를 논의하는 시도가 차라리 순진했다고 할 수 있다. 달리 보면, 정치와 경제가 혼재된, 아니 정치가 경제를 규제하는 사회주의 구조에서 경제 자체의 독자적 의미를 배제하고 정치와의 연관성을 규명하는 것이 더욱 절실한 과제였을지도 모른다.

1990년대에 들어서면서 북한 경제의 연구는 양적으로 엄청나게 증가했다. 분석 시각과 방법론이 정립되지 않은 채 북한 경제의 연구논문은 전문적 학술지를 통해 양산되었으며, 연구대상도 한층 미시화되는 경향이었다. 대체로 대부분의 연구는 이른바 통일 경제를 염두에 둔 정책과제적 성격이 강했다. 동북아 경제권, 나진 선봉의 경제특구에 관련된 북

---

3) 예컨대, 고현욱, "경제체제의 성격과 경제발전의 성과: 남한과의 비교 분석," 최완규 외, 『전환기의 북한 사회주의』(서울: 대왕사, 1992), 359~442쪽을 참조.

한 경제의 의미와 역할 분석이 주조를 이루었으며, 경제통합이론에 기초한 남북 경협의 문제와 통일된 한반도에서 북한 경제의 흡수가 초래하는 비용에 대한 논의가 주조를 이루고 있다.[4]

특기할 것은 대북한 경제교역에 참여하는 기업의 연구진에 의해 북한 경제의 실상이 실무적 차원에서 밝혀지고 있다는 것이다. 이들의 연구는 직간접적 접촉에 의해 입수된 세부적 정보를 바탕으로 몰가치적 입장에서 북한 경제를 냉엄하게 묘사하고 있다. 이 와중에서 사실(fact)에 상대적으로 취약한 학계의 북한 연구자들은 방황하고 있다. 적합한 분석 틀의 개발에도 미흡하고 방대한 사실의 정리에도 역부족인 그들은 홍수처럼 쏟아지는 북한 경제의 연구자료를 방관할 수밖에 없다. 이런 자료의 단순한 축적이 과연 북한 경제의 올바른 이해에 어떤 기여를 할 것인가에 회의를 품으면서 그들은 누군가에 의한 획기적 연구를 기대하고 있다.

요컨대, 북한 경제연구의 20여 년 동안 축적된 것은 엄청난 논문의 숫자일 뿐이다. 마치 모래성을 쌓듯이 응집되지 않는 개별 연구는 그 이상도 그 이하도 아니다. 확고한 방법론과 분석 틀로 무장된 연구만이 추가적 연구를 가능하게 하며, 북한 경제를 진정한 사회과학의 대상으로 삼게 한다. 빈약한 데이터이지만 거시계량경제학적 모형을 적용해 북한 경제의 균형을 설명해 보기도 했으며, 『로동신문』의 내용분석을 통해 경제정책의 추이를 이해하려 했다. 경제 관리방식의 미시경제학적 분석을 시도하는 것에 의해 당사자-대리인(principal-agent)의 문제를 규명했으며, 대북 투자의 경제효과를 계획모형으로 모의실험하기도 했다.[5]

---

4) 이러한 연구의 예로서 교과서 성격이 강한 이상만, 『통일경제론: 북한경제와 남북경제통합』(서울: 형설출판사, 1994)와 비교적 최근의 협동작업 결과인 이종원 외, 『통일경제론』(서울: 해남, 1997)을 들 수 있다.

5) 어떻게 보면 연구방법론과 분석틀의 부재가 문제가 아니라 이것을 실제 연구에 적용하지 못하는 현실적 괴리가 더욱 심각한 문제라고 할 수 있다. 이러한 가운데

이러한 작업들은 국가와 기업의 현실적 이익에 집착하는 관변연구소나 기업연구소에서 이루어지지 않으며, 결국 순수한 열정에 가득찬 학계 사람들의 몫이다. 정부와 재계의 연구소는 북한 경제에 대한 원자료의 개발과 집적에 일차적 기능을 부여하고, 학계의 북한 전문가는 정책 과제 성격의 프로젝트에 더 이상 시간을 뺏기지 않아야 한다. 북한 연구에서 자료제공, 정책보고서 작성, 분석틀의 시도 등이 각기 분업·전문화될 때 북한 경제의 객관적 이해가 한층 진일보할 것이다.

3. 북한의 경제개혁에 관한 논의

이와 같이 북한 경제연구의 현 상태는 다양한 방법론적 필요의 인식에도 불구하고 적용의 한계와 연구자 가치관의 잠재적 혼란으로 묘사될 수 있을 것이다. 이러한 특징이 가장 극명하게 나타나고 있는 분야가 북한의 경제개혁 가능성에 관한 것이다.

개혁에 관한 대부분의 연구는 주로 전망에 집중하고 있다. 경제개혁에 관한 정확한 정의나 그것의 분석을 위한 이론 틀의 개발 없이, 다른 사회주의 국가의 경험이나 한국이라는 통일 당사국의 입장에서 북한의 개혁 가능성을 논의하고 있다. 대부분의 북한 연구가들은 현 북한 체제의 정황을 고려할 때 북한이 결코 시장체제 지향적인 본격적 개혁을 시도하지 않을 것이라는 데에 동의하고 있다. 동구의 빅뱅(Big Bang)식이나 중국의 점진주의적 개혁도 북한은 체제위협의 상황에서 받아들일 수

에서도 초기의 해외 연구로 Joseph Chung(1974), Pong S. Lee(1972) 등과 국내에서는 염홍철·고현욱(1987), 윤석범(1989), 황의각(1992), 이영섭(1997), 신동천·이영선(1997) 등의 연구가 비교적 다양한 방법론을 시도한 예라고 할 수 있다.

없다는 것이다. 북한이 할 수 있는 선택은 제한적 개방을 통한 대외 협력뿐이라고 한다.

여기서는 과연 이들의 연구가 어떠한 공통의 문제점을 지니고 있는지를 살펴보기로 한다. 나아가서 이러한 검토를 토대로 해 북한의 경제개혁을 새로운 시각에서 분석할 수 있는 틀의 제시를 시도해 본다. 분석의 편의상 북한 경제개혁에 관해 1995년 이후에 발표된 8편의 논문에 주로 의존해 논의를 진행하기로 한다.6)

1) 경제개혁의 정의: 포괄적 접근의 필요

우선 지적해야 할 것은 대부분의 연구에서 경제개혁이라는 개념을 단순하게 인식하는 경향이 있다는 점이다. 대체로 경제개혁의 정의에 대해 자세한 설명을 생략하거나 또는 동구나 중국에서와 같이 시장체제로의 전환으로 동일시하고 있다.

다시 말해, 이들은 개혁·개방을 하나로 묶어 이해할 때 넓은 의미의 사회주의 체제 전환을 의미한다고 한다. 이것은 경제적 측면에서 국가소유제도의 완화, 시장 메커니즘의 도입, 기업과 사회의 자율화 등 시장경제로의 이행을 뜻한다.7) 단지 한 논문에서 시장경제는 어떠한 경제체제와도 결합할 수 있는 것이어서 이것이 곧 자본주의 경제와 일치하는 것은 아님을 분명히 하고 있다.8)

---

6) 이들 연구는 각각 김영호(1995), 오승렬(1996), 전홍택(1997), 고현욱(1997), 오삼교(1997), 이영선(1997), 최수영(1998), Noland(1999) 등이다. 이 중 세 편은 전문 학술지에, 또 다른 세 편은 정부연구소의 정책보고서 형태로, 나머지 두 편은 민간단체의 정기간행물에 게재되었다. 바로 이러한 분포는 오늘의 북한 경제연구가 누구에 의해 수행되고 있는가를 간접적으로 보여주고 있다.

7) 오삼교, "북한의 개혁·개방: 전망과 유도방안," 『통일경제』, 제32호(1997.8.), 101쪽.

경제개혁에 대한 이와 같은 편협한 인식 때문에 그들은 경제개혁의 목표가 마치 시장체제의 도입인 양 착각하고 있다. 이러한 관점에서 볼 때 북한의 경제개혁 노력은 당연히 단편적이고 일천한 것이 틀림없으며, 앞으로의 개혁 가능성에 대해서도 부정적일 수밖에 없다.

우리는 여기서 경제개혁의 개념에 관해 보다 포괄적인 접근을 필요로 한다. 경제개혁은 장기적이고 지속적인 생산성의 증대를 위해 시도된 경제정책의 일부라고 정의한다. 구체적으로, 경제개혁은 더욱 높은 효율성을 달성하기 위해 경제체제의 구조를 재조정하려는 일련의 정책적 조치와 행동이라고 간주할 수 있다.[9)]

경제의 구조조정은 반드시 경제활동에 대한 정부 통제와 지배의 감소를 의미하지는 않는다. 실제 북한을 제외한 모든 사회주의 계획경제는 현재 시장경제로의 이행단계에 있다. 따라서 이들 국가에서 경제개혁의 목표는 전환비용을 극소화시키면서 시장경제로 이행하는 것이다. 그러나 북한의 경우 경제개혁이 시장경제로의 이행과 같은 것인지는 분명하지 않다. 경제개혁과 시장경제로의 전환을 분리함으로써 우리는 더욱 균형되고 과학적이며, 보다 덜 이데올로기적 편견을 가지는 평가를 수행할 수 있을 것이다.

그렇다고 경제개혁을 몰체제(沒體制)적 경제정책의 산물로 보는 것은 아니다. 일반적으로 경제개혁의 목표인 경제성과의 제고는 크게 경제체제, 경제정책, 환경요인에 의해 결정된다.[10)] 일상적인 경제운용에 관한 정책과 그 경제의 자원부존이나 기술수준과 같은 환경요인이 경제성과를 규정하는 중요한 변수임에 틀림없으나, 그 경제가 어떠한 경제체제

---

8) 김영호, "북한경제의 개방과 개혁의 전망," 『경제학연구』, 제43집 제1호(1995), 193쪽.

9) 고현욱, "북한의 경제개혁: 재평가와 전망," 『동북아연구』, 특집호(1997), 251쪽.

10) Gregory and Stuart, *Comparative Economic Systems*, pp.28~30.

의 틀 속에서 운영되는가 하는 것도 중요하다. 따라서 경제개혁은 경제
정책상의 변화뿐만 아니라 경제체제의 속성 중 하나 이상의 변화도 포
함하는 것을 의미한다.

결국, 경제개혁은 크게 두 가지 유형으로 나누어볼 수 있다. 첫 번째
는 체제조정(systemic adjustments)으로서, 중대한 제도적 변화를 수반하지
않으면서 중앙계획을 완화한다든지 농업이나 무역 등 체제의 다른 파트
에 영향을 주는 개혁이다. 두 번째는 진정한 개혁(real reforms)으로서, (체
제 전반의 기초를 손상하지 않으면서) 중앙계획을 중단하거나 농업을 비집
단화하는 등 일부의 제도를 크게 변화시키는 것이다. 여기서 체제기반
의 핵심 요소를 변화시킬 경우 그것은 더 이상 개혁이 아니고 체제해체
(systemic dismantling)라고 할 수 있다.[11]

2) 경제개혁의 목표와 수단: 분석 틀의 제시

두 번째로 언급해야 할 사항은 경제개혁 조치의 검증을 위한 분석 틀
이 대체로 결여되어 있다는 것이다. 이러한 사정은 경제개혁이 곧 시장
체제로의 전환이라는 인식 때문에 나타난 당연한 결과다. 그러나 경제개
혁을 목표와 수단이라는 측면에서 상세하게 정의하고, 이들간의 관계에
도 세심하게 주목한다면 효용성 있는 분석 틀을 마련할 수 있게 된다.

결국 경제개혁의 목표는 경제체제의 다름에 관계없이 생산성 향상이
라고 할 수 있다. 그것은 구체적으로 생산투입의 재배치에 따른 배분적
효율, 경영 효율의 향상으로 인한 X-효율, 마지막으로 기술 진보에 따른
기술적 효율에 의해 달성된다. 물론 마지막 유형의 효율이 장기적 생산

---

11) Bernard Chavance, *The Transformation of Communist Systems: Economic Reform Since
the 1950s*(Boulder: Westview Press, 1994), p.3.

성 향상에 결정적이지만, 개혁의 초기에는 처음 두 가지 유형의 효율성
도 커다란 역할을 한다.

경제개혁의 목표인 효율성에 영향을 주는 요소가 바로 경제체제의
속성이다. 다시 말해 정책결정의 장치가 중앙집권화되었는지 또는 분권
화되었는지가 첫째 속성이며, 정보제공과 조정의 장치를 시장 또는 계
획에 의존하는지가 둘째 속성이다. 셋째는 재산권의 소유 형태를 어떻
게 규정하는가이며, 넷째는 어떤 인센티브(물질적 또는 도덕적)에 주로 의
존하느냐이다.[12]

이와 같은 각각의 속성이 어떻게 조합되느냐에 따라 경제체제는 사
회주의 또는 자본주의로 분류된다. 새로운 경제정책의 수립과 더불어
이러한 경제체제의 속성을 변화시키는 것이 곧 경제개혁이며, 속성 그
자체는 개혁의 수단이라고 할 수 있다.

경제개혁의 목표인 세 가지 유형의 효율성과 경제개혁의 수단 간에
는 <그림 4-1>과 같은 각각의 대응관계가 존재한다.[13] 그림에서 실선
은 직접적이고 강도 높은 영향을 의미하며, 점선은 상대적으로 약한 관
계를 보여준다.

예를 들어, 두 번째 효율성인 경영적 효율성 또는 X-효율에 영향을
주는 체제의 속성에 관해 자세히 알아보자. X-효율은 주로 참여자의 동
기에 의해 결정된다. 일반적으로 이 효율성은 조직이 자원의 유휴(遊休)
를 줄이면서 자원을 최대한 이용할 때 향상된다. 조직상의 유휴를 감소시
키기 위해서는 강제적 명령과 통제 또는 자발적인 참여 인센티브 중 하나
를 수반하는 엄격한 감시에 의존할 수밖에 없다. 그러나 체제가 더욱 복
잡해짐에 따라 참여자의 활동을 감시하고 통제하기가 더욱 어려워진다.

---

12) *Ibid*, pp. 17~22.
13) 고현욱, "북한의 경제개혁: 재평가와 전망," 253쪽.

〈그림 4-1〉 개혁수단과 생산성

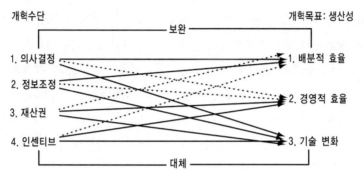

다시 말해, 조직활동의 복합성과 이에 따른 정보의 필요가 증대함에 따라 직접적인 감시와 통제는 더욱 많은 비용을 수반한다.[14] 따라서 경영적 효율성은 미시적 차원에서 인센티브 장치와 재산권 제도 모두와 관련되어 있으며, 거시적 차원에서는 조직의 내부 구조에도 영향을 받는다고 할 수 있다.

아울러 경제개혁의 수단 상호간에는 보완성과 대체성의 관계가 존재한다. 어떤 개혁정책은 다른 개혁정책과 동시에 수행될 때 개별적 정책이 기대하는 효과보다 훨씬 큰 효과를 가져다준다. 예컨대, 의사결정의 제도적 장치와 정보제공 및 조정장치 간에, 그리고 인센티브 장치와 재산권 간에는 긴밀한 보완적 관계가 존재한다. 반면에 어떤 정책이 꼭 피해야 하는 다른 정책을 가지고 있을 경우 대체성이 존재한다고 한다.

---

14) 대리인 이론이 바로 이러한 문제를 분석하기 위한 훌륭한 틀을 제공한다. 이 이론은 당사자와 대리인의 이해관계는 항상 일치하는 것은 아니다라는 사실의 인식으로부터 출발하고 있다. 양자는 비대칭적인 권한의 원천을 가지고 있다. 즉, 당사자는 권한이 부여되고 있는 것에 반해 대리인은 정보상의 이점을 가지고 있다. 구 공산주의 국가의 실패를 설명하는 데 이 이론을 적용한 연구로는 John E. Roemer, *A Future for Socialism*(Cambridge: Harvard University Press, 1994), pp.37~45를 참조.

특정한 목표에 적합한 바람직한 개혁조치의 집합은 개혁수단간의 관련성이 가지는 특성을 면밀히 조사해야 한다. 보완적인 개혁조치는 최대의 성과를 거두기 위해서 반드시 동시에 실행되어야 하며, 대체적인 개혁조치는 효과의 중복을 의미하므로 함께 사용하는 것을 지양해야 한다.

사실 이와 같은 분석 틀은 유용한 측면이 많다. 어떤 국가가 자본주의 경제체제나 사회주의 경제체제를 취하고 있느냐에 관계없이 경제개혁의 노력과 성과를 쉽게 검증할 수 있다. 특히 북한의 경우 이러한 관점에서 개혁 노력은 1960년대부터 있어 왔으며, 부문에 따라서는 상당한 성과를 거두기도 했다. 예컨대, 북한의 독특한 경제 관리방식인 청산리 방법과 대안의 사업체계, 독립채산제 등은 비록 장기적 생산성 향상에 실패했지만 단기적으로는 나름대로 효과를 보았다.

북한 경제의 침체와 개혁성과의 미흡도 위의 분석 틀로 설명이 가능하다. 개혁정책의 수단은 이들간의 보완적 관계를 간과한 채 조화를 이루지 못했으며, 이에 따라 경제구조의 전반적 구조조정에 실패했기 때문에 개혁성과는 단기에 그쳤고 임시방편적이 되었다고 할 수 있다.

네 가지 개혁수단 중 북한에서 특히 부진한 부분은 재산권의 형태와 인센티브 제도였다. 반드시 이분법적 논리에 의존해 이것들을 규정할 필요는 없다. 예컨대, 재산권의 경우 그것은 반드시 소유권만을 의미하지 않는다. 오히려 사회주의 체제에서는 사적 사용권의 인정이 더욱 중요하다.[15] 이것은 인센티브 문제와도 직결되어 있기 때문에 앞으로 북한이 적절하게 고려할 과제로 남아있다.

---

15) 특히 오승렬은 북한 경제개혁에서 소유 제도의 다양화가 중요함을 강조하고 있다. 중국과는 달리 북한은 비국유 부문의 확대에 유리한 조건을 가지고 있다고 한다. 오승렬, 『북한 경제개혁의 최적방향에 관한 연구』(서울: 민족통일연구원, 1996), 57쪽.

3) 최근 경제개혁의 검증: 분조관리제와 제2경제

최근 북한 경제의 변화 중 주목할 만한 점은 농업 부문에서 분조관리제를 강화한 것과 제2경제가 빠르게 확산되고 있다는 것이다. 생산과 유통 분야의 제2경제가 정부 당국의 암묵적 양해하에서 확대되고 있는 것에 반해, 분조관리제는 정부의 적극적인 정책산물이라는 점에서 서로 다르다. 여기서는 이와 같은 두 가지 현상이 경제개혁에 관한 우리의 조작적 정의에 합당한 것인지를 검토하고, 개혁의 목표와 수단이라는 분석 틀에 비추어 그 의미를 구명하려 한다.

사실 북한 경제난의 실상은 무엇보다도 농업 부문의 극심한 부진으로 상징되고 있다. 공업생산의 붕괴로 농업에 필요한 공업 투입물의 공급이 절대로 부족했고, 1995년 이후 3년간의 자연재해가 막대했다는 것이 농업 부진의 주요 요인이었지만, 이미 북한 농업의 생산성은 장기적으로 저하하는 추세에 있었다. 이러한 하락추세는 집단화에 따른 인센티브의 결여, 일모작의 고집과 농업기술의 낙후에 기인한 필연적 현상이었다.[16)]

이와 같은 농업 부문의 부진을 만회하기 위해 북한은 1996년 초부터 분조제의 소규모화를 추진했다. 분조제란 협동농장의 작업단위인데 이 규모를 가족 혹은 친족을 중심으로 7명 또는 8명으로 축소하고, 한 분조가 목표 생산량을 초과해 생산을 증대시켰을 경우 초과 생산분을 분조원들이 자유로이 처분할 수 있게 한 것이다. 또한 분조원들의 생산성 증대를 위한 인센티브를 강화하기 위해 할당 생산목표를 하향 조정했다. 즉, 지난 3년간의 평균 수확고와 1993년 이전 10년간의 평균 수확고

---

16) IMF, *Democratic People's Republic of Korea: Fact-Finding Report*(1997), pp.9~10. 1990년대 후반 북한의 농업 총생산은 전성기인 1980년대 초반의 4분지 1 수준으로 격감했다.

의 평균치를 생산계획으로 설정했다.

이러한 분조제의 축소 운영은 중국의 농업생산의 대폭적 증가를 가능케 했던 농가생산 청부계약제와 유사한 제도로서, 일단 북한 농업개혁의 첫걸음이 될 수도 있을 것으로 전망하기도 한다.[17] 그러나 새로운 분조관리제는 경제난 가중으로 말미암아 비료, 농약 및 영농 자재가 전혀 공급되지 않는 상황에서 소기의 성과를 거두지 못하고 있으며, 또한 생산목표도 비록 하향 조정되었지만 과거의 농업통계가 워낙 과장되었던 탓에 여전히 달성하기에는 높은 수준인 것으로 알려졌다. 따라서 초과 생산물 없는 자유 처분권은 무용지물이며, 바로 이점에서 새로운 분조관리제는 진정한 농업개혁이 될 수 없다는 주장이다.[18]

경제개혁의 분석 틀이라는 관점에서 새로운 분조관리제는 특히 물질적 인센티브의 강조와 정보조정 메커니즘의 유연화를 통해 생산성을 높이려는 시도라고 볼 수 있다. 그러나 농업 부문의 개혁조치는 사적 소유를 허용하지 않고 집단관리제도의 강조와 연관된 재산권의 구조 때문에 한계를 보였다고 할 수 있다. 다시 말해, 재산권과 인센티브의 보완적 개혁수단이 동시에 사용되지 않고 배타적 조치들이 공존함으로써 개혁의 실질 효과가 미미한 것으로 분석된다.[19]

한편, 사회주의 계획경제의 가장 큰 특징은 만성적인 공급 부족으로

---

17) 이영선, "북한 경제난의 구조적 분석과 개혁 가능성,"『사상』, 가을호(1997), 62쪽.
18) 최수영,『북한의 제2경제』(서울: 민족통일연구원, 1997), 72~73쪽.
19) 비록 규모는 작지만 개인 텃밭에서의 활발한 경작은 이와 같은 보완적 개혁조치—재산의 사적 이용권과 물질적 인센티브—가 성공적으로 조화를 이루어낸 결과라고 할 수 있다. 그러나 이러한 정책변화를 '외국에의 종속 내지 의존에서의 탈각을 보장하는 자립적 민족 경제체제의 확립에서 다양화'하는 인민의 수요에 대답할 수 있는 포지티브한 의미의 자립화, 이원체화(二元體化)에의 이행으로 보는 해석이 있다. 김영호, "북한경제의 개방과 개혁의 전망," 190쪽.

서 비공식 부문에서 제2경제가 발생한다는 것이다. 북한의 경우 이와 같은 제2경제가 생산 및 유통 분야에서 급속하게 확대되고 있음이 감지되고 있다. 생산 부문에서는 주로 개인 텃밭에서 생산된 농축산물과 8·3 인민소비품 운동으로 가내 수공업 형태로 생산된 생필품이 주종을 이루고 있다. 이외에도 집단농장이나 군수품공장의 부정 유출, 연변 동포와 중국 상인의 공급물자 등이 제2경제의 상품이 되고 있다.

북한 제2경제의 유통시장에는 농민시장(장마당), 암시장, 직매장, 수매재생상점 등이 있다. 1990년대 초부터 북한의 시장형태는 급격히 변화하기 시작했다. 농민시장에서 거래가 금지된 품목이 암거래 형식으로 이루어짐에 따라 농민시장과 암시장의 구분이 점차 모호해졌다. 국가의 공식 유통망인 직매장과 수매재생상점이 기능을 상실하자 북한 주민들은 생존에 필요한 식량과 생필품을 암시장에서 구하고 있는 실정이다.

일설에 의하면, 공산품의 80%, 주식으로 된 옥수수의 60%를 암시장에서 구입할 정도로 주민들의 일상 소비생활에서 차지하는 암시장의 비중은 매우 높은 것으로 나타났다. 시장가격은 국정가격의 수십 배에 이르는 것이 보통이며, 가격 결정의 메커니즘도 비교적 여러 요인에 민감하게 반응하는 것으로 알려졌다.[20]

이와 같은 제2경제의 확산은 비록 북한 당국의 공식적인 정책의 결과가 아니지만, 여러 가지 측면에서 해석이 가능하다. 제2경제의 확대는 경제체제의 가장 중요한 속성 중 하나인 시장 메커니즘의 실험이라는 측면에서 향후 북한의 시장지향적 개혁정책의 조심스런 예고가 아닐지, 또는 단순한 생존전략의 차원에서 한시적으로 묵인하는 것인지, 아니면 체제붕괴의 자연발생적 조짐으로 이해해야 하는지 어느 한 가지로 단정 짓기가 어렵다.

---

20) 최수영, 『북한의 제2경제』, 40쪽.

혹자는 구소련이 1980년대에 제2경제의 광범한 발달로 개혁이 불가 피해졌다는 것을 상기하면서 북한의 경우에도 농민시장이나 암시장의 급속한 형성으로 시장경제형 개혁이 불가피하다고 보고 있다.[21] 이와는 달리 북한은 불법적인 제2경제활동을 양성화시켜 제2경제의 생산 부문을 계획 부문과 분리시켜 나갈 것으로 보고 있다. 특히 농민에게 자율성을 최대한 보장하고 소비재 생산의 사기업도 허용하는 방향으로 제2경제를 발전시키겠지만, 이것은 기득권층의 이해관계를 보호하는 전제에서 이루어진다. 따라서 제2경제와 관련된 개혁은 체제변화가 아니라 체제유지적 개혁으로 추진될 것으로 전망된다.[22]

결국 제2경제의 확산 자체는 북한 경제의 생산성 제고에 직접적으로 기여하는 개혁조치가 되지 않는다. 북한은 여전히 전반적인 소비재의 결핍을 겪고 있다. 이러한 현상의 보다 근본적인 원인은 거시적 차원에서 잘못된 자원배분과 X-비효율의 만연에 있다. 이 문제의 치유를 위해 북한은 적절한 인센티브 장치와 자원배분의 개선이 필요한데, 이것은 소비재 및 생산재 시장 모두에 대해 투입가격을 합리화함으로써 달성될 수 있을 것이다.

4) 경제개혁의 전망: 규범적 접근의 한계

북한의 경제개혁에 관한 연구 중 가장 활발한 논의가 이루어지면서도 가장 가치중립적이지 못한 부분이 개혁 가능성 또는 전망에 관한 것이다. 대체로 현재의 논의에서 발견되는 가장 큰 특징은 향후 북한 경제의 진로에 관해 당위론적 또는 규범적 입장에서 접근하고 있다는 점이

---

21) 북한은 이미 중국 접경지대의 한 곳에서 중국형 사회주의 시장경제를 실험하고 있다는 주장이 있다. 김영호, "북한경제의 개방과 개혁의 전망," 192쪽 참조.
22) 최수영, 『북한의 제2경제』, 83쪽.

다. 다시 말해, 체제의 성격을 초월해 경제회복이 북한의 국가적 최우선 순위인 것으로 가정해 경제개혁의 구체적 프로그램을 제시하고 있다. 따라서 북한으로 하여금 자본주의 시장경제의 원리에 입각한 여러 가지 정책적 처방을 채택할 것을 권고하고 있다.

이러한 관점에서 가장 포괄적인 정책대안을 제시한 한 연구는 대내 경제에서 시장기구의 도입을, 그리고 대외 경제에서 무역의 분권화를 핵심 과제로 제기했다.23) 그러나 이와 같은 제안이 사회주의 체제의 유지가 더 중요한 과업으로 인식되고 있는 북한에서 어떤 의미가 있을 것인가? 오히려 북한의 입장에서 사회주의 체제의 기본 속성과 상충되지 않으면서 경제의 효율성을 제고시킬 수 있는 방안을 모색해 주는 것이 타당할 듯하다. 이제는 더 이상 남쪽의 입장에서, 또는 몰체제적 입장에서 북한 경제의 개혁을 논의해서는 안 된다. 북한의 정책결정자가 수용할 수 있고 북한 현실에 적합한 개혁 모델을 고안하고 설득해야 한다.

이러한 점에서 북한의 개혁·개방을 유도하기 위한 한국의 역할이 중요한 이슈로 제기된다. 대북압박론, 경협증진론, 전향적 대북지원론 등 다양한 방법이 있을 수 있지만, 북미·북일 관계 정상화를 지원해 북한의 체제생존을 보장하고, 국제기구에의 참여를 지원해 자주적 개혁·개방 환경을 조성하게 한다는 전향적 대북지원론을 가장 바람직한 방안으로 권장하고 있다.24) 물론 이 방안은 개혁 과정에서 남한의 역할이 축소되고 북한의 개혁속도가 지연될 가능성이 있지만, 체제유지와 경제적 효율성 사이에서 갈등하고 있는 북한에게 매력있는 모델이 될 것이다.

일부 연구들은 진정한 의미에서 북한의 경제개혁은 1980년대에 시작되었다고 주장한다. 이들은 물질적 인센티브나 부분적인 재산권의 도입

---

23) 오승렬, 『북한 경제개혁의 최적방안 연구』, 65쪽 이후 참조.
24) 오삼교, "북한의 개혁·개방: 전망과 유도방안," 106~110쪽 참조.

을 경제가 시장체제로 이행하는 시도로 해석하는 경향이 있다. 경제개
혁에 관한 이러한 견해는 시장요인을 배제한 어떠한 개혁도 결국은 실
패할 것이라고 가정한다. 이와 같은 결론은 모든 국가에 대해 그들의
국민소득과 자원부존, 제도적 장치 등의 차이에 관계없이 획일적인 정
책처방을 제시하는 것과 같다.

그러나 과거 사회주의 국가의 경험이 말해 주듯이, '지역과 시대를
통해 발생하는 시장형태의 여러 가지 변화와 과거 사회주의 경제의 개
혁 과정에서 태동하고 있는 새로운 시장형태를 볼 때, 최적의 독특한
시장체제는 존재하지 않음을 알 수 있다.'25) 특히 경제개혁의 추진자에
게 당면한 선택은 자유시장체제를 선택하느냐가 아니라 구체적인 국가
에게 가장 적합한 제도적 장치를 어떻게 고안하느냐 하는 것이다. 이러
한 제도적 장치는 산업과 거시경제적 차원에서 조화를 이루는 일련의
경제조치를 제공할 수 있어야 한다.

이와 같은 개혁을 시도할 경우 북한이 개혁의 방식이나 속도에서 어
떠한 모델을 추종할지 다른 체제전환 국가의 경험에 비추어 고찰하는
연구가 많다. 특히, 경제개혁의 성공 사례인 중국의 경우와 비교해, 개
혁의 착수 당시 거시경제 여건에서 북한의 장단점을 분석하고 있다.26)

대부분의 연구가 중국식의 점진주의적 개혁이 동구의 빅뱅식 개혁보
다 북한에서 그 가능성이 상대적으로 높은 것으로 전망하고 있다. 그러
나 중국의 경우와 같이 북한의 개혁이 농업 부문에서 출발해 다른 산업
부문으로 확대하는 방식으로 이루어질 것이라는 데에는 부정적인 견해
를 보이고 있다. 왜냐하면 북한의 경우 농업의 비중이 중국보다 낮으며,

---

25) John McMillan, "Getting Incentives Right," in P. Gourevich and P. Gurrieri(eds.), *New Challenges to International Cooperation: Adjustment of Firms, Policies, and·Organizations to Global Competition*(La Jolla, CA: UCSD IR/PS, 1993), p.102.

26) 대표적 연구로 전홍택, 『북한의 체제전환과 남북한 경제통합의 주요 과제』 참조.

동구와 같이 산업구조상에서 공업, 특히 중화학공업의 비중이 높아 농업 부분으로부터의 개혁이 모든 산업으로 확산되기 어렵기 때문이다. 이것은 이미 북한의 농업이 비교 우위를 상실했다는 이유뿐만 아니라 농업 부문의 잉여 노동력이 상대적으로 작아 개혁 과정에서 비국영 경공업 부문으로 흡수될 가능성이 희박하다는 것에도 연유한다.[27]

따라서 북한의 개혁방식을 기존의 유형화 모델로 전망하는 데에는 무리가 따른다. 북한이 아직도 주체 이데올로기에 따른 자립을 강조하고 있음을 감안할 때, 앞으로도 북한이 급진 또는 점진 방식 중 어느 하나를 따를 것이라고 예측할 수 없다. 북한이 현재의 난국을 해결하기 위해서는 일련의 조화로운 경제정책과 개혁조치를 고안하고 시행해야 하는데, 이것 중 일부가 최고의 이념인 주체와 갈등 관계를 가진다는 것이 딜레마이다.

북한 경제의 미래 전망에 관해 전적으로 낙관적이거나 비관적이기에는 아직 시기상조일 수 있다. 북한이 현재의 위기를 어떻게든 극복한다면 북한은 사회주의 방식으로 살아남은 유일한 사례가 될 것이다. 만일 북한이 이것에 실패한다면 북한은 '주체'를 포기하든지, 아니면 전면적인 붕괴에 직면하든지 둘 중의 하나일 것이다.

4. 맺음말

최근 북한 경제연구의 양적인 증대에도 불구하고 방법론적 미숙과 분석 틀의 취약으로 북한 경제의 이해는 만족스럽지 못한 상태라고 할

---

27) Marcus Noland, *Economic and Political Situation in North Korea and Security in Northeast Asia*(Seoul: Institute for Global Economics, 1999), pp.13~17.

수 있다. 이것은 북한 자료의 폐쇄성과 신뢰성의 문제, 그리고 북한 연구자의 가치관 혼란과 함께 북한 경제연구의 한계를 설정하고 있다.

이러한 한계는 무엇보다도 북한의 경제개혁에 관한 논의에서 쉽게 발견될 수 있다. 정확하고 엄밀한 개념상의 정의가 생략된 채 평면적인 사실의 나열에 기초해 가치 편향적인 전망으로 개혁 논의가 일관되었다면 지나친 혹평일까? 한반도 통일의 전제로서 북한 경제를 연구하는 남쪽의 많은 저작들은 규범적 접근을 강조하다 보니 북한의 입장에서 볼 때 비현실적인 결론을 장황하게 제시하고 있다.

여기에서 우리는 경제개혁을 논의하기 위한 분석 틀의 마련을 시도했다. 경제개혁의 목표와 수단, 그리고 정책간의 관계에 착안해 개혁의 의미를 보다 냉철하게 파악하려 했으며, 또한 개혁의 성공과 실패에 대한 논리적 해석을 시도했다.

위의 예에서 시사하듯이, 북한 경제의 연구는 조그마한 분석 틀의 도입으로 진일보할 수 있다. 북한을 보는 우리의 시각이 어떠하든지, 때로는 북한 경제의 논리로, 때로는 이곳에서 유행하는 방법론으로 북한 경제의 작동원리를 구명해야 한다. 북한 경제를 연구하는 대이론(grand theory)은 존재하지 않는다. 콜드웰(Caldwell)의 비판적 다원주의(critical pluralism)가 타당할지도 모른다.[28] 합리적이고 다양한 방법론을 동원해 그것의 적합성을 비판적으로 평가함으로써 유일한 방법은 존재하지 않는다는 것만 발견해도 큰 수확이다.

---

28) Roger E. Backhouse, ed., *New Directions in Economic Methodology*(London: Routledge, 1994), pp.4~5.

▍참고문헌

강정인, "북한연구 방법론: 재론,"『현대북한연구』, 창간호(서울: 지식공작소, 1998).

고현욱, "경제체제의 성격과 경제발전의 성과: 남한과의 비교 분석," 최완규 외, 『전환기의 북한 사회주의』(서울: 대왕사, 1992).

_____, "북한의 경제개혁: 재평가와 전망,"『동북아연구』, 특집호(1997).

김영호, "북한경제의 개방과 개혁의 전망,"『경제학연구』, 제43집 제1호(1995).

서동만, "북한연구에 대한 반성과 과제: 1990년대 연구성과와 문제점,"『현대북한연구』, 창간호, 서울: 지식공작소(1998).

신동천·이영선, "대북투자와 북한경제: CGE모형을 이용한 분석,"『경제학연구』, 제45집 제2호(1997).

염홍철·고현욱,『로동신문을 통해 본 북한정책의 변화』(서울: 교육부, 1987).

오삼교, "북한의 개혁·개방: 전망과 유도방안,"『통일경제』, 제32호(1997.8).

오승렬,『북한 경제개혁의 최적방안 연구』(서울: 민족통일연구원, 1996).

이상만, "북한경제연구," 북한연구학회 편,『분단 반세기 북한 연구사』(서울: 한울, 1999).

_____,『통일경제론: 북한경제와 남북한 경제통합』(서울: 형설출판사, 1994)

이영선, "북한 경제난의 구조적 분석과 개혁 가능성,"『사상』, 가을호(1997).

이영섭, "남북한 통화의 교환비율결정에 관한 연구,"『비교경제연구』, 5호(1997).

이종원 외,『통일경제론』(서울: 해남, 1997).

전홍택,『북한의 체제전환과 남북한 경제통합의 주요 과제』(서울: 한국개발연구원, 1996).

최수영,『북한의 제2경제』(서울: 민족통일연구원, 1998).

황의각,『북한경제론: 남북한 경제의 현황과 비교』(서울: 나남, 1992).

Backhouse, Roger, ed., *New Directions in Economic Methodology*(London: Routledge, 1994).

Chavance, Bernard, *The Transformation of Communist Systems: Economic Reform Since the*

1950s(Boulder: Westview Press, 1994).

Chung, Joseph Sang-hoon, *The North Korea Economy: Structure and Development*(Stanford: Hoover Institution Press, 1974).

Gregory. Paul R. and Stuart, Robert C., *Comparative Economic Systems*, 4th ed.(Boston: Houghton Mifflin, 1992).

IMF, *Democratic People's Republic of Korea: Fact-Finding Report*(1997).

Kornai, Janos, *The Socialist System: The Political Economy of Communism*(Princeton: Princeton University Press, 1992).

Lee, Pong S., "An Estimate of North Korea's National Income," *Asian Survey*, vol.12, no.6(June 1972).

John McMillan, "Getting Incentives Right," in P. Gourevich and P. Gurrieri, eds., *New Challenges to International Cooperation: Adjustment of Firms, Policies, and Organizations to Global Competition*(La Jolla, CA: UCSD IR/PS, 1993).

Noland, Marcus, *Economic and Political Situation in North Korea and Security in Northeast Asia*(Seoul: Institute for Global Economics, 1999).

Roemer, John E., *A Future for Socialism*(Cambridge: Harvard University Press, 1994), 고현욱·강문구 옮김, 『새로운 사회주의의 미래』(서울: 한울, 1996).

Stiglitz, Joseph E., *Wither Socialism?*(Cambridge: MIT Press, 1994).

Woo, Wing Thye, "Stephen Parker and Jeffrey Sachs," eds., *Economies in Transition: Comparing Asia and Europe*(Cambridge: MIT Press, 1997).

Yoon, Suk Bum, "A Trial Estimation of an Econometric Model of North Korea," *A paper presented at the International Symposium on Inter-Korean Economic Cooperation*(Seoul: August 28~29, 1989).

제5장

북한 경제와 경제이론[*]

박순성 (동국대학교 교수, 경제학)

- 김연철, 『북한의 산업화와 경제정책』(서울: 역사비평사, 2001).
- 신지호, 『북한의 '개혁·개방'-과거·현황·전망』(서울: 한울, 2000).
- 양문수, 『북한 경제의 구조-경제개발과 침체의 메커니즘』(서울: 서울대출판부, 2001).
- 정세진, 『'계획'에서 시장으로: 북한체제변동의 정치경제』(서울: 한울, 2000).

북한 경제에 대한 우리 학계의 연구는 1990년대 중·후반부터 느리지만 착실하게 발전하고 있다. 이 글에서는 최근 북한 경제와 관련한 국내 연구의 성과를 보여주는 네 권의 저서를 검토한다.[1] 수년에 걸친 네 연

---

* 이 글은 경남대학교 북한대학원, 『현대북한연구』, 제5권 2호(서울: 한울, 2002)에 게재되었던 글입니다.

1) 위에 열거된 저서 이외에도 주목할 만한 연구성과로는 김석진, "북한 경제의 성장과 위기: 실적과 전망"(서울대학교 경제학과 박사학위논문, 2002); 박형중, 『북한적 현상의 연구-북한 사회주의 건설의 정치경제학』(서울: 연구사, 1994); 박형중, 『북한의 경제관리체계-기구와 운영·개혁과 변화』(서울: 해남, 2002); 이영훈, "북한의 경제성장 및 축적체제에 관한 연구(1956~64년): Kaleckian CGE모델 분석"(고려대

구자의 방대한 작업의 결과를 짧은 글에서 동시에 살펴보려는 시도는 무모하다 못해 어리석다. 어리석음은 결코 변명이 되지 못한다. 오히려 소박함으로 무모함에 대한 해명을 하고 싶다. 그동안 필자가 북한 경제를 연구하면서 가졌던 고민을 다른 연구자들-특히 현재 국내에서 북한 경제에 대한 연구를 주도하고 있는-의 성과에 기대어 표현하려는 것이다. 먼저 북한 경제를 연구하면서 연구자가 직면하게 되는 이념, 이론, 사실과 관련한 어려움을 살펴본다(1절). 다음으로 북한 경제의 특성과 한계, 성장과 침체를 설명하기 위해 고안된 '정치논리의 우선성', '계획경제의 모순', '개발/침체의 메커니즘', '체제의 비공식 정치 영역'이라는 네 개념을 검토한다(2~3절). 끝으로 북한 경제의 개혁·개방 또는 체제변동에 대한 접근방법을 비교한다(4절).

1. 가치판단과 사실분석-사실, 이론, 이념

사회에 대한 다른 모든 연구와 마찬가지로 북한 경제에 대한 연구는 실천적 관심으로부터 출발한다. 북한 경제는 남북이 화해·협력 단계를 거쳐 통일로 나아가는 과정에서 반드시 대면해야 할 현실이자 과제이다. 이러한 판단은 분명 남쪽 중심의 인식에 기초하고 있다. 하지만 건전한 상식에 따른다면 "최근의 남북관계에서 핵심적인 요소는 북한의 생존, 특히 경제문제의 해결이라 할 수 있다"(양문수, iv쪽, 필자 일부 수

학교 경제학과 박사학위논문, 2000); 이정철, "사회주의 북한의 경제동학과 정치체제: 현물동학과 가격동학의 긴장이 정치체제에 미치는 영향을 중심으로"(서울대학교 정치학과 박사학위논문, 2002); 차문석,『반노동의 유토피아-산업주의에 굴복한 20세기 사회주의』(서울: 박종철출판사, 2001) 등이 있다.

정). 당연히 이는 북한 경제에 대한 올바른 이해를 필요로 한다.[2]

실천을 위한 올바른 이해는 과학적 또는 학문적으로 정확한 지식을 의미한다. 사실 실천적 관점에서 시작된 연구는 현실의 제약에 노출되어 있다. 남북으로 양분되어 서로 적대하고 있는 한반도의 현실에서 이데올로기의 지배는 가장 심각한, 우리가 쉽게 깨닫지 못하기에 더욱더 까다로운 위험요소이다. 다행스럽게도 우리가 주목하는 연구자들은 각성된 의식을 갖고 있다. 그들은 '객관적이고 공정한 분석'을, 그리고 '연구대상의 실체에 대한 실사구시적 관심'을 강조한다. 특정한 가치체계와 당파성, 이른바 이데올로기적 쟁투에 기초한 당위적 주장이나 소망론적 사고는 거부된다.[3] 북한 경제에 대한 연구는 이데올로기나 정책 지향으로부터 자유로운 학문의 영역이 되어야 한다. 학문 또는 과학만이 사실을 정확하게 파악하고, 실천을 위한 올바른 지식을 제공하기 때문이다.[4]

---

2) 덧붙인다면, "북한 경제를 보다 체계적으로 이해하려는 노력은 한반도의 미래를 준비한다는 관점에서도 결코 소홀히 할 수 없는 과제"(양문수, v쪽)이다.

3) "양극이 적대하면서도 의존해 온 분단구조는 문제의 성격을 더욱 복잡하게 만들어 상대방에 대한 객관적 인식과 통일 문제에 대한 합리적 사고의 발전을 제약해 왔다. 무수히 많은 논리들이 전개되었지만, 거기서 발견할 수 있는 것은 그 어느 누구도 부정할 수 없는 객관적이고 공정한 분석이 아니라 특정한 가치체계, 당파성에 기초한 당위적 주장이었다"(신지호, 5쪽). "북한 변화와 관련된 토론은 감성적 통일지상주의자들의 공상적 완고함, 냉전주의자들의 비타협적 근본주의 그리고 정책을 합리화하려는 관변의 낙관주의가 어울리면서, 이미 학문의 영역이 아니라 이데올로기적 쟁투의 대상이 되었다. 연구대상의 실체에 대한 실사구시적 관심보다는 모두들 자신의 희망사항을 정당화하려는 데 급급하고 있다"(김연철, 6~7쪽). "새로운 세기를 즈음한 북한 체제의 이러한 변동 방향은 우리들의 일종의 소망론적 사고 여부를 떠나 대내외적인 객관적 조건에 의해 규정지어지는 거시적 방향이 아닌가 싶다"(정세진, 8쪽).

4) '북한 자체에 대한 관심을 두는 연구'를 '북한을 사업적 대상과 유용성의 차원에서 다루는 연구'와 구분하는 박형중도 비슷한 관점을 제시한다. "대상 자체에 대한

그런데 과연 연구자가 현실의 제약으로부터 자유로워지는 것이 가능
한가? 정말 우리는 이데올로기적 쟁투나 당위론적 인식으로부터 벗어
날 수 있는가? 혹시 우리는 잘못된 과학관을 갖고 있지 않은가? 이 점에
서 북한 연구방법론에 관한 김연철의 논의는 함축적이다. 그는 잘 알고
있다. 역사는 과거를 향한 현재의 정치이며 있는 그대로의 역사란 존재
하지 않는다(김연철; 4쪽, 23쪽). 그러나 그는 이념을 둘러싼 논쟁이 북한
경제에 대한 객관적 연구를 침해하지 않기를 바란다. 이데올로기적 쟁
투에 대한 거부의 근거는 분명하다. 역사적 현실 부분을 확정하는 일은
가능하며, 제대로 이해한 후에야 평가와 비판이 가능하다(25쪽). 우리는
'일어난 일'을 확정하고 그것에 기초해서 '역사에 대한 평가'를 시도하
려는, 아니 시도해야만 하는 우리 사회의 비판적 역사가들과 사회과학
자들의 고뇌를 이해한다.[5]

하지만 논의를 좀더 파고들면 문제는 간단하지 않다. 먼저 역사적 현
실을 확정하는 일부터 살펴보자. 북한 경제에 관한 기록과 자료는 이미
왜곡되어 있거나,[6] 심지어 존재하지 않는다. 북한 경제에 대한 연구는

기초 연구와 보다 깊은 이해는 대상의 유용성 판별을 주임무로 하는 정세판단과
정책수립에서 잘못 판단할 가능성을 낮출 수 있다"(박형중, 『북한의 경제관리체계-
기구와 운영·개혁과 변화』, i~ii쪽).

5) "그러면 왜 북한 연구에서는 '사실'이 중요한가? 이를 알기 위해서는 분단과 냉전
의 역사에 대한 이해가 필요하다. 북한 연구에서 '사실 자체'가 진보로 인식되던
시절이 있었다는 점을 기억하는가? …… 바로 경험적 접근의 중요성을 강조하는
이유는 '냉전적 선험성'으로부터 비롯된 북한 연구의 기형성을 비판하기 위해서였
다"(김연철, 24쪽).

6) 기록이 왜곡되지 않은 형태로 존재한다고 해도(사실 '북한 경제에 대한 기록이 왜
곡된 형태로 존재한다'는 표현 자체가 어떤 판단을 담고 있다), 문제는 여전히 남는
다. 역사는 진정 '기억의 정치'이기 때문이다. 그렇지만 여기에서 일반론적 논의는
피하자.

이런 점에서 일종의 '그림조각 맞추기'이다. 연구자들은 때로는 북한의 공식 발표에서, 때로는 최고지도자의 말에서, 때로는 신문과 방송의 보도에서, 때로는 탈북자들의 증언에서 북한 경제의 현실을 보여주는 조각을 찾아내어야 한다.[7] 조각의 변형 여부를 판별하기란 쉽지 않다. 더구나 그림조각을 맞출 때 참조할 밑그림도 존재하지 않는다. 밑그림이 존재하지 않는 상태에서 '그림조각 맞추기'란 불가능하거나, 아니면 이미 성격을 달리하는 작업이 될 수밖에 없다. 역사적 사실의 확정은 그 자체가 해석이거나 아니면 '그림 그리기'에 가깝다.[8]

그림을 그리기 위해 전체를 먼저 구상해야 한다면, 우리는 자연히 이론이나 이념에 눈을 돌리지 않을 수 없다.[9] 이론은 숨겨져 있는 사실을 발견하는 지침을 제공하고, 나아가 사실의 진위를 구분하는 기준을 제시한다. 이론은 연구자와 현실 사이에 개입함으로써, 경험이 바로 이론적 사실로 받아들여지지 않도록 제어하며[10] 동시에 경험이 놓치기 쉬운 현실에 대해 연구자가 주목하도록 만든다. 다소 극단적으로 표현한다면, 사실로부터 이론이 만들어지는 것이 아니라 이론이 사실을 만든다.

---

7) 양문수, v ~ vi쪽, 7~19쪽; 신지호, 26쪽.
8) 물론 간단한 사실(예를 들면, 1956년 소련의 대북한 원조액)에 대한 확정은 복잡하지 않을 수 있다. 하지만 우리가 '역사적 사실'이라고 부르는 것들은 간단한 사실들의 복합적인 구성체이다. 복합체를 구성해 가는 과정에서 때로는 가장 확실한 개별 사실조차 부정되기도 한다.
9) 다른 한 가지 방법은 확실하다고 판단되는 몇 가지 사실들을 서로 연결시킨 후, 그것으로부터 그림을 그려나가는 것이다. 여기에서도 연결시키는 과정은 이론이나 이념을 필요로 한다. 물론 다른 여러 가지 방법도 존재한다. 그러나 그 어느 방법도 이론과 이념의 개입을 배제할 수 없다.
10) 북한 연구에서 항상 문제가 되는 일은 경험이 곧 바로 이론적 사실로 수용된다는 점이다. 연구자와 현실 사이에 필요한 거리가 확보되지 않기 때문에, 많이 보거나 들은 자가 잘 아는 자가 된다.

대부분의 연구자들은 사실을 발견하기 위해 노력한다.[11] 하지만 노력의 밑에 깔려있는 것이 자신들의 이론이나 이념(또는 세계관)임을 쉽게 인정하지 않는다. 더욱 중요한 점은 연구자가 이용하는 이론은 주어지는 것이 아니다. 연구자는 이론을 선택한다. 다른 사회주의 국가들에 대한 연구로부터 자신들이 선호하는 이론을 찾아내어 원형대로 또는 변형시켜 사용한다. 선택과 변용은 순수하게 과학적 판단에 따라 이루어지는 것이 아니다. 여기에서 가치판단은 불가피하다.

그렇지만 연구자들은 가치판단이 미리 개입하는 것을 두려워한다. "가치판단이 객관적인 사실분석보다 우선하고 있다"(신지호, 22쪽)고 우려하거나 "주제를 선정하고 변수를 선택하는 작업은 결코 가치로부터 자유롭지 못하지만, 그것을 검증하는 과정에서 가치를 개입시키고 개인적 평가를 내리는 것은 위험하다"(김연철, 24쪽)고 강조한다. 가치와 사실의 분리, 평가와 분석의 분리는 절대적이다. 이러한 관점에 따르면, 사실의 확정과 분석은 연구의 특정 시점에서 시작해 특정 시점에서 끝나는 작업이며, 이러한 작업은 가치가 개입하지 않는 순수한 과정이다. 그런데 사실을 수집하고 변수를 선택하는 과정에서 영향을 미친 가치는 이미 분석의 결과를 일정 정도 규정하고 있지 않은가? 실제로 이념, 이론, 사실은 서로 뒤섞여 돌아가고 있다. 특히 사실조차 분명하지 않은 북한 경제의 경우에 분석 과정과 평가 과정은 구분될 수 없다. 자연히 분석의 시작과 끝은 없다. 실제로 분석과 평가는 끊임없이 반복되면서 사실을 확정하고 동시에 가치판단을 내리게 할 것이다.

우리는 북한 경제에 대한 유일하고 절대적인 연구결과를 갖고 있지

---

11) "자료가 없으니까 자료를 만들었다고도 할 수 있다"(양문수, v쪽). 일차적으로 북한이 공식적으로 발표한 자료를 사용하지 않을 수 없다. 이는 장기적 추세의 파악에 도움을 준다(양문수, 9쪽).

않다. 이는 단순히 자료가 부족해 사실을 확정할 수 없기 때문이 아니다. 사회과학에서뿐만 아니라 자연과학에서조차 여러 다른 이론들이 논리적 정합성을 상실하지 않고도 하나의 사실을 서로 다른 방식으로 설명할 수 있다. 사실과 이론은 분리되어 있지 않다. 여기에 덧붙여 이념의 경우도 마찬가지이다. 하물며 '사실을 확정하기'에 힘들 정도로 자료가 부족한 북한 경제의 경우에는 더욱 그러할 것이다. 오히려 사실분석과 가치판단이 학문적 연구와 이데올로기적 쟁투가 서로 얽혀있다는 점을 인정하고 그에 적절한 연구방법을 찾아내어야 한다. 당연하게 서로 다른 연구결과들 사이의 비교나 평가도 연구 자체가 객관적인가 아닌가라는 기준에 따라서만 이루어지지는 않을 것이다. 자신의 연구만을 객관적이라고 판단하는 자체가 이미 이데올로기적 함정에 빠져있는 상태인지도 모른다.

2. 정치논리의 우선성과 계획경제의 모순

북한 경제는 1990년대 중반 파탄 상태에 이르렀다. 경제 파탄과 관련해 다양한 요인이 열거될 수 있지만, 무엇보다도 중요한 근본 원인은 북한 경제 자체의 시스템과 운영 관리의 특징에서 발견되어야 한다. 가장 일반적으로 지적되는 부정적 요소는 '지령형 계획경제체제', '경제운영에서 나타나는 정치논리의 우선성', '중공업우선 성장정책에 기초를 둔 자립적 민족경제건설노선'이다(신지호, 27~28쪽). 북한 경제에 대한 연구자들 대부분이 이 점에 동의하고 있다. 하지만 좀더 구체적인 논의로 들어가면 연구자들 사이에 관점의 차이가 분명하게 드러난다.

북한 경제의 구조적·총체적 파탄을 내외적 요인의 결합으로 설명하고 있는 신지호는 1970년대 이후 북한 경제가 장기 하락에 빠지게 된

내적 요인으로 다섯 가지를 들고 있다(신지호, 41쪽). 첫째, 남조선혁명을
목표로 한 국가전략에 따른 군사중시 정책이 경제건설을 상대적으로 소
홀히 여기는 경향을 낳았다. 둘째, 계획경제 자체의 문제점(관료주의, 비
효율성, 자원배분 왜곡 등)에 더해 대중의 자발적 열의 소진 등 정신주의의
한계 때문에 경제성장의 원동력이 상실되었다. 셋째, 중공업우선 성장전
략에 따른 자원배분의 왜곡으로 산업 균형이 유지되지 못했다. 넷째, 정
치적 목적을 위한 활동을 중시함으로써 생산과 결부되지 않은 낭비가
많았다. 다섯째, 1990년대 이후 부패행위가 증대했다. 이상의 다섯 가지
원인은 북한 경제체제의 근본적 한계를 적절히 결합한 것으로 판단된다.

그런데 신지호는 북한 경제의 최근 상황을 논의하는 과정에서 '계획
없는 구호경제'와 '대외 환경 악화와 계획경제 파탄에 따른 생산단위
차원의 자력갱생원칙'을 현 단계 북한 경제의 두 가지 특징으로 들고
있다(30~40쪽). 따라서 1970년대 이후의 장기 하락과 최근의 경제 파탄
에 대한 그의 논의를 결합해 보면, 신지호는 계획경제 자체의 문제점보
다는 '경제운영에서 나타나는 정치논리의 우선성'을 북한 경제의 근본
적 한계로서 생각하고 있는 것 같다.[12] 다시 말해 북한 체제는 구조적으
로 '정치논리의 우선성'을 낳고 있다.

김연철은 신지호를 직접 거론하고 있지는 않지만, 북한 경제체제의
한계를 '경제에 대한 정치의 우위'에서 찾는 논의를 분명하게 비판한다.
무엇보다도 "'경제에 대한 정치의 지배' 테제는 1950년대의 경제성장과
1960년대의 경제침체를 〔동시에〕 설명할 수 없다"(김연철, 53쪽). 따라서
그의 목표는 북한 연구에서 나타나고 있는 정치와 사상에 대한 '과잉

---

12) 물론 신지호 자신이 이를 분명하게 내세우고 있지는 않다. 하지만 "남북분단 이후
   1970년대 초반까지 북한이 한국을 상회하는 경제력을 보유하고 있었다는 것은 공
   공연한 사실이었다"(41쪽)고 인정할 때, 우리의 해석은 그다지 틀린 것 같지 않다.

관심'을 비판하고, 북한에서 정치우위성이 나타나는 과정을 분석하려고
한다. 그가 강조하는 핵심적 명제는 두 가지이다. 첫째, '북한식 체제에
서 정치와 사상이 자립화한 적은 없었다.' 둘째, '저발전 상황, 중간관료
층의 공백, 과학적 관리를 불가능하게 하는 생산의 파동이 결국 미시정
치에서는 정치우위형 생산관리체제를 거시정치에서는 수령제를 만들어
냈다.'13) 비판의 논리를 다소 거칠게 정리하면, 정치우위형 경제제도로
북한 경제의 한계를 설명하려는 방식은 결과로써 원인을 설명하려고 하
는 것과도 같다.14)

　　김연철이 대안으로 제시하는 이론은 계획경제 자체의 모순에 대한
제도론적 설명이다.15) 북한에서 계획경제체제는 1950년대 중·후반 급
속한 경제성장을 추구하는 과정(강행적 산업화 과정)에서 정치경제적 위
기상황을 돌파하기 위해 경제의 운영 메커니즘을 정치화한다(수령의 직
할관리체제 구축). 이처럼 급속한 성장을 위해 형성된 '생산의 정치'는

---

13) 김연철, 5쪽. 두 명제를 연결시켜 주는 주장을 옮겨보자. "정책결정 과정은 언제
　　나 구조가 만들어내는 무대와 그 무대에서 움직이는 행위자의 선택이 결합된 것이
　　다. 필자는 과잉 정치화된 체제 형성의 사회경제적 배경을 문제 삼고 있다."
14) 약간 완화시켜 표현하면, '과정과 결과에 대한 서술'로써 '내부 동학이나 원인에
　　대한 해명'을 대신하려고 하는 것과도 같다. 김연철은 이를 다소 모호하게 설명한
　　다. "첫째, '정치화된 경제'가 위기의 원인은 될 수 있어도, 위기 그 자체를 설명할
　　수는 없다. 경제위기는 제도적 무대로서 행위자의 행위를 제약한다. 엘리트에 의한
　　정책 선택의 경우도 마찬가지이다. 정책 전환의 범위와 형태는 경제위기의 내용들
　　에 의해 제약된다는 뜻이다." 계속해서 그의 논의를 살펴보자. "둘째, '정치화된
　　경제'는 현상으로 나타나고 있지만, 오히려 정치사업이 강조되는 사회경제적 조건
　　을 더 주목해야 한다. ……오히려 계획 실패와 외부적 자원 제약을 극복하는 과정
　　이 다양한 정치현상을 만들어내는 것을 주목할 필요가 있다. ……결국 '정치화된
　　경제'현상에도 불구하고, 정치우위 방식의 경제적 한계와 정책 선택을 제약하는
　　경제적 위기의 구체적 내용들을 주목할 필요가 있다"(313~314쪽).
15) 이 부분은 김연철의 2부와 3부에 의존하고 있다.

1950년대 후반 제1차 5개년 계획 기간 동안 양적 목표를 달성하는 데에
는 성공하지만, 내부적으로는 '계획경제의 무계획성'이라는 북한 계획
경제체제의 근본적 모순을 낳는다. 1960년대 중반 양적 동원에 의존하
는 북한의 산업화 전략이 한계를 드러내기 시작하자, '생산의 정치'는
계획경제의 모순을 심화하는 방향으로 작동한다. '생산의 정치'는 강화
되고, "정치사업이 우선시되는 경제관리 체계가 제도화"된다(264쪽). 아
울러 이는 "계획경제에 등장하는 행위자들의 이기주의적 행위선택들이
관행화"하는 결과도 낳았다(264쪽). 특히 김연철은 경제의 정치화가 가
장 분명하게 나타나는 제도로서 공장체제를 분석한다. 그의 분석에 따
르면, 북한의 "공장관리에서 충성과 복종, 홍정을 강요하는 계획경제의
실패 그리고 '정치화된 관료제' 등이 바로 사회 내부에서 인격적 관계
를 발전시켰다"(320쪽).

'정치논리의 우선성' 테제를 비판하고 '계획경제 자체의 모순'을 강
조하는 김연철의 논의에 대해 두 가지 논평이 가능하다. 우선, 계획경제
의 모순을 강조하는 해석 역시 정치우선 테제와 마찬가지로 사회주의
경제체제의 한계를 지나치게 단일한 원인에 귀착시키는 경향이 있다.
계획경제의 모순 때문에 '정치화된 경제'가 발생했다는 분석은 북한을
포함한 사회주의 국가들의 '계획경제체제'가 실패한 경험을 살펴볼 때
상당 정도 타당성이 있다.[16] 하지만 계획경제의 모순 중에서 '정치화된
경제'를 낳는 핵심 요인은 '계획' 자체가 아니라 연성예산 제약현상을

---

16) 김연철은 북한의 공장체제에서 발생한 다양한 현상들이 계획경제의 실제적 작동
   을 전제하지 않으면 이해될 수 없다고 말한 후, 북한 공장체제의 모순에 관해 "구
   체적인 정책의 형식이 약간 다를 뿐, 그 핵심은 다른 사회주의 국가들이 안고 있는
   모순과 같다"고 주장한다(278쪽). 북한 체제의 보편성과 특수성에 대한 논의와 관
   련해, 대부분의 소장파 연구자들은 보편성의 관점에서 북한 체제의 특수성을 바라
   보려고 한다.

낳는 '기업의 국가소유'와 '계획을 이용해 개별 경제행위들을 조정하려는 관료적 조정기구'이다. 이런 점에서 우리는 김연철이 의존하고 있는 코르나이가 조정기구와 관련해 시장과 계획을 대비시키기보다는 시장기구와 관료제를 대비시키고 있다는 점에 주목하려 한다. 결국 경제의 정치화는 사회주의 경제체제의 두 축인 국가 소유와 관료적 조정기구로부터 발생하는 것이다.[17]

다음으로 계획경제의 모순을 강조하는 논리는 "북한 경제가 정치논리의 우선성 때문에 계획 실패 현상을 수정할 수 있는 기회를 놓치고 있다"는 주장을 적절히 비판하지 못한다.[18] 일단 '경제에 대한 정치의 지배'가 제도화되고 나면 경제체제의 한계는 정치논리의 우선성이라는 현상으로 드러나는 경향이 있다. 바로 이 점에서 신지호는 1970년대 이후 북한 경제의 장기 하락을 정치논리의 우선성으로 설명하려고 한다. 이 문제는 '1990년대 중반 이후 경제위기가 북한 체제에 어떠한 영향을 미치고 있으며 북한 지도부가 그에 대해 어떻게 대응하고 있는가'라는 질문과 직접적인 관계를 맺는다. 정치논리의 우선성을 강조하는 관점과

---

17) 계획기구와 관료적 조정기구를 구분하려는 필자의 이론적 동기는 계획기구가 비사회주의적 후진국(예를 들면 남한)에서 경제발전전략의 한 구성요소로서 훌륭하게 활용되었다는 사실에 근거한다. 나아가 필자는 관료제 자체가 모순을 낳는 근본 원인이라는 주장도 거부한다. 간단하게 말한다면 시장의 합리성 못지않게 국가 또는 관료제의 합리성이 존재한다. 근대 시민사회는 '시장의 합리성'과 '관료제의 합리성'이 경쟁하고 있는 사회질서라고도 할 수 있다. 관료제 자체가 모순을 갖고 있다면, 김연철이 하딩으로부터 인용하고 있는 '정치화된 관료제'라는 표현은 동어반복일 뿐이다(320쪽).

18) 김연철은 1960년대 이후 북한과 동유럽 국가들 사이에 나타나는 발전경로의 차이를 인식하고 있다. 하지만 차이가 나타난 이유를, 북한에만 초점을 맞춰, '1960년대 들어 조성된 대외적 위기와 군사부담 강화로 인한 자원배분 왜곡'으로 간단하게 처리하고 만다(김연철, 318쪽).

계획경제 자체의 모순에 따른 사회경제적 논리의 작동을 강조하는 관점
은 서로 다른 답변을 내놓을 것이 분명하다.

3. 개발/침체의 메커니즘과 체제의 비공식 정치 영역

정치와 경제의 관계라는 개념을 통해 북한 경제의 한계가 나타나는
동학을 파악하려는 시도는 두 방향의 연구를 예비하고 있다. 하나는 북
한 경제의 구조를 총괄적으로 파악함으로써 북한 경제의 개발과 침체의
메커니즘을 밝히려는 연구이며, 다른 하나는 비공식 영역의 행위원리를
정치경제학적 관점에서 분석함으로써 북한 체제의 변화를 전망하려는
연구이다.

북한 경제의 구조에 대한 관심은 북한 경제와 관련한 그다지 까다롭
지 않은 의문에서 시작한다.

> 한때 북한의 눈부신 경제성장이 전해지면서 북한 체제가 제3세계의
> 각국이 배워야 할 '모범 케이스'로 된 적도 있었다. ……하지만 어느덧
> 이러한 것들은 옛날이야기가 되어 버렸다. ……현재의 심각한 경제난은
> 대체 어디에서 온 것일까. ……오늘날 북한의 경제난을 이야기할 때 사회
> 주의 경제의 비효율성이니, 폐쇄적 경제운영이니, 경제적 합리성의 정치
> 적 목적에의 종속이니 하는 것만 가지고 너무 쉽게, 너무 단순화시켜 논
> 하는 것은 아닌가. ……오늘날의 심각한 경제난은 북한 지도부가 의도하
> 지도, 예상하지도 않았던 것이다. 그들도 경제를 발전시키기 위해 나름대
> 로 그리고 필사적으로 노력했던 것은 분명한 사실이다. 하지만 결과는 참
> 담했다. 그렇다면 반세기라는 오랜 기간에 북한 지도부는 어떤 식으로 나
> 라 경제를 꾸려 왔던 것일까. 자신들이 생각했던 것들과 눈앞에 펼쳐지는
> 현실 간의 괴리를 어떻게 받아들였던 것일까. 그들은 경제운영상의 제반
> 문제들에 대해 어떻게 대응해 왔던 것일까. 그들은 대체 어떤 고민들을

안고 있었던 것일까. 결국 이러한 문제들을 정면에서 다루지 않고서는 북한
을 제대로 '이해'하려고 노력했다고 할 수 없을 것이다(양문수, iii ~ iv쪽).19)

　양문수가 북한 경제에 대한 기존 연구에서 부족하다고 느끼는 것은
구조적 또는 총괄적 시각이다. 단일원리를 추구하는 연구경향과 변수들
의 종합을 추구하는 연구경향 사이에서, 양문수는 북한 경제를 '제대로
이해하기' 위해서는 단순화보다는 종합화가 더 중요하다고 판단한다.
이런 점에서 그는 김연철과 신지호의 연구결과를 구성요소로 하는 이론
적 구조물을 만들려고 하는 것이다. 북한 경제의 개발과 침체에 대한
'메커니즘론' 또는 '프로세스론'이라고 불리는 구조물은 북한 경제에
대한 종합적 이해를 위해, 방법론적으로 경제체제, 경제개발, 역사, 국
제 비교라는 네 측면에서 접근한다. 또한 그는 북한 경제의 구조에 대한
자신의 연구결과를 초기 조건, 경제개발 전략, 국면전환, 경제실적 등
네 요소로 구성된 '경제개발 총 과정'이라는 개념으로 요약한다.20)
　'경제개발 총 과정'은 북한에서 "초기 조건을 토대로 개발전략이 어
떻게 전개되어 어떠한 정책이 취해지고, 그 결과 어떠한 개발 메커니즘
이 형성되어 어떠한 경제실적을 가져오는가"를 보여준다(vii쪽). 특히 양

---

19) 북한 경제에서 나타난 초기의 고도성장과 후기의 경제침체를 비교하려는 연구자
　　에게 핵심 쟁점이 되는 사항은 두 가지이다. 첫째, 전환점은 언제인가? 둘째, 전환
　　의 동학은 무엇인가? 이와 관련해 양문수의 연구는 최근 가장 일반화된 설명을 제
　　시한다고 판단된다. 일반적 관점과 달리 북한 경제가 1950년대 중반에 달성한 경
　　제성장의 성과와 요인을 좀더 냉정하게 평가하려는 연구자들 〔예를 들면 이영훈,
　　"북한의 경제성장 및 축적체계에 관한 연구(1956 ~ 1964): kaleckian CGE분석"〕도
　　존재한다. 이 경우 초기의 고도성장은 실적, 요인, 조건 등에서 지금까지 과대 평가
　　되어 왔다는 결론이 기다리고 있다.
20) 양문수, v ~ vi쪽. 결국 양문수가 제시하는 북한 경제에 대한 구조적 접근은 분석
　　대상과 도구의 종합을 통해 이루어진다.

문수는 이 개념을 통해 자신의 가장 핵심적인 문제의식인 경제개발 메
커니즘이 경제침체 메커니즘으로 변해가는 과정을 파악하려고 한다.[21]
경제개발 메커니즘, 곧 경제침체 메커니즘은 크게 세 측면에서 파악된
다. 거시적 측면에서는 공업화의 전략과 구조(3장)가, 미시적 측면에서
는 기업의 행동양식(4장)이, 대외적 측면에서는 대외 경제관계(5장)가 분
석의 핵심 대상이다. 북한 경제가 '눈부신 경제성장'에서 '심각한 경제
난'으로 전락하게 되는 이유는 거시적·미시적·대외적 측면 모두에서
나타난 '메커니즘의 전화'로 설명된다. 메커니즘의 전화는 거시적 측면
에서 '고축적 메커니즘의 기능 저하'로, 미시적 측면에서 '집권적 경제
시스템의 기능 저하'로, 대외적 측면에서 '대내 경제에 대한 대외 경제
의 제약'으로 표현된다.[22]

북한 경제의 개발/침체 메커니즘을 제시한 후, 양문수는 북한 사회주
의 경제의 보편성/특수성 및 사회주의 국가들의 상호비교라는 관점에서
이를 다시 한번 검토한다(417~425쪽). 그에 따르면, 북한 경제침체의
'가장 큰'(418쪽) 요인은 북한이 취한 독자적 개발 전략·정책(원료자급정
책, 석탄·전력 중심의 에너지정책, 중앙집권제의 강화, 속도전적 경제운영, 개
혁·개방의 회피 등)보다는 사회주의 국가들이 공통적으로 가지고 있던 중
앙집권적 계획제도와 경제성장 전략의 보편적 한계이다. 이에 덧붙여
"북한의 특수성은 북한의 경제침체를 심화·가속화시켰다"(418쪽). 북한
경제의 특수성은 구체적 정책의 차원뿐만 아니라 비교사회주의론의 관점

---

21) "특히 북한의 개별적인 경제개발 전략이 그 유효성이 저하되거나 기능부전 상태
　에 빠져 결국 '경제개발 메커니즘'이 '경제침체 메커니즘'으로 전화해 가는 과정을
　중점적으로 고찰한다"(양문수, vii쪽).
22) 세 개의 메커니즘이 전화해 가는 과정을 도표화한 <그림 7.1>, <그림 7.2>,
　<그림 7.3>(양문수, 407쪽, 409쪽, 411쪽)은 북한 경제구조를 간결하게 파악하고
　있는 양문수의 '구조적 사고'를 잘 보여준다.

에서도 살펴볼 수 있다. 북한이 경제침체를 벗어나기 위해 채택한 사고방식·정책은 개혁·개방 이전의 중국과 마찬가지로 '사상 중시 유형'에 속한다. 또한 경제적 의사결정 및 자원동원 방식과 관련해서 볼 때 북한의 경제는 사회주의 경제들 중에서도 '전시경제'에 가까운 경제이다.23)

'개발/침체 메커니즘의 전화'라는 개념으로 압축될 수 있는 양문수의 논의는 구조적 설명력에도 불구하고 세 가지 측면의 비판ㅡ실제로는 한 가지 비판이라고 할 수 있는ㅡ에 노출되어 있다. 먼저 '전화'라는 개념 자체가 갖는 동학적 의미24)는 전화 과정에 대한 구체적 설명에서 충분히 드러나지 않는다. 전화의 요인을 언급하면서, 그는 고축적 메커니즘의 기능 저하와 관련해서는 노동 인센티브의 하락, 제도·정책적 비효율성의 현재화, 에너지 부족의 심각화 등을, 집권적 경제 시스템의 기능 저

---

23) 북한 경제를 '전시경제'로 규정하면서 양문수는 매우 흥미로운 지적을 하고 있다. "한반도의 분단상황 속에서 북한은 한국과의 대항·긴장관계가 지속되었다(sic). 그리고 오랜 기간 남과 북의 체제경쟁이 전개되었다. 그래서 북한에서 사실상 '전시경제'에 가까운 경제 시스템이 보다 견고하게, 또 보다 오랜 기간 지속될 수 있었다. 다만 분단구조라는 '외부요인'이 북한 경제의 특수성을 규정하는 절대적인 요소는 아니라고 할 수 있다. 북한 지도부가 자신들의 권력유지를 위해 분단구조라는 외부요인을 내부요인화했던 측면도 강하다는 사실을 지적할 필요가 있다. ……이러한 측면에서도 북한 지도부는 결과적으로 정치적 안정과 경제적 피폐를 맞바꾸었는지도 모른다"(양문수, 425쪽). 이러한 논의는 남한에도 적용될 수 있으며, 이는 '분단체제'라는 개념으로 정식화되기도 했다. 문제는 동일한 전략이 남한에서는 성공을 거두었다는 점이다. 그렇다면 '정치적 안정과 경제적 피폐를 맞바꾸었다'는 판단은 좀더 검토되어야 할지도 모르겠다.

24) 양문수의 표현을 빌면, "고속성장을 기능적으로 지탱해 온 요인, 예를 들면 고축적 메커니즘, 중앙집권적 계획제도 등이 점차 기능이 저하되면서 성장을 제약하고, 여기에 고속성장 이후 시기에 새롭게 등장한 요인(예를 들면 정책·외부 환경적 요인)과의 상호작용에 의해 '경제개발 메커니즘'이 '경제침체 메커니즘'으로 전화, 이것이 자기운동으로서 전개되어가는 일련의 흐름을 고찰해야 한다"(양문수, 406쪽).

하와 관련해서는 경제규모의 확대와 경제 연관성의 복잡화를, 대외 경제의 제약과 관련해서는 무역정책 실패와 초기 조건 제약 등에 따른 외화 부족과 수입 제약 등을 들고 있다. 여기에서 언급되는 '요인들'은 분명 개발/침체 메커니즘의 전화 자체를 잘 보여주고 있기는 하지만, 전화가 일어나게 되는 '동학의 인과관계' 또는 '동학 자체의 논리'를 보여주고 있지는 않다. 간단한 예를 하나 들면, "왜 초기의 저소비·고저축·고투자는 적은 비생산적 투자와 결합되지만 후기에는 많은 비생산적 투자와 결합되는가"에 대한 답변은 메커니즘 자체의 원인이 아니라 메커니즘 외부의 원인으로 설명된다(181쪽). 결국 개발/침체 메커니즘의 전화에 대한 설명에서 양문수 자신도 약간 절충적인 태도를 보인다. "북한의 경제개발은 전략의 유효성의 저하(내지는 상실), 전략 실행단계에서의 구체적 정책의 실패, 초기 조건의 제약, 외부환경적 요인(구소련의 붕괴) 등의 복합작용에 의해 외화 부족 및 수입 부진, 에너지 부족, 원자재 부족, 인센티브 하락, 기술적 정체, 축적상의 애로 발생, 계획의 의제화를 가져와 결국 마이너스 성장의 지속, 심각한 식량난, 공장가동률의 극단적인 하락, 심각한 물자부족을 야기했다고 할 수 있다"(412쪽).[25] 다음으로 메커니즘의 전화가 메커니즘 자체의 동학으로 충분히 설명되지 못한다면 북한 경제의 개발과 침체는 혹은 계획경제 자체의 모순에 따라, 혹은 정치논리의 우선성 테제에 따라, 혹은 북한의 특수성 논리에 따라 설명되어야 할 것이다.[26] 끝으로, 이러한 한계 때문에 개발의 메커니즘

---

[25] 덧붙인다면 대외 부문의 대내 부문에 대한 제약과 관련해서는 이미 설명 자체에서 메커니즘 외부로부터 전화의 요인이 등장한다.

[26] 양문수는 북한 개혁·개방의 실패를 논하면서, 북한의 경우 "경제난은 정치제도에 별다른 영향을 미치지 않았으며 허약한 경제체제와는 비교도 되지 않을 정도로 견고한 정치체제가 구축되어 있었다"고 지적하고, 정치체제와 지배 사상의 한계 및 지도부의 정권 보수주의를 주요한 실패 원인으로 들고 있다(393쪽). 이는 그가

과 침체의 메커니즘은 각각 북한 경제의 다른 두 시기(고도성장기와 경제 침체기)를 체계적 또는 구조적으로 이해하는 데에는 도움이 되지만, 북한 경제의 개발과 침체를 동학적으로 파악하는 데에는 크게 기여하지 못한다. 이런 점에서 '메커니즘론'은 '프로세스론'보다는 오히려 '구조론'에 가깝다고 하겠다.[27]

양문수의 연구가 개발과 침체의 총괄적 메커니즘에 집중함으로써 북한 경제의 구조를 보여주려고 한다면, 정세진은 작동 자체가 붕괴된 계획경제하에 '사회영역의 중하부 단위들'에서 나타나는 변화가 북한 체제의 정치사회적 기반을 잠식하고 나아가 지배체제 자체의 전환을 강요하게 되는 동태적 과정에 주목한다.[28] 이러한 접근법은 그가 1990년대 이후 급속히 확대되고 있는 북한의 2차 경제를 연구하기 위해 채택하게 된, 또는 연구하는 과정에서 자연스럽게 얻게 된 것이다. 정세진은 자신의 연구방식이 '경제주의적 해석' 또는 '사회경제적·구조적 변수를 강조하는 접근법'이라고 비판받을 수 있는 여지를 인정하지만, '정치사회적 영역과 경제영역 간의 밀접한 상호작용'을 강조함으로써 정당화하려고 한다. 그는 이 상호작용을 좀더 분명하게 보여주기 위해 '정치 개념

자신도 모르게 '정치논리의 우선성'을 일부 수용하고 있음을 보여준다. 지도부는 한편으로는 경제의 정치에 대한 영향력을 막기 위해 노력하고 있으며(소극적 의미의 정치논리 우선성), 다른 한편으로는 정치 체제유지를 위해 개방·개혁을 최소화하고 있다(적극적 의미의 정치논리 우선성).

27) 이런 점에서 그의 접근법은 축적과정론이라기보다는 축적구조론이다. 다른 식으로 표현해 본다면 구조는 있고 동학은 없는 조절학파적 접근법이다.

28) "한 사회 밑바닥에서부터 나타나는 이 같은 변화(중앙배급제 붕괴, 주민 개개인 차원의 생존을 위한 자력갱생, 비공식적 농민시장의 확대, 빈부격차의 발생·심화, 계획중앙이 관리하는 자재공급제도의 형해화, 경제제도이자 정치제도인 공장·기업소의 기능 마비 등)는 상당 부분 상부의 변화로 귀결되어 왔다는 것이 지난 역사의 교훈이자 필자의 기본인식이다"(정세진, 3쪽).

의 확장'을 시도한다. "즉 사회주의 체제의 정치적 기반을 당국가체제의 단지 상층부 권력 엘리트들 차원뿐만 아니라 '당국가체제의 원활한 작동 여부'라든가 혹은 '사회 저변의 아래로부터의 정치사회적 지지' 등으로, 그리고 정치 개념을 '체제의 비공식 정치 영역' 등으로 확장한다"(31~32쪽). 정세진에 따르면, "이처럼 정치 개념이 확장될 때 사회주의적 맥락에서 정치의 의미가 복원될 수 있으며, 북한 내부에서 이미 발생한 변화양상 혹은 앞으로 예상되는 변화양상을 파악하는 데 더 효율적일 수 있다"(32쪽).

그의 연구에 따르면 탈계획적 경제(2차 경제)의 대두로 경제의 이중구조화가 이루어지면, 점차적으로 북한 체제의 사회주의적 지배 기반은 침식되기 시작한다. 비공식 경제영역의 확대가 체제위협적인 '정치적 효과'를 갖는 것이다. 정치적 효과는 당국가기구 내 중앙과 하부단위 간의 관계 변화(통제력 약화와 강제된 자립화), 당국가 위계제 내 간부층의 이해 기반 변화(통합도 약화와 일탈행위 증대), 일반 주민층과 국가 간의 관계 변화(의존관계의 약화와 유동성 증대) 등 세 층위에서 각각 나타난다.[29] 정치적 효과에 따른 사회주의적 지배체제의 변화에 대한 그의 논의는 2차 경제의 확대가 주민들의 탈정치화를 통해 사회주의 체제에 미치는 이중적 영향, 곧 체제 안정화 효과(단기)와 체제위협적 기능(중장기)을 동시에 파악하는 방향으로 전개된다(142~144쪽). 2차 경제의 확대는 한편으로는 중앙계획경제의 토대를 침식하면서도, 다른 한편으로는 북한 체제의 점진적 변화와 유지에 기여한다. 바로 이 점에서 그는 북한 경제의 변화와 관련해 '시장적 영역과 관료적 계획영역의 모순적 공존'(233쪽)이 지속되는 양상하에서도 '점진적 시장화'가 일어날 수 있다고 판단하는 것이다(5~6장).

---

29) 우리는 정세진의 논의(145~192쪽)에서 용어를 약간 바꾸었다.

정세진의 연구는 정치와 경제의 관계를 행위의 차원에서 해석하려는 점에서 의미가 있다.[30] 그는 자신의 연구방법으로 아래로부터의 시각과 신제도론적 접근을 강조한다. 그런데 여기에서 제도는 "사람들이 의식적으로 고안한 공식적 제약뿐만 아니라 관행이나 행동양식과 같은 비공식적인 제약도 포함하는 포괄적인 제도"이다(33쪽). 곧 제도에 대한 강조는 행위에 대한 강조로 연결된다.[31] 대체로 그의 연구 방법과 결과에 동의하면서, 필자는 여기에서 두 가지 질문을 제기하려 한다. 그는 비공식 경제영역이 확대되어 가면서 기존의 중앙계획적 제도가 점점 지배력을 잃어버린다고 주장한다. 그가 말하는 '체제의 비공식 정치 영역'은 이러한 지배력의 상실로 형성되는 새로운 사회관계를 의미할 것이다. 질문 1: 과연 그렇다면 2차 경제가 확대되기 이전의 기존 지배질서에서는 중앙계획적 제도가 잘 작동했는가? 이는 김연철의 비판이라고 할 수 있다. 질문 2: 정치 개념의 확대는 정치의 의미를 복원시켜 주는 기능을 하지만, 역으로 미시적 차원에서 경제에 대한 정치의 지배를 의미하는 방식으로 해석될 수도 있지 않은가? 이는 신지호의 논리를 미시적 차원으로까지 확대한 비판이라고 하겠다.

---

30) 그가 "북한 지도부의 대내외적 자율성이 점차 더 제약되는 대내외적 위기상황을 감안할 때, 최고지도부의 개인 영웅주의적이고 행위론적 설명보다는 객관적 조건에 의한 구조주의적 접근이 보다 강조될 필요가 있다"고 말한다(4쪽). 이 주장은 행위를 규정하는 구조에 대한 이해를 강조하는 것이지 행위 자체에 대한 설명의 중요성을 거부하는 것은 아니다. 문제는 '행위를 어떠한 관점에서 접근하는가'이다.

31) 정세진의 접근법은 김연철의 접근법과 크게 다르지 않다. 김연철 역시 "'제도'를 공식 조직뿐만 아니라 비공식적 규칙 그리고 행위를 구조화하는 절차까지도 포괄하는 개념으로 사용한다"(김연철, 49쪽). 북한 연구와 관련해 '신제도론적 접근'에 대해서는 다른 기회에 자세하게 논의하도록 하겠다.

4. 개혁과 개방, 또는 지속과 변화

지금까지 논의한 연구자들의 관점을 경제논리와 정치논리, 구조와 행위라는 두 개의 기준으로 나누어보면 <표 5-1>과 같다.[32] 유형의 구분 자체가 간결하기 때문에 추가적 설명이 필요하지 않지만 한 가지 점은 부연할 필요가 있다. 행위를 강조하는 분석과 구조를 강조하는 분석 모두 '제도'를 중시한다. 하지만 구조를 중시하는 연구자에게 제도는 비교적 '공식적이고 고정적인 제도'라는 차원에서 이해되지만,[33] 행위를

〈표 5-1〉 북한 경제 분석의 유형

	경제논리	정치논리
구조	개발과 침체의 메커니즘 (양문수)	정치논리의 우선성 (신지호)
행위	계획경제의 모순 (김연철)	체제의 비공식 정치 영역 (정세진)

---

32) 이 표는 단순화의 위험을 무릅쓰고 발견적 또는 학습적 효과를 위해 만든 것이다. 특히 정세진의 경우에는 정치논리와 행위의 결합이라는 분류는 다소 부당하다. 여기에서 필자의 의도는 '2차 경제의 확대가 갖는 정치적 의미'를 강조하는 정세진의 논의를 부각시키는 것이다. 한편, <표 5-1>에서 2절에서 비교된 '정치논리의 우선성'과 '계획경제의 모순'이, 그리고 3절에서 비교된 '개발과 침체의 메커니즘'과 '체제의 비공식 정치 영역'이 각각 대척점에 있는 것을 확인할 수 있다.

33) 양문수(3쪽)에 따르면, "제도를 분석할 때 표면의 제도(공식적인 제도)와 이면의 제도(현실)를 구별해 양쪽의 움직임에 주의를 기울이는 것이 중요하다. 다른 사회주의 국가와 마찬가지로 북한에서도 제도와 현실, 원칙과 실제의 괴리는 상당히 크다. 실제로는 어떻게 되어 있는가, 어떻게 움직이고 있는가를 조사해 공식제도와 비교하면서 제도의 기능과 문제점을 살펴보는 것이 중요하다." '이면의 제도'는 비정상적 제도로 인식되고 있다.

〈표 5-2〉 개별 연구의 특징

	분석의 핵심개념	분석 시기	주요 분석 대상	분석의 특징
양문수	개발/침체 메커니즘	전 시기	공업화 구조, 기업 행동 양식, 대외 경제관계	비교정태적 구조분석
김연철	계획경제의 모순	1950, 60년대	산업화 전략, 농업집단화, 공장체제, 대중동원 체제	정치우위방식 제도화의 동학
신지호	정치논리의 우선성	1980, 90년대	경제 파탄 구조, 개방·개혁정책	'개혁·개방'론
정세진	비공식 정치 영역	1990년대	2차 경제, 정치적 지배 구조	계획경제와 지배구조 침식의 정치 경제학

중시하는 연구자에게 제도는 '비공식적이고 가변적인 제도'라는 차원에서 이해된다. 자연히 행위를 중시하는 연구자들은 북한 경제체제의 동학-더욱이 미시적 동학-에 더 많은 관심을 갖게 된다.

분석 유형의 차이는 연구자들의 북한 경제에 대한 분석이 어느 시기를 대상으로 하고 있으며, 주요 분석 대상이 무엇인지에 따라 상당히 영향을 받는다고 할 수 있다. 당연히 분석의 시기와 대상에 따라 분석의 특징도 달라진다. 이러한 현상은 북한 경제가 시대에 따라 상당 정도 내부 작동원리의 차원에서 변화해 왔다는 점을 보여주며, 또한 하나의 관점만으로 북한 경제의 여러 측면을 설명하기란 쉽지 않다는 점도 보여준다. 여기에서 각각의 연구들이 갖는 특징을 비교하면 <표 5-2>와 같다.

북한 경제의 역사와 현실에 대한 연구의 결과로부터, 연구자들은 북한 경제의 개혁과 개방에 대한 이해와 전망으로 나아간다. 먼저 경제논리를 강조하는 연구자들의 논의를 검토해 보자. 양문수는 그동안 북한에서 개혁·개방정책이 소극적이었던 이유를 정치체제와 지배사상의 견고성으로부터 찾는다. 북한 지도부에게 사회주의 국가건설과 사회주의 체제에 대한 신념은 일종의 존재이유였다. 이러한 신념이 현실인식을 제한하는 것은 당연하다.34) 그런데 체제의 한계를 부정하려는 인식의 실패는 역설적으로 개혁·개방의 정치적 파급효과에 대한 두려움으로 나타난다.35) 결국 정치체제와 지배사상의 견고성 및 지도부의 체제유지와 관련한 두려움이 개혁·개방을 소극적으로 추진하게 만든 것이다(양문수; 392~393쪽). 따라서 현재 북한이 처한 개혁·개방의 조건들(정치지도부 인식, 대외 관계 한계, 경제난; 398~402쪽)을 고려할 때, 북한은 앞으로 제한적·점진적 또는 상황대응적 접근으로 나아갈 가능성이 높다.

김연철에 따르면 북한은 현재 자국이 처한 경제개혁의 구조적 조건(정치적 조건, 거시경제적 조건, 국제시장과의 연관성: 김연철; 384~387쪽) 때문에 지속적 경제위기에도 불구하고 현상관리형 또는 점증주의적 경제정책을 추진하고 있다(393쪽). 이러한 상황에서 북한은 점진적 시장개혁을 추구하겠지만 좁은 의미의 중국식 경제개혁 모델을 추구하지는 못할 것으로 전망한다. 특히 미국의 적대정책을 포함해 비슷한 대내외적 정치·경제 상황에서 경제회복을 추구했던 쿠바의 경우가 북한에게 시사하는 바가 많다.36)

---

34) "북한의 역사를 돌이켜 보면, 실제 경제관리 운영에서 나타난 여러 가지 문제점을 북한 지도부가 그냥 지나쳐버린 것은 아니었다. 하지만 그들은 문제의 주된 원인을 경제운영 시스템 그 자체가 아니라 일꾼들의 당성·계급성·혁명성의 부족, 상부의 지도·감독의 부족에서 구했다. 따라서 문제점에 대한 국가대응의 기본 방향은, 당과 행정의 양면에 걸친 감독·통제의 강화, 사상교육의 강화가 되지 않을 수 없었다"(양문수, 390쪽).

35) 이것은 자기 부정에 대한 이중의 두려움이다. 첫째는 실패의 인정에 대한 두려움, 곧 현존하는 자신을 부정해야만 하는 것에 대한 두려움이다. 둘째는 성공이 가져올 인식의 변화에 대한 두려움, 곧 새롭게 형성될 정체성에 대한 두려움이다. 결국 현실존재와 현실인식에 대한 부정이 새로운 정체성에 대한 부정으로 나타난다.

36) 북한과 쿠바의 유사점은 적대적 국제환경, 기존 지도부의 유지, 낮은 해외투자

한편 정치논리를 중시하는 신지호는 일차적으로 북한 지도부가 처한
정책선택의 한계에 주목한다. "경제재건을 위해서는 개혁·개방을 추진
할 수밖에 없지만, 체제유지를 위협할 위험이 있기 때문에 대담한 추진
은 곤란하다"(신지호; 185쪽). 하지만 그에 따르면 "'딜레마'론의 논리적
귀결은 '개혁·개방'의 거부가 아니라, '개혁·개방'의 추진이다. 문제는
'개혁·개방' 정책의 추진 속도와 범위, 그리고 그와 같은 조치를 진정한
'개혁·개방'이라고 부를 수 있는가 여부에 있을 것이다"(188쪽). 이러한
상황에서 정경분리형 '개혁·개방'이 하나의 해결책이다. 이는 중국과
베트남의 경험에서 확인할 수 있다. 그리고 더 중요한 사실은 "정경분
리형 개혁은 북한에도 이미 그 맹아적 경향이 존재한다"(188쪽)는 것이
다. 그는 정경분리형 개혁·개방의 성공을 위해 점진주의적 정책과 지하
경제의 흡수를 강조한다. 그런데 김정일 정권의 정책적 우선목표는 정
권유지, 주체사상 고수, 사회주의 견지이다(195쪽). 따라서 변화는 역순
으로 이루어져야 하며, 단계적으로 추진되어야 한다.[37] 문제는 "김정일
정권에게 그와 같은 역사적 실험을 단행할 '용기'와 '지혜'가 결여되어
있을지도 모른다"(212쪽)는 점이다. 여기에서 그는 북한의 '강인한 정치
체제'를 강조한다.[38] 자연히 신지호에게 북한의 경제개혁·개방은 가능
성이 매우 낮은 것일 수밖에 없다.[39]

───────

유인도, 관광산업의 가능성 등이다(김연철, 410~412쪽).

37) "경제회생을 위한 변화의 폭은 김정일 정권이 정권유지라는 목표를 주체사상의
고수라는 과제로부터 얼마만큼 분리시켜 낼 수 있을까, 즉 정권유지를 위해 주체사
상을 수정 내지 재해석할 수 있는가의 여부에 의해 결정될 것으로 보인다"(신지호,
195쪽).

38) 강인한 정치체제의 기초는 '종교적 색채가 짙은 교리에 의한 세뇌'와 '폭력장치에
의한 통치'이다(신지호, 218쪽).

39) 예를 들면, "북한 지도부에게 핵·미사일 문제의 해결과 '개혁·개방'의 본격적 추
진 사이에는 아무런 관계도 없다"(신지호, 221쪽). 더구나 북한 지도부의 기존 사고

정세진의 논의는 전혀 다른 방향에서 나와서 전혀 다른 방향으로 나아간다. "[북한 경제의 변화와 관련해] 우선적으로 북한 체제의 전통적인 정치적·이데올로기적 제약요인을 거론할 수 있다. 그러나 2차 경제의 확대는 일종의 사회경제적 압력으로서 상부구조적인 틀 자체의 변화를 요구하는 것이다. 계획경제로부터의 이탈과 급속한 발전추세를 보여주고 있는 2차 경제의 존재 그 자체가 개혁의 필요성을 함축하는 것으로서, 당국의 공식적 변화든 비공식적 변화든 실제적 변화를 필요로 한다."40) 여기에서 실제적 변화는 '체제의 비공식 정치 영역'의 확대에 따른 지배조건들의 내적 변화와 사회주의적 지배의 제도적 기반 약화를 의미한다. 그런데 이러한 실제적 변화가 진행되는 과정에서 문제가 되는 요인은 '정치권력의 경제권력화'가 북한에서 나타날 가능성이 있다는 점이다(236~242쪽). 사실 이미 북한 사회에서도 '정치권력층을 중심으로 사적 영역이 계속 심화되어 가고 있다'(240쪽)는 판단을 내릴 만하다.41) 더욱이 2차 경제에서 나타난 사적 영역의 확대는 사회의 분화와 경제관념의 변화를 야기할 것이다(242쪽). 결국 정세진은 '사회주의적 지배의 제도적 특성들이 일종의 골다공증과 같이 약화되고 있는 측면'(275쪽)에 주목하면서, 북한 경제의 점진적 시장화를 조심스럽게 전망한다.

이상의 논의를 요약하면 <표 5-3>과 같다.

속에는 경제회생과 개방·개혁 사이의 연결성에 대한 관념도 존재하지 않는다. 북한 지도부의 기존 인식은 개혁·개방에 대한 중대한 장애요소인 것이다.

40) 정세진, 201쪽. 이런 점에서 그는 자신이 말한 것처럼 '경제주의적 해석'에 치우쳐 있는지도 모르겠다.

41) 그렇지만 정세진은 정치권력의 경제권력화가 북한 경제의 시장화를 촉진하는 기능도 가질 수 있다는 점을 놓치지 않는다(정세진, 240~241쪽).

〈표 5-3〉 개혁·개방의 전략/변수/전망/제안 비교

	분석의 핵심개념	개혁·개방의 전략	핵심 변수	전망 또는 제안
양문수	개발/침체 메커니즘	제한적·점진적 또는 상황대응적 접근	정치지도부 인식, 대외 관계개선, 경제난 극복 등 초기 조건 형성	중국식이 아닌 북한식 개혁·개방
김연철	계획경제의 모순	점진적 시장개혁	정치구조, 거시경제적 환경, 대외 경제관계 (특히 대미 관계개선)	중국형보다는 쿠바형
신지호	정치논리의 우선성	정경분리형, 점진적· 단계적 접근	정책전환의 정치환경, 공업 부문 개혁, 남북 관계, 지하경제 흡수	유도형 계획경제 이후 시장경제
정세진	비공식 정치 영역	중국식에 가까운 점진적 개혁·개방	2차 경제 영역의 압력, 정치권력의 대응	점진적 시장화, 정치적 자본주의

　　과거 북한 경제에 대한 연구는 현재 진행되고 있는 개혁·개방에 대한 해석을 좌우한다. 개혁·개방과 관련해서 우리는 비교적 정확도가 높은 정보를 비교적 많이 가지고 있다. 하지만 네 명의 연구자들이 제시한 각각의 이론들은 나름대로의 정합성과 설명력을 갖고 있으며, 이에 기초한 전망과 제안 역시 상이하지만 상당한 정도의 설득력이 있다. 신지호와 정세진의 논의가 일관성이라는 측면에서 뛰어나다면(이는 북한의 변화에서 현상적으로 정치논리가 두드러져 보인다는 점을 반영하고 있다), 양문수와 김연철의 논의는 현실성이라는 측면에서 뛰어나다(이는 북한 지도부가 경제의 논리를 벗어날 수 없다는 점을 반영하고 있다). 우리는 이들의 논의에서 상호보완성을 발견하고 총괄할 수 있는 방법을 찾아야 할지 모르겠다. 그런데 이 시점에서 우리는 이런 생각도 해볼 수 있다. 이론이 현실에 미치는 영향력을 고려할 때, '북한 지도부가 어떠한 전망과 제안에 가까운 인식을 가지고 있는가 또는 그들 중 어느 것을 수용하는가'는 북한의 미래를 좌우할 중대한 지표가 될 것이다.

　　북한 경제에 대한 우리 학계의 연구는 과거 10여 년 동안 꾸준히 발전해 오고 있다. 이 글에서 소개한 네 명의 연구자 이외에도 이미 상당한 연구성과를 내놓은 연구자들이 있다[각주 1) 참조]. 지금도 그들은 그리고 새로운 젊은 연구자들은 북한 경제에 대한 연구에 몰두하고 있다. 이 글을 끝내면서 한 가지 기대를 말하고 싶다. 지금 우리 학계는 북한 경제사를 통시적으로 보여주는 연구서를 기다리고 있다. 북한 경제에 대한 현 단계의 연구성과를 총괄하면서 사실에 대한 서술과 분석의 조화를 통해 북한 경제의 과거, 현재, 미래를 볼 수 있게 해주는 연구서가 필요한 것이다.[42] 이러한 작업은 분업, 곧 역할분담과 협력을 통해서도 가능할 것이다. 새는 자신의 날개만으로는 높이 그리고 멀리 날지 못한다.

---

42) 북한 경제에 대한 연구를 우리 학계가 주도하는 것, 그리고 남북 화해와 협력이 진전되어 남북의 학계가 함께 연구하는 것, 장차 남북의 경제를 총괄한 한반도의 현대경제사가 새롭게 써지는 것, 이 글을 끝내면서 필자가 갖는 바람이다.

제3부 북한 사회

제6장

북한 사회연구 혹은 사회학적 북한 연구[*]

이우영 (북한대학원대학교 교수, 사회학)

- 좋은벗, 『두만강을 건너온 사람들』(서울: 정토출판, 1999).
- 좋은벗, 『북한사회 무엇이 변하고 있는가』(서울: 정토출판, 2001).
- 민족21, 『북녘사람들은 어떻게 살고 있을까』(서울: 선인, 2004).
- 김귀옥 외, 『북한여성들은 어떻게 살고 있을까』(서울: 당대, 2000).
- 이기춘 외, 『북한의 가정문화생활』(서울: 서울대출판부, 1997).
- 김병로, *Two Koreas in Development*(Transaction Publishers, 1992).
- 서재진, 『또 하나의 북한사회』(서울: 나남, 1995).
- 박현선, 『현대 북한사회와 가족』(서울: 한울, 2003).
- 최완규 엮음, 『북한 도시의 형성과 발전』(서울: 한울, 2004).

1. 들어가는 말

반세기가 넘는 분단체제하에서 북한 연구는 단순히 학문적인 문제만이 아니었던 것이 현실이었다. 왜냐하면 전쟁을 경험하고 적대적인 관

---

* 이 글은 경남대학교 북한대학원, 『현대북한연구』, 제8권 1호(서울: 한울, 2005)에 게재되었던 글입니다.

계를 유지하는 상황에서 북한은 '가치중립적'인 입장을 유지하면서 다루기가 쉽지 않은 연구대상이었기 때문이다. 연구대상이 적대적인 국가체제라는 사실에서뿐만 아니라, 북한에 대한 '과학적' 연구를 어렵게 한 또 다른 요인은 북한에 대한 정보 자체가 매우 엄격하게 통제되었다는 점이다. 북한이라는 체제가 기본적으로 독자적 사회발전을 추구하면서 대외적으로 폐쇄적인 정책을 고집했기 때문이기도 하지만, 북한과 관련된 모든 정보를 국가가 독점했다는 점이 북한 연구의 발전을 가로막은 핵심적 요인이었다고 할 수 있다.

적대적인 관계를 유지하고 있는 대상에 관한 정보를 국가가 독점하고 있는 상황에서 이루어질 수 있는 연구는 일차적으로 국가의 입장, 정확히 말한다면 국가의 정치적 입장에 좌우될 수밖에 없다고 볼 수 있다. 따라서 과거 냉전기의 북한 연구는 과학적이고 분석적이라기보다는 적대적인 국가에 대한 이데올로기 비판에 불과한 경우가 많았으며, 동시에 지배권력의 정치적 판단을 정당화하는 데 기여하는 홍보수단에 불과한 경향이 없지 않았다. 다시 말하자면 냉전시기의 북한 연구는 '북한이 무엇인가'가 하는 질문에 대한 응답이 아니라 '북한의 무엇이 나쁜가'를 밝혀내는 데 치중했다는 것이다.

정치적 입장이 전제된 학문이 대상에 대한 정확한 이해를 보장하지 못하는 것은 당연 하다고 할 수 있는데, 이 경우 사실판단보다는 진위판단을 지향하는 '목적론(teleology)'적 연구가 될 가능성이 높기 때문이다. 물론 진위판단을 지향하는 가운데 부분적으로 사실에 대한 규명이 이루어지기도 하지만 드러나는 사실들에 대한 판단에서도 논리보다는 정치적 잣대가 결정력을 갖는 이상 학문적 논의 자체가 불가능한 경우가 다반사였다고 할 수 있다.

따라서 북한에 대한 연구가 학문적(혹은 과학적) 수준이 되기 위해서는 대외적으로는 국제적인 냉전구조의 해체, 대내적으로는 민주화의 진전이 선행조건이었다고 할 수 있었다. 그러나 여전히 북한 관련 자료의 국가적 통제가 온존하고 있으며,[1] 구체적인 학문적 성과가 아닌 북한을 보는 관점이 논란의 중심에 있는 현실에서[2] 북한 연구의 학문적 수준을 제고하는 일이 여의치 않음을 보여주는 것이라고 할 수 있다.

냉전적 환경에서 국가가 주도하는 시기의 북한 연구의 또 다른 경향은 논리적으로 당연한 결과이겠지만, 북한 연구와 북한 정치연구가 같은 것으로 간주되었다는 점이다. 분단을 이념의 차원에서 인식했고, 북한을 정치적으로 비판하는 것이 북한 연구의 주된 동기가 되는 한, 북한 정치체제나 이념이 북한 연구의 핵심이 될 수밖에 없었다고 할 수 있다. 따라서 북한 연구에서 주체사상이나 권력구조, 조선노동당 연구, 대남전략 등이 주류를 차지했다는 것이다.[3] 북한이 하나의 국가인 동시에 완결된 하나의 사회체제라는 차원에서 본다면 정치학 일변도의 북한 연구는 그 자체로서 북한에 대한 이해를 어렵게 만드는 요인이었다고 볼 수 있다. 더욱이 '우리의 소원은 통일'까지는 아니라고 할지라도 화해협력과 평화공존이라는 공식적인 남쪽의 통일방안을 위해서도, 북한에 대한 다양한 연구와 이해가 불가피함에도 불구하고 정치학 일변도의 편향적인 북한 연구는 문제가 있었다고 할 수 있다.

다른 분야도 마찬가지지만 북한 '사회'에 대한 연구도 미미하기는 마찬가지였다고 할 수 있다. 기본적으로 앞에서 이야기한 바와 같은 그동안의 냉전적 사고의 지속과 이에 말미암은 북한에 대한 이념비판적인

---

1) 국가보안법의 존재가 이를 대변하고 있다.
2) 내재적 방법론을 둘러싼 논란이 대표적인데 사실 외적으로는 방법론적인 논의인 것 같으나 내용적으로는 북한에 대한 관점에 대한 문제라고 보는 것이 옳을 것이다. 최완규, "북한연구방법론 논쟁에 대한 성찰적 접근," 경남대학교 북한대학원 편, 『북한연구방법론』(서울: 한울, 2003) 참조.
3) 송승섭, "북한관련 연구 동향의 계량적 분석," 『북한』, 313호(1998년 1월) 참조.

연구라는 문제상황에서 비롯되었다고 볼 수 있지만, 이 밖에도 다음의 몇 가지 이유 때문에도 북한 사회에 대한 학문적 접근이 활성화되지 못했다고 볼 수 있다.

첫째, 북한 사회에 대한 경험적 접근이 어렵기 때문이었다고 볼 수 있다. 사회에 대한 연구는 당연히 사회현실에 대한 경험적 자료를 필요로 하지만, 폐쇄적인 북한 체제의 특성상 북한을 방문하는 것조차 쉽지 않았던 것이 분명한 현실이었다. 최근 남북교류가 활성화되었다고는 하지만, 남한 사람들은 평양 등 극히 제한된 지역에만 접근이 가능하다. 그리고 북한 지역을 방문하더라도 자유로운 조사활동은 원천적으로 불가능하다. 만일 직접 방문이 어렵다고 하더라도 이를 대신할 수 있는 자료가 풍부하다면 인류학에서 이야기하는 '원거리 연구(long distance study)'가 가능하지만 북한의 경우 이러한 자료도 충분하지 않다. 특히 제도보다는 사회구성원의 의식이나 사회현실의 동적 과정에 관심을 갖는 사회학의 특성상 공식적인 자료-정부의 입장만을 대변하는-만이 존재하는 한 북한 사회연구는 여의치 않은 것이었다고 볼 수 있다.

둘째, 사회학은 다른 사회과학에 비해 방법론적으로 엄격한 기준을 지향하는 경향이 있다는 점이다. 과학적 엄밀성을 강조하는 경향과 이론적 바탕을 중시하는 학문적 특성상, 자료의 심각한 부족은 북한을 사회학적 관심에서 멀어지도록 했다고 볼 수 있다. 이와 아울러 세계적인 냉전시기에 서구의 사회주의 연구도 정치학이 주도했고, 사회학적 접근은 충분하지 않았다는 점도 북한 사회연구가 미비한 현상에 부분적으로 영향을 미쳤다고 볼 수 있다. 참고할 만한 사회주의 국가의 사회체제에 대한 연구 부재는 북한 사회연구의 어려움을 배가했다는 것이다.

셋째, 한국의 사회학계가 북한 혹은 통일에 대한 관심이 적었다는 점도 생각할 수 있다. 이유가 어쨌든 간에 정치학과를 운용하는 대학에서는 북한정치 전공 연구자를 교수진에 포함하는 경우가 적지 않고, 북한이나 통일 관련 교과목을 편성하고 있는 데 반해, 사회학과에 북한을 전공하는 교수가 있는 학교는 거의 없는 형편이다. 뿐만 아니라 북한이나 통일을 관련한 과목을 사회학과에서 개설하는 경우도 찾아보기 힘든 것이 현실이었다고 할 수 있다. 이와 같은 상황에서 사회학을 전공하는 학생들이 북한이나 통일문제에 관심을 갖기는 쉽지 않았다고 할 수 있다.

그러나 세계적인 냉전질서가 와해되고, 남북관계가 개선되는 동시에 남한의 민주화도 진전됨에 따라 북한에 대한 다양한 접근도 점차 확산되었다고 할 수 있다. 특히 남북교류의 확대되면서 북한의 사회·문화체제에 대한 관심도 증대되었고,4) 독일 통일 과정에서 사회·문화적 통합이 문제점으로 제기되면서 북한 사회에 대한 연구 그리고 북한에 대한 사회학적 연구도 활성화되었다고 할 수 있다.5) 물론 북한 연구에서 사회학적 연구나 북한 사회에 대한 연구가 충분하지는 않다고 하더라도 지금까지 이루어진 학문적 성과는 앞으로의 발전을 위한 주춧돌이 될 수 있다. 이러한 점에서 북한 사회에 대한 사회학적 성과를 보다 적극적으로 검토하는 작업은 북한 체제를 이해하기 위해서나 북한 연구의 학문적 수준을 제고하기 위해서도 중요한 일이라고 할 수 있다.

---

4) 정상회담을 계기로 활성화된 교류의 중심에는 각종 공연을 포함한 사회·문화 교류가 핵심이었다. 북한의 문화를 직접 경험한다든지, 북한 현실에 대한 보도가 증가하면서 자연스럽게 북한문화, 북한사회 그리고 북한 사람에 대한 관심이 높아졌다고 할 수 있다.

5) 사회학적인 관심뿐만 아니라 여타 학문에서도 북한에 대한 관심이 확대되었다고 할 수 있다. 강성윤, "「북한학」 연구의 현황과 과제," 북한연구학회 편, 『분단반세기 북한연구사』(서울: 한울, 1999) 참조.

2. 북한 사회연구

학문적 성과는 고사하고 현상에 대한 기술적 논의조차 부족하다는
점을 고려한다면 북한 사회를 소재나 주재로 한 책들은 나름대로 의미
를 갖고 있다고 할 수 있다. 북한 이탈주민이 급증하면서 이들이 직접
저술하거나, 이들로부터 정보를 얻거나 하는 방식 그리고 최근 급증하
는 북한 방문을 통해 얻은 자료를 바탕으로 북한 사회의 다양한 측면들
을 묘사한 저서들이 이에 포함된다. 이러한 저서들은 현상을 기술하는
데 그치는 경향이 없지 않지만 북한 체제 특히 북한 사회연구의 기초
자료로서 의미를 갖는다고 할 수 있다. 특히 그동안 꾸준하게 북한 이탈
주민문제에 관심을 기울여온 '좋은벗들'이 발간한『두만강을 건너온 사
람들』(서울: 정토출판, 1999),『북한 사회 무엇이 변하고 있는가』(서울: 정
토출판, 2001) 등은 북한 사회연구의 기초 자료로서 가치있는 저서들이
라고 할 수 있다. 특히『북한 사회 무엇이 변하고 있는가』는 북한 주민
1,027명과 남한 주민 500명을 대상으로 설문조사한 결과로서 현지조사
가 불가능한 북한 현실에서 간접적인 방식으로나마 북한 주민의 의식을
조사하고 이를 비교적인 시각에서 분석했다는 점에서 일정한 학문적 수
준을 확보했다고 할 수 있다.

2000년 남북정상회담 이후 남북관계가 진전되면서 북한을 방문하는
남한 사람들의 숫자가 늘어나는 가운데 월간지『민족21』에 연재된 내
용을 중심으로 출판된『북녘사람들은 어떻게 살고 있을까』(서울: 선인,
2004)도 주목할 만한 저서라고 할 수 있다. '북녘인민생활사'를 지향하
는 이 책은 취재진의 취재와 협력관계에 있는『조선신보』를 통한 간접
취재 등을 토대로 만들어졌다. 태어나서부터 죽을 때까지 인생의 경로
를 따라 구성된 이 책은 무엇보다 그동안 간접적인 경로로만 가능했던
북한 사회의 실상을 부분적으로나마 직접 체험하면서 만들어졌다는 점

에서 중요한 의미를 갖고 있다고 할 수 있다. 기본적으로 과학적 분석을 지향하는 학술서적은 아니고, 저널리즘에 바탕을 두고 있다고 하더라도 북한 사회에 대한 남한 사람들의 직접 조사로서는 처음이라고 할 수 있다는 사실이 갖는 의의는 인정해야 할 것이다.

북한 현실 특히 사회현실을 드러내주고 있는 위의 책들은 북한 관련 자료가 턱없이 부족한 현실, 북한 현지조사가 불가능에 가깝다는 차원에서 과학적 분석을 위한 중요한 자료가 될 수 있음은 분명하다. 그럼에도 불구하고 여전히 책을 만든 주체의 북한에 대한 관점에서 자유롭지 못하다는 문제를 해결하지 못하고 있다는 한계가 있다. '좋은벗들'의 책들은 책을 펴낸 단체가 북한 이탈주민에 대한 대북 인도 지원사업을 해왔기 때문이겠지만, 북한의 어려움을 강조하는 데 집착하는 경향이 있으며, 반대로 민족21의 책은 잡지사의 진보적 입장을 대변하듯이 북한 사회현실의 밝은 면만 부각되는 경향이 없지 않다는 것이다.

또한 각각의 책들이 다루고 있는 북한 사회의 현실이 부분적인 것일 수가 있으나 이를 전체적인 차원으로 논의하고 있다는 것도 문제라고 할 수 있다. 흔히 논리학적으로 '전체성의 오류'[6]라고 하는 현상이 북한과 관련해서 더욱 강한 경향이 있는데, 앞에서 이야기한 책들도 이를 극복하지 못하고 있다고 할 수 있다.

북한 사회에 대한 저서 가운데 단순히 정보를 전달하는 차원을 떠나 학문적 분석을 시도하고 있는 것으로 주목할 만한 책은 『북한여성들은 어떻게 살고 있을까』(김귀옥 외, 서울: 당대, 2000, 이하 『북한여성…』)와

---

6) 전체성의 오류는 논의의 대상을 개별화시키지 않는 것을 의미한다. 예를 들어 흑인은 지저분하다라든지 여성은 생각이 없어 하는 식의 논의가 전체성의 오류이다. 흔히 사회적 약자에 대해서 이러한 사고가 나타난다. 북한에 대해서도 마찬가지인데 북한 사람들은 무섭다거나 북한은 호전적이라거나 하는 식이 생각이 일종의 전체론이라고 할 수 있다는 것이다.

『북한의 가정생활문화』(이기춘 외, 서울: 서울대출판부, 1997)이라고 할 수 있다. 이 두 개의 책은 일단 저자들이 사회학, 가정학 등의 전문연구자들이라는 점에서 앞에서 이야기한 책들과는 차이가 있다. 따라서 당연히 이들 책은 분석적인 동시에 학술적 서적을 지향하고 있다고 볼 수 있다.

사회학 전공자들이 펴낸 『북한여성…』은 제목 그대로 북한 여성들에 대한 종합보고서라고 할 수 있다. 여성학적 문제의식이 토대에 있다고 할 수 있는 이 책은 단순히 여성의 현실을 그리는 것이 아니라 여성노동의 관점에서 북한 현실을 분석하거나(『로동신문』 속의 현대 북한 여성), 가족관계 속에서 북한 여성을 살펴보거나(조선 여성과 북한의 슈퍼우먼), 세대문제라는 차원에서 여성의 현실을 검토하거나(새세대 소설로의 여행), 교육학적 차원에서 여성상을 분석하고(동화와 교과서 속의 여성상) 있다. 그리고 말미의 좌담 '현대 북한 영화 속의 여성들, 그 삶과 꿈'은 부분적으로 문화사회학적인 방법으로 북한 여성을 이야기하고 있다.

사회학이나 여성학의 중요 개념을 토대로 북한 여성을 분석하고 있다는 점에서 이 책은 기존의 북한 사회 관련 책들보다 분명히 진일보하고 있다고 할 수 있다. 학문적 개념을 활용한다는 것은 단순히 대상을 좀더 잘 이해할 수 있다는 것만이 아니라, 다른 사회체제와의 비교분석을 가능하게 해준다는 점에서도 중요한 시도라고 할 수 있으며, 동시에 북한 사회에 대한 특수론적 관점의 한계를 극복할 수 있다는 점에서도 의의가 있다고 할 수 있다. 또한 신문, 잡지, 증언 공식문건, 영화 등 다양한 자료를 적극적으로 활용하고 있다는 점에서 방법론적 문제에 고민하는 북한 연구 일반에 시사하는 점이 적지 않다.

그럼에도 불구하고 이 책을 본격적인 북한 여성에 대한 학문적 연구서로 인정하기에는 다소 문제가 있다고 할 수 있다. 그것은 저자가 서문의 제목으로 내세운 "우리는 왜 여전히 북한을 모르는가"에서 드러나고 있듯이, 여전히 북한을 잘 알지 못하는 남한 사람들에게 북한 여성을 알리려는 목적이 강하기 때문이라고 할 수 있다. 따라서 기존의 반공을 위한 책들과 차원은 다르지만 이 책도 역시 목적론적 접근이라는 평가에서 자유롭지 못하다고 볼 수 있다. 이러한 점에서 본다면 이 책은 북한 사회현실에 대한 정보제공과 북한 사회에 대한 학문적 분석의 중간지점에 있다고 할 수 있다.

북한의 가정생활문화는 북한 사회에 대한 연구라고 보기에는 다소 애매한 성격을 갖고 있다. 제목의 앞에 '통일에 앞서 보는'이라는 말처럼 통일 혹은 통합을 지향하는 내용을 포함하고 있기 때문이다. 사실 이 책의 후반부를 구성하는 북한 이탈주민과 관련된 부분(탈북인의 남한 생활적응, 탈북인과 북한 이주민의 생활적응지원에 대한 남한 주민의 의식실태)과 통일 이후 사회통합과 관련된 부분(남북한 사회통합 후 북한 이주민 생활적응 지원방안, 남북한 생활문화 통합의 모색) 등은 북한 사회현실에 대한 분석이라고 하기에는 조금 거리가 있다. 오히려 이 부분은 일종의 정책보고서와 같은 느낌을 주고 있기도 하다.

그러나 이 책의 앞부분을 구성하고 있는 '북한의 생활문화연구'와 '북한의 가정생활문화실태'는 그동안 상대적으로 관심의 영역에서 벗어나 있었던 북한의 미시 영역 연구로서 중요한 가치를 갖고 있다. 사실 학문 분야의 편협성과 더불어 북한 연구에서 중요한 문제 가운데 하나가 지나치게 체제중심의 거시적 연구가 일방적이었다는 사실을 고려한다면 미시 영역 연구는 북한 연구의 한계를 넓혀준다는 점에서 의미가 있다.

가정학 전공자들인 저자들은 북한 이탈주민을 대상으로 한 설문지와 면접을 자료수집방법으로 활용하고 있다. 북한 관련 자료가 부족한 현실에서 북한 이탈주민은 중요한 자료원이라는 점은 분명하다. 다만 이들을 어떻게 활용해 정확한 정보를 얻을 것인가는 문제가 되는데, 이 책의 저자들은 면접과 설문지 등 다양한 방법을 동시에 적용하면서 문헌자료도 비교적 충실하게 검토하고 있다는 점에서 분석의 신뢰도를 높였다고 할 수 있다.

또한 이 책이 갖는 중요한 의의는 일반적인 생활문화와 가정생활문화연구의 개념과 분석 틀을 북한 연구에 적용했다는 점이다. 북한 연구를 특수한 개념 틀이 아닌 보편적인 분석 틀로서 연구한다는 것은 앞의 책과 마찬가지로 북한 특수주의를 극복하게 하는 동시에 다양한 비교 그리고 앞으로의 변화전망을 위해서도 중요한 시도라고 할 수 있다. 이와 더불어 이 책은 북한 연구에 과학적 방법론을 엄밀하게 적용했다는 점에서도 중요한 가치를 갖는다. 연구모형을 만들고 절차에 따라 연구를 수행했다는 점은 자료의 부족을 명분으로 과학적 방법론을 상대적으로 경시하는 북한 연구 현실에서 의미가 있는 일이다. 또한 설문 대상의 수를 확대함으로써 양적 분석을 가능하게 했다는 것도 주목할 만하다.

북한의 가정과 생활문화에 대한 본격적인 연구서로서 그리고 과학적 방법론을 적용했다는 점에서 북한의 가정생활문화은 중요한 의의를 갖고 있다고 할 수 있으나, 동시에 몇 가지 아쉬움 점도 갖고 있다고 볼 수 있다. 앞에서 이야기했듯이 이 책의 뒷부분이 정책보고서 경향을 보이고 있다는 점이다. 물론 책의 구성은 다양할 수 있다. 그리고 북한의 생활문화연구와 남북 생활문화 통합을 연결하는 것이 그다지 어색한 것은 아니지만, 북한 연구나 통일 관련 연구들이 실천 지향적이어야 한다는 강박증에 빠져있다는 일반적 현상에서 이 책도 자유롭지 못하다는 느낌이 들기 때문이다.

그리고 또다시 자료의 문제로 돌아가지만, 생활문화의 집단별 차별성이 명확하지 않다는 점이다. 생활문화에도 세대나 지역을 넘어서서 공통적인 현상이 있고, 그렇지 않은 것도 있을 것인데 이에 대한 논의가 부족하다. 또한 시간적인 차이 즉, 변화에 대한 고려도 부족하다고 할 수 있다. 조사대상자로 삼은 북한 이탈주민의 경우 입국하는 시점에 따라 집단의 속성이 적지 않게 다르다는 점도 고려한다면 조사대상자에 대한 범주화를 보다 세밀하게 하는 것이 필요했다는 것이다.

따라서 비록 학문적 분석 틀을 구성하고 과학적 조사방법을 동원했다고는 하지만 이 책 또한 북한 생활문화를 분석하기보다는 결과적으로는 북한 생활문화를 소개하는 기능에 더욱 충실했다고 볼 수 있다.

3. 사회학적 북한 연구

앞에서 살펴본 북한 사회에 연구관련 책들은 저자의 특성이나 출판의도에 따라 차이가 있지만, 기본적으로는 북한 사회에 대한 정보를 제공하는 기능에 충실하다고 볼 수 있다. 반면, 최근 들어서 이루어진 몇몇 저서들은 본격적으로 북한 체제를 사회학적으로 접근하고 있다고 할 수 있다. 물론 이 책들이 북한의 이해에 도움을 주고 있으며, 여전히 생소한 북한 사회의 실상을 전달하는 데도 일정 부분 기여하고 있지만 보다 중요한 것은 북한 사회체제의 성격을 규명하는 데 초점을 맞추고 있다는 점이라고 할 수 있다.

오늘날의 입장에서 본다면 다소 오래된 책이라고 할 수 있지만 김병로의 *Two Koreas in Development*(Transaction Publishers, 1992)는 본격적인 사회학적 북한 연구의 효시라는 점에서 주목해야 할 책이다. 저자의 학위논문을 기반으로 이루어진 이 책은 남북한 체제를 사회발전론의 시각에서 비교·검토한 연구서이다. 남북분단을 이념적인 차원이나 정치적 차원에서 바라보던 기존의 시각과는 달리 보편적인 제3세계 발전론의 시각에서 분단 과정을 분석하고 있다는 점에서 이 책은 중요한 의의를 갖는다고 할 수 있다. 정치나 이념적인 차원의 분단연구 남북 비교연구도

의미를 갖고 있지만, 이러한 연구들은 결과적으로 남북한의 차이를 부 각시키는 경향이 있다. 또한 정치적 선입견을 배제한다고 하더라도 실 질적으로는 사실판단보다는 진위판단에 빠지는 결과를 초래하기 쉽다 는 문제를 갖고 있다.

그러나 이 책의 저자는 사회발전론이라는 보편적 개념을 활용해 사 회변화의 일반적 흐름 속에 남북한 체제를 위치지움으로써 각 체제의 유사성과 상이성을 동시에 살펴볼 수 있는 여지를 제공하고 있다고 할 수 있다. 이것은 정치적 견해로부터 자유롭지 못했던 북한 연구 일반을 위해서도 중요한 의미를 갖는데, 그동안 북한 체제 논의, 보다 정확히 말한다면 정치학적인 북한 체제 논의들이 원했던 원하지 않았던 간에 북한 국가의 전근대성을 부각시키는 결과를 가져온 경향이 없지 않기 때문이다.7) 반면에 이 책에서와 같이 발전론적 시각에서 본다면 남한과 마찬가지로 북한도 산업화라는 사회변화를 경험한 근대국가가 된다. 이 러한 인식은 이 책의 직접적인 주제가 아닐지라도 남북교류나 통합문제 에 적지 않은 시사점을 줄 수가 있는 부분이다.

또한 그동안 분단체제론에서 이야기되었던 '분단효과' 등을 구체적 으로 보여주고 있다는 점8)을 포함해 다양한 사회학적 논의들을 이용해 남북한 사회발전을 비교적 방법으로 분석하고 있다는 점에서 이론적으 로나 방법론적으로 이 책이 갖는 의의가 적지 않다고 할 수 있다. 반면

---

7) 유격대국가론이나 가부장국가론 등이 여기에 해당한다. 명시적으로 추구하지는 않 았지만 결과적으로 이러한 논의들은 북한의 전근대성을 강조했으며, 궁극적으로 북한은 비정상국가 혹은 체제라는 가치 개입적 평가로 이어졌다는 것이다.

8) 분단체제론은 백낙청이 제기한 개념인데, 이에 대한 논쟁이 꾸준하게 지속되었다. 남북한 체제의 성립과 변화가 분단에 영향을 받았다는 것인데, 김병로의 책에서 이에 대한 구체적인 분석이 이루어지고 있다는 점이다. 백낙청, 『분단체제 변혁의 공부길』(서울: 창작과비평사, 1994) 참조.

에 구조나 전략을 다루는 책의 주제에서 비롯된 문제이겠지만 문화나 인간에 대한 논의가 상대적으로 부족하다는 아쉬움이 있으며, 다른 발전전략을 세운 두 체제의 비교의 틀을 어떻게 만들 것인가에 대한 방법론적 고민은 충분하지 못하다는 문제도 포함하고 있다고 할 수 있다.

서재진의 『또 하나의 북한 사회』(서울: 나남, 1995)의 경우도 사회학적 북한 연구의 대표적인 저서라고 할 수 있다. 이 책은 부제에 말하고 있듯이 북한의 사회구조와 사회의식을 본격적으로 다루고 있다는 점에서 중요한 가치를 갖고 있다. 사회의식은 사회구조와 더불어 사회학의 중요 관심대상이나, 그동안 사회구조에 대한 연구조차 부실한 현실에서 북한의 사회의식에 대한 연구는 전무했다고 할 수 있다. 이것은 단지 자료의 부족 때문만은 아니라고 할 수 있는데, 유일지배 체제를 북한의 특성으로 보는 한, 김일성이나 김정일의 의식은 중요하지만 주민의 의식은 그다지 의미가 없기 때문이었다. 다시 말하자면 사회학적 관점을 가질 때에 비로소 북한 사회의 구성원에 대한 관심이 생길 수 있다는 것이다. 어쨌든 이 책의 3부에서 집중적으로 다루고 있는 북한 주민의 인성에 대한 연구는 새로운 연구영역의 확보라는 차원에서도 북한 연구의 지평을 넓혀주었다고 할 수 있다.

또한 국가와 시민사회, 계급문제, 제2사회론 등 사회학 특히 사회변동론에서 활용되는 개념틀을 북한 사회의 분석에 적극적으로 활용하고 있다는 점도 이 책이 갖는 장점이라고 할 수 있다. 앞에서 이야기한 바와 마찬가지로 학문적으로 통용되는 이념이나 개념을 이용해 북한 체제를 분석한다는 것은 북한 체제에 대한 보다 심화된 이해를 가능하게 해준다는 점에서 중요한 시도라고 할 수 있다.

여러 가지 점에서 『또 하나의 북한 사회』는 장점을 갖고 있지만 동시에 몇 가지 문제점도 갖고 있다고 할 수 있다. 우선 기존에 발표된 글들을 모아서 하나의 책을 꾸밀 때 나타나는 문제지만 다양한 주제를 다루

는 과정에서 전체적인 일관성이 다소 떨어진다는 점이다. 저자는 이중
구조를 책을 관통하는 개념으로 삼은 것 같은데, 양자관계라는 차원에
서는 동일하겠지만 변증법 관계와 분화 그리고 전체구조에서 하부구조
는 논리적으로 다르다는 점에서 다소 무리가 있는 시도라고 할 수 있다.

그러나 무엇보다도 고민해 보아야 할 것은 기존의 이론이나 개념틀
의 적용이 갖는 장점이 아닌 단점이 이 책에서 부분적으로나마 나타나
고 있다는 것이다. 서구적 역사경험에서 만들어진 신민사회론이 대표적
이라고 할 수 있다. 신민사회론이 북한 사회를 분석하는 데 일정한 기여
가 가능하지만 동시에 신민사회론 적용 자체가 북한 사회체제의 성격을
규정해 버리는 경향이 있다는 점이다. 이러한 점에서 본다면 학문적 개
념을 빌려왔음에도 불구하고 역시 목적론적인 분석이 되었다고 볼 수
있다는 것이다. 다른 체제의 연구나 분석 과정에서 만들어진 개념이나
분석 틀을 개별사회에 적용할 때는 보다 조심스러운 접근이 필요한데
이러한 문제가 북한 연구라고 해서 예외는 될 수 없을 것이다. 이 책의
경우 특히 다양한 개념을 활용하기 때문에 이러한 적용의 문제가 더욱
고민거리가 될 수 있다고 할 수 있다.

박현선의 『현대 북한 사회와 가족』(서울: 한울, 2003)은 북한 가족에 대
한 본격적인 사회학적 분석이라고 할 수 있다. 역시 저자의 박사학위
논문을 기반으로 구성된 이 책은 가족에 대한 제도적인 접근과 행위론
적인 접근을 동시에 시도함으로써 북한 가족 이해의 폭을 넓혀주었다고
할 수 있다.

이 책이 갖는 중요한 의의는 방법론적 세심함이라고 할 수 있다. 북
한 이탈주민을 조사대상으로 삼는 것은 북한 연구의 일반적인 방법이라
고 할 수 있지만, 기존의 연구들이 북한 이탈주민을 동질성을 지닌 집단
으로 간주하는 경향이 있는 반면 이 책에서는 대상자의 성격을 세밀하
게 분류해 활용하고 있다. 이것은 대단히 중요한 사실인데, 북한 이탈주

민의 다양함을 고려하지 않는다면 원하는 올바른 정보를 얻을 수 없기 때문이다. 물론 이러한 분류가 가능하기 위해서는 조사대상자가 많아야 하겠지만 최근 급증하는 국내 입국 북한 이탈주민을 생각한다면 전혀 불가능한 것은 아니라고 할 수 있다.

또한 이 책은 가족의 제도와 구조 그리고 행위를 종합적으로 분석하는 동시에 변화에 대한 관심도 유지하고 있다는 점에서 사회학적 분석의 전형을 유지하고 있다고 할 수 있다. 가족이라는 연구주제가 이러한 결합이 가능한 것이기는 하지만 기존의 연구들이 대부분 구조나 제도 아니면 정책에 치중함으로써 내적 과정을 충실히 분석하지 못했다는 점에서 이 책은 분명히 강점이 있다고 볼 수 있다.

북한에 대한 본격적인 사회학적 접근으로 크게 손색이 없는『현대 북한 사회와 가족』이 갖는 문제는 앞에서 이 책의 전반부에 제시한 가족제도 재생산 메커니즘과 가족변동모형 간의 관계가 명확하지 않다는 점이다. 저자는 재생산 메커니즘 과정에서 변동모형이 나온다고 말하고 있는데 후반부의 경험적 연구에서 양자 간의 관계가 뚜렷하게 논의되지 못하는 경향이 있다고 볼 수 있다. 또한 경제관리조치와 가족변화를 다루고 있는 5부는 앞의 분석 틀에서 어떤 위치를 점하고 있는가도 불명확하다. 그리고 제목에 충실하자면 가족 연구를 통해 현대 북한 사회를 다시 규정해 보는 것도 필요한 작업이 아니었는가 하는 생각이 든다. 이와 관련해 욕심을 내자면 일반적인 현대사회화와 가족변화 아니면 최소한 사회주의 체제전환과 가족변화와 같이 비교사회학적 논의가 있었다면 북한 가족에 대한 명실상부한 종합적 이해가 가능했을 것이다.

최완규 엮음『북한 도시의 형성과 발전』(서울: 한울, 2004)은 저자들이 사회학자들만이 아니고, 다루는 내용도 사회학이라고 한정할 수는 없지만 기본적 문제의식이 사회학적이라는 점에서 관심있게 볼 필요가 있는 저서이다. 청진, 신의주, 해산을 연구대상으로 정치학, 사회학, 경제학,

사학 전공자들의 공동연구서인 이 책은 무엇보다도 과거 전체론적 관점에서 북한을 다루었던 것과는 달리 북한을 공간적으로 개별화했다는 점에서 중요한 의의를 갖고 있다. 북한의 가정생활문화와 마찬가지로 특정 도시에 대한 미시적인 연구라는 점에서도 기존의 북한 연구들과 차별성을 갖는다.

도시라는 것 자체가 현대 산업화가 연관이 되어 있는 것으로서 저자들의 전공과 상관없이 이 책은 사회변동이라는 사회학적 문제의식에서 출발하고 있다고 할 수 있다. 이러한 입장에 명확히 드러나는 것이 제1장 "공간구조 변화를 통해 본 북한 지방대도시의 도시화 과정"이다. 이 부분에서 이 책은 단순히 물리적 도시에 대한 연구가 아니라 사회변화가 전제된 도시화연구이며, 동시에 시간적 차원의 변화가 공간적 차원과 어떻게 관계 맺고 있는가에 관심을 갖고 있음을 분명히 보여주고 있다고 할 수 있다. 공간연구는 최근 사회학에서 많은 관심을 모으는 분야인 동시에 거시적 구조와 미시적인 삶의 접점을 규명하는 데 도움이 된다는 점을 고려한다면 이 책은 북한 연구의 수준을 한 단계 높이는 데도 적지 않은 기여를 하고 있다고 볼 수 있다.

또한 다양한 전공자들이 학제간 연구를 통해 그동안 상대적으로 경시되었던 북한의 지방연구를 활성화했다는 점도 이 책의 또 다른 의의라고 할 수 있다. 왜냐하면 권력관계를 중시하는 북한 연구에서 북한의 지방은 학문적으로 소외되어 왔으며, 이는 북한에 대한 총체적 이해를 가로막은 또 다른 요인이었기 때문이다. 학제간 연구답게 지방정치를 포함해, 공간문제, 경제문제, 시장문제, 여성문제, 복지문제, 의식문제까지 특정 도시를 중심으로 다양한 차원에 대한 분석이 이루어지고 있다는 사실은 평가할 만하다.

북한 도시의 형성과 발전은 사회학적 문제의식을 바탕으로 하면서도 학제간 연구가 이루어짐으로써 북한 연구의 새로운 전형을 창조했다는 점에서 의의가 있지만, 다음의 몇 가지 점에서 한계도 갖고 있다고 할 수 있다. 첫째, 세 도시를 총괄적으로 비교하는 부분이 부족하다. 서장에서 제시한 분석 틀을 가지고 분야별 경험적 연구를 결합하는 부분이 포함되었다면, 세 도시의 비교적 이해뿐만 아니라 북한의 지방도시 이해에도 더 많은 기여를 했으리라고 볼 수 있다. 둘째, 분야별 논의에서는 북한 체제 전반의 거시적 변화 혹은 추세를 이야기하다가 대상 도시의 특성으로 이어지는데, 양자 간의 관계가 무엇인지가 분명하지 않다. 이것은 세 도시의 차이의 원인을 명확하게 설명하지 못하는 원인이라고도 보이는데, 거시적 부분과 미시적 부분을 어떻게 결합할 것인지에 대한 논의가 부족한 데서 비롯된 것이라고 보인다. 셋째, 학제간 연구의 문제이기는 하지만 분석이나 비교의 틀이 일정하지 못하다는 점이다. 연구대상 분야가 다르다는 점을 어느 정도 인정하더라도 종합적 이해를 위해서는 가능한 동일한 비교 틀이 필요하다고 할 수 있다.

4. 맺음말

그동안 학문적으로 북한학이라는 말이 가능한가부터 시작해 북한 연구의 본질은 무엇인가에 이르기까지 적지 않은 논란이 있어왔다고 할 수 있다. 남북합의서에 규정된 애매한 표현처럼 어떻게 보면 연구대상으로서 북한은 특히 북한 사회는 '우리' 사회이면서 '다른' 사회라고 할 수 있다. 이러한 차원에서 북한 사회연구의 본질에 대한 고민은 여전히 필요하겠지만, 이에 못지않게 중요한 것은 북한 사회에 대한 보다 다양한 경험적 연구의 축적이라고 할 수 있다. 그럼에도 불구하고 분명한 것은 북한 사회와 남한 사회가 연구대상으로서 어떤 관계를 맺던 간에 지금까지 북한 사회에 대한 관심은 턱없이 부족했다는 점이다.

사실 따지고 본다면 북한 사회에 대한 연구뿐만 아니라 북한 사람, 북한 문화 등 다양한 분야에 대한 학문적 관심도 그다지 크지 않았다고 볼 수 있다. 거창하게 통일을 위해서라고 하지는 않더라고, 교류와 협력을 강화하기 위해서도 아니면 최소한 우리와 이웃하고 있는 사회체제라는 차원에서라도 보다 다양한 관심과 연구가 필요하다고 할 수 있다. 정치학, 경제학, 사회학적 분석만이 아니라, 인류학적 접근, 심리학적 접근 등도 필요하다는 것이다. 다양한 분야에서 여러 가지 관점을 갖고 북한을 연구하는 것이 북한 연구의 수준을 높이는 동시에 북한에 이해를 심화시킬 수 있다는 점을 명심할 필요가 있다.

위에서 살펴보았듯이 북한 사회에 대한 연구나 사회학적인 북한 연구는 여전히 걸음마 단계라고 할 수 있다. 그렇다고 해서 사회학적 분석이 다른 학문보다 더 중요하다고 이야기하는 것이 아니다. 다만 사회학적 북한 분석은 그동안 보지 못했던 것들을 볼 수 있게 해줄 수 있다는 점이고, 이를 위해서는 단순한 북한 사회연구를 넘어서서 사회학적인 북한 연구에 관심을 기울일 필요가 있다는 것이다.

제 7 장

북한문학 연구의 현황과 쟁점[*], [**]
북한문학 연구의 비판적 고찰과 문제제기를 중심으로

전영선 (한양대학교 아태지역연구센터 연구교수, 국문학)

1. 서론

이 글은 최근까지 진행된 북한문학 연구 과정과 한계를 지적하고 이를 바탕으로 북한문학 연구의 쟁점과 과제를 제기하는 데 목적이 있다. 북한문학 연구의 쟁점을 연구대상으로 삼은 것은 북한 연구가 활성화되면서 축적된 북한 연구 역량을 평가하고 연구과제를 도출함으로써 심도 깊은 북한 연구를 진행하기 위해서이다. 북한문학 연구는 여타 분야에 비해 상대적으로 늦게 시작했지만 그동안 양적인 면에서 적지 않은 성과를 축적했다.

[*] 이 논문은 '2004 북한연구학회 추계학술발표(북한대학원대학교, 2004.9.17.)'에서 발표했던 것을 대폭 수정·보완한 것입니다. 발표 당시 토론을 맡아 주셨던 김성수 박사님과 익명의 심사자 두 분께 감사드립니다.

[**] 이 글은 경남대학교 북한대학원, 『현대북한연구』, 제7권 3호(서울: 한울, 2005)에 게재되었던 글입니다.

분단 이후 냉전의 정치적 상황 속에서 북한은 학문의 대상이 되지 못했다. 북한이 연구대상이 되지 못함에 따라서 북한문학도 연구의 대상이 되지 못했다. 북한문학 연구가 시작된 것은 1980년대였다. 냉전의 정치적 영향으로부터 조금씩 벗어나면서 북한문학 연구가 본격적으로 시작되었고, 이후 1988년으로 월북작가에 대한 해금조치가 내려지면서 북한문학 연구는 문학 연구의 주요 테마의 하나로 자리 잡게 되었다. 이후 1990년대의 남북 화해·협력 분위기 속에서 북한문학 연구의 활성화에 대한 공감이 이루어졌고 객관적 연구가 진행됨으로써 이전의 단순한 소개차원을 넘어 본격적인 북한 연구의 기틀을 마련했다. 그러나 개괄적인 소개와 남북의 통합문학사 연구의 필요성이 제기된 이후에는 이를 뒷받침하는 구체적이고 지속적인 연구로 이어지지는 못하고 사회적 관심에 따라서 제한된 연구자들에 의해서 진행되어 왔다. 북한문학 연구의 출발이 당국의 필요에 의해 진행되었고, 북방정책을 비롯해 사회와 밀접한 연관을 맺으면서 남북관계 상황에 따라 연구가 활성화되었다가 사회분위기가 냉각되면서 다시 시들해지는 현상은 문제점으로 지적할 수 있다.

문학에 대한 연구가 "1980년대 후반의 재야 주도의 '북한 바로알기 운동'의 여파로 한때 인기가 있었으나, 그 이후 북한 핵위기로 인한 긴장상태에 묻혀 금세 시들해지"[1]고 마는 현상은 "역사적인 남북회담의 성공과 6·15 남북공동선언의 결과로 북한 문화예술 논의가 갑자기 활기를 띠게 된 2000년의 경우에도 예외는 아니다. 1995년 이후 한동안 논의가 소강상태에 빠졌던 북한문학 연구열기가 자체의 논쟁적 문제 제기나 내재적인 이론의 진전 없이 아연 활기를 띠다가 불과 2~3년 만에 소강상태로 접어든 작금의 실상이 그 증거라 하겠다"[2]는 데 대해 공감

---

1) 박태상, "북한문학 연구,"『분단반세기 북한연구사』, 북한연구학회 엮음(서울: 한울아카데미, 1999), 410쪽.

하는 것도 이런 측면이다. 다행스러운 것은 북한문학 연구를 위한 일부
연구자들의 꾸준한 노력으로 북한 연구 전반에 걸친 진전을 이루었고,
전문가들의 공통 연구 토대가 마련되고 있다는 점이다.

북한문학 연구는 양적인 팽창에도 불구하고 상대적으로 질적인 면에
서 심도 깊은 진전을 이루지 못했다. 이러한 경향은 북한문학사 서술태
도에서도 확인된다. 북한문학에 대한 연구는 여러 권의 북한문학사가
나올 정도로 진행되었으나 그 내용은 좌익계열의 문단활동이 중심이며,
1970년대 이후에 대해서는 개략적인 소개와 통일문학을 위한 제언으로
그치는 경우가 허다했다. 그 결과 북한문학 연구가 짧은 시기 많은 성과
를 이루었음에도 불구하고 질적인 면에서는 상대적으로 미흡하다는 반
복적인 평가를 받고 있다.

북한문학 연구가 질적인 발전을 이루지 못하는 것은 기본적으로 북
한문학 연구의 연구 인프라의 열악함과도 관계가 있으며, 북한문학은
국가의 공식적인 입장만이 존재하기에 문학 연구를 둘러싼 다양한 쟁점
(춘향의 실존여부, 최초의 번역시집, 작품간의 영향관계나 선행 문제) 연구가
북한문학 연구에서는 적용되기 어렵다는 점에서도 원인을 찾을 수도 있
다. 그러나 무엇보다 중요한 문제는 북한문학 연구가 연구자들의 전향
적 태도를 필요로 한다는 점이다. 북한문학은 그 자체로서 다른 뿌리에
서 생성된 관점을 갖고 있기에 북한문학 연구를 위해서는 북한식 문학
관, 예술관에 대한 충분한 이해가 선행되어야 한다. 이러한 이해가 없는
연구는 사회주의적 사실주의 문학의 후기적 양태, 그것도 정통 사회주
의 문학도 아닌 체제를 위해 왜곡된 문학, 정치를 비판하기보다는 정치
에 완전히 종속되어버린 문학이라는 틀에서 벗어날 수 없을 것이며,

2) 김성수, "북한문학·통일문학 연구의 현황과 과제,"『북한의 문학과 문예이론』(서
울: 동국대학교출판부, 2003), 324~347쪽 참조.

1970년대 이전까지의 소모적이면서도 자기복제적인 연구로 머물 수밖에 없을 것이다.

이 글은 이러한 전제를 바탕으로 북한문학 연구현황과 전개양상에 맞추어 북한문학 연구의 경과를 검토하고 이를 바탕으로 향후 북한문학 연구에서 제기되어야 할 쟁점을 제시해 북한문학 연구의 올바른 대안을 모색하려 한다.

2. 북한문학 연구의 경과

1) 북한문학 연구 경과

본격적인 의미에서 북한문학 연구가 시작된 것은 1980년대였다. 물론 그 이전에도 북한문학에 대한 소개가 있었지만 학문적 영역으로 수렴하기 어려운 것이었다. 대부분의 경우 연구가 북한의 실정을 알린다는 의미에서 시작한 것으로서 '문학의 변질', '문학부재', '예술인들의 비극' 등으로서 문학의 종말이나 문학성의 해체, 작가주의 상실이라는 '문학 아닌 문학'으로서 북한문학의 '실상'을 고발하는 수준이었다고 해도 크게 틀린 것은 아니었다.

북한문학 연구의 출발이 된 것도 연구자의 관심에 의한 것이 아니라 정책적 필요에 의해 시작되었다. 남북관계의 변화와 대화의 필요성이 제기되면서 당연하게 각 분야에서 북한의 실상에 대한 연구가 진행되었고, 이러한 연구의 일환으로서 북한문학에 대한 연구가 시작되었다.[3]

---

3) 북한문학 장르에 대한 본격적인 소개서로는 1981년으로 국토통일원에서 간행한 『북한의 문화예술』이 있다. 『북한의 문화예술』은 홍기삼·신상웅·김윤식·선우휘

이후 북한문학 연구는 1988년 7월의 이른바 '7·7 선언'을 통해 대부분의 월북문인에 대한 해금조치가 내려졌고, 이를 계기로 크게 확대되었다. 월북문인에 대한 해금조치는 사회주의 계열의 작가 연구에 대한 폭을 넓혀주었고, 자연스럽게 월북 이후의 행적에 대한 관심으로 이어지면서 북한 연구의 기반을 형성하게 되었다. 월·납북 작가에 대한 해금조치는 1920, 1930년대 좌익계열의 문학을 연구하던 많은 연구자들의 관심을 월북 이후에 대한 연구로 이어지게 했고, 자연스럽게 북한문학 연구로 진행되었다. 사회적인 분위기도 냉전구도에서 벗어나기 시작하면서 남북관계가 이전과 다르게 변화되었다. 사회적으로도 '북한 바로 알기'를 비롯해 북한에 대한 객관적 접근 노력이 전개되면서 북한문학 작품이나 특성을 소개하는 작업이 진행되었다. 여기에 남북관계가 변화되는 시점을 계기로 북한에 대한 관심도 높아졌고, 사회적 관심에 반영해 북한문학에 대한 연구도 관심을 끌면서 진행되었다.

그러나 월북문인에 대한 연구가 북한문학 연구의 활성화로 곧바로 이어지지는 않았다. 상당한 기간 동안 북한문학에 대한 모색이 필요했다. 무엇보다 1960년대 후반, 1968년을 기점으로 진행된 북한의 문예혁명 이후의 문학을 어떻게 볼 것인가에 대해서는 공감대가 형성되지 않았기 때문이었다. 주지하다시피 1960년대는 김정일의 문학예술 분야에 대한 지도가 시작되었던 시기로 '혁명적 문학예술'의 창작 필요성이 제기된 시기이다. '혁명적 문학예술'은 다시 '새로운 혁명예술'로 '새로운'이 추가되었고, 이는 '문학예술에서 당의 유일사상체계'를 '튼튼'하고도 '철저히' 세우는 것으로 확정되면서 작가예술인들은 문학예술에서 당의 유일사상을 '구현'하기 위한 충직한 문예전사가 되는 것으로 결론 내려

등이 연구에 참여해 북한의 시, 소설, 희곡, 평론, 아동문학 등 북한문학 각 장르에 대한 연구결과를 공식적으로 발표한 것이었다.

졌다.4) 짧은 기간 동안 어느 때보다 강하게 전개된 문학예술계에 대한 현지 지도는 그만큼 북한문학의 급격한 변화를 의미하는 것이었다. 이러한 북한문학예술의 변화는 연구자들로 하여금 해방공간 이후의 북한 문학에 대한 접근에서 분명한 정치적 입장을 요구하게 한다. 즉 북한문학을 나름대로의 문학으로 인정할 것인가, 그렇지 않을 것인가에 대한 입장 차이에 따라서 북한문학 연구의 방향, 나아가 통일문학에 대한 논리의 문제로까지 이어진다. 이러한 상황에서 많은 월북문인들이 숙청된 이후의 북한문학에 대한 함의는 연구자 한 개인의 힘으로는 합의에 이르기 어려운 부분이었다.

따라서 월북문인에 대한 월북 이후의 활동을 바탕으로 북한문학에 대한 전반적인 윤곽을 그려나가는 작업은 당연한 수순이라고 할 수 있을 것이다. 1980년대 이전과의 차이는 북한문학을 바라보는 시각이 '문학의 종말'이나 '문학부재'에서 나아가 '세밀하게 북한문학을 바라보아야 한다는 시각교정'이나 '북한문학과 정치의 연관성에 대한 분명한 입장을 표명하지는 않았지만' 북한문학의 특성을 인정하기 시작했다는 것이다. 북한의 문학예술에 대한 소개와 함께 북한문학의 총체적인 모습을 그리는 작업이 진행되는 한편으로 북한문학의 장르별(시, 희곡, 소설)로 특성을 소개하고 분석한 연구가 진행되었다. 또한 제한적이기는 하지만 작품과 작가 연구도 진행되어 조기천의 「백두산」, 조명희, 이기영, 이용악 등에 대한 연구가 나왔으며, 주체사상과 문학에 대한 모색, 주체문예

---

4) 김정일, "혁명적인 문학예술 창작에 모든 힘을 집중하자"(1964.12.10.); "새로운 혁명문학을 건설할데 대하여"(1966.2.7.); "문학예술부문에서 당의 유일사상체계를 튼튼히 세울데 대하여"(1967.5.30.); "작가, 예술인들 속에서 당의 유일사상체계를 철저히 세울데 대하여"(1967.7.3.), "문학예술작품에 당의 유일사상을 구현하기 위한 사업을 실속있게 할데 대하여"(1967.8.16.); "당에 끝없이 충직한 문예전사로 준비하자"(1968.10.8.).

이론에 대한 접근 노력이 1980년대 후반에 이루어진 성과라 할 수 있다.

1990년대 이르면서 북한문학 연구는 사회적 분위기와 함께 다방면으로 확대되었으며, 문학사 서술의 지향점에 대한 논의가 구체적으로 전개되었다. 사회적으로도 경제적 우위를 바탕으로 체제경쟁적 차원에서 벗어나 북한을 객관적으로 접근하려는 분위기가 형성되었다. 북한을 객관적으로 보려는 움직임은 북한문학 연구에도 긍정적인 영향을 미쳤다. 1980년대 말 '북한 바로 알기 운동'이 시작되었고, 민족적 차원에서 북한문학을 이해하기 위한 작업의 하나로서 북한문학에 대한 연구를 활성화시켰다. 작가 연구에서는 이태준, 박태원, 한설야, 이기영 등 카프(KAPF)를 중심으로 한 인물 연구가 진행되었다. 이러한 영향으로 1989년의 신원문화사와 고려원에서 발간된 '북한문학' 테마 시리즈는 북한문학의 현황에 대한 객관적 접근이라는 의미가 있다.

북한에 대한 폭넓은 관심이 고조되면서 발표지면도 확대되어 북한문학 연구가 문학 전문학술지에서 북한 연구와 관련된 지면으로 넓혀졌다. 이전에도 북한문학의 발표지면이 사회과학이나 정치학 관련 학술지에 실리는 일이 있었지만 이때는 개략적인 현황소개에 한정되었으며, 본격적인 북한문학에 대한 모색은 아니었다. 따라서 연구성과의 발표보다는 북한문학에 대한 소개에 가까웠다고 할 수 있다. 발표지면의 확대는 북한 연구와 문학 연구의 필요성에 대한 공감대가 형성되면서 정치 일변도에서 문학예술에 대한 관심이 모아졌다는 것을 의미한다. 그러나 이는 본격적인 북한문학의 논의이기보다는 북한을 보기 위한 방법으로서 문학을 통해 접근하려는 입장이라고 할 수 있다. 2003년에 이르면서 북한 대학원에서 문학 연구로 학위를 받기에 이른다.[5]

---

5) 양지연, "유일지도 체계의 성립과 문학예술의 역할—1967년 북한문학예술계의 반종파투쟁을 중심으로"(경남대학교 북한대학원 석사학위논문, 2003)와 우문숙, "북

1990년대 중반 이후에 이르러서야 해방공간에 머물렀던 북한문학 연구가 1960년대 이후로 영역이 확대되었다. 앞서 1980년대의 연구가 주로 해방공간을 중심으로 1950년대에 치중되어 있었던 것에서 '6·25' 이후로 확대되면서 북한문학 연구는 광복 후부터 연구자들의 연구시점에 이르는 통합문학사의 서술이 이루어지기 시작했다.6) 북한 연구의 대상 시기가 '6·25' 이후로 확대되면서 주체문예이론에 대한 접근이 필요하게 되었고, 사회주의적 사실주의에서 주체이론에 의한 북한문학의 접근, 즉 북한문학의 내적 논리에 의한 이른바 내재적 접근법에 의한 북한문학의 모색이 이루어졌다.7) 북한문학을 이해함에 있어 북한 사회의 특수성을 인정하고 북한의 입장에서 접근하려는 논의가 시작된 것이다. 김재용은 『북한문학의 역사적 이해』에서 북한문학에 대한 내재적 접근법의 필요성을 강조하면서 북한문학이 당의 정책과 교시에 의해 규정지어지며, 이 규정에 따라 합목적적으로 발전한다는 북한문학의 특수성을 인정할 것을 강조했다. 당연할 것 같은 이러한 접근법은 북한문학에 대한 객관적 접근을 통해 통일문학사 서술의 가능성을 찾아보자는 것이었다. 1990년대 중반 이후 북한문학 연구는 연구대상 시기를 1990년대까지 끌어올렸으며, 시대구분은 북한의 문학사 구분을 수용하기 시작한다.8)

한의 '선군혁명문학'을 통해 본 선군정치의 체제유지 기능에 관한 연구"(경남대학교 북한대학원 석사학위논문, 2003)가 있다.

6) 최동호 편, 『남북한 현대문학사』(나남, 1995); 김윤식, 『북한문학사론』(새미, 1996).

7) 1990년대 이러한 접근으로는 김동훈, "장편소설론의 이상화 혁명적 대작 장편 창작방법 논쟁-북한의 사회주의적 사실주의 논쟁·3," 『한길문학』(1992. 여름); 김동훈, "전후문학의 도식주의 논쟁 — 1950년대 북한 문예비평상의 쟁점," 『문학과논리』, 3(1993. 6)과 김재용의 『북한문학의 역사적 이해』(문학과지성사, 1994); 최동호 편, 『남북한 현대문학사』(나남, 1995); 신형기, 『북한 소설의 이해』(실천문학사, 1996) 등이 있다.

2000년에 이르면서 북한문학 연구는 1990년대와는 구별될 만큼 발전된 모습을 보인다. 무엇보다 북한문학을 분단의 상황에서 벗어나 남한이나 북한 중심이 아닌 객관적으로 보려는 시도는 2000년 이후 북한문학 연구에서 발견할 수 있는 가장 큰 특징이라고 할 수 있다. 즉 북한문학사 논의에서 이른바 내재적 접근법에 의한 북한의 상황에서 문학사의 의미를 추적함으로써 객관성을 유지하면서 '북한문학사'를 북한의 문학사로서 일관된 역사성을 견지할 수 있는 기틀이 마련되었다.9)

문학사에 대한 서술 가운데 주목할 만한 성과로 신형기·오성호의 『북한문학사』(평민사, 2000)가 있다. 신형기·오성호의 『북한문학사』는 북한문학의 형성과 발전 과정을 치밀하게 분석하고 북한문학의 발전 과정을 북한의 입장에서 서술한 것으로 "이 책은 남한에서 쓴 첫 북한문학사이다"는 표현에 걸맞게 북한문학사의 전개를 북한의 역사구분에 맞추어 각 단계별로 변화된 양상을 일관된 입장에서 서술하고 있다. 『북한문학사』가 북한문학 연구의 의의를 갖는 것은 통일문학사의 관점에서 북한문학을 흡수하거나 선택하려는 입장이 아니라 북한의 입장에서 북한문학의 전개 과정을 그려냈다는 점이다. 이는 역사적인 일관성을 얻는 데는 성공했지만 남북문학을 아우르는 발전적 논리를 제시하는 데까지는 이르지 못했다.

남북문학의 객관적 접근으로 눈에 띄는 것은 김재용의 『분단구조와

---

8) 이러한 연구로는 김재용, 『민족문학 운동의 역사와 이론 2』(한길사, 1996); 김재용, "김일성 사후의 북한문학: 90년대 중반 북한소설의 새로운 경향과 그 의미," 『문예중앙』(1996, 여름); 신형기·김화영, "'천리마대고조기'의 북한문학," 『경성대 논문집』(1998.2.) 등이 있다.

9) 그동안 김성수, 『통일의 문학의 비평논리』(서울: 책세상, 2001); 김재용, 『북한문학의 역사적 이해』(서울: 문학과지성사, 2000); 신형기·오성호의 『북한문학사』(서울: 평민사, 2000).

북한문학』이다.『분단구조와 북한문학』은 북한문학에 대한 접근에서 남과 북의 자기중심적인 획일화된 입장을 지양하고 정치일원주의에서 벗어나 화해와 교류의 정신에 충실하자는 것이다. 북한문학을 피상적으로 들여다보면 획일화된 모습을 보이지만 기실 그 속에서는 다채로운 색깔을 갖고 있다는 전제에서 북한문학에 대한 다양한 접근을 통해 구체적인 다양성의 모습을 보여주었다.[10]

2001년에 이르면서 노귀남, 김윤영, 박영정, 우문숙 등을 중심으로 김정일 시대 혹은 선군혁명문학 연구가 진행되면서 북한 사회의 변화와 북한문학 연구의 시차가 해소되었다고 할 수 있다. 한편으로 북한문학사에 시문학에 대한 장르론적 접근과 북한문학에 대한 전면적인 조명작업이 이루어졌다. 김경숙의『북한현대시사』는 북한 시연구에서 장르론적 접근으로는 최초의 연구서이다.『북한현대시사』에서 대상으로 삼은 시기는 1945년부터 1960년대 중반까지인데, 김경숙은 이 시대를 '제1시기(1945~49)', '제2시기(1949~53)', '제3시기(1953~55)', '제4시기(1955~58)', '1958년 이후'로 5단계로 구분했다. '6·25전쟁'을 구분하고 '전후복구건설' 시기를 1955년으로 구분해 접근한 것이 특징이다. 1960년대까지로 시기가 제한되어 기존의 시대구분으로 사용되어 왔던 시기구분을 세분화해 접근함으로써 객관적이고 비판적 연구를 시도했다는 점이 주목된다.[11]

김종회는『북한문학의 이해 2』에서 북한문학의 세부 갈래로서 시, 소설, 비평, 연극, 아동문학 등의 장르를 대상으로 다양한 장르를 검토하고 해방 이후부터 1990년대까지의 북한문학을 정리하면서, 주요 작가와 작품에 대한 연구를 통해 북한문학사의 핵심인물이라고 할 수 있는 조기천,

---

10) 김재용,『분단구조와 북한문학』(서울: 소평출판사, 2000).
11) 김경숙,『북한현대시사』(서울: 태학사, 2004).

백인준, 김철과 같은 인물연구를 통해 북한문학 연구의 폭을 넓혔다.[12)

2000년 이후 북한문학 연구의 한 특징은 북한문학 연구에 대한 종합적 평가가 활발해졌다는 점이다. 광복 50년이었던 1995년을 맞이해 북한문학에 대한 총괄적인 정리작업이 진행되면서 남북한 통합문학사에 대한 논의가 진행되었었다. 2000년을 기점으로는 '새로운 세기'를 맞이해 통일문학에 대한 진지한 모색의 일환으로서 북한문학 연구사에 대한 검토가 있었다. 앞서 1995년이 분단 반세기라는 역사적 의미에서 북한문학 자체를 돌아보는 것이었다면, 2000년대의 북한문학사 검토는 '단순한 이해의 차원을 넘어 객관적이고도 비판적인 시각으로 바라보아야 할 때'로 '북한문학 연구의 현황을 점검하는 일이 북한문학 연구에서 반드시 거쳐가야 할 과정'[13)이라는 접근이다. 즉 북한문학 연구의 새로운 방향을 모색하기 위한 반성적 접근이라는 점에서 차이가 난다.[14)

2) 북한문학 연구사 검토와 북한문학 연구의 특징

쉽지 않은 상황에서도 북한문학 연구는 꾸준히 진행되었고, 축적된 북한문학 연구에 대한 진단이 내려지고 있다.[15) 문학사 연구에서 주목

---

12) 김종회, 『북한문학의 이해2』(서울: 청동거울, 2002).

13) 남송우, "북한문학 연구의 현황과 과제-시문학을 중심으로," 『통일대비 한국문학의 과제(2)』(한국문학회 2004년도 동계학술대회 발표논문집, 2004), 101쪽.

14) 김종회, "해방후 북한문학의 전개와 실증적 연구방향," 김종회 편, 『북한문학의 이해』(서울: 청동거울, 1999), 13쪽.

15) 북한문학 연구성과를 대상으로 한 연구로는 홍창수, "남한문학사 서술양상과 북한문학 연구동향," 최동호 편, 『남북한현대문학사』(서울: 나남, 1995); 박태상, "북한문학 연구의 현황과 과제," 박태상 저, 『북한문학의 현상』(깊은샘, 1999); 박태상, "북한문학 연구," 『분단 반세기 북한 연구사』, 북한연구학회(서울: 도서출판 한울, 1999); 박상천, "북한문학 연구의 경과," 『민족학연구』, 4집(서울: 한국민족학회,

되는 연구성과로는 박상천과 김성수가 있다.

박상천은 연구자들의 인식 변화에 초점을 두고서 북한문학 연구의 관점 변화를 세 단계로 구분했다. 첫 번째는 1980년 해금을 전후한 시기의 '대립적·비판적 인식의 단계'이다. '대립적·비판적 인식의 단계'에서는 북한 자료에 대한 접근이 어려운 상황에서 제한된 연구자들에 의해 북한문학에 대한 연구가 이루어졌다. 이 시기 연구자들은 북한문학을 문학으로 인정하지 않는 대립적 인식과 비판을 보여주었다. 두 번째는 1980년대 후반부터 1990년대 초중반까지의 '객관적 실상 연구의 단계'로 북한에 대한 상당한 양의 연구성과가 축적되면서 객관적으로 접근해 실상을 소개하는 시기로 주로 북한문학을 통시적으로 개괄하고 접근하는 연구가 이루어졌다. '객관적 실상 연구의 단계'에서는 연구자들이 북한문학을 소개함으로써 냉전 이데올로기의 대립구도를 극복하려는 태도의 변화를 보였다. 세 번째 단계는 현재 진행되고 있는 '방법론 탐구와 통일문학·민족문학 모색 단계'로 북한문학 연구의 폭이 넓어지

2000.2.); 김성수, "북한문학 연구의 현황과 과제,"『한국예술종합학교논문집』, 3(서울: 한국예술종합학교, 2000); 남송우, "북한문학 연구의 현황과 과제: 시문학을 중심으로,"『통일대비 한국문학의 과제(2)』(한국문학회 2004년도 동계학술대회 발표논문집, 2004) 등이 있다. 그동안 진행된 북한문학 연구 또는 북한문학사의 접근 시각은 두 가지 측면에서 이루어졌다고 평가할 수 있는데, 하나는 북한문학 그 자체의 맥락에서 작품을 평가하고 논리를 검색하는 일이며, 다른 하나는 남한문학과의 상관성 아래 문학을 통해 제시되는 민족적 문화통합의 장래를 설정하는 것이다. 홍창수의 "남한문학사 서술양상과 북한문학 연구동향"은 해방이후 전개된 남한문학사의 사적인 전개양상을 중심으로 그동안 남한에서 이루어진 북한문학 연구성과를 소개하는 예비적 점검과 문제제기의 성격의 논문이다. 박태상의 "북한문학 연구의 현황과 과제" 역시 남한 내의 북한 연구 현황과 북한문학 연구의 방향을 제기한 연구로서 남한에 소개된 북한문학 텍스트 소개와 북한문학 분석의 규준을 분석하고, 구체적인 연구성과를 소개했다.

면서 다양한 방면의 접근이 이루어지고 있다고 보았다.

김성수는 사회적인 맥락에서 주요 사건을 바탕으로 북한문학 연구 현황을 세 단계로 구분했다. 첫 번째는 1980년대 말의 월북작가 해금과 함께 시작된 '북한 바로 알기 운동'의 일환으로 시작된 북한문학에 대한 긍정적 소개 차원의 단계이다. 두 번째는 1994년 남북합의서 체결을 전후한 시기로 북한문학에 대해 선험적으로 긍정·부정을 내세우지 않고 내재적인 접근방법으로 이해하려는 노력이 반영된 시기이다. 세 번째는 2000년 6월 남북공동선언 이후로 초창기의 소개 차원이나 성급한 일반화의 수준을 넘어 이론과 자료, 상호보완되는 성과물이 나오기 시작한 단계로 보았다.

두 연구자의 평가에서 알 수 있듯이 현재의 북한문학 연구는 시간의 상당한 경과에도 불구하고 문학연구의 내적 발전구도를 갖지 못하고 간헐적이고 비연속적으로 진행되어 왔으며, 1990년대 중반 이후나 2000년에 이르러서 초기 이념적 대립의 자세를 극복하고 객관적 연구성과의 축적을 통해 방법론 정립의 단계로 접어들었다고 할 수 있다. 지금까지 진행된 북한문학 연구의 특징은 다음과 같다.

첫째, 시기적으로는 여전히 광복 이후부터 6·25에 이르는 해방공간에 대한 논의가 집중된다는 점이다. 이는 두 방향으로 생각할 수 있다. 하나는 북한문학 연구의 출발과 관련된 것이다. 북한 연구 초기의 북한문학 연구가 카프를 비롯한 월북작가 연구가 중심이 되었기 때문이다. 월북문인들이 정치적으로 이용당했거나 희생되었다는 인식으로 월북 이후의 문학적 성과에 대한 기본적인 거부감이 있기에 월북문인의 월북 이후 행적은 북한 당국에 의해 창작세계가 강요되었거나 북한 정권에 의해 변절되었다고 보는 것이다. 따라서 월북 이후의 작품을 무시하거나 이전의 창작활동과 연계가 있는 작품에만 의미를 두자는 입장이 강하다.

다른 하나는 남북문학사의 통합가능성에 대한 모색 차원이다. 1990
년대 중반을 거치면서 선군혁명문학에 대한 연구가 나왔지만 남북문학
의 가능성을 모색하는 데는 여전히 광복 직후의 전개 양상에서 실마리
를 찾고 있다. 이는 남북문학이 '순수'와 '정치'를 표명했지만 세계사적
흐름 속에서 주변적 존재였고, 상호배제를 통한 공동체의 결속이라는
유사한 선택, 그래서 남북한이 표방하는 바가 이념적으로 대립적이었다
는 공통의 모형을 갖고 있기16)에 이념적 대립의 출발점에서 문학사의
가능성을 찾으려는 시도와 관련된다. 다시 말해 해방공간에 대한 고민
은 북한문학 연구의 시기적 제한성에 대한 고민이 아니라 접점을 찾기
위한 출발에 대한 논의가 포함된 것이라 할 수 있다.

둘째, 각론보다는 총론이 중심이라는 점이다. 주요 인물이나 주요 작
품에 대한 연구도 있었지만 연구범위는 제한되었다. 작가연구로는 이기
영, 한설야, 최명익, 박태원, 황건, 임화, 김남천, 안함광 등이 대상이었
으며, 조기천, 천세봉, 박세영, 오영재 등으로 확대된 것도 최근의 일이
다. 작품의 경우에도 「피바다」나 「백두산」 같은 작품으로 제한되었다.
많은 경우 북한문학 연구는 문학 특성에 대한 일반적인 담론이란 시대
사적 의미에 대한 연구가 집중되었다.

셋째, 접근방법에서는 상호비교론적 접근에서 내재적 접근으로 전개
되었다. 광복 이후 북한문학은 우리의 문학이면서 독자적으로 형성된
문화적 자산으로 인정해야 한다는 인식론적 접근이 이루어지고 있다.
북한문학에 대한 접근에서 이질적인 요소를 강조하던 1980년대까지와
달리 1990년대 이르면서 객관적인 접근이 시도되고 있다.

---

16) 신형기, "남북한문학과 '정치의 심미화'," 김철 외, 『문학속의 파시즘』(서울: 삼인,
2001) 참조.

3. 북한문학 연구의 성과와 한계, 그리고 논의의 과제

1) 북한문학 연구의 성과와 한계

(1) 통합문학사에 대한 공감대 형성

북한문학에 대한 연구에서 나타나는 가장 큰 특징은 남북한의 통합문학사에 대한 필요성이다. 통합문학사는 남북한문학사의 순차적 배열이나 '통일된 문학사'가 아니라 통일의 관점에서 문학사를 해석하려는 움직임이며, 문학적 가치의 계승과 전개라는 문학 내면적 접근이다. 문학의 가치에 대한 논의는 해석의 문제로서 문학사 자체가 다양성을 인정해야 한다는 것을 전제로 한다. 그러나 남북한의 문학사 내지 통합문학사는 하나의 전일화된 문학사, 전형적인 문학사를 요구하는 것으로 이해하고 있다. 남북문학의 논의를 위해 문학사 서술의 기준을 다양화하고 상호주의를 인정해야 할 것이다.

통합문학사는 문학사 전체를 나열할 수 없는 선택의 문제가 제기된다. 선택에서는 기준이 필요하고, 문학사의 기준은 미학관, 역사적 통찰력, 철학적 사고를 포함한다. 문학사는 이러한 기준을 바탕으로 같은 시대에 창작된 작품의 나열이 아닌 현재적 의미 혹은 민족사의 관점에서 의미있는 작품을 선택해 체계화하고 방향을 부여하는 것이다. 다만 통합문학사 서술에서 기술 방법론에 대한 구체적인 논의가 전개되지 못한 점은 한계로 지적할 수 있다.

(2) 내재적, 객관적 접근의 필요성

초기 북한문학 연구에서는 통합문학사의 방향은 남한문학사를 중심으로 북한문학을 흡수하는 것이었다. 즉 북한문학은 남한문학의 일부로서 남한문학사의 부분을 보충함으로써 하나의 완결된 문학사에 이르는 문학의 입장이었다. 이는 북한문학사에서 남한문학을 '혁명전통의 영향을 받은 문학'으로 규정하는 것과 큰 차이가 없다고 할 수 있다.

북한문학 연구는 북한 사회의 특수성에 대한 이해를 바탕으로 내재적인 접근의 중요성이 강조되고 있다. 즉 북한문학이 '유일사상을 바탕으로 유일한 창작방식과 정통문학의 흐름'만을 인정하며, 이러한 흐름과 배치되는 일체의 문학사도 인정하지 못하는 비타협적인 문학임을 인정하고 북한문학의 특성 안에서 이해하려는 내재적 접근법 내지는 내재-비판적 접근법의 필요성이 제기되고 있다. 어느 것이든 비판적이고 과학적인 입장을 견지해야 할 것이다.[17]

남북문학의 공통적인 부분을 찾아 문학사를 서술하려는 태도는 북한의 문학사 서술 태도변화와 연관된다. 혁명문학에 문학의 기원을 두면서 사회주의 계열의 문학을 인정하지 않았던 북한에서 『조선문학개관 Ⅱ』에 이르면서 항일혁명투쟁(1926.10.~1945.8.) 시기 문학을 '① 항일혁명문학'과 '② 항일혁명투쟁의 영향 밑에 발전한 진보적 문학'으로 구분하면서 좌익계열의 문학을 제한적으로나마 인정하기에 이른다. '항일혁명문학'은 김일성의 항일무장혁명 과정에서 발생한 문학으로서 김일성이 직접 창작한 '불후의 고전적 명작'이나 창작지도한 작품들을 주요한 문학적 성과로 평가했다.[18] '항일혁명투쟁의 영향 밑에 발전한 진보

---

17) 박태상, "북한문학의 연구현황과 과제," 『북한문학의 현상』(서울: 깊은샘, 1997), 47쪽. "북한문학의 올바른 이해를 이해서는 내재적인 접근방법이 바람직하겠지만, 중립적인 입장에서 객관적이고 과학적인 자료 해석과 평가가 이루어져야 할 것으로 보인다. 여기서 과학적이라는 말은 실증적인 자료에 근거한 비판적 인식에 바탕한 해석과 평가를 의미한다."

18) 항일혁명 문학은 다시 '항일혁명투쟁의 첫 시기: '타도제국주의동맹' 조직으로부터 명월구 회의까지(1926.10.~1931.12.)'와 '항일혁명투쟁의 시기: 항일유격대 창건-광복(1932. 초~1946. 8)'로 구분하면서 '항일혁명투쟁의 첫 시기: '타도제국주의동맹' 조직으로부터 명월구회의까지(1926. 10~1931. 12)'의 주요 문학예술 분야

적 문학'은 남측에서 발생한 좌익계열의 문학적 평가를 기술한 것으로 김일성의 직접적인 지도를 받지는 못했지만 그 영향을 받았다고 평가한다. 같은 시기에 '항일혁명투쟁의 영향 밑에 발전한 진보적 문학'은 김일성의 항일무장혁명투쟁 시기 남한의 문학예술에 대한 규정으로서 문학예술 분야에서 이기영 「민며느리」, 「원보」, 「고향」, 조명희 「아들의 마음」, 「락동강」, 한설야 「황혼」, 현진건 「무영탑」, 「측치상지」, 홍명희 「림꺽정」, 강경애 「인간문제」 등의 소설문학의 성과와 채만식, 심훈, 리효석 등의 작품창작성과, 극문학에서 김영팔의 「싸움」, 「불이야」, 송영의 희곡창작을 성과로 평가하고 있다.

과학백과사전종합출판사에서 1991년부터 발간한 15권짜리『조선문학사』중 제9권(류만 저, 1995.6.)은 1926년부터 1945년까지 문학적 성과를 다루고 있다. 이 시기는『조선문학사』8권과 9권, 두 권에서 다루고 있다. 특별히 이 시기를 두 권으로 구분해 의미를 부여한 것은 항일무장혁명투쟁 시기로 프롤레타리아 문학을 비롯한 진보적인 문학의 출발로부터 무산대중의 운명과 항거정신에 대한 형상에 이르기까지 '력사적

의 성과로는 「혁명가」(가요), 「사향가」(가요), 「소년군가」(가요), 「아동단가」(가요) 등의 혁명적 시가가 창작되었으며, 불후의 고전적 명작인 「조선의 노래」, 김혁의 혁명송가 「조선의 별」이 창작되었다는 점이다. 또한 1920~30년대 투쟁의 길을 모색하는 작품인 불후의 고전적 명작 <안중근 이등박문을 쏘다>(혁명연극), <혈분만국회>(혁명연극), <3인1당>(혁명연극), 혁명연극 <성황당>, <딸에게서 온 편지>가 창작되었으며, 불후의 고전적 명작 혁명가극 <꽃파는 처녀>가 1930년 11월 오가자에서 첫 공연된 것을 주요 성과로 평가하고 있다. '항일혁명투쟁의 시기: 항일유격대 창건-광복(1932. 초~1946. 8)'는 정치적으로 '주체적 혁명로선의 구현'이라는 성과가 있었다고 평가하면서 문학예술과 관련해서는 불후의 고전적 명작 「조선인민혁명군」, 「반일전가」, 「조국광복회 10대강령가」, 「토벌가」, 「피바다」의 창작과 불후의 고전적 명작 <피바다> 연극으로 공연, <한 자위단원의 운명> 창작을 꼽고 있다.

문제를 다룬 진보적 소설' 창작이 이루어지면서 북한문학의 형태가 완성된 시기로 보기 때문이다.

『조선문학사』 9권에서 언급한 1920년대부터 1940년대 전반기까지의 사회역사적 환경과 문학의 전개 상황을 요약하면, '항일 혁명투쟁의 영웅적 현실을 반영해 혁명적이며 전투적인 항일혁명문학이 창조, 발전된 한편 국내의 노동자, 농민들의 생활과 투쟁을 반영'한 '프로레타리아 문학을 비롯한 진보적 문학과 여러 조류의 문학이 존재한 시기'로 규정하고 있다. 당시의 진보적 문학은 항일혁명투쟁의 영향력을 받아 이루어졌으며, 일본 제국주의의 가혹한 정치적 탄압과 박해 속에서 진행되었다고 본다. 당시의 상황에 대해서는 초기공산주의 운동 대열에서 지도적 위치를 차지하고 있던 종파분자들이 파벌싸움을 벌이면서 인민대중의 혁명적 진출을 가로막고 있었고, 민족주의자들과 세력다툼만 하고 있었다고 평가한다. 이러한 시기에 김일성 동지가 혁명에 나서면서 조선혁명의 진로를 개척했다는 것이다. 김일성 동지는 주체사상을 창시하며 주체적 혁명노선을 제시하고 직접 항일무장혁명투쟁에 참가해 승리로 이끌어냄으로써 역사적인 광복을 이루었다는 것이다. 이러한 시대적 환경을 바탕으로 문학은 근 20여 년 동안 프롤레타리아 문학을 비롯한 진보적인 문학과 기타 여러 문예조류의 영향을 받은 다양한 양식의 작품이 창작되면서 매우 복잡하고 다양한 양상으로 전개되었다고 평가했다.[19]

---

19) 『조선문학사』, 9권에서는 항일혁명투쟁의 영향 밑에 노동운동과 농민운동이 앙양되면서 일제의 폭압이 가중된 시기적 특성을 설명하면서, 카프를 중심으로 한 프롤레타리아 문학의 대두를 다루었다는 점이 특징이다. 북한문학사에서 카프에 대한 재평가가 내려지면서 문학사에 기술된 것은 카프 작품에 대해서 "새로운 강령을 내놓은 이후 시기에 나온 작품은 기본적으로 사회주의적 사실주의 작품이라고 보아야 한다. …… 많은 작품에는 로동계급을 포함한 무산대중의 사회적 해방

　북한의 문학사 서술의 태도변화와 최근 숙청되었던 카프계열의 문인에 대한 복원은 남북문학사에서 민족을 담론으로 하는 공통의 문학사 서술 가능성을 발견할 수 있는 것은 분명하다. 그러나 이것이 문학사의 주류가 된다고 하기에는 문제가 있다. 가령 시의 경우 서정성을 중심으로 서정성이 드러나는 작품이나 풍경시 등에서 남북문학의 공통점을 찾아볼 수는 있을 것이다. 남북문학의 공통적인 인자로서 서정성이 있는 작품을 이삭줍기식으로 문학사를 채워가는 것은 본격적인 남북문학사 서술의 본질은 아니라는 점이다.

　북한문학 연구는 남북한문학사 서술의 시각차를 분명하게 인식하는 것으로부터 출발한다. 이를 위해서는 무엇보다 원전에 입각한 철저한 실증적 자료의 조사와 분석이 선행되어야 한다. 이것은 북한문학 연구가 전체주의적 입장에서 접근하든, 내재적 방법으로 접근하든 그 방법을 막론하고 전제되어야 한다. 자료에 대한 문제가 상당히 극복되기는 했지만 원전문제가 완전히 해소된 것은 아니다. '자료의 출처는 대개 두 가지 경로에 의해 이루어지고 있는데, 한 가지는 정보수집기관에 의해 수집되었거나 정보기관이 수집하고 있는 자료를 열람하는 방식이고 다른 하나는 외국에서 수집하거나 들여온 자료'들이라는 지적은 여전히 설득력있는 문제제기이다.[20]

　자료의 문제는 북한 현대문학뿐만 아니라 북한 소재 고전자료에 대한 연구에서는 더욱 심각한 문제가 된다. 자료의 한계를 극복하기 위해서는 국가적 차원에서 자료를 공유할 수 있는 방법을 찾아야 한다. 원전자료에 대한 충분한 접근과 논의가 이루어져야만 의미를 적확하게 읽어

　을 위한 지향이 반영되어 있다"는 김정일의 평가에 따른 것이다.
20) 박태상, "북한문학의 연구현황과 과제," 『북한문학의 현상』(서울: 깊은샘, 1997), 46쪽.

낼 수 있다. 북한문학 연구가 지속적으로 축적되지 못하고 산발적으로
진행된 데에는 무엇보다 자료접근의 어려움이라는 원론적 상황 때문이
다. 당연한 이야기로 북한문학 연구는 북한문학 텍스트가 있어야 한다.
특정한 시대, 혹은 작가의 작품세계를 검토하기 위해서는 충분한 자료
가 축적되어야 한다. 하지만 북한문학을 검토할 수 있는 자료 부족에
대한 어려움은 여전히 지속되고 있는 문제이다.21)

(3) 통합문학사 차원의 통합적 접근

북한문학 연구의 최종적 목적지는 개별적인 작품의 가치와 자리매김
을 통해 남북한의 통합문학사를 만들어가는 과정이라고 할 수 있다. 남
북한의 통합문학사를 위해서는 단순히 남북한의 문학사를 병렬적으로
배열할 것이 아니라 남북문학사를 관통하는 논리로 일관되어야 한다는
점에서 연구자들이 의견을 같이하면서 통합문학사의 논리를 제기했다.
그러나 연구자들이 제기한 '민족의 논리'나 '통일의 논리'는 구체적인
세부 방안이나 시나리오가 없었으며, 일관된 방향으로 꾸준하고 지속적
으로 제시되지 못했다.

---

21) 북한문학의 경향을 이해할 수 있는 잡지라고 해야 100페이지 이내의 『조선문학』
이나 『통일문학』 정도이거나 『문학예술년감』에 실리는 작품이 대표적인데, 이들
잡지에 실리는 작품의 수는 한정되어 있어 종합적인 면모를 살피기는 어렵다. 또한
이들 잡지에 수록되는 작품의 대표성 문제도 논란이 되고 있다. 북한에서 인정하는
문학작품을 대표적인 작품으로 인정하느냐, 아니냐의 논란은 여전히 존재하는 문
제이다. 2003년 11월 남북한 문인의 대표작품이 수록된 '통일문학전집'이 발간되
었다. 통일문학전집은 남한 작가 746명과 북한 작가 258명의 작품 5,378편(남한
4,406편, 북한 972편)이 실렸으며, 시와 소설, 희곡, 평론 장르를 망라한 개별 작품
과 해제를 200자 원고지로 환산하면 40만여 장에 달한다. 통일문학 전집은 북한문
학의 본격적인 연구의 출발이 될 것으로 전망된다. 그러나 이적 표현물 논란이 마
무리되지 않은 상황이다.

연구자들에 의해 제시된 남북한 통합문학사의 이념은 크게 리얼리즘, 민족주의, 통일문학의 논리 등으로 구분된다. 그러나 통일문학사 서술에 있어 서술방향의 필요성에 대해서는 공감하면서도 구체적인 논거나 시나리오를 제시하지 못했다. 리얼리즘은 근대문학의 연장에서 리얼리즘 계열의 작가들의 활동을 기반으로 통합문학사를 서술하려는 입장에서 제기된 것이었으며, 민족주의와 통일문학은 통일문학사의 내용과 형식의 측면에서 제기된 것이었다. 민족주의 담론은 남북한문학, 문화의 차원에서 이즘으로서 접근하자는 것인 반면, 통일문학은 남북한의 공통적인 요소를 찾아 이를 공통분모로 하자는 것이었다.

권영민은 북한문학에 대한 심도 깊은 논의의 필요성과 남한의 순수주의와 북한의 이념주의의 상호배타적 시각의 극복을 위한 관점의 확대를 강조하면서 남북문학의 통합원리로서 문학정신을 강조했고, 김윤식은 한국 근대문학사를 관통하는 근대성의 원리로서 남북문학사의 통합을 주장했다.[22] 근대성의 개념 자체에 대한 남북한의 인식차이가 있으며, 현대성의 문제는 현대문학사의 논쟁적 주제의 하나이다. 북한에서 근대의 개념은 19세기 말로 파악하면서 '반봉건'과 '반침략'에 초점을 두고 있으며, 현대를 1926년의 'ㅌ·ㄷ의 결성'을 기준으로 삼고 있어, 남북의 인식과 구분에서 보이는 차이를 어떻게 접근해야 할지에 대한 고민은 상대적으로 적다고 할 수 있다.

최동호는 통일문학사 서술논리로서 '① 포괄의 논리, ② 사실의 논리, ③ 근대성 극복의 논리, ④ 민족문학의 논리'를 기반으로 하면서 여기에 민족 주체문학의 확립, 세계문학과의 연관성 속에서 민족문학의 관계설정이 필요하다는 점을 강조했다. '포괄의 논리'는 풍부하고 발전적 서술

---

22) 권영민, "총론: 김윤식, 주체사상에 기초한 사회주의 문예이론," 권영민 편, 『북한의 문학』(서울: 을유문화사, 1986) 참조.

이 가능하도록 남북한문학사를 포괄적 입장에서 논의하자는 것이며, '사실의 논리'는 있는 그대로의 사실을 받아들이는 자세가 필요한 것이다. '근대성 극복의 논리'는 우리 문학이 과도하게 집중되어 온 근대의 논의에 치우치지 말고 현대, 초현대로 진행하는 시대의 틀에 맞추어야 한다는 것이며, '민족문학의 논리'는 민족주체의 문학관을 정립하되 세계문학의 연관 속에서 민족문학의 위상을 정립해야 한다는 것이다.23)

김재용은 한국 근대문학의 관점에서 북한문학을 검토해야 하며, 탈냉전적 시각이 필요하다는 점을 강조한다. 남북문학의 통합에서 서울 중심주의나 평양중심주의로는 해결의 실마리를 찾기 힘들다는 것이다. 남북의 문학은 리얼리즘의 본래적인 의미에 입각해 접근하되, '전반적 문예정책 내에서 개인이 가질 수 있는 자율성의 고려', '소련문학의 영향 검토', '역사주의적 시각에서 북한문학 검토', '텍스트에 대한 비판'이 있어야 한다는 점을 강조했다.24)

김성수는 통합문학사 기술을 위한 공통분모로서 민족문학과 리얼리즘을 강조했다. 리얼리즘의 원칙을 견지하는 것은 우리 근현대문학사의 전개 과정은 넓은 의미로 볼 때 리얼리즘 문학이 주된 흐름이었고, 분단을 극복하는 예술방법도 리얼리즘에서 크게 벗어날 수 없다는 것이다. 논의의 다양성은 인정하지만 그 원칙에서는 현실을 있는 그대로 그리되 시대적 본질을 꿰뚫어 파악하는 리얼리즘이어야 한다는 것이다.25)

---

23) 최동호, "남북한 현대문학사 서술을 위한 서설," 최동호 편, 『남북한현대문학사』 (서울: 나남, 1995).

24) 김재용, 『북한문학의 역사적 이해』(서울: 문학과지성사, 1990), 11~15쪽.

25) 김성수, 『통일의 문학 비평의 문학』(서울: 책세상, 2001).

(4) 개방적 민족주의에 대한 공감

폐쇄적, 자기중심적 민족주의의 한계를 극복하고 개방적인 태도를 견지해야 한다는 것이다. 민족적 입장에서 북한문학에 접근해야 한다는 전제는 북한문학 연구자들 대부분의 공통된 견해이나 민족에 대한 기준과 개념은 상대적이었다. 정치적 영향이 컸던 것이 주된 이유였다. 민족이라는 개념의 확대해석이나 반제국주의의 정치적 담론에서 이제는 민족주의에 대한 정치적 담론에서 자유로워지자는 입장에서 민족문학이 논의되고 있다. 북한의 입장에서 볼 때 민족문학은 '사회주의적 내용을 담는 형식으로서의 민족주의'로서 사회주의적 리얼리즘 문학에 기초한 문학으로 계층적으로 인민대중을 지향한다. 따라서 반동적인 것까지 민족 문학의 범주에 넣기를 거부하고 진보적인 것을 수용하는 계급적 성격이 분명하다.[26]

이런 점에서 "남북한문학이란 과연 무엇이었던가를 묻고자 한다. 남한과 북한으로 갈리면서 생겨난 남한문학과 북한문학이 분단의 산물임에는 틀림없다. 사회와 개인이 처한 여러 상황과 상상적 관계를 세우고 고정하는 것이 문학이 해온 역할 가운데 하나이고, 이런 점에서 문학은 이데올로기의 형태라고 할 때, 분단의 산물인 남북한문학이 남북을 가른 분단 이데올로기를 거스를 수 있는 가능성은 애당초 적었다"[27]는 신형기의 지적은 막연한 구호로서 민족이 아닌 구체적이며, 개방적인 논의의 필요성을 제기한 것이라고 할 수 있다.

남북문학이 평행선을 그리면서 자기중심적으로 상대 문화에 대해 수용을 저울질하는 "자기중심적 통합주의가 상대방으로 하여금 경각심과

---

26) 홍기삼, "북한의 문예이론," 동국대학교 한국문학연구소 편, 『북한의 문학과 문예이론』(서울: 동국대학교출판부, 2003).

27) 신형기, 『민족이야기를 넘어서』(서울: 삼인, 2003.2.), 171~172쪽.

적대감을 강화시켜 분단고착을 더욱 강화"시켜 왔다. "국가 사회주의 붕괴 이후 남북한이 역전되어 남한의 우의가 느껴지면서 그동안 북한이 범했던 이 자기중심주의가 모습을 달리해 재현되기 시작"[28]했다. 남북한 사이의 자기중심적 통합의 과정을 극복하고 동북아체제 혹은 세계사적 관점을 견지할 필요가 있다.

2) 북한문학 연구의 쟁점과 과제

(1) 북한문학의 정치성: 문학으로서 정치, 정치로서의 문학읽기

북한문학을 접근하는 연구자들의 태도는 북한문학에서 '북한'과 '문학'이라는 어느쪽에 무게를 두느냐에 따라서 접근방식과 인식에서 차이를 보이고 있다. 북한에 초점을 맞춘 경우, 북한문학은 북한 종교연구나 북한 인권연구와 등과 같이 문학 자체가 연구의 대상이 되는 것이 아니라 북한을 이해하기 위한 수단으로서의 접근이다. 최근 들어 북한을 전공한 이들에 의한 북한문학 연구가 이루어지고 있다. 다른 한편에서는 문학에 초점을 두고 북한을 접근하는 태도이다. 이 경우 북한문학은 민족문학, 통일문학의 하위 범주에 속하게 된다. 하나의 민족문학사를 기술하기 위해서는 반쪽의 문학을 이해하고 하나의 문학으로 접근하려는 태도이다.

북한문학 연구의 전제가 되는 기본적인 문학관과 예술관의 차이를 인정하는 것은 쉽지 않다. 무엇보다 북한문학이 갖는 기본적인 입장과 문학관의 차이는 해방이후 치열한 논쟁 과정을 거쳐 충분히 논의된 것이었다. 비정상적으로 진행된 근대화 과정의 출발 속에서 시작된 현대문학은 해방과 더불어 남북한의 체제가 정립하면서 남측은 남측대로 순

---

28) 김재용, 『분단구조와 북한문학』(서울: 소명출판사, 2000), 23쪽.

수문학 논쟁을 비롯한 치열한 논쟁 과정을 거쳤고, 북측은 북측대로 도식주의와 수정주의 논쟁, 리얼리즘 발생 논쟁, 전형창조론과 관련된 나름대로의 논쟁을 거쳐 하나의 관점으로 정립되었다.29) 이 상황에서 북한문학의 논리를 있는 그대로 수용하기란 사회적으로나 문학연구자의 입장에서나 쉬운 일이 아니다. 북한문학을 인정하는 것은 문학 연구의 곧 혁명문학을 수용하는 것이며, 이 혁명문학의 수용은 수령형상문학을 비롯해 북한식으로 재해석된 고전문학의 전통을 인정하는 것이 된다. 북한문학에서 수령관이나 민족문학, 혁명문학에 대한 부분은 다양성의 한 측면으로 수용하거나 타협할 수 없는 영역이다. 정치적인 문제라고 해 피해간다면 지속적으로 북한문학 연구의 걸림돌이 될 것이다. 북한문학의 세부적 검토와 함께 남북문학의 토대에 대한 적극적인 고민이 제기되어야 할 것이다.

(2) 통합문학사 서술논리

남북한의 문학사를 전개할 수 있는 서술논리에 대한 개발이 필요하다. "통일문학사를 위한 사전작업의 의미를 띤 기존 문학사 통합에서 남한 중심주의에 따른 흡수통합이나 북한을 별도로 서술하는 형식적 통합은 무의미하다"30)는 논리는 당연한 일이다.

북한문학 연구는 개별 작품에 대한 가치평가나 비판과 같은 각론으로부터 출발하는 것이 아니다. 문학관, 문학사서술, 문학과 사회와의 관련성에 대한 문제 등 보다 근본적인 문제에 대한 논쟁이다. 그러나 문학관에 대한 논쟁은 남북한에서 모두 논쟁을 거쳐 이에 대한 재논쟁의 여지는 없다. 민족문학은 식민지 잔재청산을 우선하는 좌파와 순수문학,

---

29) 이에 대해서는 남원진, 『남북한의 비평 연구』(서울: 역락, 2004) 참조.
30) 김성수, 『통일의 문학 비평의 논리』(서울: 책세상, 2001), 44쪽.

전통지향을 강조하는 우파로 구분되었다. 좌파문학은 인민성을 우선하는 이른바 문건(조선문학건설본부)파와 계급성을 강조하는 문맹(조선프로레타리아문학동맹) 사이의 갈등을 거치면서 문학에 대한 기본 입장이 정리되었다. 우파의 경우에도 문학의 정신으로 강조하는 순수문학의 강조 자체가 정치적 의도로 작용된 것이었다. 좌우의 논쟁은 자기 문학적 논리를 강화시켜 가면서 문학 자체의 의미에 대한 논쟁을 상호 배제시켜 왔었다.[31] 이제는 이러한 현실을 인정하고 민족이라는 의미 속에 감추어진 민족이라는 추상성을 구체화할 수 있는 통합문학사 서술논리를 구체화해 나가야 할 것이다.

(3) 사회주의 문학과 주체사실주의 연관성

사회주의 문학과 주체사실주의 연속성에 대한 문제도 해결해야 할 문제이다. 북한 연구에서는 사회주의적 사실주의를 문학적 주류로 인정하면서도 주체사실주의를 문학적 일반화 현상으로 인정하지 않는 태도이다. 1988년 월북작가에 대한 해금조치가 북한문학연구를 촉발시켰던 것은 북한문학이라는 새로운 영역의 확장이라기보다는 1920, 1930년대 좌익계열 문학 연구의 연장선상에서 이해되었다. 북한문학 연구의 출발이 월북작가의 월북 이후의 행적에 맞추어지면서, 북한문학 연구도 월북작가들의 월북이후의 연대기적 행적이나 작품연구가 중심이 되었다. 북한의 문화예술정책이나 문학관을 인정하지 않은 상황에서는 어쩔 수 없이 반복되는 상황이었다. 이러한 상황 속에서 북한문학 연구는 "우리의 안목으로 북한의 현대문학을 평가하려는 시도는 무의미하다"[32]는

---

31) 민족이라는 담론이 가는 체제 수호적 논리와 남북한에 적용된 민족우상화 논리는 신형기, 『민족이야기를 넘어서』(서울: 삼인, 2003) 참고.
32) 윤재근·박상천, 『북한의 현대문학Ⅱ』(서울: 고려원, 1990), 13쪽.

결론이나 "우선 북한문학의 실체에 대한 인정이 전제되어야 한다"[33]는 주장이 1990년대까지 유용하게 작동되었다.

북한 연구자들의 대부분이 1920, 1930년대 카프계열의 작가연구에서 출발했기에 월북작가들의 사회주의 문학적 성과와 월북 이후에 발표한 작품 사이의 지속성에 대해서는 인정하지 않거나 의미를 축소하는 것이 일반적인 경향이다. 북한의 혁명문학의 그 기원은 항일무장혁명투쟁에 근거를 두고 있기에 문학적 연속성으로 국문학사 내지는 통합문학사에서 연속성을 인정하기 어렵다.

북한의 문학사 서술은 유일사상체계의 관점에서 항일무장혁명투쟁을 유일한 역사로 평가하는 데 초점을 맞추고 있다. "북한의 이론서들은 1970년대 이후 김일성의 주체사상과 혁명이론에 영도되지 못한 봉건적·비공산주의적 문예뿐만 아니라 마르크스-레닌주의 문예까지도 혁명전통으로 계승할 것을 거부하고 '계승해야 할 유일한 전통은 항일유격대의 혁명전통'이라고 못 박는다. 여기서…… 중심이 되는 것은…… 김일성이 혁명이력에 국한된다."[34] 항일혁명전통이 유일하게 인정되듯이 문학사 서술이나 문학창작 방법에서도 유일하게 옳은 방법은 주체사실주의 하나로 규정된다. 정치적이라고 해서 이 부분을 특수한 상황으로 인식한다면 북한문학에 대한 본질적 접근은 어려울 것이다. 또한 김정일의 후계체제가 논의되는 이 시점까지 북한문학 연구가 1970년대 주체사실주의에 한계를 둔다면, 북한문학 연구의 발전은 기대하기 어려울 것이다.

---

33) 권영민 외, 『북한의 문학』(서울: 을유문화사, 1989), 15쪽.
34) 홍기삼, "북한의 문예이론," 동국대 한국문학연구소 편, 『북한의 문학과 문예이론』
    (서울: 동국대출판부, 2003), 31쪽.

(4) 문학과 문화의 경계

문화의 관점으로 북한문학을 봐야 한다. 문학을 문화의 영역으로 이해하기보다는 문학으로만 이해하려는 태도이다. 문학을 문학작품이나 작가의 인식구조나 작가적 세계관으로 인식하는 경우 접근에 한계가 있다. 북한 문화의 영역 안에서 문학을 이해해야 하고 이를 위해서는 문화 분야에 대한 접근이 선행되어야 함에도 불구하고 문학의 척도로만 북한을 접근하려는 점은 북한문학 연구를 어렵게 한다. 북한에서 '문예(文藝)'는 '문화예술(文化藝術)'이 아닌 '문학예술(文學藝術)'이다. 북한에서 문학은 예술의 중심에 있다. 이처럼 문학이 중심인 이유는 문학을 통해 서사의 줄거리를 만들어내기 때문이다. 북한의 모든 예술은 서사가 있어야 한다. 사회주의적 사실주의 창작원칙에 따라 문학예술은 현실을 반영해야 하고, 예술작품을 통해 성격을 그려야 한다. 성격을 그리는 데 핵심은 혁명화의 과정, 즉 일반인에서 혁명가로서 발전하는 모습, 변화는 모습을 보여주어야 한다. 문학, 영화, 연극, 가극과 같이 서사를 포함할 수 있는 장르는 물론이거니와 무용이나 가요에서도 인간성의 변화된 모습을 보여주어야 한다.

북한이 바로 인민대중이 역사 발전의 주체로 살아가는 주체사회이기에 오로지 북한에서만 인민대중을 중심에 둔 예술작품이 건설될 수 있으며, 평범한 인민대중이 수령의 영도35)에 의해 주체적 인간으로 자라나는 과정이 포함되어야 한다.36) 문학은 바로 이 서사를 만들어낸다. 문

---

35) 김정일, "위대한 수령 김일성동지 탄생 70돐기념전국주체사상토론회에 보낸 론문"(1982.3.31): "수령님께서는 억압받고 천대받던 인민대중이 자기 운명의 주인으로 등장하는 새로운 시대의 요구를 깊이 통찰하시고 위대한 주체사상을 창시하심으로써 자주성을 위한 인민대중의 투쟁을 새로운 높은 단계에로 발전시키시였으며 인류력사발전의 새시대, 주체시대를 개척하시였습니다."
36) 주체사상에 따르면 인민대중은 역사의 주인이지만 그 자체로 주인이 되지 못하

학에서 완성된 이야기를 다른 장르에서는 이를 해당 장르로 옮기는 것
이다. 따라서 무용이라고 해서 무용의 특성을 발휘한 작품보다는 문학
적 주제를 어떻게 무용으로 옮길 것인가가 문제가 되며, 음악에서도 음
악적 특성을 살리는 작품보다는 주제를 잘 표현할 수 있는가의 방법론
에 초점을 맞추게 된다.[37]

북한 문화예술은 개별 장르적 특성을 살리기보다는 효율적 서사를
위한 부차적인 요소로 기능이 강조된다. 즉 음악, 무용, 미술이 독립적
특성보다는 극적 분위기를 고조할 수 있는 부분에서는 필요에 따라 다
양한 장르를 복합적으로 사용한다. 다시 말해 주인공의 갈등을 표현하
는 데 독창이 필요하면 독창을 사용하고, 합창이 필요하면 합창을 사용
하며, 무용이 필요한 부분에서는 무용을 사용한다. 이러한 이유로 북한
에서는 음악이나 무용, 미술이 독립적인 장르보다는 가극이나 음악무용
서사시 등의 종합공연이 중심이다.

중요한 문제는 주제를 효과적으로 전달하는 것이며, 음악이나 무용의
장르적 특성을 살려나갈 필요가 없다. 청중들에게 효과를 줄 수 있는

며, 진보적 사상에 의해 유도될 때 역사적 주인공이 될 수 있다. 따라서 인민대중의
지향과 이익을 어떻게 반영하며 투쟁의 길을 얼마나 정확하게 밝혀주는 가에 따라
서 그 역할을 서로 다르게 된다. 노동계급의 선진적 혁명사상은 마르크스와 엥겔
스, 레닌 등의 탁월한 수령들에 의해 창시되어 되어 왔는데, 마르크스와 엥겔스에
의해 자본을 반대하는 투쟁이 시작되었으며, 레닌에 의해 자본주의로부터 사회주
의로 이행하는 시초를 마련했고, 수령이 주체사상을 창시함으로써 주체시대를 개
척했다는 것이다.

37) 하나의 훌륭한 작품이 있으면 그 작품은 여러 다양한 장르로 옮겨지기에 작품
제목만으로는 어느 장르에 속하는 지 알 수 없다. 「피바다」의 경우 1960년대 말~
1970년대 초 여러 '예술형식'으로 창작되어, 1969년에는 영화 <피바다>, 1971년
에는 혁명가극 <피바다>, 1972년에는 장편소설로, 교향곡 「피바다」, 가요 「피바
다」 등으로 창작되었다.

부분에서는 필요한 장면을 사용한다. 미술 역시 독립적인 회화로서 존재하지만 무대미술로서의 활용성이 강조되며, 무용 역시 특정 대목에서 필요에 따라 사용된다. 작가나 예술인들 역시 작품에 대한 구분이 없다. 조선화 작품을 그리면서도 가극이나 연극 등의 무대미술을 담당하고, 아동영화의 배경을 그리는 것을 당연시한다. 북한의 공연단체들마다 작가, 음악가, 배우, 미술가들이 소속되어 있는 것도 이러한 작품 형상화의 특성에 맞추어 필요에 따라 다양한 장르를 활용하기 위해서이다. 북한에서 수천 명이 참가하는 음악무용서사시나 집단체조 공연이 가능한 것도 한 단체 안에 여러 장르의 전문가들이 소속되어 있어 기획단계에서부터 전문성을 살려나갈 수 있다는 것도 한 요인이다.

북한문학 연구의 쟁점은 문학과 문학 외적인 요소에 대한 문제로 귀결된다. 문학 외적인 요소란 음악, 미술, 무용, 영화 등의 예술장르와의 문제이며, 다른 하나는 정치사회적인 문제이다. 북한에서 문학은 독자적인 위치를 갖지 못한다. 북한에서 창작의 자유란 새로운 소재, 새로운 주제의 작품을 의미하지 않는다. 주어진 주제 안에서 시냐 소설이냐의 장르 구분 없이, 한 편이냐 열 편이냐의 창작 편수 규제 없이 작품을 쓸 수 있다는 것이다. 문학이 가야 할 길, 역할과 사명은 엄격하게 규정되어 있으며, 각각의 작품은 이 주제 범위 안에서 허용된다. 한 편의 글을 발표하기 위해서도 다단계의 검열과 통제 속에서 당의 방침에 맞게 수정되어야 한다. 북한문학사 구분이 철저하게 정치사회적 변화와 맞물려 있는 것도 이런 이유이다.

(5) 소련 문예사조의 도입과 영향의 문제

북한문학에서 소련문학의 영향과 남한에서의 서구문학의 영향 정도를 분명히 해야 한다. 소련의 한반도 개입과 북한 정권수립 당시 소련의 영향에 대한 평가를 분명히 해야 할 것이다. 북한 정권수립 이후 1960

년대까지 북한은 의심할 바 없이 소련식 사회주의 건설을 최우선 목표로 삼았다. 미국과 소련의 한반도 분할점령에 따라 남북한은 각각 미군정과 소군정을 지나면서 국가건설 방향의 기초가 사회주의와 자본주의로 결정되었다. 소련은 소련의 안보를 위협할 수 있는 잠재적 세력인 일본의 영향력을 배제하고 안전을 확보하기 위한 전략으로서 '소련에 우호적인 한국독립정부의 수립'이라는 대한정책을 목표로 신탁통치에 참석했고, 안전을 보장받기 위한 방안으로서 소련에 우호적인 북한 정권수립에 착수했다.[38] 소련의 군정하에 북한의 정체성과 정통성도 맑스-레닌주의에 기초한 계급투쟁의 결과로서 이해되었다.

> 혁명적 문학, 예술 작품들에서 애국주의 사상은 소련에 대한 적극적인 지지 옹호, 중국 인민과의 공동전선, 전 세계 무산대중과의 전투적 단결 등 프롤레타리아 국제주의 사상과 밀접하게 련결되고 있다. 혁명 문학, 예술 작품들을 관통하고 있는 애국주의, 이는 바로 사회주의적 애국주의이다.[39]

김일성의 정통성도 바로 이러한 맑스-레닌주의 사상에 기초한 혁명 투쟁으로서 당위성을 인정받았다. "해방공간의 중요성은 3년이라는 짧은 시기에도 탈식민의 과제와 동시에 미소 열강에 의한 분단을 막고 민족국가를 건설해야 할 과제를 더 안은 시기"였다.[40] 한국 현대사가 안고 있는 총체적 과제의 출발점이 된 시기이다. 북한에서의 소련군정 기간 동안은 시기적으로는 짧지만 북한의 사회·문화에 끼친 영향은 적지 않기에 이 부분에 대한 연구도 학제간으로 진행되어야 할 부분이다.

---

38) 신효숙, 『소련군정기 북한의 교육』(서울: 교육과학사, 2003), 37~38쪽 참조.
39) 과학원출판사, 『조선로동당의 문예정책과 해방후 문학』(평양: 과학원출판사, 1961), 28쪽.
40) 신효숙, 위의 책, 12쪽.

(6) 고전의 개념과 범주

한국문학사에 고전문학은 20세기 이전으로 규정되지만 북한에서는 그 시기가 1920년대 중반까지 적용된다. '고전문학'이라는 용어 대신에 '고전문학 유산'이라는 용어를 사용하며, 고전문학을 창작기법의 측면에서 접근해 고전의 시기를 근대 이후로까지 적용한 것이다. 고전문학의•개념이 달라지면서 항일무장혁명투쟁 시기에 창작된 작품들도 고전의 범주에 들게 되었다.

『조선구전문학개요』에 '항일혁명편'이 별도의 장으로 설정되었으며, 항일혁명투쟁시기의 구전문학에 대해 "김일성 동지를 형상한 백두산의 태양전설과 공산주의의 태양이신 친애하는 지도자 김정일동지를 형상한 백두광명전설을 비롯한 혁명설화와 인민송가, 혁명적인 군중놀이와 인민가요들로 풍부화된 새로운 력사적 시기의 구전문학"으로 정리하면서 전통 민요와 설화의 범주에 혁명설화, 혁명적 가요의 용어를 통해 항일무장혁명투쟁의 역사성을 강조하고 있다.[41] 고전문학이면서도 현대문학(공산주의적 문학) 건설에 미치는 중요한 역할 문제에 대해 '수령 김일성 동지와 친애하는 지도자 김정일 동지에 의해 해명을 보게 되었다'고 평가한다. 즉 우리 인민들은 과거 계급사회에서 어렵게 살아왔지만 미래에 대한 낙관적인 희망을 갖고 살아왔고, 이러한 인민들의 사상적 입장과 낭만적인 지향으로 문학예술에서 어둡고 무거운 것이 아니라 밝고 경쾌한 색조와 선율, 미적 정서를 불러일으키는 형식을 창조했다. 이것이 부단히 발전되어 우수한 민족적 형식을 이루었는데, 김일성과 김정일에 의해 옳게 살리게 되었다는 것이다.

---

41) 이에 대해서는 『조선구전문학개요』(평양: 사회과학출판사, 1994. 6) 참조.

(7) 문학의 장르와 갈래, 그리고 북한식 문학용어

남북한의 문학예술 용어에 대한 문제도 본격적으로 해명되어야 할 문제이다. 문학을 분류하는 큰 단위로서 '갈래'의 경우나 문학의 갈래로 규정한 '서정, 서사, 교술, 희곡'에서 교술의 개념문제는 이미 국문학계의 논쟁이 되었지만 북한문학의 연구에서도 적용할지에 대한 논의가 전무한 상황이다. 북한문학의 경우 '종류', '형태', '갈래'의 구분에 대한 용어나 북한문학에서 인정하는 송가 등의 개념을 포함해 최근 북한문학에서 선보인 '운문소설', '동물소설' 등의 문학적 형태의 인정 여부도 논의의 대상으로 삼아야 한다. 나아가 북한의 '수령영생문학'이나 '단군문학', '선군혁명문학'에 대해서도 북한 연구자들 사이에서 분명한 개념규정이 있어야 할 부분이다.

(8) 북한문학의 대표성 문제

북한문학의 대표성에 대한 문제이다. 북한이 강조하는 문학작품이나 대표성으로 인정하는 문학작품과 문학성을 기준으로 한 문학작품의 평가기준에 대한 논의가 있어야 한다. 이에 대해서는 선행적으로 남북한이 공통으로 높이 평가하는 작품이나 작가에 대한 평가부터 진행되어야 한다. 남북은 문학적 업적과 평가에서 상당한 차이를 보이고 있다. 남북의 예술관과 문학관이 달라 동일한 작품에 대한 평가와 해석의 차이는 당연한 문제라고 할 수 있다. 다만 북한이 가치 평가의 기준과 원리, 그리고 그 속에서 통일문학사 기술을 위한 논거를 찾아내는 작업은 문학에 대한 가치평가와는 별개로 논의되어야 할 문제이다. 또한 남북이 공통으로 높이 평가하는 인물인 김소월, 박태원, 채만식 등의 경우에도 평가의 가치와 척도가 다르다. 이러한 문제는 현대문학의 영역만이 아니다. 고전문학의 인물에 대한 논의도 필요한 상황이므로, 이 부분에 대한 논의도 있어야 할 것이다.[42)]

(9) 항일혁명 문학에 대한 평가

항일혁명 문학에 대한 평가이다. 이 부분에 대한 문제는 「피바다」에 대한 소설과 연극 등의 여러 <피바다>에 대한 이본(異本) 연구를 비롯해 몇 편의 연구가 있었지만 항일혁명 작품에 대한 본격적인 논의는 전개되지 못했다. 항일혁명 문학에 대한 논의는 북한문학의 연구 일환으로도 접근할 수 있을 것이다. 아니면 '항일혁명'을 그 자체로서 수용할 것인가, 말 것인가로 보지 말고, 광범위한 민족문학에 대한 모색으로서 재만문학의 영역으로 항일의 이념을 지닌 광범위한 민족주의적인 작품의 한 가지로서 접근할 수도 있을 것이다.

(10) 최근 북한문화에 대한 평가

문학과 정치의 영향에 대한 평가는 1980, 1990년대 북한문학계가 일정한 변화를 이루었다는 평가에 대한 부분이다. 김재용은 1990년대 북한문학의 변화를 다섯 가지로 파악했다. 첫째, 김일성을 중심으로 한 '수령형상화' 작품창작과 함께 김정일을 주제로 한 작품창작이 활발해졌다는 점, 둘째, 사회주의 건설과 혁명에 관련된 주제로서 공산주의 건설을 주제로 한 작품의 지속적인 창작, 셋째, 1992년 창작된 리유근의 「홍경래」와 같은 과거의 역사를 주제로 한 작품의 창작, 넷째, 사회주의 현실 주제로서 과학기술에 대한 강조, 세대간의 갈등을 소재로 한 작품의 증대, 다섯째, 조국통일의 주제로서 이산가족의 문제를 소재로 한 작

---

42) 북한문학 연구자가 많지 않은 상황에서 북한의 고전문학에 대한 연구자는 더욱 열악한 상황이다. 고전문학에 대한 연구로는 박태상, 전영선 등의 연구가 있었다. 2004년 12월 11일에 있었던 한국문학회 2004 동계 학술대회에서 북한의 고전문학, 한문학 연구에 대한 발표가 있었다. 이러한 논의는 지금까지 북한문학 연구에서도 활발하지 못했던 북한의 고전문학 연구에 대한 논의의 필요성이 제기했다는 점에서 의미있는 작업으로 평가될 수 있을 것이다.

품창작 등이다. 북한문학의 이러한 변화는 1980년대 제기된 사회주의 현실 주제의 작품의 주제인 '도시와 농촌의 사회·문화적 격차', '세대간의 갈등', '남녀간의 애정' 등의 변화를 수용한 것으로 주제접근이라는 명백한 한계 속에서 전개된 것이지만 변화를 읽을 수 있는 것으로 파악했다.[43]

박태상은 1990년대 소설문학의 특성을 '김정일 형상창조', '농촌에서의 삶의 가치 고양', '애정모티프의 대담한 등장', '과학기술문제와 과학환상소설의 창조', '통일염원의 문학'으로 규정했다.[44] 김한식은 1980년 이후의 북한 소설의 전개를 '현실생활을 창작 공간으로 회복'했다는 점을 지적하면서 사회주의 경제건설과 과학기술에 대한 관심 증대가 문학작품에 직접적인 영향을 미친 것으로 파악했다.[45]

북한 문화예술계의 변화를 보이는 것은 다음 몇 가지이다. 첫째는 소재의 다양화라는 점이다. 이전의 혁명문예에서 다루지 못한 소재들이 활용되고 있다는 점이다. 둘째는 표현에서 자유스러워졌다는 점이다. 특히 남녀의 애정문제를 나타내면서 이전과 다른 것을 보여준다는 점이다. 셋째는 자본주의 문화의 도입이다. 북한에서 금기시되던 전자음악이 도입되었으며, 혁명가요 중심에서 생활감정을 노래한 대중가요가 불려진다는 것이다. 넷째는 민족문화에 대한 관심이 증폭되고 있다는 점이다. 이런 점을 근거로 북한문학 자체를 새롭게 인식해야 함은 물론 남북문학사 서술에서도 문학적 차원에서 접근할 수 있다는 논의가 전개되고 있다.

이러한 평가는 그 정당성 여부를 떠나 북한문학을 통해 정치체제의

43) 김재용, 『북한문학의 역사적 이해』(서울: 문학과지성사, 1994), 281~288쪽.
44) 박태상, 『북한문학의 현상』(서울: 깊은샘, 1999), 240~251쪽.
45) 김한식, "북한소설에서 현실모순의 형상화 문제," 최동호 편, 『남북한 현대문학사』(서울: 나남, 1995), 469쪽.

변화를 읽으려 하며, 북한문학의 방향을 탈정치화 속에서 찾으려는 태도를 읽을 수 있다. 최근의 북한문학에 대한 평가가 정치적 변화 가능성을 염두에 둔 접근이며, 이를 통해 문학이 본래의 영역을 회복할 수 있는 단초를 찾을 수 있다는 인식을 전제로 한 것이다. 김한식이 언급한 창작공간으로서 '현실생활의 회복'이나 박태상의 '애정모티프의 대담한 등장'이라는 표현 등은 분명히 일정한 한계를 설정했지만 변화에 초점을 맞춘 것이다. 북한문학을 북한의 내재적 원리와 사회적 맥락 속에서 읽기보다는 전근대적인 인식구조에서 근대로 진행되려는 초기 모습을 찾는, 우리 문학의 발전 과정이 근대의식 속에서 자아의식을 확대해 나가는 과정이라는 인식을 그대로 북한문학에 대해 적용하고 있는 것이다.

4. 결론

북한문학 연구의 최종 목적지는 북한문학의 성과를 객관화해 남북한 통합문학사를 서술하는 데 있다. 일찍부터 남북한 통합문학사에 대한 공감대에도 불구하고 북한문학 연구는 남한문학사의 부분을 보충하거나 공백을 메우는 것으로 인식되었다. 즉 우열과 열등 내지 전체와 부분으로서 남북한의 문학에 대해 접근했다. 북한문학 연구가 이러한 방향으로 진행된 것은 여러 이유가 있을 것이나 무엇보다도 북한의 문학관과 예술관에 대해 인정하지 않으려는 태도에 의한 것이 가장 크다고 할 것이다. 여기에는 외형적 다양성을 근거로 한 남한문학의 우수성에 대한 확고한 인식이 자리매김하고 있기 때문이라고 할 수 있다. 동시에 자료의 제한적 접근이라는 한계로 인해 북한문학에 대한 전면적인 검토를 바탕으로 한 접근이 이루어지지 못한 점도 원인의 하나로 지적할 수 있다. 북한 자료에 대한 단편적이고 부분적인 접근으로는 특정 시기와 특정 주제를 바탕으로 한 '기획적 접근'이 유일한 방법이기 때문이다. 북한의 특수성을 인정하지 않거나 특정한 시기나 특정한 경향을 바탕으로 한 연구로는 전면적인 연구사를 기획할 수는 없는 것이다.

북한문학 연구는 통일문학사 서술이나 북한문학 연구의 내적 필요성에도 불구하고 문학적인 측면보다는 정치사회적인 영향을 크게 받아왔다. 이에 따라서 북한문학 연구가 문학의 내적 발전원리 속에서 진전되지 못하고 정치사회적 상황, 사회적 관심에 따라서 부침을 반복해 왔다. '북한문학'이라는 연구범위 역시 현대문학 연구의 한 분야이거나 현대문학의 확장된 영역으로 한번쯤 거쳐야 할 과정으로 인식되고 있는 상황이다. 북한문학 연구가 대중적 관심에 따라 확대되었다가 축소되는 것도 북한문학 연구가 해야 할 필요성에 대해서는 공감하면서도 하기는 귀찮은 분야로 '하면 좋은' 그러나 내가 '하지 않아도 되는' 차원에 머물고 있다.

그럼에도 불구하고 북한문학 연구는 그동안 상당한 성과를 축적하면서 문학사의 빈 공간을 채워가고 있다. 아쉬운 점은 북한문학 연구가 선행연구의 결과들이 충분히 반영되지 못한 채 후속작업들이 이루어지고 있다는 것이다. 북한문학 논의의 본질적인 문제로부터 출발하지 않았고 편의에 의해 대상으로서 선택된 작품에 대한 연구가 많았기 때문이다. 2000년 이후 북한문학연구가 사회변화와 북한문학 연구 사이의 시간 차이를 상당히 극복했음에도 불구하고 주요 연구주제에 있어 현재적 의미와 맥락에 대한 분석으로 나아가지 못하고 해방공간에 대한 탐구, 리얼리즘을 통한 통합가능성의 모색, 민족문학적 접근, 역사주의적 접근의 중요성만이 강조되는 것도 북한문학 연구의 현실을 반영하는 것이라 할 수 있다.

북한문학 연구는 북한문학의 특성상 연구자들로 하여금 번거로운 정치적 상황과 맥락을 끊임없이 읽어내야 하는 부가적인 노력을 요구한다. 이 부분은 북한문학 연구에서 적당한 타협으로는 해결할 수 없는 본질적인 문제이다. 북한의 문학관과 예술관이 기본적으로 정치와 밀접한 연관을 맺고 있기에 정치사회적 의미분석 없이는 정당한 의미를 찾을 수 없게 한다. 북한 사회가 변화되고 문학이 변화되는 것은 당연한 일이므로, 특정 시기의 한두 작품으로 북한문학을 일방적인 경향으로 규정해서는 안 될 것이며, 비정치적인 문학작품을 예로 북한 사회의 변화를 논의하는 것도 지양해야 할 바이다. 북한 사회의 내면적 구조를 바탕으로 작품에 접근해야 한다. 작품의 소재에 집착하게 된다면 본질을 보지 못할 것이다. 북한문학 연구의 이러한 한계를 극복하기 위해서는 북한문학 연구자들과 북한 연구자들의 소통 경로가 마련되어야 한다.

북한문학 연구는 북한 연구라는 학제간 연구의 장에서 상호작용의 과정 속에서 발전할 수 있을 것이다. 최근 북한문학 연구가 문학전공자들의 정치적 분석작업과 북한 전공자들의 문학적 탐구작업을 통해 구체적이고 분석적인 접근이 이루어지고 있다는 점은 긍정적인 방향이라고 평가할 수 있다. 또한 북한문학 연구가 궁극적으로 지향하는 통합문학사 서술의 과정은 남북한문학이 함께 해결해야 할 문제라는 전향적 자세로 접근할 때보다 큰 차원의 논의가 이루어질 수 있을 것이다.

참고문헌

과학원출판사, 『조선로동당의 문예정책과 해방후 문학』(평양: 과학원출판사, 1961).
국토통일원, 『북한의 문화예술』(서울: 국토통일원, 1981).
권영민 편, 『북한의 문학』(서울: 을유문화사, 1989).

김경숙,『북한현대시사』(서울: 태학사, 2004).

김대행,『북한의 시가문학』(서울: 문학과 비평사, 1990).

김동훈, "장편소설론의 이상화 혁명적 대작 장편 창작방법 논쟁－북한의 사회
　　주의적 사실주의 논쟁·3,"『한길문학』(1992. 여름).

＿＿＿, "전후문학의 도식주의 논쟁－1950년대 북한 문예비평상의 쟁점,"『문
　　학과논리』, 3(1993. 6).

＿＿＿, "김정일 시대의 주체문학론 비판,"『북한연구』(서울: 대륙연구소, 1994
　　겨울호).

김성수, "북한문학 연구의 현황과 과제,"『한국예술종합학교논문집』, 3집(서울:
　　한국예술종합학교, 2000. 12).

＿＿＿,『통일의 문학 비평의 논리』(서울: 책세상, 2001).

김재용, "김일성 사후의 북한문학－90년대 중반 북한소설의 새로운 경향과 그
　　의미,"『문예중앙』(1996, 여름).

＿＿＿,『민족문학 운동의 역사와 이론2』(서울: 한길사, 1996).

＿＿＿,『북한문학의 역사적 이해』(서울: 문학과 지성사, 1994).

＿＿＿,『분단구조와 북한문학』(서울: 소명출판사, 2000).

김정일, "위대한 수령 김일성동지 탄생 70돐기념전국주체사상토론회에 보낸 론
　　문"(1982. 3. 31).

＿＿＿, "당에 끝없이 충직한 문예전사로 준비하자"(1968. 10. 8).

＿＿＿, "문학예술부문에서 당의 유일사상체계를 튼튼히 세울데 대하여"(1967.
　　5.30).

＿＿＿, "문학예술작품에 당의 유일사상을 구현하기 위한 사업을 실속있게 할
　　데 대하여"(1967.8.16).

＿＿＿, "새로운 혁명문학을 건설할데 대하여"(1966.2.7).

＿＿＿, "작가, 예술인들 속에서 당의 유일사상체계를 철저히 세울데 대하
　　여"(1967. 7. 3).

＿＿＿, "혁명적인 문학예술 창작에 모든 힘을 집중하자"(1964. 12. 10).

김종회 편,『북한문학의 이해』(서울: 청동거울, 1999).

＿＿＿,『북한문학의 이해2』(서울: 청동거울, 2002).

김종회, "해방후 북한문학의 전개와 실증적 연구방향," 김종회 편,『북한문학의

이해』(서울: 청동거울, 1999).

김한식, "북한소설에서 현실모순의 형상화 문제," 최동호 편,『남북한 현대문학
사』(서울: 나남, 1995).

남송우, "북한문학 연구의 현황과 과제-시문학을 중심으로,"『통일대비 한국문
학의 과제(2)』(한국문학회 2004년도 동계학술대회 발표논문집, 2004).

남원진,『남북한의 비평 연구』(서울: 역락, 2004).

동국대학교 한국문화연구소,『북한의 문학과 문예이론』(서울: 동국대학교출판
부, 2003. 12).

류 만,『조선문학사9』(평양: 과학백과사전종합출판사, 1995. 6).

박상천, "북한문학 연구의 경과,"『민족학연구』, 제4집(서울: 한국민족학회,
2000. 2).

_____, "김정일시대의 시문학,"『통일논총』, 17호(1999).

_____, "통일문학 연구의 경과,"『민족학연구』, 제4집(평양: 한국민족학회,
2000).

박태상, "북한문학 연구의 현황과 과제," 박태상 저『북한문학의 현상』(서울: 깊
은샘, 1999).

_____, "북한문학 연구," 북한연구학회 편『분단 반세기 북한 연구사』(서울:
도서출판 한울, 1999).

_____,『북한문학의 동향』(서울: 깊은샘, 2002).

_____,『북한문학의 현상』(서울: 깊은샘, 1999).

사회과학출판사,『조선구전문학개요』(평양: 사회과학출판사, 1994. 6).

설성경, "남북한문학사의 비교,"『한국문학사의 현실과 이상』(서울: 새문사,
1996).

설성경·김영민, "통일문학사 서술을 위한 단계적인 방안연구,"『통일연구』, 제2
권 1호(연세대학교 통일연구원, 1998).

설성경·유영대,『북한의 고전문학』(고려원, 1990).

신형기,『민족이야기를 넘어서』(서울: 삼인, 2003).

_____,『북한 소설의 이해』(실천문학사, 1996).

신형기·김화영, "'천리마대고조기'의 북한문학,"『경성대 논문집』(1998. 2).

신형기·오성호,『북한문학사』(서울: 평민사, 2000).

신효숙,『소련군정기 북한의 교육』(서울: 교육과학사, 2003).

양지연, "유일지도체계의 성립과 문학예술의 역할-1967년 북한문학예술계의
　　　　반종과 투쟁을 중심으로"(경남대학교 북한대학원 석사학위논문, 2003).

우문숙, "북한의 '선군혁명문학'을 통해 본 선군정치의 체제유지 기능에 관한
　　　　연구"(경남대학교 북한대학원 석사학위논문, 2003).

윤재근·박상천,『북한의 현대문학Ⅱ』(서울: 고려원, 1990).

이명재 편,『북한문학사전』(서울: 국학자료원, 1995).

＿＿＿ 편,『북한문학의 이념과 실체』(서울: 국학자료원, 1998).

이우영,『김정일 문예정책의 지속과 변화』(서울: 민족통일연구원, 1993).

＿＿＿,『남북한 문화정책 비교연구』(서울: 민족통일연구원, 1994).

이형기·이상호,『북한의 현대문학I』(서울: 고려원, 1990).

전영선, "북한에서의 고전소설 수용연구,"『북한연구학회보』, 4권 2호(서울: 북
　　　　한연구학회, 2000).

＿＿＿,『북한을 움직이는 문학예술인들』(서울: 역락, 2004).

＿＿＿,『북한의 문학과 예술』(서울: 역락, 2004).

최　명,『북한개론』(서울: 을유문화사, 1989).

최동호 편,『남북한 현대문학사』(서울: 나남, 1995).

홍기삼, "북한의 문예이론," 동국대 한국문학연구소 편,『북한의 문학과 문예이
　　　　론』(서울: 동국대출판부, 2003).

홍창수, "남한문학사 서술양상과 북한문학 연구동향," 최동호 편,『남북한현대
　　　　문학사』(서울: 나남, 1995).

제4부 북한과 국제정치

제 8 장

북미 핵협상에 대한 다차원적 접근*

대결과 타협의 변주곡

박종철 (통일연구원 남북협력연구실장, 정치학)

1. 머리말

한국전쟁으로 한반도가 세계적 관심사가 된 이후 남북한은 오랫동안 한국전쟁의 부정적인 이미지를 짊어지고 살아야 했다. 한국전쟁은 제2차 세계대전 후 식민지 유산 처리, 세계적 차원의 이데올로기 대립, 지역적 패권구도를 둘러싼 강대국간 역학관계, 민족 내부의 이념적·정치적 갈등 등 복합적 문제가 결합되어 발생했다. 한국전쟁은 가난하고 참혹하고 폐허로 점철된 한반도의 이미지를 세계의 뇌리에 각인시켰다.

남한은 경제성장과 민주화를 통해 조금씩 한국전쟁의 부정적 이미지를 쇄신했으며, 서울올림픽을 계기로 세계인의 눈앞에 화려한 모습으로 다시 등장했다. 남한이 세계의 중심무대로 진출하고 있는 동안에도 북한은 여전히 은둔의 왕국이었다. 북한이 국제사회의 관심을 끈 것은

---

* 이 글은 경남대학교 북한대학원, 『현대북한연구』, 제3권 1호(서울: 지식공작소, 2000)에 게재되었던 글입니다.

1960년대의 프에블로호 사건, 미정찰기 격추, 1970년대의 판문점 도끼 사건, 1980년대 랭군 폭파사건, KAL기 폭파사건과 같은 테러리즘과 도 발행위로 인해서였다. 그러나 냉전시대에 북한의 도발행위는 한반도 차 원에 한정되었으며, 동북아 질서를 뒤흔드는 성격을 지닌 것은 아니었 다. 따라서 북한의 위협행위는 위기관리 차원에서 한미동맹의 틀 내에 서 다루어졌다.[1]

1990년대에 접어들어 사회주의권이 붕괴되고 독일이 통일됨으로써 탈냉전이 도래했지만 한반도의 시계는 여전히 역사의 뒤편에 정지해 있 었다. 1990년대 초반 남북한은 대화와 협상에 의해서 분단의 질곡을 해 결하려 시도했으나 남북대화는 짧은 밀월로 끝나고 말았다.

북한이 탈냉전의 세계질서를 뒤흔드는 핵개발 계획을 감행함으로써 한반도는 한국전쟁 이후 다시 한번 세계의 주목을 받았다. 한국전쟁이 냉전체제의 서곡을 알리는 시점에서 세계의 주목을 받았다면, 북한 핵 개발은 탈냉전 후 새로운 세계질서가 모색되고 있는 시점에서 세계적 관심사로 부상했다. 한반도 문제는 세계체제의 역동적 변화와 밀접하게 관련되어 세계사적 전환의 시점에서 한반도의 지역적 문제가 곧바로 세 계적 문제로 전환되었다. 한국전쟁이 민족 내부의 갈등수준을 넘어서 국제적 문제로 비화했던 것처럼, 북한 핵개발 문제도 바로 한민족의 손 을 떠나서 국제적 문제로 확대되었다.

한국전쟁에서와 마찬가지로 북한 핵문제는 한반도 문제의 복합적이 고 다층적인 성격을 분명하게 드러냈다. 북한 핵문제는 한반도에 살고

---

1) 한반도 위기관리에 대해서는 다음을 참조하기 바람. 윤태영, "한미동맹체제제하에서 한국의 대북한 위기관리, 1968~1983,"『한국정치학회보』, 33집 2호(1999 여름), 349~368쪽; 윤태영, "한미연합위기관리체제: 실제, 문제점 및 발전방향,"『국제정치 논총』, 39집 3호(1999), 263~280쪽.

있는 남북한 주민 모두의 실존 문제이자 국제정치적 힘의 논리이며 고
도의 외교전략과 협상의 문제였다. 1993년 3월 북한의 NPT 탈퇴 이후
1994년 10월 미국과 북한 간 제네바 합의문이 타결될 때까지 북한 핵문
제는 줄곧 한민족 전체의 삶의 방향을 결정짓는 외부적 구조로서 우리
의 머리를 무겁게 짓눌렀다. 매일 매일의 상황 전개와 예상하지 못한
사태의 반전 속에서 극단적 대결구도와 타협의 실마리를 모색하는 과정
이 반복되었다.

북한 핵문제는 아직까지 현재진행형의 문제이다. 1998년 여름 북한
이 금창리 지역에서 핵 관련 시설을 건설하고 있을지도 모른다는 의혹
이 제기됨으로써 관심권에서 멀어졌던 북한 핵개발 문제가 다시 수면
위로 부상했다. 또한 경수로 사업이 완공될 즈음 실시하기로 되어있는
북한 핵개발의 과거 의혹 규명과 특별 사찰 문제도 여전히 미해결 과제
이다.2) 따라서 북한 핵문제를 탐구하는 것은 단지 과거 사례에 대한 연
구가 아니라 현재진행형인 북한 핵문제와 향후 한반도 문제해결의 준거
틀을 모색하는 작업이다.

1994년 10월 제네바 합의문에 의해서 북한 핵문제의 해결구도가 자
리잡힌 뒤 숨가빴던 과정을 돌이켜보고, 이를 사실 확인과 이론적 차원
에서 검토하는 연구들이 그동안 국내에서 발간되었다. 국내에서 발간된
대표적 연구로는 이춘근, 『북한핵의 문제』(서울: 세종연구소, 1993), 이삼
성, 『한반도핵문제와 미국외교』(서울: 한길사, 1994), 길정우 외, 『북한핵
문제와 남북관계: 전개과정 및 발전전망』(서울: 통일연구원, 1994), 윤덕

---

2) 1994년 10월 체결된 북미제네바합의문(Agreed Framework)에 의하면, 경수로 사업
   의 상당부문이 완료될 때, 그러나 주요 핵심 부품의 인도 이전에, 북한은 북한 내
   모든 핵물질에 관한 최초보고서의 정확성과 완전성을 검증하는 것과 관련해 IAEA
   와의 협의를 거쳐 IAEA가 필요하다고 판단하는 모든 조치를 취하는 것을 포함해
   IAEA 안전조치협정(INFCIRC 403)을 완전히 이행하기로 되어 있다.

민, 『대북핵협상의 전말』(서울: 해르 1995), 정옥임, 『북핵 588일: 클린턴 행정부의 대응과 전략』(서울: 서울프레스, 1995) 등을 들 수 있다. 이춘근·윤덕민·길정우 등은 특별한 문제의식이나 이론적 문제를 설정하기보다는 북한 핵문제의 기원과 북미 핵협상 과정을 사태의 흐름에 따라 설명했다. 이삼성은 북한 핵문제의 정치적 성격에 주목하고 미국 대외 정책의 역사적 맥락에서 북한 핵문제에 대한 미국의 정책을 이해하려 했다. 정옥임은 미국의 강온 외교전략을 다차원적 협상이라는 틀에서 분석했다. 이러한 책들은 북한 핵문제에 대한 국내 학계의 학문적 성과라는 점에서 의의를 지니고 있다. 그럼에도 불구하고 사실 확인과 이론적 조망이 부족하다는 점에서 아쉬움을 지니고 있다. 특히 북한 핵문제가 우리의 어깨너머로 미국과 북한을 중심으로 논의되었기 때문에 협상의 물밑 과정과 사실에 대한 정확한 검증이 부족하다는 미진함이 있다. 또한 북미 협상 사례를 바탕으로 미국의 대외 정책에 대한 이론적 연구와 협상전략에 대한 이론적 연구의 수준을 끌어올리지 못한 점에 대한 아쉬움도 있다.

최근 2~3년 동안 미국에서 발간된 북미 핵협상에 관한 저술들은 북미 협상의 내밀한 과정을 들여다보고 기존에 알려졌던 사실들을 재확인할 수 있다는 점에서 중요한 의미를 지니고 있다. 이 책들은 다양한 1차 자료를 섭렵하고 정책 관련자들을 광범위하게 인터뷰해 당시 상황을 재구성, 정책결정자들의 정책적 고려사항과 고민을 실감하게 하는 현장보고서의 성격을 지니고 있다. 이 점은 정책결정 과정, 특히 외교·안보 정책결정 과정에 대한 1차 자료의 접근이 매우 제한되어 있는 한국의 풍토를 감안할 때, 매우 값진 것이 아닐 수 없다. 특히 스콧 스나이더 (Scott Snyder)의 비교분석 틀에 입각한 북한의 협상전략에 대한 입체적 분석은 돋보인다.

2. 북한 핵문제의 다차원적 의미

북한 핵개발 문제와 북미 핵협상은 다음과 같은 다차원적인 의미를 지니고 있다.

첫째, 북한 핵문제는 탈냉전 후 국제분쟁 해결의 시범사례로서 의미를 지니고 있다. 냉전시대에는 지구 구석구석의 조그만 분쟁도 미소 냉전구도의 시각에서 취급되었다. 아프리카나 남미의 국내 문제 조차도 세계적 차원의 미소 경쟁의 대리전으로 인식되었다. 냉전구도하에서 미소는 핵무기에 의해 공포의 균형을 유지하는 한편, 지역분쟁에 개입해 상대방의 힘을 가늠해 보고 영향력 확대를 위해 치열하게 경쟁했다. 냉전체제하에서 대규모의 세계대전은 발생하지 않았지만 모든 분쟁이 미소의 세계전략 관점에서 재단되었다.[3]

그러나 사회주의권이 붕괴한 후 이데올로기적 대립보다 종교, 인종, 지역주의, 분리주의 등 비이념적 요인에 의한 국제분쟁이 발생하고 있다. 탈냉전 상황에서 국제분쟁의 해결 양상은 3가지 유형을 보이고 있다. 우선 아프리카의 르완다나 이디오피아와 같이 전략적 중요도가 낮고 국제적 관심도가 낮은 지역의 분쟁은 국제사회에서 방치되고 있다.

---

3) 젤리코우(Philip Zelikow)는 냉전체제를 8개 기간으로 구분하고 각 기간에서 미소의 경쟁 양상에 따라 세계정세가 어떻게 변화했는지를 설명한다. (1) Formation period: 1943~1946, (2) Period in which the United States took defensive position: 1947~1952, (3) Period in which the United States prepared for superior position: 1952~1957, (4) Critical period: 1957~1962, (5) Period of detente between the United States and Soviet Union: 1963~1975, (6) Final critical period in which the United States and Soviet Union competed in the third world: 1976~1985, (7) Second detente: 1986~1989 (8) End of the Cold War: 1989~1991. Philip Zelikow, lecture on The Cold War in World History, Harvard University John F. Kennedy School, 1997 Fall Semester.

반면 발칸 지역과 같이 전략적 중요성이 크고 주변국의 첨예한 이해가 관련되어 있을 경우 미국과 NATO 등이 분쟁 확대방지 및 분쟁 해결을 위해 군사적으로 직접 개입했다. 그리고 북한처럼 전략적으로나 지정학적으로 중요한 위치에 있으며 특히 대량파괴무기확산 위험이 있는 국가에 대해서는 정치적·군사적·경제적 방법에 의해 포괄적 문제해결과 관리방안이 모색되고 있다.

북한은 한국전쟁과 냉전체제의 유산을 안은 채 탈냉전 상황을 맞이해 체제붕괴의 악몽에 시달려야 했다. 북한은 핵개발을 시도함으로써 탈냉전 세계질서의 최대관심이 되고 있는 대량파괴무기의 확산방지문제에 정면으로 도전했다. 그 결과 북한 핵개발 문제는 복잡한 이해관계가 얽힌 지정학적 조건을 지닌 국가가 대량파괴무기를 개발하려고 할 경우 어떤 대응책을 강구해야 하는지에 대한 시범사례가 되었다.

둘째, 북한 핵개발 문제는 일차적으로 세계안보질서라는 차원에서 제기되었으나 탈냉전 상황에서 한반도 문제의 해결방향을 결정하는 결과를 가져왔다. 세계적 차원의 탈냉전에도 불구하고 한반도에는 냉전의 그림자가 짙게 드리워져 있고 해결의 실마리도 보이지 않았다. 한반도에는 냉전의 역사적 유산인 북한의 폐쇄적 동원체제, 정전체제, 한미동맹, 중북동맹 등이 여전히 생명력을 유지하며 국제환경 변화에 대해 놀랄 만한 저항력을 보이고 있었다.

북한은 탈냉전의 불확실한 상황에서 생존을 모색하기 위해서 핵개발 카드를 활용했다. 북한 핵문제를 해결하는 과정에서 그동안 무관심 속에 묻혀있던 한반도의 냉전구조와 갈등구조의 복합적인 문제들이 한꺼번에 재조명되었다. 북한 핵문제는 한반도 문제의 국제화와 한반도 문제해결의 당사자주의, 북한에 대한 봉쇄정책과 유인정책의 효용성, 한미동맹의 미래, 동북아 역학관계의 변화 등 다차원적인 문제들을 재검토하게 하는 계기가 되었다. 북한 핵문제를 해결하는 과정에서 형성된 북한 문제에 대한 관리방식은 한반도 문제를 해결하기 위한 기본적인 틀로 작용하게 되었다.

셋째, 북한 핵문제는 다차원적인 복합적인 이슈를 총망라한 잡화상과도 같았다. 북한 핵문제는 군사안보적 문제뿐만 아니라 정치적 문제, 경제적 문제, 기술적 문제 등을 전부 포괄했다. 북미 핵협상 과정에서 핵개발에 관련된 고도의 전문용어와 기술적 문제에 대한 지식이 총동원되었을 뿐만 아니라 군사적 제제, 경제제재, 국교수립 단계 등 전문용어들이 매일 매스컴을 장식했다. 더욱이 단계적으로 로드맵(road map)이 검토됨에 따라 이러한 이슈들은 상당부분 종횡으로 서로 연계되었다. 따라서 각 이슈들의 상호관련성과 실현가능성이 논의대상이 되었다.

넷째, 북한 핵협상은 여러 행위자들이 등장하는 다차원적인 협상구도에 의해 전개되었다. 물론 북한 핵협상 드라마의 주역은 미국과 북한이었다. 이외에 남한, 일본, 러시아, 중국 등 관련 국가들과 국제연합, 국제원자력기구(IAEA) 등 국제기구들이 조연으로 활약했다. 흥미있는 것은 각 행위자들의 역할이 미리 각본에 의해서 짜여진 것이 아니라 극의 상황전개와 행위자들의 의도에 의해서 가변적이라는 점이었다. 극의 전개과정에서 각 행위자들은 자신들의 고정역할을 확보하기 위해서 최대한 노력했으며 극이 마무리되었을 때 정해진 행위자들의 이미지와 역할은 그후 상당히 고정적인 것이 되었다.

다섯째, 북한 핵협상은 세 쌍의 양자협상을 통해서 전개되었다. 북미 핵협상이 주된 협상 채널이었지만 남북한 협상 채널과 북·국제원자력기구 간 협상 채널이 동시 병행적으로 가동되었다. 세 쌍의 협상 채널은 때로는 공동보조를 취하고, 때로는 서로 보완하고, 때로는 상호견제하기도 했다. 북한은 이러한 세 쌍의 협상 채널을 적절히 이용하면서도 주안점은 북미 협상에 두었다.

여섯째, 북한 핵협상이 다양한 이슈를 포괄하고 여러 행위자를 중심으로 전개된 결과 동북아 지역의 역학관계가 질적 변화를 겪었다. 냉전시대에 북한, 중국, 러시아간에 형성되었던 북방 삼각관계와 남한, 미국, 일본간에 형성되었던 남방 삼각관계가 구조적 변화를 보인 것이다. 한소수교(1991) 및 한중수교(1992)에 의해서 구조적 균열조짐을 보인 대칭적 삼각관계가 북한 핵문제를 계기로 재편성의 가닥을 잡게 되었다. 특히 북한은 핵문제를 통해서 미국과 협상통로를 마련하고자 했던 오랜 숙원을 풀었다. 또한 북일수교도 북한 핵협상의 진전양상과 밀접하게 연계되었다. 그리고 북미 협상의 여파는 한미동맹의 유효성을 끊임없이 시험했다. 특히 남한, 북한, 미국의 3자간 역학관계의 변화는 핵협상이 낳은 예상하지 못한 결과였다.[4]

일곱째, 북미 핵협상은 미국의 외교정책 결정 과정과 협상전략을 들여다 볼 수 있는 중요한 사례가 되었다. 북미 핵협상은 미국의 외교정책 결정 과정에 대한 이론적 가정들을 점검해 볼 수 있는 기회를 제공했다.[5] 특히 미국의 행정부 내 역학관계, 행정부와 의회의 관계, 언론의 역할 등이 어떻게 상호작용해 미국의 대외 정책이 형성되는지를 관찰할 수 있는 좋은 기회가 되었다. 아울러 북미 핵협상을 통해 탈냉전시대 미국의 대외 정책의 지속성과 변화, 특히 대북한 정책의 변화 과정에 대한 이해가 가능하게 되었다.

---

4) 남한, 북한, 미국의 삼각구도의 성격변화에 대해서는 다음을 참조하기 바람. 박종철, "한반도 냉전구조 해체: 미국·남북한의 삼각구도와 한국의 정책대안," 통일연구원 주최 30회 국내학술회의발표 논문집, 『한반도 냉전구조 해체방안(III): 장기·포괄적 접근 전략』(서울: 통일연구원, 1999), 1~31쪽; Sung-Han Kim, "Resolving the Korean Question: A Comparative Approach or Muddling Through," *International Journal of Korean Unification Studies*, Vol.8 (1999), pp.29~48.

5) 미국 외교정책에 대한 이론적 정리에 대해서는 다음을 참조하기 바람. 이삼성, 『현대미국외교와 국제정치』(서울: 한길사, 1993), 63~160쪽.

여덟째, 북미 핵협상은 북한의 권력구조와 정책결정 과정, 그리고 협상전략을 관찰할 수 있는 기회의 창이었다. 정전협상을 통해서 북한의 협상전략이 드러난 바 있으나 이것은 정전협상이라는 특수한 상황에서 표출된 것이었으며 시기적으로도 50년 전의 사례였다. 물론 정전체제의 군사정전위원회를 통해서 북한의 위반행위와 비타협적 행태를 반복적으로 목격할 수 있었다. 그러나 군사정전위원회의 회의는 협상과 타협을 위한 진의협상(genuine negotiation)이라기보다는 명분과 정당성을 주장하는 일종의 힘겨루기와 견강부회의 의사협상(pseudo-negotiation)에서 벗어나지 못했다.

북미 핵협상에 대한 북한의 기본적 입장과 결정적 국면전환 시점에서 북한의 정책적 고려사항, 북한내부의 정책결정 과정 등은 여전히 검은 베일에 싸여있다. 그럼에도 불구하고 18개월 동안의 협상기간 동안 북한의 정책결정 과정, 정책 우선순위, 협상행태 등을 간접적으로 들여다보는 것이 불가능하지는 않았다.

3. 북한의 핵개발 의도와 협상전략

1) 북한의 핵개발 의도

북한의 핵개발 의도가 무엇인가 하는 것은 북한 핵협상 기간 동안 줄곧 수수께끼였으며, 아직까지도 분명한 답을 찾기가 쉽지 않다. 북한이 어떤 동기에서 핵개발을 시도했느냐에 따라 그 파장이 달라지고 협상대책도 달라진다. 일반적으로 핵개발을 하는 이유에는 안보이유, 국내 정치적 이유, 상징제고 등이 있다.[6] 북한이 핵개발을 추진한 데에도 안보, 국내 정치적 통합, 국제적 위상 제고 등의 이유가 작용했다고 할 수 있다. 여기에 덧붙여 북한의 경우에는 보상 확보와 대미 협상이라는 요인이 작용한 것으로 보인다.

첫째, 북한은 안보적 위협에 대한 방위목적에서 핵무기를 개발했다는 설명이 있다. 이런 견해에 의하면 모든 면의 국력에서 열세에 처한 북한이 유일하게 의존할 수 있는 것은 군사력이라는 것이다. 더욱이 경제난으로 인해 재투자가 이루어지지 않은 재래식군사력도 열세에 처했기 때문에 북한은 대량파괴무기 개발에 의존하지 않을 수 없다는 것이다. 이런 관점에 의하면 북한이 미국과의 협상을 수용한 것은 단지 국제적 압력을 완화시키고 핵개발을 할 수 있는 시간을 벌기 위한 것이었다는 것이다.[7]

그런데 북한이 체제유지의 최후수단으로 핵무기를 개발했다고 가정할 경우, 북한이 협상에 의해 핵개발을 포기할 가능성이 희박하다. 이럴 경우, 이에 대한 대책은 억제력 중심의 강경책과 군비경쟁이 될 가능성이 크다. 척 다운스는 북한이 제네바 합의문에 동의했다고 하더라도 비밀리에 핵개발을 추진할 가능성이 있으며, 핵개발을 완전 포기하지 않고 단지 개발규모를 축소했을 가능성도 있다고 가정한다. 북한이 필요에 의해 협상의 이익을 받아들였다고 하더라도 결코 최후의 안보 수단인 핵개발을 쉽게 포기하지 않았을 것이라는 것이다.[8]

둘째, 북한이 국제적 위상 강화와 대내 선전을 위해서 핵무기를 개발했다는 견해도 있다. 이러한 견해에 의하면, 북한에게 이에 상응하는 국

---

6) Scott D. Sagan, "Why Do States Build Nuclear Weapons?: Three Models in Search of a Bomb," *International Security*, Vol.21, No.3(Winter 1996/1997).

7) James A. Bayer, "The North Korean Nuclear Crisis and The Agreed Framework: How Not to Negotiate with The North Korean," *Asian Perspective*, Vol.19, No.2(Fall-Winter 1995), p.192.

8) 척 다운스 지음, 송승종 옮김, 『북한의 협상전략』(서울: 한울아카데미, 1999), 354~361쪽.

제적 위상 강화방안을 제안하지 않는 한 북한이 쉽사리 핵무기 개발을
포기하지 않을 것이다.

셋째, 북한이 반대급부 획득을 위한 협상용으로 핵무기를 개발했다는
견해가 있다. 북한의 입장에서 보았을 때, 핵개발에 의한 것보다 핵협상
을 통해서 더 많은 정치경제적 이익을 얻을 수 있다는 것이다. 그리고
만약 협상이 실패할 경우, 북한은 핵개발 가능성을 계속 보유할 수도
있다는 것이다. 특히 미국이 우크라이나와 카자흐스탄의 핵무기 포기에
대해 경제적 보상을 제공하는 것을 목격한 북한은 핵개발중단대신 미국
으로부터 경제적 보상을 기대했을 것이라는 것이다.[9]

리언 시걸은 북한의 핵개발 의도에 대한 미국의 표준적 가정은 잘못
된 것이었으며, 북한 핵문제는 협상가능한 것이었다는 점을 반복적으로
지적한다. 시걸에 의하면 북한의 핵개발 저지는 불가능하며, 북한은 악
당 국가(rogue state)이며, 핵개발저지는 강제력에 의해서만 가능하다는
가정은 잘못된 전제였으며, 이러한 잘못된 전제 때문에 미국이 북한의
협상 제스처를 보다 일찍 알아차리지 못했다는 것이다.[10]

북한은 핵협상에서 반대급부로 경수로를 희망했다. 퀴노네스는 북한
이 보상으로 경수로를 요구하게 된 것은 북한의 핵개발역사에서 연유하
는 것으로 파악한다. 퀴노네스는 북한의 핵개발역사에 관한 강석주의
설명을 자세하게 인용했다. 강석주에 의하면, 북한이 1985년 NPT에 가
입한 것은 소련이 경수로 제공을 약속하는 대신 NPT 가입을 요구했기
때문이라는 것이다. 그러나 1988년 소련경제의 파탄 후 경수로 계획이

---

9) 러시아 및 우크라이나의 핵개발 포기에 대한 미국의 인센티브 제공에 대해서는
　　다음을 참조하기 바람. John C. Baker, *Non-Proliferation Incentives for Russia and Ukraine*,
　　Adelphi Paper 309(London: The International Institute for Strategic Studies, 1997).
10) 리언 시걸 지음, 구갑우 외 옮김, 『미국은 협력하려 하지 않았다』(서울: 사회평론,
　　1999), 25～31쪽.

중단되었기 때문에 경수로 획득이 불가능해진 상황에서 북한이 NPT를 준수할 이유가 없어졌다는 것이다. 북한은 경수로 구입 가능성을 프랑스, 오스트리아, 캐나다 등에 타진했으나 대공산권 수출 통제 규정인 COCOM과 미국의 반대 때문에 경수로 도입이 불가능했다고 한다. 러시아나 프랑스에 대해서는 사업의 보장이 없으며, 남한 및 일본과는 정치적 이유 때문에 교섭이 불가능하다는 것이다. 따라서 북한은 미국만이 북한에게 경수로를 제공할 수 있다고 판단했다는 것이다.[11]

이러한 견해에 입각할 경우, 북한은 처음부터 핵무기를 개발할 의도가 없었으며, 에너지난을 해소하기 위해 경수로를 도입하려고 했다고 할 수 있다. 시걸도 북한이 협상초기부터 일관되게 경수로를 요구했음을 반복해서 지적했다. 시걸에 의하면 북한에게 있어서 경수로는 에너지난해소를 위해서 중요할 뿐만 아니라 미국과의 법적·정치적 관계개선을 추진할 수 있는 매개 고리로 인식되었다는 것이다.[12] 돈 오버도퍼도 한스 블릭스(Hans Blix) 국제원자력기구 사무총장의 북한 방문 시(1992.5), 김달현 부총리의 서울 방문(1992.7) 등을 통해 북한이 경수로 건설에 대해 관심을 표명했음을 확인했다.[13]

한편 북한은 핵협상 과정에서 반대급부로서 물질적 보상뿐만 아니라 미국의 정치·군사적 위협을 제거하는 한편, 나아가서 북한 체제의 안전을 보장받고자 했다. 북한은 경제난과 국제적 고립이 미국의 대북 봉쇄정책에서 기인한 것으로 인식하고, 대미관계 개선에 의해 활로를 모색하고자 했다. 아울러 북한은 대미관계 개선이라는 관문을 통과함으로써 대일 및 대서방국가와의 관계가 진전될 것으로 기대했다.

---

11) 케네스 퀴노네스 지음, 노순옥 옮김, 『2평 빵집에서 결정된 한반도운명』(서울: 중앙 M&B, 2000), 195~200쪽, 298~300쪽.
12) 리언 시걸 지음, 구갑우 외 옮김, 『미국은 협력하려 하지 않았다』, 111쪽.
13) 돈 오버도퍼 저, 『두 개의 코리아』(서울: 중앙일보, 1998), 270~271쪽.

북한이 방어용, 국제적 위상강화 및 대내선전용, 협상용 가운데 어떤 의도에서 핵무기를 개발했는지를 분명하게 판단하기는 쉽지 않다. 북한은 이상과 같은 요인들을 복합적으로 고려해 핵개발을 시도했을 수 있다. 북한은 가능한 한 여러 요인을 종합적으로 고려해 다양한 대안을 보유하고자 했을 것이다. 그리고 상황 전개 및 여건에 따라 북한의 의도와 정책 우선순위가 변했을 수 있다. 예를 들면, 북한이 처음에는 안보용으로 핵무기를 개발했다고 하더라도 미국이 경수로 제공과 북미 관계 진전을 제안함으로써 핵개발의 대미 협상 가치를 충분히 인식하게 되었을 것이다.

2) 북한 협상전략의 특성

핵협상 과정에서 나타난 북한의 협상전략은 몇 가지 흥미있는 연구주제를 제기했다. 북한은 협상에 대해서 어떤 개념을 지니고 있는가? 북한의 협상전략이 다른 나라들의 협상전략과 어떤 유사점과 차이점을 지니고 있는가? 또한 북한의 협상전략이 공산주의국가들의 협상전략과는 어떤 공통점과 차이점을 지니고 있는가? 그리고 북한 협상전략의 특수성은 어떤 요인에서 기인하는가? 또한 휴전협정 당시의 협상전략과 핵협상전략 사이에는 어떤 연속성과 변화가 있는가?

첫째, 협상 개념과 관련해 척 다운스는 북한의 협상개념이 서구국가의 협상개념과 다르다는 점을 주목한다. 서구국가들에게 있어서 협상은 상호주의(reciprocity)에 입각해 흥정을 통해 서로 주고받는 상업주의적 절충 과정이다. 그러나 북한에게 있어서 협상에 의한 양보는 권리를 다른 사람에게 포기하는 행위이며, 계급투쟁에서 양보는 항복을 의미한다는 것이다.[14] 또한 민주주의 사회는 '협상은 전쟁의 유일한 대안(negotiation is the only alternative to war)'이라고 여기는 반면, 북한은 '협상은 다

른 수단에 의한 전쟁(negotiation is war by another means)'이라고 인식한다
는 것이다. 따라서 북한은 전쟁에 임하는 것과 같은 비장한 각오로 협상
에 임한다는 것이다.[15]

반면 시걸은 적절한 보상이 제공되면 북한도 교섭을 받아들인다고
전제함으로써 척 다운스와는 다른 입장을 보였다. 시걸은 북한은 '대화
에는 대화로 힘에는 힘으로 대응'하는 장군멍군(tit-for-tat)의 행동양식을
보였다고 주장한다.[16] 시걸은 북미 협상 과정을 10단계로 구분한 뒤,
미국이 협력할 경우 북한도 협력하고, 미국이 합의사항을 위반할 경우
북한도 위반으로 대응했다고 주장한다.

북한의 협상개념을 어떻게 가정하느냐에 따라 대북 협상전략이 달라
진다. 북한이 결과적으로 핵동결을 수용하는 대신 경수로와 북미 관계
개선이라는 보상을 수용했다는 점을 감안하면, 북한도 적절한 유인에
대해 상응하게 반응하는 흥정 전략을 구사했다고 할 수 있다. 그러나
북한은 상업주의에 입각해 등가성의 상호주의를 수용하기보다는 생사
를 건 결연한 자세로 한번의 협상에서 모든 것을 결판내려고 하는 투사
의 자세로서 협상에 임했다.

둘째, 북한 협상전략의 특수성과 관련해 그동안 많은 연구들이 북한
의 협상전략을 공산주의자들의 대남 혁명 전략이라는 관점에서 이해했
다.[17] 그러나 공산주의 국가의 협상 기법과 비공산주의 국가의 협상 기

---

14) 척 다운스 지음, 송승종 옮김, 『북한의 협상전략』, 36쪽.
15) 위의 책, 402쪽.
16) 리언 시걸 지음, 구갑우 외 옮김, 『미국은 협력하려 하지 않았다』, 170~171쪽.
17) 김태서, 『협상이론에서 본 북한의 대남전략 분석: 북한조사연구, 정치』(서울: 국
　　토통일원, 1976); 박봉식, 『북한의 대남협상전략: 북한관계, 협상대비연구』(서울:
　　국토통일원, 1977); 김웅희, 『북한의 협상전략 전술 평가 및 전망』(서울: 통일원,
　　1990): 문광건, "북한식 협상행태의 변화전망과 대북협상원칙," 『국방논집』, 제26

법 간에는 차이가 별로 없기 때문에 북한의 협상행태를 공산주의국가의 협상범주에서 분석하는 것은 적실성이 없다.[18]

척 다운스는 북한의 협상 기법 가운데는 일반적으로 모든 나라의 협상에서 보편적으로 발견되는 공통점이 있다는 점을 인정한다. 그럼에도 불구하고 북한만의 독특한 협상 기법이 있다는 점을 강조한다.[19]

셋째, 어떤 요인들이 북한의 독특한 협상행태 형성에 영향을 미쳤는가? 척 다운스는 북한은 국민들의 단결과 충성심 유도, 경제적 실리확보, 적대적 대외 관계 해소 등을 위한 수단으로 협상을 활용해 왔으며, 그 과정에서 북한의 비타협적이고 비정상적인 협상행태가 형성되었다고 가정한다.[20]

북한의 독특한 협상행태 형성에 영향을 미친 역사문화적 요인을 깊이 있게 분석한 것은 스코트 스나이더이다. 그는 항일 게릴라 전통, 국가 형성기의 경험, 유교적 위계질서 전통, 주체사상과 주권의 개념, 김일성 개인숭배 등의 역사문화적 요인들이 복합적으로 작용해 북한의 독특한 협상문화가 형성되었다고 주장한다. 북한의 협상형태는 포위의식, 주권손상에 대한 두려움, 중앙집권화된 권위구조 등이 빚어낸 합작품이라는 것이다.[21]

호(1994 여름).

18) 양성철은 북한의 협상행태는 공산주의협상전략을 통해서는 이해될 수 없다고 주장한다. 그 대신 북한 특유의 문화적 현상에 대한 접근, 가치중립적 계량화, 게임이론 등을 통해 북한의 협상 기법을 이해해야 한다는 것이다. 양성철, "공산권 협상특성과 대북한 협상전략 개발," 곽태환 외 지음, 『북한의 협상전략과 남북한관계』(서울: 경남대학교 극동문제연구소, 1997), 22~24쪽.

19) 척 다운스 지음, 송승종 옮김, 『북한의 협상전략』, 37쪽.

20) 위의 책, 37~41쪽, 400~401쪽.

21) Scott Snyder, *Negotiating on the Edge: North Korean Negotiating Behavior*(Washington. D. C.: United States Institute of Peace Press, 1999), pp.17~42.

넷째, 휴전협정 당시의 협상전략과 핵협상 행태 간에는 어떤 지속성과 변화가 있는가? 북한의 협상행태에 관한 고전적 연구는 휴전협정 당시 유엔군측의 협상대표였던 터너 조이제독(C. Turner Joy)의 연구이다. 조이는 북한의 협상행태를 공산주의 국가의 협상행태라는 범주에서 접근해 상대방 의도 비난하기, 일방적 양보를 유도하기 위한 의제선정, 회담장에서의 심리전, 지연작전, 최소한의 헌신, 상대방의 최대 양보 유도, 기존 합의사항 무시, 합의이행 거부, 주제와 무관한 문제 거론하기, 합의사항에 대한 별도의 해석 등을 북한 협상행태의 특징으로 지적했다.[22]

척 다운스는 북한의 협상행태에 대한 조이의 관찰이 1960년대 및 1970년대 북한의 도발을 취급한 군사정전위원회의 협상에서도 그대로 재현되었다고 결론짓는다. 군사정전위원회 협상에서 북한은 타협을 도출하기보다는 회담을 통해 기선을 제압하고 상대방의 우위에 도전하는 의사협상(pseudo-negotiation)을 전개했다고 할 수 있다.[23]

한편, 스코트 스나이더는 조이의 분석이 지나치게 단순화되었으며 북한의 핵협상에는 적용되지 않는다고 주장한다. 스나이더는 휴전협상은 전투중에 진행되었으며, 협상 과정에서 공산주의이데올로기보다 중국과 북한의 문화적 스타일이 적용되었고, 북한보다 중국이 협상을 주도했으며, 스탈린이 미국을 약화시키기 위해 지연전술을 지시했으며, 북한은 중소 지원하에 지연전술을 통해 미국을 약화시키려 했다는 점을 지적한다. 그러나 탈냉전시대에 북한에게 있어서 협상은 더 이상 '다른 수단에 의한 전쟁'이 아니며 북한은 생존을 위해 협상을 통해 실리적 이익을 확보하려고 한다는 것이다.[24]

---

22) C. Turner Joy, *How Communists Negotiate*(New York: The Macmillan Company, 1955), 통일원 옮김, 『공산측의 협상태도』(서울: 통일원, 1993).

23) 척 다운스 지음, 송승종 옮김, 『북한의 협상전략』, 186~246쪽.

24) Scott Snyder, *Negotiating on the Edge*, pp.13~14.

3) 북한의 협상전술

협상전략(negotiation strategy)은 거시적 큰 틀을 고려해 결정되는 정책목표와 추진방향 등에 관한 것이다. 협상전술은 전략적 목표를 달성하기 위한 세부 수단으로 목표달성을 위해 동원되는 자원의 형태, 자원의 결합방법, 회담의 운영기법 등에 관한 것이다.[25]

북한의 협상전술과 관련해 우선 주목되는 것은 회담 단계별로 협상전술이 변한다는 점이다. 척 다운스는 남북대화경험을 토대로 한 이동복[26]과 송종환[27]의 연구결과를 기초로 북한이 협상단계별로 다른 입장을 보인다는 점에 착안했다. 합의의 이행정도를 기준으로 할 때, 북한은 1단계에서는 원칙에 합의하고, 2단계에서는 원칙적 합의사항을 편의대로 해석하고 유리한 방향으로 세부합의를 도출하려고 하며, 3단계에서는 진전이 없을 경우 일방적으로 회담중단을 선언하고 대화결렬 책임을 상대방에게 전가한다는 것이다. 북한의 이러한 단계별 전술은 핵협상 과정에서도 반복적으로 나타났다는 것이다.[28]

스코트 스나이더는 협상 태도의 신축성을 기준으로 협상단계에 따라 북한의 협상행태를 유형화했다. ① 북한은 사전접촉단계(prenegotiation

---

25) James A. Wall Jr, *Negotiations: Theory and Practice*(Glenview, Illinois: Scott, Foresman and Company, 1985), p.35.

26) Lee Dong Bok, "South-North Coordinating Committee of Korea: An Analytical Review of How It Was Originally Designed to Function and How It has Failed to Function As Originally Planned," in Kim Hak Joon, *The Unification Policy of South and North Korea*(Seoul National University Press, 1977)

27) Song Jong Hwan, "How the North Korean Communists Negotiate: A Case Study of the South-North Korean Dialogue of the Early 1970s," *Korea and World Affairs*, Vol.8, No.3(Fall 1984).

28) 척 다운스 저, 송승종 옮김, 『북한의 협상전략』, 267~291쪽, 307~313쪽.

and opening moves)에서는 사적 접촉을 통해 상대측의 정보를 수집하고 상대방의 의중과 약점을 탐색한다. 북한은 핵협상 개시 전 다양한 사적 채널을 통해 미국 측의 정부, 의회, 민간인사와 접촉했다. ② 회담초기에 북한은 강경하고 원칙적 입장을 제시하며 비타협적인 자세를 통해 상대방의 양보를 촉구한다. ③ 북한은 실무자급의 비공식적 회담을 통해 기술적 문제나 합의문안 조정 등에 관해 의견절충을 시도한다. 북미 회담 과정에서 허종·퀴노네스 간의 접촉이 기술적이고 절차적 문제를 협의하는 실무자급의 접촉 고리였다. ④ 회담 중반기에는 북한은 가능한 대안들을 시험하고 상대방의 최저 양보선을 확인한 뒤, 합의도출을 위해 상당한 신축성을 보인다. ⑤ 최종단계에서 북한은 마지막 양보를 얻기 위해 다시 강경한 입장을 고수한다. 북한은 제네바 합의 후 경수로 형을 결정하는 후속회담에서 한국형 경수로를 수용할 수 없다는 강경한 입장을 고수했다. 스나이더는 미국이 협상을 시작, 중간, 종반으로 이어지는 누적적이며 단선적 진전(accumulative and linear progress)으로 인식하는 반면, 북한은 협상을 계속 원칙적인 문제를 재거론하고 추가양보를 얻어내는 순환적 과정(cyclical process)으로 파악한다고 요약했다.29)

그동안 휴전협상과 남북대화 과정에서 나타난 북한의 협상전술에 대해서 많은 연구가 있었다. 이 연구들은 대체로 북한의 비타협성, 의도적인 무례함, 치밀하게 계획된 지연전술, 세밀한 계산에 의한 일탈행동, 합의사항 번복 등을 북한의 협상행태의 특징으로 지적했다.30)

특히 스코트 스나이더는 핵협상 과정에서 북한의 협상 기법으로 많이 언급된 위기외교(crisis diplomacy)와 벼랑끝전술(brinkmanship tactics)을

---

29) Scott Snyder, *Negotiation on the Edge*, pp.50~63.

30) 김도태는 북한의 협상전술로 지적된 사항을 27개로 정리했다. 김도태, 『남북한 협상행태 비교연구』(서울: 통일연구원, 1994), 『북한의 협상전술 특성 연구: 남북대화 사례를 중심으로』(서울: 통일연구원, 1995).

구체화했다. 북한이 미국의 관심을 끌기 위해 NPT 탈퇴, 사용 후 연료 봉 교체(1994.5.), 미 헬기 격추사건(1994.12.) 등의 위기외교를 효과적으로 이용했다는 점에 대해서 많은 사람들이 동의한다. 스나이더는 북한의 벼랑끝전술을 상대방의 일방적 양보 요구, 허세와 위협(bluffing and threats), 최종기한의 임의설정, 회담중단 시사 등으로 세분화였다. 스나이더는 이외에도 북한은 협상결렬의 책임전가, 체면 존중 요구 등의 전술을 협상지렛대로 사용하며, 회담상대방과 동등한 위상 요구(equivalency), 합의사항의 동시이행(simultaneity), 실질적 내용보다 형식 중시 등의 전술을 보였다고 정리했다. 그런데 북한이 일단 벼랑끝전술을 통해서 이익을 확보하게 되면, 이후에는 합의를 파기할 만한 벼랑끝전술을 또 다시 구사하기 힘들어지게 된다. 또한 벼랑끝전술을 사용할수록 허세 및 위협의 신뢰도가 저하되지만, 그럼에도 불구하고 협상수단이 제한된 북한은 계속 벼랑끝전술을 사용하지 않을 수 없는 딜레마를 안고 있다.[31)]

한편, 북한은 핵개발 능력에 대해서 최대한 모호함과 불확실성을 유지함으로써 미국의 관심을 유도하고 최대한 양보를 얻어내려 했다. 북한은 과거 핵개발 기록을 공개하는 순간부터 미국의 관심은 감소되고 빈껍데기의 허풍쟁이로 전락하고 말 것이라는 것을 너무나 잘 알고 있었다. 이런 이유 때문에 북한은 과거핵개발능력이 규명되는 것을 최대한 방지하고 모호성을 유지하려고 했다.[32)] 북한이 1994년 사용 후 연료 봉을 인출함으로써 과거핵개발능력을 미궁 속에 묻으려 했던 것도 같은 맥락에서 이해될 수 있다. 모호성은 과거 핵문제와 현재의 핵문제, 미래의 핵문제로 이슈를 세분화하는 살라미전술에 의해 보강되었다.

---

31) Scott Snyder, *Negotiating on the Edge*, pp.68~96

32) James A. Bayer, "The North Korean Nuclear Crisis and The Agreed Framework: How Not To Negotiate with the North Koreans," p.194.

4) 북한의 정책결정 과정

북한의 정책결정 과정은 베일에 싸여있다. 특히 정책결정 과정에서 북한의 공식적 정책결정 기구와 최고지도자인 김일성·김정일의 관계가 어떤가, 그리고 정책결정 기구 간의 상호관계는 어떤가 하는 점이 의문 사항이다. 북미 핵협상은 북한의 정책결정 과정을 엿볼 수 있는 흔치않은 기회를 제공했다.

북한의 외교정책 결정 과정을 설명하는 이론으로는 전제 모델(유일체제 모델), 갈등 모델, 과두제적 합의 모델이 있다.

첫째, 전제 모델은 김일성과 김정일이 최고지도자로서 모든 국가기구의 상위에서 독점적으로 정책결정을 한다는 것이다. 특히 김일성은 국가기구간의 합의를 중시하는 경향을 보였으나, 김정일은 독점적인 정책결정 권한을 보유하고 있다는 것이다. 김정일의 정책결정 독점은 각 부처들이 수직적으로 김정일에게만 보고하고, 횡적인 협조나 업무조정체계가 없는 점에 의해서 더욱 강화된다는 것이다.[33]

퀴노네스는 북한의 군부와 원자력총국, 대외경제협력추진위원회가 제네바 합의문에 반대했음에도 불구하고 김정일이 최종적으로 제네바 합의를 지지함으로써 반대가 종식되었다고 함으로써 정책결정 과정에서 김정일의 최종적 권위를 인정했다. 또한 1994년 12월 미 헬기격추시 홀 준위의 석방에 대해서도 외교부와 군부의 입장이 대립되었으나 김정일이 석방을 최종결정함으로써 문제가 일단락되었다고 한다. 김일성과 김정일은 경수로 확보를 일차적으로 중시했기 때문에 북미 타결을 저해할 수 있는 요인들을 통제했다고 한다.[34]

---

33) 허문영, 『북한외교정책 결정구조와 과정: 김일성 시대와 김정일 시대의 비교』(서울: 통일연구원, 1997), 31~35쪽.

34) 케네스 퀴노네스 지음, 노순옥 옮김, 『2평 빵집에서 결정된 한반도운명』, 350~

둘째, 갈등 모델은 파벌, 이념적 대립, 조직이익의 차이 등으로 인해서 노선투쟁이나 정책적 대립이 존재한다는 것이다. 전체주의체제인 북한의 특성상 파벌집단이나 이념적 대립이 존재하기 힘든 것은 기정사실이다. 그러나 당, 외교부, 군부가 대외 정책결정 과정에서 어느 정도 기관의 제도적 이익(institutional interests)을 지니고 있으며, 이것이 정책결정 과정에서 반영될 수는 있다. 특히 로동당 국제부는 사회주의혁명역량의 국제적 강화와 이념적 연대에 중점을 두는 반면, 외교부는 실무적 차원에서 외교문제의 해결과 외교관행을 중시한다. 군부는 국가방위와 사회주의 체제의 유지라고 하는 국가안보 이익을 중시한다.

특히 북미 핵협상 과정에서 북미 관계개선을 중시하는 외교부와 팀스피리트 훈련 중단 및 북미 평화협정 체결을 중시하는 군부의 입장차이가 표출되었다. 북한 측 협상대표는 북한군부의 강경한 입장 때문에 외교부의 협상입지가 제약받고 있다는 점을 미국 측 협상대표에게 간접적으로 시사했다. 이 점에 대해서 북한이 군부의 강경입장을 의도적으로 노출시킴으로써 협상력제고를 시도했다는 견해도 있다. 그러나 협상 과정에 참여했던 퀴노네스는 북한내부에 기관별로 제도적 이익의 차이로 인해 우선순위에 대한 이견이 존재할 수 있다고 판단했다.

북한 외교부의 실용주의적 입장과 북한군부의 안보우선 입장은 몇 가지 사례를 통해서 나타났다. 1994년 12월 미군 홀 준위의 석방교섭에서 외교부와 군부의 상반된 입장차가 드러났다. 군부는 홀 준위의 재판회부와 북미 군사회담 개최를 요구했다. 반면 외교부는 북미제네바합의를 유지하기 위해서 홀 준위 석방을 제안했다. 퀴노네스는 결국 군부가 외교부의 입장을 수용해 홀 준위의 재판회부를 철회하고 석방에 동의했다고 지적했다. 또한 연락사무소 개설과 관련해서 미 외교관의 판문점

351쪽, 423~427쪽.

통과에 대해서 군부와 외교부의 입장이 상충되었다고 한다.[35]

또한 퀴노네스는 북한이 희망하는 발전시설의 종류와 관련된 기술적 문제에 대해서 북한내부에서 입장차이가 있었다는 점을 밝혔다. 북미 협상이 막바지에 이른 1994년 9월 경수로 및 중유제공에 관한 문제를 협의하기 위한 베를린전문가회담에서 북한 측 협상대표로 나온 대외경제협력추진위원회의 김정우 위원장은 경수로 대신 병합발전소를 요구했다. 김정우는 경수로 건설에는 시간이 많이 소요되고 북한의 산업기반과 연결되기도 어렵다는 이유로 재래식 병합발전소를 요구했다. 퀴노네스의 관찰에 의하면 첨단기술에 대한 선호와 장기적 에너지수급을 고려해 경수로를 선호하는 집단과 기술적이고 경제적 이유에서 재래식 화력발전소를 선호한 경제학파간에 견해차이가 존재했다는 것이다.[36]

한편, 북미 핵협상 과정에서 다양한 기관의 제도적 이익이 표출되었다는 분석도 있다. 북미 제네바 합의가 체결된 것은 김정일, 외교부, 원자력공업부, 에너지채취공업, 대외 무역 및 금융담당 기구의 관료들의 실용주의적 입장이 군부, 당, 사회안전부, 경공업부 등의 보수적 집단의 이익을 압도했기 때문이라는 것이다.[37]

셋째, 과두적 합의모델은 당과 중앙인민위원회 등 핵심정책결정 기구의 합의에 의해서 정책결정이 내려진다고 가정한다. 만수로프는 북한의 NPT 탈퇴가 발표되기 하루 전 당중앙위원회 제9기 7차 전원회의(1993. 3.11.)에서 이 문제가 토론되었다고 주장한다. 그러나 김일성은 상대적으로 합의제의 전통을 유지한 반면, 김정일은 독단적 정책결정 성향을 지니고 있으며, 특히 김일성 사후 당의 권한이 많이 약화되었다는 점을 감

---

35) 위의 책, 423~427쪽.

36) 위의 책, 324~325쪽, 350~351쪽.

37) Alexander Mansurov, *North Korean Decision Making Processes Regarding the Nuclear Issue*(United States Institute for Peace, May 1994).

안할 때, 북미 협상 과정에서 합의제 모델이 작동되었을 가능성은 적다.

이상의 논의들을 종합하면, 북미 협상과 같은 긴박하게 돌아가는 사안에 대해서 관련 부서간의 합의제가 가동되었다기보다는 김일성과 김정일을 중심으로 한 소수의 핵심인사에 의해서 고도로 집중된 형태로 정책결정이 내려졌을 가능성이 크다. 그리고 부서간 정책조정 과정에서 외교부, 당, 군부 등 중추적 국가기관의 제도적 이익이 절충되었을 것이다.

4. 미국의 대북정책과 협상수단

1) 미국의 대북정책

냉전기간 동안 북한은 다른 공산주의국가와 마찬가지로 미국의 적으로 간주되었다. 특히 북한에 대한 미국의 부정적 이미지는 한국전쟁과 그후 북한의 반복되는 테러행위에 의해서 악화되었다.[38] 미국은 북한에게 경제제재조치를 취했으며 북한의 도발행위를 방지하기 위해서 군사적 억지태세를 취했다. 미국에게 있어서 북한은 봉쇄대상일 뿐만 아니라 격퇴되어야 할 대상이었다. 그런데 미북 핵협상은 냉전기간의 미북관계를 변화시키는 전환점이 되었다. 미국은 휴전협상이후 40년 만에 공개적으로 북한과 협상테이블에 마주 앉았으며 1994년 10월 제네바 합의문을 채택하기에 이르렀다.

---

38) 북한에 대한 미국의 이미지의 변화에 대해서는 다음을 참조하기 바람. Park Jongchul, "U.S. Policy towards North Korea: Strategy, Perception, and Inter- Korean Relations," *The Journal of East Asian Affairs*, Vol.XII, No.2(Summer/Fall 1998), pp.529~552.

미국이 북한과 협상을 하게 된 것은 대량파괴무기의 확산방지라는 세계적 차원의 전략적 고려사항 때문이었다. 탈냉전시대의 불안정한 국제질서 속에서 미국의 대외 정책의 일차적 목표는 대량파괴무기의 확산방지이다. 미국이 NPT 체제유지라는 세계적 비확산정책 때문에 대북협상에 임했다는 것은 미국 측 협상대표가 동아시아전문가가 아니라 비확산전문가였다는 점에 의해서 입증된다. 퀴노네스는 핵문제가 국무부 동아태국에서 벗어나서 핵문제 담당부서인 국무부의 군축국(ACDA), 군사정치국, 핵문제 담당 특별보좌관실, 국방부, CIA 등의 업무가 되었다는 점을 확인한다.[39] 핵문제 전문가들은 북한과의 협상 과정에서 북한의 특수성이나 남북관계 등 지역적 요인을 고려하기보다는 비확산의 일반적 원칙을 적용했다.

그러나 탈냉전시대 미국의 세계전략에 의해서 추진되었던 북미 핵협상은 시간이 지남에 따라 동북아지역 및 한반도의 전략적 요인도 고려하게 되었다. 그 결과 미북 간 핵협상은 처음의 의도와는 달리 미국의 대북정책 전체를 변화시키는 기회가 되었다. 미국은 핵문제해결을 위해서는 대북지원과 미북 관계개선 등 대북정책의 전반적인 구도가 바뀌어야 한다는 점을 인식하게 된 것이다.

미국의 대북 협상은 탈냉전시대 미국의 아태지역에 대한 전략적 구도인 "개입과 확대의 국가안보 전략"과 부합했다. 이것은 한편으로는 미국의 전통적 우방국가들과 협력적 개입을 지속하면서, 다른 한편으로는 이전의 사회주의국가들에서 시장경제와 민주주의의 확대를 촉진한다는 것이다.[40] 이러한 전략적 구도에 의해 미국의 적성국가였던 북한

---

39) 케네스 퀴노네스 지음, 노순옥 옮김, 『2평 빵집에서 결정된 한반도운명』, 113~114쪽.

40) The White House, *A National Security Strategy of Engagement and Enlargement*(July, 1994); *Department of Defense, United States Security Strategy for the East Asia-Pacific Region*(March,

은 미국의 영향권 안으로 포함되어야 할 대상으로 간주되었다.

2) 미국의 정책결정 과정

북미 핵협상은 미국의 정책결정 과정의 이면을 들여다볼 수 있는 흔하지 않은 기회를 제공했다.

첫째, 미국의 정책결정 과정과 관련해 일차적 초점은 정부 부처 내의 정책조정 과정이다. 북미 핵협상은 1962년 쿠바미사일위기의 사례연구에 토대를 둔 관료정치모델(bureaucratic politics model)을 점검해 볼 수 있는 기회가 되었다.[41] 퀴노네스는 핵협상과 관련해 미 정부 부처 내 각기 관간 협의하는 과정이 북한과 협상하는 것보다 더 어려웠다고 고백한다. 그는 대북 핵협상에는 국가안보회의, 국무부, 군축국, 국방부, 합동참모본부 등 20여 개 부처가 관여해 매 사안마다 각 직급별로 의견을 수렴하는 복잡한 과정을 거쳤다는 것을 밝히고 있다. 특히 북한에 대한 일차정보의 획득과 분석을 담당하는 전문가사이에 의견합의를 보기가 쉽지 않았다고 한다. 미국무부 정보조사국에서 북한 문제를 담당하던 5~6명은 온건파로서 북한을 실용주의적 관점에서 분석해 북한의 핵무기를 협상가능한 것으로 판단했다. 그러나 CIA의 북한담당 전문가 100여 명은 강경파로서 냉전적 관점에서 북한을 파악하고 북한이 이미 핵무기를 보유했을 것으로 판단했다.[42]

퀴노네스는 대북 협상을 하기 위해서는 미국 내의 보수적 관료집단

1995).

41) Graham T. Allison, *Essence of Decision: Explaining the Cuban Missile Crisis*(Boston: Little, Brown and Company, 1971), pp.144~184.

42) 케네스 퀴노네스 지음, 노순옥 옮김, 『2평 빵집에서 결정된 한반도운명』, 113~114쪽, 141~144쪽, 209~211쪽.

을 상대로 힘겨운 설득작업을 해야 했다는 점을 실감나게 설명한다. 퀴노네스는 정책담당자를 관례, 규칙, 절차, 만장일치제 등을 중시하고 위험부담을 감수하려고 하지 않는 관료와 상황변화에 민감하게 적응해 문제해결을 적극적으로 시도하는 외교관으로 구분했다. 퀴노네스는 협상에 의해 적극적으로 문제해결을 시도하는 외교관들은 무사안일주의적인 관료집단과 힘겨운 싸움을 해야 했다고 주장한다. 특히 국무부의 엄격한 관료주의 때문에 북한 측 상대와 접촉할 때, 접촉 성격, 접촉 장소, 시간, 대화 내용 등을 일일이 꼼꼼하게 점검해야 했다고 한다.[43]

시걸은 분명한 어조로 보수적 의회, 외교전문가집단, 무관심한 대중, 국제 원자력기구 등이 북한과의 협상을 방해하는 세력이었다는 점을 강조한다. 시걸은 북한이 처음부터 협상에 의한 타협가능성을 시사했으나 미국의 복잡한 정책결정 과정과 보수적인 여론이 북한의 제안을 무시함으로써 북한과의 협상이 더디어졌다는 것이다. 그리고 북한과 어렵게 타협안을 도출해도 국내의 반대 여론 때문에 타협안이 실행에 옮겨지지 않았으며 위기가 다시 고조된 후에야 타협안이 다시 모색되었다는 것이다. 시걸은 특히 미행정부의 권한분화와 정책결정의 복잡성, 국가안전보장회의의 조정기능의 미흡함, 부처이기주의, 보수적인 한반도 문제 전문가 등을 통렬하게 비난한다.[44]

시걸은 미국의 다양한 입장의 조정 과정이 합리적인 선택을 하게 하는 긍정적인 요인으로 작용하기보다는 북한에 대한 합리적인 대응을 방해하는 요인이 되었다고 주장한다. 그러나 이러한 시각은 미국의 정책결정 과정의 특징인 다원주의의 장점을 지나치게 폄하하는 반면, 획일적인 정책결정 구조의 문제점을 간과하는 문제를 지니고 있다.

---

43) 위의 책, 8~10쪽, 52~59쪽.
44) 리언 시걸 지음, 구갑우 외 옮김, 『미국은 협력하려하지 않았다』, 168~173쪽.

둘째, 정책결정 과정에서 미 언론의 역할도 중요한 분석 대상이다. 시걸은 미 언론의 태도에 대해서도 매우 비판적이다. 미 언론은 핵협상의 구체적 진전 내용보다는 북한의 핵무기보유 여부, 전쟁발발 가능성, 북한붕괴가능성 등과 같은 센세이셜널한 이슈에 대해 관심을 보이고 보수적인 관료 및 인사들을 뉴스원으로 활용했다는 것이다. 또한 미 언론은 북한이 결코 핵개발을 포기하지 않을 것이라는 전제하에 북한의 타협적 제안을 무시함으로써 대북정책을 강경일변도로 주도했다는 것이다.[45]

셋째, 북미 핵협상에서 카터의 방북으로 절정에 이른 민간외교(track two approach)의 역할은 흥미있는 쟁점사항이다. 북미협상에서 민간외교의 중요성을 인식하고 이것을 적극 활용한 것은 북한이었다. 미국은 마지못해 민간접촉을 허용했으며, 불가피한 경우라고 하더라도 그 역할을 엄격히 제한했다.

평양은 치밀하게 준비된 민간외교를 통해 북한의 입장을 미국에 알리는 한편, 미국 측 의도를 파악하기 위해 많은 노력을 기울였다. 1980년대 말부터 평양은 스칼라피노(Robert Scalapino), 개스턴 시거(Gaston Sigur), 스테픈 린튼(Stephen Linton), 빌리 그레함(Billy Graham), 셀리그 해리슨(Selig Harrison), 에커만 의원(Ackerman) 등을 선별적으로 북한에 초청하는 민간외교를 추진했다. 민간외교의 정점은 1994년 6월 핵위기가 고조된 시점에서 카터 전 미대통령의 평양방문과 김일성면담, 그리고 핵동결 결정과 남북정상회담 발표였다.

사실 미행정부는 민간외교, 특히 카터의 역할에 대해서 그다지 비중을 두지 않았다. 미 정부는 카터의 방북 시 카터가 핵협상의 구체적 문제에 대해서 협의하는 것을 방지하기 위해 핵전문가를 동행시키지 않는 치밀함을 보였다. 그러나 퀴노네스는 관료주의의 경직성을 타파하기 위

45) 위의 책, 277~305쪽.

한 수단으로 민간외교를 긍정적으로 평가하고 있다. 그는 카터가 김일성 면담 결과를 CNN을 통해 전 세계로 방영하는 것을 속수무책으로 지켜보아야 했던 백악관안보회의의 좌절감을 생생하게 그리고 있다.[46]

시걸은 보수적 관료주도의 대북 협상이 실패했으며, 타협의 돌파구가 민간외교에 의해서 열렸다고 주장한다. 민간외교는 다양한 아이디어를 제공하고 여러 대안에 대해서 자유롭게 협의할 수 있으며, 공식 접촉의 여건을 조성하고, 상호의사를 타진할 수 있는 기회가 된다는 것이다. 그는 미국 측의 민간인사들이 북한과 접촉할 수 있었던 것은 록펠러재단(Rockefeller Fund)이나 알튼 존스재단(W. Alton Jones Foundation) 등이 민간인사의 대북 접촉을 재정적으로 지원했기 때문에 가능했다는 점을 덧붙이고 있다. 시걸은 당연히 카터의 방북 성과를 높게 평가한다.[47]

그런데 퀴노네스나 시걸은 민간외교가 성공하기 위한 조건을 경시한 측면이 있다. 민간외교가 성공하기 위해서는 민간인과 관료 사이의 신뢰, 정보공유가 있어야 하며, 민간인의 중립적 역할과 아이덴티티 확립이 중요하다. 그렇지 않을 경우 관료들은 민간인들이 수집한 정보를 신뢰하지 않고 최악의 경우 민간인들이 양측으로부터 이용당할 가능성도 배제할 수 없다.

3) 미국의 협상수단

북미 핵협상의 핵심 사항은 미국이 어떤 협상수단을 지니고 있었으며, 그 가운데 어떤 것이 북한의 양보를 얻어내는 데 효과적이었느냐 하는 것이다. 미국은 외교적 압력, 경제제재, 무력제재 등의 '채찍'과 경

---

46) 케네스 퀴노네스 지음, 노순옥 옮김, 『2평 빵집에서 결정된 한반도운명』, 273~276쪽.
47) 리언 시걸 지음, 구갑우 외 옮김, 『미국은 협력하려 하지 않았다』, 177~225쪽.

제지원, 경수로 제공, 외교관계 개선 등의 '당근'을 보유하고 있었다. 채찍은 강제적 수단(coercive means)이며, 당근은 보상적 수단(remunerative means)이라고 할 수 있다.48)

북한이 국제적으로 고립되어 있으며 국제적 연계망이 약하기 때문에 역설적으로 대북 압박수단의 효과는 제한적이었다. 미국은 국제원자력기구의 대북결의안, 유엔의 대북제재결의안, 한·미·일 공조, 국제사회의 여론 형성 등 외교적 압력수단을 통해 북한에게 압박을 가했으나 국제규범으로부터 별로 구속을 받지 않는 북한은 이러한 외교적 압력에 대해서 개의하지 않았다.

또한 대북 경제제재는 국제적으로 경제적 연계망을 지니고 있지 않는 북한을 더 이상 고립시키기 어렵다는 근본적인 문제를 안고 있었다. 중국은 북한에게 경제적 제재를 가함으로써 난민이 발생하거나 북한의 급격한 붕괴로 인해 한반도에 불안정이 초래되는 것을 원하지 않았다. 또한 실제적으로 중국이 북한에 대해서 공식적·비공식적으로 제공하고 있는 경제지원과 물물거래를 완전히 차단하는 것도 불가능했다. 중국은 정부차원의 공식적 원조, 정부보조를 통한 무역거래, 그리고 국경지역의 물물거래를 통해서 북한에게 최소한의 생존을 위한 숨통을 열어주었다.49) 중국은 북한에게 압박을 가하기보다는 최소한의 지원 고리를 유지함으로써 북한의 대중국 의존을 지속시키는 한편, 이를 근거로 한반도 문제에 대한 영향력을 행사하고자 했다. 또한 일본 조총련의 대북

---

48) 집단적 동의를 획득하는 방법에는 규범적 수단(normative means, 상징조작과 집단적 규범의 적용), 보상적 수단(remunerative means, 물리적 보상의 제공), 강제적 수단(coercive means, 물리적 강제력의 행사)이 있다. Amitai Etzioni, *A Comparative Analysis of Complex Organization*(New York: The Free Press, 1961), pp.3~67.

49) United States Institute of Peace, Special Report, *North Korea's Decline and China's Strategic Dilemmas*(October 1997).

송금을 완전 차단하는 것도 용이하지 않았다.[50]

그렇다면 미국은 얼마나 진지하게 대북 무력제재를 검토했는가, 그리고 미국이 대북 무력제재에 대해 국내적 및 국제적 지지를 얻을 수 있었는가? 미국은 중국 및 남한의 반대, 북한의 군사적 반격가능성 등 때문에 실제로 북한에 대해 군사적 제재를 감행하기는 어려웠다. 그럼에도 불구하고 북미 협상의 하이라이트는 1994년 6월 16일 카터·김일성 회담이 진행되고 있는 순간 백악관안보회의에서 대북 공격의 가상 시나리오에 대한 검토가 진행되고 있었다는 사실이다. 이것은 미국의 대한반도정책의 우선순위, 바텀라인, 정책수단의 효과, 우방국과의 관계 등 여러 가지 복잡한 문제들을 총체적으로 보여준 입체적 드라마였다.[51]

미국이 백악관 안보회의에서 무력제재를 검토하며 다양한 실제상황을 염두에 두고 세부적 대비를 했다는 것은 사실로 판명되었다. 대북재제안의 검토가 카터·김일성회담과 극적으로 대비됨으로써 마치 미국이 곧 무력제재를 실행에 옮길 계획이었던 것처럼 과장되는 반면, 카터 방북의 성과는 신화가 되었다. 그럼에도 불구하고 실제로 무력제재가 실행에 옮겨지기는 쉽지 않았을 것이다. 무력증강방안과 만약에 대비한 도상계획이 검토되었지만 이것이 실행되기 위해서는 미국 내 여론의 반대, 남한과 일본 등 우방국의 미온적 태도, 중국의 반대 등 넘어야 할 산이 많았다. 따라서 대북 무력제재안은 비상대비계획의 검토차원에 머물렀을 가능성이 크다.

한편, 리언 시걸과 퀴노네스는 대북 유인책이 북한의 타협을 이끌어내는 주된 요인이었다고 주장한다. 이들은 대북 압박정책이 실행되기도

---

50) 리언 시걸 지음, 구갑우 외 옮김, 『미국은 협력하려 하지 않았다』, 104~106쪽.

51) 위의 책, 『미국은 협력하려 하지 않았다』, 208쪽; 돈 오버도퍼 지음, 『두 개의 코리아』, 288~292쪽; 하버드대학교 케네디 스쿨 편, 서재경 옮김, 『한반도, 운명에 관한 보고서』(서울: 김영사, 1998), 120~133쪽.

어렵고 효과도 제한적이었으며, 북한이 이에 대해 굴복하지도 않았다는 것이다. 이들은 북한은 경수로 제공이라는 구체적 인센티브와 대미관계 개선이라는 외교적 실리에 대해서 협력적인 반응을 보였다는 것이다. 이들은 미국이 대북 제재수단에 대해서 미련을 보인 것은 강제적 수단이 효과적이기 때문이 아니라 북한에 대한 양보나 보상을 수용할 수 없는 미국의 보수적 관료 및 여론의 자존심 때문이었다는 것이다.

그러나 척 다운스의 지적처럼 역설적으로 미국이 대북 억지력을 보유하고 대북 무력제재안이 검토되었기 때문에 대북 유인책이 효력을 발휘하게 된 측면이 있다. 채찍과 당근은 분리 사용되기보다는 병행 사용될 때 효과가 있다. 중요한 것은 채찍과 당근의 배합정도와 사용시기이지 양자택일적인 선택이 아니다. 만약 채찍이 없었다면 북한은 더 큰 규모의 당근을 요구했을 수도 있다. 또한 미국이 강압정책을 검토한 것은 보수적인 미국여론을 감안하고 북한과의 협상이 차선책이었음을 설득할 수 있는 근거로 이용하기 위한 측면도 있다.

결과적으로 북한은 미국이 제안한 경수로 건설, 중유제공, 대북 경제제재 완화 등의 경제적 보상수단에 대해서 긍정적으로 호응했다. 아울러 북미관계 진전도 북한이 중시한 당근이었다. 그런데 대북 유인책이 효과적이었다는 시걸의 견해를 받아들인다고 하더라도 실제로 미국이 대북 보상의 경제적 부담을 짊어진 것은 아니라는 문제가 있다. 시걸은 대북 보상의 효용을 반복해서 강조하고 있지만, 대북 보상의 부담을 짊어진 것은 미국이 아니라 남한이라는 점을 도외시 하고 있다. 시걸은 대북 보상수단의 효과를 신뢰하고 있지만, 대북 보상을 위한 재원을 어떻게 마련할 것인가, 또한 이에 대한 미국 내의 지지를 어떻게 얻을 것인가 하는 점에 대해서는 침묵하고 있다. 또한 북한 핵동결의 반대급부로 제공된 경수로 건설과 중유제공은 비용이 많이 드는 보상수단이다. 보상제공에 의한 협상은 비용이 높을 뿐만 아니라, 매 사안마다 그에 상응하는 북한의 양보를 확보할 수 없다는 문제점을 지니고 있다. 또한 이것은 양보를 얻어내기 위한 북한의 벼랑끝전략을 허용하는 문제점을 지니고 있다. 이러한 근본적인 문제에 대해서도 시걸은 대답하지 않고 있다.

5. 남북대화와 한미공조

북미 핵협상은 미국과 남한, 북한 간 삼각관계를 결정적으로 변화시키는 단초가 되었다. 냉전기간에는 한미동맹이 유지되는 반면, 남북관계와 미북 관계는 전면 중단되었다. 그러나 북한 핵문제를 계기로 미북 대화가 시도되면서 삼각관계에 구조적 변화가 발생했다. 한편으로는 미북 접촉이 진전되면서 다른 한편으로는 한미 간 입장차이가 발생했다. 이런 상황에서 남북관계는 여전히 교착상태에 놓여있었다.

첫 번째 문제는 북한 핵문제로 북미 협상이 진행되는 상황에서 미북 관계 진전과 남북관계 진전과의 관계를 어떻게 설정하느냐 하는 것이었다. 한반도 문제의 국제화는 불가피하게 북미 간 접촉 범위를 확대시켰지만, 이에 상응해 남북관계 진전을 수반하지는 않았다. 더욱이 미북 관계 진전은 한미관계의 변화를 수반하지 않을 수 없게 되었다. 북한은 이러한 상황을 이용해 가급적 한미관계의 틈새를 넓히고 그 가운데서 자신의 협상입지를 넓히고자 했다. 이처럼 한반도 문제의 국제화로 인해서 남한과 북한, 미국의 3자 간 역학관계가 변하게 된 것이다.

특히 핵문제해결 과정에서 미북 협상이 주된 역할을 수행하고 남북대화가 중단됨으로서 미북 관계 진전의 속도와 범위에 대해서 한미 간 견해차가 나타났다. 남한은 미북 관계 진전 과정에서 한반도 안보에 영향을 미치게 될 평화체제 문제나 주한미군 문제 등이 한국과의 협의 없이 논의될 가능성을 염려했다. 또한 남한은 미북 관계 진전이 결과적으로 북한으로 하여금 남북대화의 필요성을 감소시킴으로써 남북관계가 경색될 것을 염려했다.

미북 협상 기간 동안 사태의 전개에 따라 남북관계의 중요성이 변화했다. 북한 핵문제가 대두한 초기단계에 남북대화의 실패는 미국이 북한과 대화를 모색할 수 있는 구실을 제공했다. 남한과 북한은 1991년 12월 '남북기본합의서'와 '한반도비핵화공동선언'을 채택했다. 그러나 비핵화공동선언에 근거해 북한 핵문제를 해결하기 위한 남북핵통제공동위원회는 북한의 핵개발저지에 대한 합의를 도출하지 못했다.[52] 남북대화가 실패함에 따라 미국은 남한을 배제한 채 북한과 대화에 착수할 수 있는 명문을 확보했다.

한편 북한은 핵협상을 계기로 그토록 갈망해 왔던 미국과의 직접 회담을 성사시킬 수 있었다. 그리고 미북 대화와 남북대화의 연계문제, 대북 사찰의 종류와 범위, 북한에 제공할 대가의 규모 등을 둘러싸고 한미 간 미묘한 견해차가 존재했다. 북한은 한미 간의 미묘한 입장차를 이용함으로써 자신의 협상력을 높이고 남한을 배제하고자 했다.

미북 핵협상을 남북대화와 연계하려던 시도는 결국 무산되었다. 한반도비핵화공동선언의 이행 및 남북대화 재개를 위한 남북한 특사파견이 시도되었으나 결실을 맺지 못했다. 북한의 NPT 탈퇴 후 남한은 1993년 5월 남북고위급회담 대표접촉을 북한에 제안했으며, 북한이 이에 대해 특사를 교환할 것을 역제의했다. 이후 1994년 4월까지 남북 특사교환을 위한 수차례의 실무 접촉이 있었으나 끝내 특사교환은 성사되지 못했다.

---

52) 남북핵통제공동위원회는 1992년 말까지 21회 개최되었으나 핵사찰의 대상과 절차에 대한 이견으로 합의를 도출하지 못했다. 전성훈, "남북핵협상의 현황과 전망," 『통일연구논총』, 1권 1호(1992), pp.131~157.

결국 남한이 남북대화를 통한 북한 핵문제해결에 한계가 있음을 실감하
고 1994년 4월 특사교환 문제를 철회함으로써 이 문제는 일단락되었
다.53) 이로써 북한 핵문제는 형식적으로나 실질적으로 남북한의 손을 떠
나서 미북 협상에 의해서만 논의되게 되었다. 남한은 남북 특사교환을
고수함으로써 미북 대화의 걸림돌이 되기보다는 이 제안을 철회함으로
써 미북 대화를 수용하는 입장을 택하지 않을 수 없었다.

이처럼 미북 핵협상 과정에서 남북대화는 단지 부수적이거나 보조적
인 변수로 취급되었다. 북미 핵협상에 관한 연구들은 북한 핵문제가 남
북대화에 미친 구조적 제약, 비핵화공동선언 이행과 국제원자력기구의
대북 사찰의 연계, 사찰방법에 대한 남북한의 이견 등이 한미 간 쟁점사
항이었다는 점을 다루지 않았다. 이것은 이 책들이 북미 핵협상에 초점
을 둔 결과이기는 하지만, 북미 핵협상의 또 다른 축을 형성하고 있었던
남북관계를 조명하지 않음으로써 북한 핵문제의 총체적 그림을 제대로
그리지 못한 아쉬움이 있다.

두 번째 문제는 대북 협상과 관련해 한미공조를 어떤 방식으로 유지
하느냐 하는 문제였다. 그동안 미국은 북한의 정세 및 의도에 대한 정보
수집과 분석에 있어서 남한의 해석에 의존해 왔다. 미국은 같은 민족이
며 북한과 직접 대치하고 있는 남한이 북한에 대해서 보다 정확한 분석
을 할 것이라는 점을 인정했다. 그러나 북한 핵협상 과정에서 미국은
북한과 직접 테이블에 마주 앉아 상대방의 의사를 확인하고 입장을 절
충할 수 있게 됨에 따라 더 이상 북한에 대한 남한의 정보 및 해석에
의존할 필요가 없게 되었다. 오히려 남한이 미국에게 협상 진전 과정과
북한의 의도에 대해서 설명을 요청하게 되었다. 남한은 미북 핵협상이

---

53) 길정우 외, 『북한핵문제와 남북관계: 전개과정 및 발전전망』(서울: 통일연구원,
1994), 16~24쪽.

진행되는 제네바의 회담장 밖에서 미국의 브리핑을 초조하게 기다리는 입장이 되었다.

한미공조의 의미에 대해서는 상반되는 견해가 있다. 척 다운스와 같은 보수적 인사는 북미 협상이 한반도 문제의 특수성, 한미동맹의 성격 등을 고려하지 않았음을 지적하고 북미 협상은 프에블로호 승무원협상을 위한 북미 협상과 같이 한미동맹에 불신감을 초래했음을 지적한다.54) 그리고 스코트 스나이더는 북미 협상에 대해 남한이 느낀 소외감과 불안감, 충격은 문제해결을 지향하는 미국의 기능적 접근방식과 북한과 정통성경쟁을 해야 하는 남한의 입장이 다른 데서 기인한다는 점을 수긍한다.55)

반면 시걸과 퀴노네스는 남북대화를 우선시하고 사사건건 북미 협상을 견제하려고 했던 남한이 협상진전의 장애물의 하나였다고 주장한다. 이들은 미국이 남한에게 회담상황을 알려주었음에도 불구하고 남한 측 관료들은 병적인 소외감에 시달렸으며, 결과적으로 한미 간 정책조율 때문에 불필요한 에너지를 낭비했다고 주장한다. 시걸의 비판적인 시각은 김영삼 대통령이 1993년 11월 클린턴대통령과의 회담에서 남북특사 교환을 전제조건으로 제시하고 '철저하고 광범위한 접근방법(thorough and broad approach)'을 제안한 것에 대한 부정적 입장에서도 드러난다.56)

이들은 북미 핵협상이 핵개발저지라고 하는 기술적 문제를 해결하기 위한 회담이었음에도 불구하고 남한은 한미동맹체제의 변화와 남북한의 위상변화 등에 대해서 불필요하게 과민한 반응을 보였다는 것이다. 이들은 남북대화가 단절된 채, 뒷짐을 지고 북미 협상을 강 건너 불 보

---

54) 척 다운스 지음, 송승종 옮김, 『북한의 협상전략』, 332~333쪽.
55) Scott Snyder, *Negotiation on the Edge*, pp.106~115.
56) 리언 시걸 지음, 구갑우 외 옮김, 『미국은 협력하려 하지 않았다』, 118~124쪽.

듯이 바라보아야 했던 남한의 묘한 이중심리를 이해하지 못했다. 또한 이들은 남한 사회에서 냉전의 구조적 틀과 한미동맹체제의 유대에 익숙해진 관성의 논리가 북미 대화를 수용하기가 쉽지 않았다는 현실을 고려하지 않았다.

6. 맺음말

북한 핵문제는 탈냉전시대 초강대국과 이에 도전하는 약소국가와의 한판승부의 사례연구로서뿐만 아니라 한반도 문제해결의 기본 방향을 제시했다는 점에서 의미를 지니고 있다. 북미 제네바 합의에서 합의된 사항들은 아직 현재 진행형으로 전개되고 있으며, 북한 문제와 한민족의 장래를 결정하는 기본 틀로 작용하고 있다.

북한과 미국에게 핵협상은 상대방을 서로 다른 시각에서 이해하게 하는 계기가 되었다. 미국과 북한은 핵협상을 통해 냉전과 한국전쟁의 유산에서 조금씩 벗어나면서 협상과 타협에 의해 문제를 해결하는 전례를 쌓게 되었다. 북한은 미국의 다원적 정책결정 과정, 국제사회에서 미국의 힘과 한계, 한미관계의 특수성 등에 대해서 부분적으로나마 이해하게 되었다. 아울러 북한은 협상 과정에서 맥락과 무관한 이슈들을 제기하고 미국에게 비현실적인 양보를 요구했으나 점차 실용적인 협상방식에 적응하게 되었다. 미국은 북한의 불안감과 생존의지를 이해하고 북한도 상황에 따라서는 협상가능한 상대라는 것을 인식하게 되었다. 그리고 미국은 북한을 궁지로 몰아넣는 것보다는 점진적으로 국제질서 속으로 끌어들이는 것이 바람직하며 북한도 이것을 희망하고 있다는 것을 이해하게 되었다.

북한의 협상행태는 많은 부분 미지수로 남겨져 있다. 그러나 북한이 위기외교 및 벼랑끝전술을 사용하면서도 실리적 이익을 위해 선별적으로 타협안을 수용하는 측면이 있다는 점이 밝혀진 것은 중요한 교훈이다. 특히 북한은 경수로 협상과 같이 다자협상이며 구체적 이익이 수반되는 사안에 대해서는 실용주의적 자세로 임했다. 앞으로 구체적인 사업을 중심으로 전개될 북한과의 협상은 실무적이고 기술적인 형태로 전개될 가능성이 크다.

그렇다면 북한 문제를 관리하는 데 압박정책과 유인정책 중에서 어느 것이 더 효과적일까? 이에 대한 대답은 단답형의 대답보다는 좀더 복잡한 사고를 필요로 한다. 대북정책의 효과는 양자택일의 선택에 의해서가 아니라 적절한 수준의 억지력, 협력외교를 위한 협상 채널의 유지, 가용한 정책수단의 유형, 대내적인 지지망, 국제적인 협력망, 그리고 무엇보다도 이러한 것들을 종합적으로 검토하고 적절한 시점에 적절한 판단을 내릴 수 있는 정책결정 구조 등에 의해서 결정된다.

한편 북한 핵협상은 미국과 남한, 북한의 삼각관계에 근본적인 변화를 초래하는 시발점이 되었다. 북한 핵문제는 탈냉전의 유동성을 한층 불안정하게 하는 시한폭탄으로 출발했으나 역설적으로 한반도 냉전구조를 해체하고 동북아 역학관계의 변화를 초래하는 디딤돌이 되었다. 미국과 북한은 우여곡절 과정을 거쳐서 점차 관계개선을 향해 나갈 것으로 전망된다. 이와 앞서거니 뒤서거니 하면서 남북관계도 진전될 것이다. 이에 따른 자연스런 결과로 한미관계도 구조적 변화를 겪을 것이다. 이렇게 되면 북미관계, 남북관계, 한미관계의 세 쌍의 양자관계는 서로 견제와 균형을 유지하면서 세 개의 변이 균등하게 균형을 이루는 정삼각형을 형성할 것이다.

이상에서 검토된 미국 측의 연구성과에 의해서 북미 핵협상 과정에 대한 궁금증의 상당부분이 해소되었다. 그럼에도 불구하고 북미 핵협상의 다른 한편의 당사자였던 북한 측의 입장은 아직까지 관찰자인 미국

측 협상참여자의 눈과 입을 통해서 간접적으로 확인된 것 밖에 없다.
아울러 북한 핵협상 과정의 다른 한 축을 형성했던 남한의 고민과 노력
도 체계적으로 분석되지 않았다. 북한 핵협상의 전체 그림은 앞으로 북
한 측의 조각과 남한 측의 조각이 맞추어짐으로써 완전한 형태를 갖추
게 될 것이다.

참고문헌

김도태, 『남북한 협상행태 비교연구』(서울: 통일연구원, 1994).
_____, 『북한의 협상전술 특성 연구: 남북대화 사례를 중심으로』(서울: 통일연
      구원, 1995).
김웅희, 『북한의 협상전략 전술 평가 및 전망』(서울: 통일원, 1990).
김태서, 『협상이론에서 본 북한의 대남전략 분석: 북한조사연구, 정치』(서울: 국
      토통일원, 1976).
돈 오버도퍼 저, 『두 개의 코리아』(서울: 중앙일보, 1998).
리언 시걸 저, 구갑우 외 옮김, 『미국은 협력하려 하지 않았다』(서울: 사회평론,
      1999).
문광건, "북한식 협상행태의 변화전망과 대북협상원칙," 『국방논집』, 제26호
      (1994 여름).
박봉식, 『북한의 대남협상전략: 북한관계, 협상대비연구』(서울: 국토통일원,
      1977).
박종철, "한반도냉전구조 해체: 미국·남북한의 3각구도와 한국의 정책대안," 통
      일연구원 주최 30회 국내학술회의발표 논문집, 『한반도 냉전구조 해체
      방안(III): 장기·포괄적 접근전략』(서울: 통일연구원, 1999).
양성철, "공산권 협상 특성과 대북한 협상전략 개발," 곽태환 외 저 , 『북한의
      협상전략과 남북한관계』(서울: 경남대학교 극동문제연구소, 1997).
윤태영, "한·미동맹체제하에서 한국의 대북한 위기관리, 1968-1983," 『한국정치

학회보』, 33집 2호(1999 여름).

_____, "한·미연합위기관리체제: 실제, 문제점 및 발전방향,"『국제정치논총』, 39집 3호 (1999).

이삼성, 『현대미국외교와 국제정치』(서울: 한길사, 1993).

전성훈, "남북핵협상의 현황과 전망,"『통일연구논총』, 1권 1호 (1992).

척 다운스 저, 송승종 옮김, 『북한의 협상전략』(서울: 한울아카데미, 1999).

케네스 퀴노네스 저, 노순옥 옮김, 『2평 빵집에서 결정된 한반도운명』(서울: 중앙 M&B, 2000).

하버드대학교 케네디스쿨 편, 서재경 옮김, 『한반도운명에 관한 보고서』(서울: 김영사, 1998).

허문영, 『북한외교정책 결정구조와 과정: 김일성 시대와 김정일 시대의 비교』(서울: 통일연구원, 1997).

Allison, Graham T., *Essence of Decision: Explaining the Cuban Missile Crisis*(Boston: Little, Brown and Company, 1971).

Baker, John C., *Non-Proliferation Incentives for Russia and Ukraine, Adelphi Paper 309* (London: The International Institute for Strategic Studies, 1997).

Bayer, James A., "The North Korean Nuclear Crisis and The Agreed Framework: How Not to Negotiate with The North Korean," *Asian Perspective*, Vol.19, No.2(Fall-Winter 1995).

Department of Defense, *United States Security Strategy for the East Asia-Pacific Region* (March, 1995).

Etzioni, Amitai, *A Comparative Analysis of Complex Organization*(New York: The Free Press, 1961).

Joy, C. Turner, *How Communists Negotiate*(New York: The Macmillan Company, 1955), 통일원 옮김, 『공산측의 협상태도』(서울: 통일원, 1993).

Kim, Sung-Han, "Resolving the Korean Question: A Comparative Approach or Muddling Through," *International Journal of Korean Unification Studies*, Vol.8 (1999).

Lee, Dong Bok, "South-North Coordinating Committee of Korea: An Analytical

Review of How It Was Originally Designed to Function and How It has Failed to Function As Originally Planned," in Kim Hak Joon, *The Unification Policy of South and North Korea*(Seoul National University Press, 1977).

Mansurov, Alexander, *North Korean Decision Making Processes Regarding the Nuclear Issue* (United States Institute for Peace, May 1994).

Park, Jong Chul, "U.S. Policy towards North Korea: Strategy, Perception, and Inter-Korean Relations," *The Journal of East Asian Affairs*, Vol.XII, No.2 (Summer/Fall 1998).

Sagan, Scott D., "Why Do States Build Nuclear Weapons?: Three Models in Search of a Bomb," *International Security*, Vol.21, No.3(Winter 1996/1997).

Snyder, Scott, *Negotiating on the Edge*(Washington, D. C.: United Institute of Peace, 1999).

Song, Jong Hwan, "How the North Korean Communists Negotiate: A Case Study of the South-North Korean Dialogue of the Early 1970s," *Korea and World Affairs*, Vol.8, No.3(Fall 1984).

The White House, *A National Security Strategy of Engagement and Enlargement*(July, 1994).

United States Institute of Peace, *Special Report, North Korea's Decline and China's Strategic Dilemmas*, October 1997.

Wall Jr, James A., *Negotiations: Theory and Practice*(Glenview, Illinois: Scott, Foresman and Company, 1985).

Zelikow, Philip, lecture on The Cold War in World History, Harvard University John F. Kennedy School, 1997 Fall Semester.

제 9 장

북한 연구의 '국제정치'[*]

오리엔탈리즘 비판

구갑우 (북한대학원대학교 교수, 정치학)

- Helen-Louise Hunter, *Kim Il-song's North Korea*(Westport: Praeger, 1999).
- Marcus Noland, *Avoiding the Apocalypse: The Future of the Two Koreas*(Washington, D.C.: Institute for International Economics, 2000).
- Kongdan Oh and Ralph C. Hassig, *North Korea: Through the Looking Glass* (Washington, D.C.: The Brookings Institution, 2000).
- 和田春樹, 『북조선』, 서동만·남기정 옮김(서울: 돌베개, 2002).

1. 문제설정: 정체성의 정치

우리에게 북한은 우리의 일부이면서 그들이다. 민족적 정체성을 근거로 북한은 우리가 되거나 아니면 우리로 편입된다. 그러나 그 정체성은, 이미 존재하는 것처럼 쌍방이 주장하고 있었지만, 일방이 타방을 흡수할 때 비로소 형성될 수 있는 '그 무엇'이었다. 북한이 그들이 되는 과정

---

[*] 이 글은 경남대학교 북한대학원, 『현대북한연구』, 제5권 1호(서울: 한울, 2002)에 게재되었던 글입니다.

은 조금 복잡하다. 국내적 수준과 한반도적 수준과 국제적 수준에서 냉전, 즉 자본주의 세력과 사회주의 세력의 대립이 교직하고 있기 때문이다. 밖에서 안으로의 방법을 취한다면, 냉전체제의 형성과 더불어 한반도의 두 국가가 냉전의 전초기지 역할을 맡게 되면서 두 국가의 정책결정자 및 대중의 의식에 냉전이 내면화되었다고 말할 수 있다. 즉 북한이 그들이 될 때, 남한과 군사적 동맹을 통해 정체성을 공유하고 있는 미국 그리고 미국과 군사적 동맹을 체결하고 있는 일본과 같은 국가들이 우리의 범주에 들어오게 된다.

국제적 차원에서 냉전체제의 붕괴는 이 정체성의 정치를 넘어설 수 있는 계기였다. 그러나 한반도를 둘러싼 냉전의 해체는 비대칭적으로 전개되고 있다. 남한은 그들을 구성했던 중국, 러시아와 정상적인 외교관계를 수립했지만, 북한과 일본, 북한과 미국 사이에는 우리와 그들의 적대적 이항대립이 관철되고 있다. 북한은 고립된 섬이다. 그리고 국제적 차원에서 '자유민주주의와 자본주의 경제를 공유하고 있는' 우리의 정체성 생산을 주도하고 있는 단극시대 패권 국가인 미국에 의해 북한은 이른바 '깡패국가(rogue state)'로 규정되고 있다. 즉 우리는 문명이고 북한은 야만이다. 이 탈냉전시대에 전개되는 정체성의 정치의 끝은 북한의 소멸인 것처럼 보이기도 한다.

이 글에서 검토하려는 네 권의 책 가운데, 미국인이 쓴 세 권의 책은 '김정일 정권이 지배하는 북한'의 붕괴를 희망한다. 반면, 일본인은 북한의 정상 국가로의 변화와 적대적 냉전의 소멸을 기원한다. 이 차이를 보면서 저자의 국적(國籍)과 무관하게 그리고 이른바 남남갈등(南南葛藤)까지 포함해, 냉전시대에는 잠재적이거나 또는 작은 목소리였지만, 탈냉전과 더불어 북한을 바라보는 시각의 균열이 선명하게 드러날 수 있음을 본다. 그 균열은 두 가지 이유 때문에 발생할 수 있다. 첫째, 북한이라는 국가를 바라보는 시각의 근본적 차이 때문이다. 즉 타자(他者)로서 북한에 대한 이항대립적 시각과 그 이항대립의 경계를 해체하거나 넘어서려는 시각이 대립할 수 있다. 둘째, 그 이항대립은 공유하면서도, 정책의 측면에서 북한에 대한 봉쇄(containment)와 포용(engagement)의 대립이 그 균열을 야기할 수 있다.

북한 연구에도 이 냉전과 탈냉전의 비동시적인 것의 동시성이 나타날 수밖에 없다. 북한 연구는 국제정치의 현실을 반영할 뿐만 아니라 그 자체가 담론의 형성을 통해 국제정치의 현실을 구성하는 요소다. 따라서 북한 연구의 '국제정치'는, 냉전적 북한 연구와 탈냉전적 북한 연구가 담론의 지배를 둘러싸고 벌이는 '힘을 위한 정치'에 비유될 수 있다. 대부분의 북한 연구는 북한 사활풀이를 담고 있다 해도 과언이 아니다. 북한 연구만큼 정책적 함의에 몰두하는 분야도 드물다. 이 연구의 정치화(政治化)를 연구자의 시각 탓으로만 돌릴 수는 없다. 북한의 현실과 정책과 행태에 부분적 귀책사유가 있음은 물론이다. 그러나 북한이 국제정치의 장에서 희생제의의 대상이 될 정도로 악(惡)의 화신인가라는 질문에 선뜻 긍정의 대답을 주기는 어려운 것처럼 보인다.

외국인이 쓴 북한 연구서 네 권을 비교·분석하는 이 글은, 북한을 희생양으로 만들려는 북한 연구자의 시각 속에는, 우리와 그들 사이에 또는 서구와 비서구 사이에 '인식론적이자 존재론적인' 지리학상의 경계를 설정하고, 전자의 특권적인 장으로부터 후자를 일정한 담론질서에 가두려고 하는 '오리엔탈리즘(orientalism)'이 작동하고 있음을 밝히는 것에서 시작한다.[1] 이 오리엔탈리즘은 중심이 주변을 보는 시각으로 한정되지 않는다. 주변이 주변을 보는 시각에서도, 우리와 그들을 가르는 '차별적인 계서제의 내면화'가 발견되기 때문이다. 남한의 북한에 대한

---

1) 강상중·이경덕·임성모 옮김, 『오리엔탈리즘을 넘어서』(서울: 이산, 2002), 192쪽; E. Said, 박홍규 옮김, 『오리엔탈리즘』(서울: 교보문고, 1991).

시각도 오리엔탈리즘으로부터 자유롭다고 이야기하기는 힘들 것이다.

그러나 그 오리엔탈리즘에 대한 비판이 북한에 대한 무조건적 관용을 의미하지는 않는다. 넓은 의미에서 오리엔탈리즘에 대한 비판으로 간주될 수 있는 '북한식 사회주의'의 실패를 지적하는 작업이 병행되지 않는다면, 북한 연구에서 나타나는 오리엔탈리즘에 대한 비판은 서로의 차이를 절대화함으로써 소통이 불가능한 상태를 야기할 것이기 때문이다. 이 글의 두 번째 부분은 네 권의 책에서 나름의 시각과 이론에 기초해 분석하고 있는 북한식 사회주의의 지속과 변화에 대한 평가다. 반(反)오리엔탈리즘이, 북한 연구방법론의 특권화 및 북한 경험의 절대화 함정에 빠지지 않도록 유의할 것이다.

이 이중의 비판은 탈냉전시대에 냉전의 잔재가 남아 있는 한반도에서 냉전적 우리를 해체하고 새로운 우리를 재구성하는 작업의 의미를 지닌다. 이 글의 세 번째 부분에서는 이른바 '2003년 위기설'을 중심으로 이 새로운 정체성의 정치를 모색한다. 봉쇄에서 포용에 이르는 다양한 대북정책의 대안을 검토하면서, 한반도의 평화 과정을 추동할 수 있는 행위자 구성의 문제를 제기할 것이다. 즉, 밖에서 안으로 가해지는 구조의 규정력을 넘어서서 안에서 밖으로의 방법으로 주체를 구성할 때, 비로소 한반도의 평화 과정은 시작될 수 있다. 결국, 탈냉전시대에 '우리란 누구인가'를 묻는 질문이다.

2. 북한 연구의 시각

모든 연구에는 연구자의 시각(perspective)이 투영되어 있다. 이 시각은 사회현상의 설명을 위해 연구자가 소속된 특정한 인식 공동체 또는 학문 공동체가 공유하는 일련의 가정들로 구성되어 있다. 이 가정들은 그

공동체를 접합하는 역할을 한다. 그리고 이 가정들은 일반적으로 포퍼적(Popperian) 의미에서 반증(falsification)이 불가능한 내용들이다. 연구 과정의 전(前) 이론적 단계에서 형성되거나 수용하는 이 가정들은, 때때로 비합리적이거나 또는 이데올로기에 깊이 침윤되어 있을 수도 있다. 특정 인식 공동체나 학문 공동체의 존재 및 재생산과 동의어라고 할 수 있는 쿤(T. Kuhn)의 패러다임 개념에서, 시각은 패러다임의 저변에 놓여 있는 기초적 구성물일 수 있다.2)

특정 시각을 전제한다고 해서 반드시 연구의 객관성이 침해되는 것은 아니다. 시각에 편향이 존재하더라도 이것과 무관하게 또는 그 편향에 깊이 침윤되어 있음에도 불구하고, 뛰어난 객관적 분석이 이루어질 수도 있다. 그러나 사실의 발견과 해석에 있어 특정 시각의 영향력을 배제하기는 힘들다. 예를 들어, 2002년 서해교전을 둘러싼 해석의 차이(의도성과 우발성)와 같은 경우 북한을 바라보는 시각의 차이를 배제하고 해석의 차이를 설명하기 힘들다. 따라서 연구자 스스로가 자신의 시각에 대한 반성을 수행하지 않는다면 연구의 객관성을 담보하기 힘들다.

일단, 특정 시각의 적실성은 현실의 구체적 성격에 의해 결정된다고 볼 수 있다.3) 그러나 시각과 현실의 선후관계를 설정하기는 힘들다. 따라서 연구자는 항상 시각과 현실의 변증적(辨證的) 관계를 의식해야 한다. 그러나 북한 연구에서는 시각이 현실을 구성하는 측면이 두드러지게 나타나기도 한다. 또한 북한의 현실과 국제정치적 현실－예를 들어, 북한과 미국, 남한과 북한의 관계－에 대한 자의적 판단으로 시각의 적실성이 주장되기도 한다. 국제정치적으로 특정 국가 또는 집단의 이익을 정당화하기 위해 북한의 현실이 왜곡되거나 새롭게 연구자에 의해 북한

---

2) T. Kuhn, *The Structure of Scientific Revolution*(Chicago: University of Chicago Press, 1970).
3) 박건영, 『한반도의 국제정치』(서울: 오름, 1999), 16쪽.

의 현실이 구성될 수도 있다는 것이다.

현재는 미국평화연구소(United States Institute for Peace)의 선임연구원이고 1989년부터 평양 주재 국제식량계획(WFP)의 고문으로 활동해 온 헤이즐 스미스(Hazel Smith)는 미국 싱크탱크(think tank)의 북한에 대한 오리엔탈리즘적 시각을 모든 것을 '안보쟁점화(securitization)'하는 패러다임으로 규정한다.[4] 이 안보쟁점화 패러다임은 기존의 안보에 기초한 분석과 달리, 오만한 단일요인 분석이고 매우 강한 규범적 입장을 견지한다. 그리고 경제적·문화적·인도적 정책들도 모두 '군사적 분석'에 기초해 안보쟁점화하려는 경향이 있다. 즉, 북한에 대한 이 안보쟁점화 패러다임은 미국판 '선군정치(先軍政治)' 패러다임이라고도 할 수 있다.

스미스는 이 안보쟁점화 패러다임의 근본적 가정을 다음과 같이 정리한다. ① 북한은 국제 문제와 국내 문제에 불변의 등장인물이고 따라서 그 체제가 제거되지 않는다면 변할 수 없다. ② 북한은 괴이하게 미친(mad) 국가이거나 나쁜(bad) 국가이고 따라서 사체(死體)처럼 굳어진 딱딱한 기술(記述)만이 적절하다. ③ 이 안보쟁점화 패러다임은 자신들의 근본적 가정에 부합하지 않는 사실을 제거하고 따라서 그 사실은 분석의 대상으로 취급하지 않는다. ④ 자료가 그 패러다임의 렌즈를 통해 수집되면 그 자료는 근본적 가정으로 전화되고 근본적 가정을 확증하는 것으로 그 의미가 해석된다. 이 근본적 가정이 중요한 이유는, 이 가정에 입각해 북한에 대해 매우 위험한 정책결정이 이루어질 수 있기 때문이다.

미국의 연구자들이 쓴 세 권의 책도 이 안보쟁점화 패러다임, 즉 북한에 대한 오리엔탈리즘적 시각으로부터 자유롭지 못하다. 우리는 이

---

4) H. Smith, "Bad, Mad, Sad or Rational Actor? Why the 'Securitization' Paradigm makes for Poor Policy Analysis of North Korea," *International Affairs*, Vol.76, No.1(2000).

세 권의 책에서 시각의 과잉과 편향 때문에 발생하는 사실의 왜곡 또는 확인되거나 검증되지 않은 사실의 유포를 볼 수 있다. 반면, '진보적 이방인'인 와다 하루키〔和田春樹〕의 책에서는 북한을 바라보는 시각의 균형을 유지하려는 연구자의 노력을 느낄 수 있다.5)

책의 내용을 상징적으로 표현하는 제목에서도 이 차이는 명확히 나타난다.

미국 중앙정보부(CIA)에서 북한 관련 첩보를 분석하는 일을 하고 있는 헌터(Hunter)가 쓴 책의 제목은 "김일성의 북한"이다. 이 표현이 암시하는 것은, 북한이 김일성의 사적 소유물이라는 것이다. 미국의 싱크탱크 가운데 하나인 국제경제연구소(Institute for International Economics)에서 일하고 있는 놀란드(Noland)의 책은 그 제목에서 나타나듯, 한반도에 임박한 "묵시록적(默示錄的) 대변동을 피하기" 위한 목적으로 쓰였다. 그가 주장하는 것처럼, 분리할 수 없는 두 국가가 소속되어 있는 한반도의 위기—북한의 핵문제, 북한의 기근, 남한의 금융위기—가 가시적이기 때문이다. 놀란드의 책에서는 정치학적 분석을 할 때를 제외하고는 '경제학자의 객관성'이 어느 정도 담보되는 것처럼 보인다. 독립적이고 비당파적인 연구를 수행함으로써 미국의 공공 정책 수립에 기여하고자 하는 브루킹스 연구소(The Brookings Institution)에서 출간된 오공단과 해시그(Oh and Hassig)의 "북한"이란 제목의 책이 달고 있는 부제는, "거울을 지나"다. 한국말로 "거울 나라의 앨리스(Through the Looking-Glass and What Alice Found There)"라고 번역된 루이스 캐럴(Lewis Carroll)의 책에서 따온 부제다.6) 거울 반대편의 나라는 모든 것을 반대로 생각해야 하는

---

5) 서평 대상인 네 권의 책을 인용할 경우, 저자의 이름과 페이지를 인용문 뒤에 명기한다. 저자의 이름이 문장에 나온 경우에는 괄호를 하고 페이지를 제시한다.

6) L. Carroll, 『거울 나라의 앨리스』, 손영미 옮김(서울: 시공주니어, 2001).

곳이다. 거대한 체스판 위의 게임으로 일상이 돌아가는 거울 반대편의 나라는 실제 세계와 반대로 움직인다. 오공단과 해시그가 보는 북한은 바로 거울 반대편의 나라다. 거울 반대편의 나라에서 앨리스가 발견한 것처럼, 오공단과 해시그는 북한에서 '그들이 생각하는 보편'과 정반대로 움직이는 현상을 발견하려 한다.[7]

반면, 와다 하루키의 『북조선(北朝鮮)』은 오리엔탈리즘을 내면화한 남한 사람에게는 낯선 제목이다. 반공 이데올로기를 선호하는 사람들은 그 제목에서 '친북(親北)'을 떠올릴 것이다. 그만큼 한반도의 북쪽에 대한 담론은 이데올로기로부터 자유롭지 못하다. 사실 일본에서 일상적으로 사용하는 북조선이라는 용어는 지리적 의미만을 가질 수 있다. 그러나 옮긴이들도 지적하는 것처럼 남북조선과 남북한이라는 용어에서 우리는 어느 한쪽을 중심으로 사고하는 습관을 엿볼 수 있다. 역자들이 이 책의 원제를 그대로 '과감하게' 한글로 옮기며 '북조선'이라는 용어가 남한을 위한 '연습용'이 되기를 희망하는 것에서 여전히 북한에 대한 객관적 인식은 '고난의 행군'이 될 수도 있다는 생각을 한다.

북한이란 국가에 대한 저자들의 선입관도 여과되지 않은 상태로 표출되고 있다.

1980년 미국 하원의 외교위원회 위원으로 북한을 방문한 스티븐 솔라즈(Stephen Solarz)는 자신이 시아누크(Norodom Sihanouk)의 초정으로 북한을 방문하기 전 자문관의 역할을 한 헌터의 책 서문에서 북한을 조지

---

7) 북한을 합리적 행위자로 간주하고 북한과 미국의 핵협상 과정에서 미국 강압외교의 실패와 협력외교의 성공이라는 결론을 도출한 진보성향의 저자인 리언 시걸(L. Sigal)의 책 제목도 『이방인을 탈무장화하기(Disarming Stranger: Nuclear Diplomacy with North Korea)』다. L. Sigal, 『미국은 협력하려 하지 않았다: 북한과 미국의 핵외교』, 구갑우 외 옮김(서울: 사회평론, 1999). 성향에 상관없이 미국의 연구자에게 북한이 낯선 국가임은 분명하다.

오웰이 그린 『1984』로 묘사하고 있다. 북한은 거의 노예제 사회와 다를 바 없다는 것이다. 그리고 인간 정신에 반하는 정치, 사회, 경제 체제를 가지고 있기 때문에 조만간 붕괴할 것이라는 주장이 덧붙여져 있다. 헌터의 북한관도 솔라즈의 그것과 별반 다르지 않다. 헌터는 일상생활(성분, 개인숭배, 생활, 교육 등)의 분석을 통해 솔라즈의 결론에 도달하고 있다. 헌터는 북한을 극단적 개인숭배사회로 본다. 이 개인숭배사회의 특성이 아시아적 사회로서의 면모와 공산주의 사회의 특성을 압도하고 있다는 것이다. 북한 주민의 삶을 "김일성 사진에 절하는 것으로 시작해서 그것으로 종료하는"(p.16) 것으로 묘사하는 데서 헌터의 시각은 절정에 이른다.

헌터의 책 곳곳에서 발견되는 오리엔탈리즘적 시각도 지적될 필요가 있다. 사상을 영어로 'sangsa'로 쓰는 것은 작은 실수로 볼 수 있다. 그러나 "개는 (북한에서) 애완용이 아니라 식용으로 간주된다"(p.71, p.165)거나, 국가를 위한 정치 학습과 자발적 노동 때문에 북한 주민은 거의 로망스의 기회가 없다(p.73)는 발언이나, 평양은 베르디의 오페라, 모차르트의 콘체르토, 셰익스피어의 연극이 공연되지 않는 세계에서 유일한 도시라는 주장이나(p.123), 김정일이 개인적으로 유학을 가고 싶었지만 주체사상 때문에 김일성 종합대학에 진학했다(p.213)는 말이나,[8] 북한 사람들은 코트나 장갑, 모자와 같은 겨울용품을 가지고 있지 않기 때문에 대부분의 북한 사진은 여름에 찍은 것이라는 주장(p.175) 등에 이르게 되면, 지식이 아니라 첩보를 근거로 자신의 기준을 절대화하면서 문화적

---

8) 김정일이 왜 유학을 가지 않았는가라는 조금은 이상한 질문에 대해 국내에서는 황장엽의 증언에 근거해, 김정일이 소련 모스크바 대학에서의 유학 제의를 단호히 거절한 것으로 정리되고 있다. 황장엽, 『나는 역사의 진리를 보았다』(서울: 한울, 1999); 유호열, "김정일 지도자와 북한 체제: 우상과 실제," 『현대북한연구』, 3권 2호(2000), 309쪽.

차이를 관용하려 하지 않는 유치한 오리엔탈리즘의 극치를 보게 된다.

오공단과 해시그의 책도 헌터와 크게 다르지 않게, 북한이 오웰주의
적 공간이며 냉전의 종료 이후 공산주의 국가에서 유교적 전통에 입각
한 왕조(王朝) 국가로 변모했다는 전제에서 출발한다. 조선의 양반과 조
선로동당 간부가 등치된다. 그러나 북한에서는 조선왕조와 달리 궁정정
치(宮庭政治)에 의해 권력이 제한되는 사례가 훨씬 적다고 주장한다(p.4).
오공단과 해시그가 속해 있는 지식 공동체는 바로 이 견해를 공유하고
있는 듯이 보인다. 예를 들어, 3년 전에 오공단과 해시그가 이 책을 쓰
기 시작했을 때 그의 동료들은 곧 북한이 붕괴할 것이고 김일성 사후
은둔자인 김정일은 권력을 장악하지 못할 것이라고 예견했다고 한다(p.
xiii). 그러나 북한은 오공단과 해시그가 그토록 소망하는 개혁을 하지
않고 그럭저럭 버티고 있다. 오공단과 해시그는 이 지속을 북한 나름의
'격리된 현실(separate reality)'이 환상과 신화의 재생산을 가능하게 때문
이라고 설명하려 한다. 이 환상이 깨지면 결국 북한은 남한에 흡수되는
것이다(p.11).

오공단과 해시그는 헌터보다는 객관적 시각을 유지하려는 모습을 보
인다. 별 증거 없이 강도와 매춘의 확산을 이야기하기도 하고 김정일은
항상 맞춤옷만을 입는다고 기술하기도 하며, 평양의 여성 경찰관은 능
력이 아니라 외모로 선발된다는 발언을 하기는 하지만(p.146, p.55, p.
128), 격리된 현실에도 불구하고 북한도 인민이 술 마시고, 춤추며, 싸우
고, 사랑하며, 이혼하는 인간 사회로 본다(p.10). 또한 북한의 지도자가
비합리적이지 않음을 인정하기도 한다(p.192). 북한의 외교정책이 중세
왕국의 외교정책과 다를 바 없다고 주장하면서도(p.184), 북한이 요구하는
주권의 평등 및 국제질서의 민주화가 국제정치의 장에서 권력정치에 의
해 왜곡될 수밖에 없음도 지적한다(p.173). 북한의 우리식 사회주의에서는
현실정치(realpolitik)와 더불어 유토피아적 요소를 발견하기도 한다(p.2).

놀란드도 헌터나 오공단과 해시그와 비슷하게 북한을 스탈린주의적 왕조국가로 파악한다(p.3). 헌터나 오공단과 해시그에서 볼 수 있는 유치한 오리엔탈리즘은 발견되지 않지만, 북한 체제 그 자체가 북한 문제의 핵심이라고 본다는 점에서 별반 다르지 않은 가정에서 출발하고 있다.[9] 북한은 정확한 통계를 제시하지 않고도 인도적 지원을 받아내는 양치기 소년이고 그 자체가 '불행의 인민공화국'이다(p.176, p.191). 놀란드는 사실의 발견에서도 선별적 태도를 취한다. 국제기구가 제시하는 북한의 식량부족 통계는 부분적으로만 수용하면서도, '국경 없는 의사회'만이 주장하고 북한에 대한 인도적 지원을 주도하고 있는 세계 식량프로그램이 긍정도 부정도 하지 않은 북한 내부의 강제수용소로 알려진 '9/27 수용소'에 대해서는 그것이 실재한다는 믿음을 피력한다(p.176, p.183). 패러다임이 사실을 만들 수 있음을 보여주는 대표적 사례 가운데 하나다. 놀란드가 생각하는 바람직한 한반도의 미래는 북한의 붕괴다.

그 실체가 모호하기만 한 미국의 국가 이익을 위해 정상을 비정상으로 전제하고 글을 쓰는 미국의 연구자들과 달리, 와다 하루키는 한반도를 짓누르고 있는 편견으로부터 해방을 시도한다. 이는 와다 하루키가 소련 및 러시아 전문가로 탈아입구(脫亞入歐)를 추구하는 일본의 지식인 계보에 속하지 않는 연구자이기 때문에 가능한 일이기도 하다. '북조선도 소련과 같은 유형의 사회일 것이라고 생각하던' 그가, '1980년 전두환 장군의 쿠데타와 김대중 재판이 있고 난 뒤'(20쪽) 남한의 이해를 위해 북조선 연구가 필요하다는 생각을 하게 된 것도 그의 지적 계보와 무관하지 않다. 비교사회주의 연구자로서 그리고 진보적 이방인으로서

---

9) 이 견해는 미국의 또 다른 싱크탱크인 American Enterprise Institute에서 일하고 있는 북한 인구문제 전문가인 N. Eberstadt의 "Hastening Korean Reunification," *Foreign Affairs*, Vol.76, No.2(1997) 참조.

와다 하루키는 북한에 대한 역사적 연구를 통해 다른 사회주의 국가와
의 공통점뿐만 아니라 수령제, 유일지도 체제를 그 특징으로 하는 유격
대국가라는 개념을 도출한다. 그의 모델에 기초한 객관적 분석의 시도
는 앞의 세 책의 저자와 확연히 구분되는 특징이다. 북한에 대한 오리엔
탈리즘을 넘어서면서 동시에 와다 하루키는 북한이 발명한 신화의 제거
를 시도하고 있기도 하다. "김일성이 조선인민혁명군을 조직해 싸웠다
는 북조선의 설명은 신화지만, 그가 중국공산당원으로서 동북항일연군
에서 싸운 유능한 지휘관"(26쪽)이라는 설명에서, 북한에 대한 적절한
비판의 가능성을 엿볼 수 있다.10)

헤이즐 스미스가 지적하는 것처럼, 북한을 나쁜 국가이면서 미친 국
가로 규정하는 것은 모순이다. 나쁜 행위자는 합리적이고 도구적이면서
예측 가능한 행위자이지만, 미친 행위자는 비합리적이고 예측 불가능한
위험한 행위자이기 때문이다.11) 미국 연구자들의 저서들에서는 북한을
비합리적고 예측 불가능한 은둔의 왕국이라고 전제하면서도 외교정책
에 있어서는 벼랑끝 외교를 구사하는 나쁜 행위자로 묘사한다. 이 모순
이 모순으로 느껴지지 않는 것이 안보쟁점화 패러다임의 특징이라고 할
수 있다. 새로운 사실의 발견으로 이 패러다임이 위기에 직면하게 될 때
도, 보통은 보조가설을 설정함으로써 위기를 피해가게 된다. 사실상 패
러다임의 혁명은 쿤이 지적하는 것처럼 정치투쟁의 결과일 수밖에 없다.
즉 새로운 우리를 구성하지 않는 한 패러다임의 변화는 요원한 일이다.

헤이즐 스미스는, 대안적 패러다임으로 북한을 '애처로운(sad)' 행위

---

10) 와다 하루키가 신화라고 결론지은 조선인민혁명군에 대해 북한의 학자들은 내용
과 형식으로 생각할 수는 없겠냐고 응답했다고 한다. 요컨대 형식은 중국공산당이
지도하는 동북항일연군이고 내용은 조선혁명을 지향하는 조선인민혁명군이라는
것이다(和田, 27쪽).

11) Smith, "Bad, Mad, Sad or Rational Actor?" p.119.

자이면서 또한 합리적 행위자로 볼 것을 제안한다. 애처로운 행위자인 북한에 대한 인도적 지원을 위해서는 발전연구 패러다임이 필요하고, 국제관계에서 나타나는 북한의 행태를 이해하기 위해서는 그 행태를 조건 지은 역사와 맥락(context)에 대한 이해가 요구된다는 것이다.12) 즉 북한의 전쟁 경험과 전쟁 위협에 시달린 역사를 고려하는 접근의 필요성을 강조하는 것이다. 스미스가 이 새로운 접근의 대표적 미국 내 연구자로 생각하는 셀리그 해리슨(S. Harrison)은 북한의 김정일 정권은 이미 변화하고 있지만 미국은 이를 포착하지 못하면서, 핵, 미사일, 테러 문제에 집착하고 있다고 비판하고 있다.13)

우리가 유의해야 할 점은 미국 측 연구자들이 제시하는 대안적 패러다임도, 북한과의 협력을 통해 동아시아의 '안정'이라는 '미국의 국가이익'을 실현해야 한다는 정책적 시각과 긴밀히 결합되어 있다는 사실이다. 사실 미국 내에서 북한에 대한 새로운 패러다임의 설정을 둘러싼 논쟁은 미국이 동아시아에서 실현할 수 있는 국가이익이 무엇인가, 라는 질문과 분리될 수 없다. 북한에 대한 오리엔탈리즘적 시각은 유지하면서도 미국 국가이익의 실현을 둘러싼 방법론 차이로 스미스의 시각은 폄하될 수도 있다. 우리는 여기에서 한 걸음 더 나갈 필요가 있다. 북한이 가지는 고유한 논리를 인정하면서도 그 논리의 한계를 지적할 수 있는 '열린 보편주의'의 시각이 바로 그것이다. 북한의 특수성만을 강조하게 되면 결국 그것이 친북한적이든 반북한적이든 북한을 신비한 나라로 간주하게 됨으로써 북한과의 소통을 가로막을 수밖에 없기 때문이다.

---

12) Smith, "Bad, mad, sad or rational actor?," pp.129~130.

13) S. Harrison, *Korean Endgame A Strategy for Reunification and U.S. Disengagement*(Princeton: Princeton University Press, 2002). 이 책을 본 서평논문에 포함시키지 못한 것이 아쉽다. 이 책은, 미국 내에서도 북한에 대한 견해가 일괴암이 아니며 또한 경쟁하는 북한관이 존재할 수 있음을 보여주는 대표적인 저서 가운데 하나다.

3. 북한의 지속과 변화

북한의 지속과 변화는 북한 연구에서 가장 시장성이 좋은 상품 가운데 하나다. 북한 연구만큼 논문 제목에 '현황과 전망' 그리고 '과제'라는 단어가 많이 등장하는 사회과학 분야도 드물 것이다. 사회과학의 본령이 사회 현상의 설명과 예측에 있다고 할 때, 이 단어 선택의 집중 현상을 탓할 수만은 없을 것이다. 그러나 정치적 입장이 저변에 흐르면서 정책적 관심의 과잉에 의해, 과학적 설명에 기초하지 않은 예측이 난무하고 있음을 부인하기는 어려울 것이다. 이 글에서 검토하고 있는 네 권의 책도 이 현황과 전망의 형태를 갖추고 있다. 이하에서는 서평 대상인 네 권의 책의 주요 내용인 '김정일의 정치권력', '북한의 국가와 사회', '북한의 경제'를 지속과 변화의 측면에서 검토한다.

1) 김정일의 정치권력

인류학적 조사방법을 취하고 있는 헌터는 성분(핵심계층, 동요계층, 적대계층)과 김일성 및 김정일에 대한 반(半) 종교적 숭배를 북한 주민의 일상생활을 구성하는 두 가지 요소로 제시한다. 그리고 그 두 요소를 통해 북한이 도달한 막다른 골목을 설명하려 한다. 헌터는 계급 없는 사회를 만들려 했던 북한이 결국은 성분체계를 강조함으로써 그 어느 사회보다 일상생활의 거의 모든 측면에서 특권층과 비특권층의 격차가 뚜렷한 사회를 생산했다고 주장한다. 그가 예로 드는 것 가운데 하나가 북한에서는 성분 및 그 성분에 기초한 현직에 따라 상이한 상점을 이용한다는 것이다(p.130).[14]

---

14) 자본주의 사회에도 같은 현상이 없는가라고 질문을 던질 수 있다. 아마 헌터는

한편 헌터는 북한의 국가 규모가 작고 동질적 구성을 가지고 있기 때문에 스탈린이나 모택동보다 개인숭배가 용이했다는 점을 인정하면서도, 김일성에 대한 개인숭배가 가능했던 원인으로 김일성 개인의 능력을 제시한다. 예를 들어, 김일성의 현지지도는 북한의 인민과 지도자가 개인적으로 만날 수 있는 자리로서, 개인숭배를 강화하는 도구이자 신화를 재생산하는 위장된 의식이었다는 것이다(p.13, p.26, p.138). 헌터는 거의 신(神)과 다를 바 없는 존재였던 김일성과 그가 제시하는 설득의 담론이 사라진 북한의 지속이 사실상 어려울 것이라는 견해를 피력한다(pp.239~240). 특히 외부 정보가 북한 내부로 유입되고, 지배계급 내부에 균열이 발생한다면(p.183, p.28), 김일성을 승계한 김정일의 정치권력은 붕괴위험에 직면할 수도 있다는 것이다.

그러나 헌터의 이 예측은 김일성의 정치권력이 김정일에 의해 공고화되었다는 사실을 간과하고 있다. 오공단과 해시그(p.87)와 와다 하루키(139~140쪽)가 지적하는 것처럼, 김정일은 1960년대 말부터 김일성의 의인화된(personalized) 지배의 형성 과정에 깊이 개입했고, 그 과정에서 차기 수령이 되기 위한 후계자 수업을 한 것처럼 보인다.15) 와다 하루키

북한이 평등주의적 사회를 지향했기 때문에 그 위계적 상점의 존재가 비판의 대상이 된다고 주장할 것이다. 그렇다면, 위계적 상점의 존재가 문제인지 아니면 평등주의적 지향이 문제인지를 명확히 할 필요가 있다. 헌터가 평등주의적 지향의 불가능성을 이야기하는 것이라면, 여느 자본주의 사회와 북한은 별 차이가 없게 된다. 문제는 '돈(money)'에 대한 평가다. 헌터의 주장은 돈이 어느 상점을 갈 수 있는가를 결정해야 한다는 주장으로 읽힐 수 있다. 남북한의 격차를 설명하면서 돈과 능력에 기초한 남한 사회가 성분에 기초한 북한 사회보다 우위에 설 수 있었음을 헌터는 '발견'한다(pp.8~11).

15) 오공단과 해시그는 김정일의 권력승계가 1971년 사로청 6차 대회에서 시작되었다고 주장한다. 그리고 1970년판 『정치용어사전』에는 '세습제도'라는 항목이 있지만 1973년판 『정치사전』에서는 그 항목이 사라졌음에 주목하면서, 이 변화를 김정

는 1967년 유일사상체계의 확립 과정에서 김정일이 상당한 역할을 한 것으로 추정하고 있다. 김정일이 1960년대 후반부터 이른바 '항일혁명 투쟁 시기에 이룩된 혁명적 문학예술 전통을 계승'하는 '문학예술혁명'을 주도한 것은 사실이다.16) 1974년 정치국원이 된 김정일이 '생산도 학습도 생활도 항일유격대 식으로'라는 구호를 제창한 것을 보면 김정일의 문학예술혁명 사업이 유일사상체계의 확립과 일정한 연관을 가지고 있었다고 해석할 수 있다.

오공단과 해시그의 표현처럼 "아들 아래 새로운 것은 없다(nothing new under the son)"고 할 수 있다(p.102). 즉 김일성과 김정일의 정치권력은 지속의 측면이 강하다고 할 수 있다. 그러나 차이는 있다. 오공단과 해시그는 김일성이 카리스마를 통해 충성을 유발하는 '변혁적(transformational)' 지도력에 의거했다면, 김정일은 보상을 통해 충성을 유발하는 '거래적(transactional)' 지도력에 의거하고 있다고 주장한다(p.103). 김일성이 항일무장투쟁에서 자신의 권위를 도출한다면, 김정일은 1960년대부터 자신이 추진해 온 정책에 의거할 수밖에 없다는 것이다. 따라서 김정일이 정치권력의 정당성을 '선군정치'에서 찾는 것은 그의 경험을 고려할 때 대단히 역설적인 방식이라고 할 수 있다.

선군정치에 대해 오공단과 해시그는 군이 가장 강력한 기관임을 표

일 권력승계의 지표로 파악한다(p.87). 『정치용어사전』에서는 '세습제도'를, "착취 사회에서 특권 계급의 신분에 기초해 그 직위 또는 재산을 대대로 물려받도록 법적으로 고착시킨 반동적 제도를 말한다"고 기술하고 있다. 조선민주주의인민공화국 사회과학원, 『정치용어사전』(평양: 사회과학출판사, 1970). 그러나 2000년(주체 1989년)에 발간된 『조선대백과사전 16권』에는 여전히 '세습제도' 항목이 있다. 그리고 세습제도를, "착취사회에서 근로인민대중에게 지배와 예속을 강요하는 수단이며 사회 발전을 억제하는 질곡"이라고 비판하고 있다.

16) 임순희, "문학예술론," 『김정일 연구: 리더쉽과 사상(1)』, 통일연구원 연구총서 01-32(2001).

현하고 있는 것이기는 하지만, 군은 김정일과 조선로동당의 통제 아래에 있다는 주장을 한다(p.106).[17] 와다 하루키는 선군정치하에서 당 정치국이 힘을 잃고 당 군사위원회가 좀더 중요한 역할을 하고 있을 것으로 약간 다르게 추측한다(316쪽). 그러나 이 상이한 추측은 지금으로서는 실증이 불가능하다. 선군정치의 등장은 그 작동기제의 불확실성에도 불구하고 무엇보다도 김정일 정치권력의 근간이 군임을 말해 준다.

동시에 우리는 항일(抗日)과 반미(反美)라는 역사적 맥락과 세계질서적 고려 속에서 선군정치를 이해할 필요가 있다. 항일과 반미는 물질적 혜택에 버금가는 북한 체제의 정당성을 확보하는 동의의 기제였다. 그리고 탈냉전의 세계에서 동맹국을 상실하고 고도(孤島)로 남게 된 북한이 외부로부터의 실질적 또는 상상의 위협에 대응하는 방식이 선군정치 내지는 '군사중시의 정치'라고 할 수 있다.[18] 즉 선군정치는 애처로운 행위자의 합리적 선택이다. 그러나 그 합리성이 북한 인민과 김정일 정치권력의 미래를 담보하는 것은 아니다. 와다 하루키가 지적하는 것처럼, 선군정치로 표현되는 '표면의 국가'와 선군정치만으로 작동할 수 없는 '내부의 국가' 사이의 괴리가 확대되면 그 모순은 지속이 아니라 폭발로 나타날 수도 있다(316~317쪽).

2) 북한의 국가와 사회

한 사물에 보편과 특수는 통일체로 존재한다. 분석적으로 보편과 특수를 분리할 수 있다. 그러나 그 분리된 보편과 특수 어느 한편에 주목

---

17) 이 견해에 대한 자세한 내용은, 최진욱, "북한 선군정치의 정치적 함의," 『현대북한연구』, 4권 2호(2001).

18) 북한의 선군정치에 관한 설명 가운데 대외적 요인을 강조하는 모습은, 김철우, 『김정일 장군의 선군정치』(평양: 평양출판사, 2000), 122~130쪽.

해 그 사물의 본질을 포착했다고는 말할 수 없다. 따라서 보편과 특수를 변증적으로 통일해서 파악하는 것이 중요하다. 그러나 그 인식에 이르는 과정은 일반적으로 어느 한편에서 출발해서 다른 한편을 영유하는 방식으로 진행된다. 통상 보편에서 출발하는 연구자들이 보편을 기준으로 특수를 재단하고 일관된 법칙을 찾아내려 한다면, 특수에서 출발하는 연구자들은 대상 개체와 다른 개체를 구분할 수 있는 종적(種的) 특성을 획득하려는 경향이 있다. 어느 편을 선택하든, 연구자는 자신의 출발점과 도착점이 '시간적 한계'를 가지고 있음을 자각할 필요가 있다.

북한의 국가 연구도 예외는 아니다. '비교사회주의'라는 보편의 맥락에서 북한의 국가 성격을 스탈린적 전체주의로 규정하거나 또는 북한적 특수성을 강조하면서 예외 국가적 성격을 도출하려는 시도들이 바로 그것이다.[19] 여기에 덧붙여 우리는 북한의 국가 성격 논의와 관련해 역사적 시기구분의 문제를 제기할 수 있다. 즉 어떤 시점까지는 다른 사회주의와의 공통점이 강조될 수 있지만, 그 시점을 넘어서면서 새로운 질적 이행의 단계에 접어들었다고도 평가할 수 있기 때문이다.[20] 즉 시기구분을 통해 보편과 특수의 관계가 새로이 재편될 수 있다.

비교사회주의적 접근과 역사적 접근을 결합하고 있는 와다 하루키는, 북한의 국가를 이론화하는 모델로 '유격대국가'를 제시한다(112~131쪽). 이 유격대국가는 1961년경에 성립된 국가사회주의 체제(공업의 국유화, 농업의 협동화, 일원적인 정치적 지배체제)[21]에 1967년부터 2차적으로

19) 예를 들어, 최완규, "북한 국가 성격의 이론과 쟁점: 비교 사회주의적 관점"; 류길재, "'예외국가'의 제도화: 군사 국가화 경향과 군의 역할확대," 『현대북한연구』, 4권 1호(2001).

20) 시기 구분과 북한의 국가 연구는, 이주철, "북한 국가의 역사적 변천: 정치제도적 측면에서 본 시기 구분," 『현대북한연구』, 4권 1호(2001).

21) J. Kornai, *The Socialist System: The Political Economy of Communism*(Princeton: Princeton

구성된 구조물로서, 북한에서 유일사상체계의 확립과 더불어 등장한 새로운 '국가형태(form of state)'(역사적으로 종별성(種別性)을 가지는 국가)라고 할 수 있다.22) 그리고 와다 하루키에 따르면, 유격대국가의 출현은 주체사상이 실천을 위한 안내서 수준을 넘어 국가이념으로 등장하는 것과 궤를 같이한다. 여기에서 더 나아가 와다 하루키는 김정일 정권의 등장과 더불어 유격대국가가 북조선의 최고사령관이 정규군의 도움을 받아 통치하는 '정규군국가'로 변모했다고 주장하고 있다.

와다 하루키의 이 이론화는, 특정한 시각에 입각해 북한의 국가를 봉건적 왕조나 왕조적 스탈린주의 체제 또는 김일성 국가로 단지 '묘사'하려는 다른 세 책보다는 진일보한 연구성과라고 할 수 있다. 즉, 북한에서 발생하는 정치 현상을 관찰하고 그 현상의 보편과 특수를 '설명'할 수 있는 이론 또는 모델을 끊임없이 모색하고 있는 것이다. 특히 세계질서의 변화에 대한 북한의 대응('항일'과 '반미')이 북한의 국가 장치(당·정·군 관계와 그 인적 기반)에 미친 영향을 이론화한다는 점에서 그 공헌이 높이 평가될 수 있다.23) 북한과 같은 폐쇄적 소국의 경우에도 국가 지도자의 의도와 무관하게 세계질서의 위치에 따른 국가 형태의 변화가 불가피할 수밖에 없기 때문이다. 예를 들어, 북한의 핵문제처럼 어떤 문제가 국제화되는 특정 시점에서는 외적 요인이 한 국가의 사회 구성적 요인보다 국가 형태의 결정에 우선적 지위를 점할 수도 있다.

그러나 유격대국가나 정규군국가는 북한의 사회관계를 포착하지 못

University Press, 1992).

22) 유격대국가 이론에 대한 국내의 평가 및 비판으로는, 이종석, "'유격대국가론'의 성과와 한계: 와다 하루끼의 논의에 대한 검토," 『한국과 국제정치』, 제10권 2호 (1994) 참조.

23) 세계질서와 국가 형태의 관계에 대해서는, R. Cox, *Production, Power and World Order: Social Forces in the Making of History*(New York: Columbia University Press, 1993) 참조.

하는 개념이다. 즉 국가사회주의의 개념 속에는 북한의 사회경제적 특성이 반영되어 있지만, 유격대국가와 정규군국가는 국가 장치의 인적 기반과 통치 기술을 비유적으로 표현하고 있을 뿐이다.[24] 따라서 북한은 기본적으로 국가사회주의 체제이지만 정치체(政治體)로서 수령제 또는 유일사상체계가 작동한다고 말하는 것과 다를 바 없다. 결국, 사회관계가 배제된 국가 형태론은 상부 구조 내부에서의 권력투쟁 또는 국가 장치의 변화에만 주목한다는 점에서 국가 중심적 국가론과 유사성을 가질 수밖에 없다.

와다 하루키는 이 한계를 '국가-사회 복합체'의 성격을 띠는 '가족국가'와 '극장국가(theatre state)'라는 또 다른 비유적 개념을 통해 해결하려는 듯이 보인다(154~157쪽). 가족국가는 아버지 수령, 어머니 당, 대중이 하나로 일체화된 사회정치적 생명체다.[25] 와다 하루키는 이 사회정치적 생명체가 유격대국가의 간판이지만, 유격대국가와 가족국가는 서로 모순된다고 주장한다. 유격대원은 스스로 생각하고 전투를 계속해 가지만, 가족국가에서는 최고사령관, 즉 수령만이 생각하는 힘을 독점하고 있기 때문이다. 이 상태에 이르게 되면, 국가와 사회를 접합시키는 이념으로서의 주체사상은 더 이상 해방의 이념이 아니라 급속한 근대화를 달성하기 위해 노동을 동원하는 '반(反) 서구적 근대화'의 이데올로기로 전락할 뿐만 아니라, 체제 유지를 위해 인민을 통제하는 이데올로기로 변용될 수밖에 없을 것이다. 그 체제는 제국주의에 맞서 서구적 근대를 추구하면서도 민족적 정체성을 유지해야 하는 자기 분열에 직면

---

24) 서동만, "북한 정치체제 변화에 관한 시론," 『정치비평』, 통권 5호(1998).

25) 가족국가의 개념 속에서 실제로 국가와 가족의 관계에서 유교문화가 정치권력에 의해 이데올로기적으로 호명(interpellation)되는 과정을 분석한 글로는 강진웅, "북한의 가족국가체제의 형성: 국가와 가족, 유교문화의 정치적 변용을 중심으로," 『통일문제연구』, 13권 2호(2001) 참조.

할 수밖에 없다.26)

극장국가는 북한적 특수성을 표현하는 홍미로운 비유라고 할 수 있다. '권력의 역학(mechanics)이 아니라 권력의 시학(詩學)이 작동하는' 극장국가는 인류학자 기어츠(C. Geertz)가 19세기 발리(Bali) 연구에서 도출한 개념이다.27) 와다 하루키가 주장하듯, 북한의 지도자 김정일은 '영도예술'의 지도자로서 극장국가의 연출자이자 디자이너다(143~145쪽). 1970년대 말부터 1980년대 초까지 극장국가의 무대인 평양을 중심으로, 1980년 로동당 제6차 대회 이후 '당중앙'에서 '친애하는 지도자'로 변모한 김정일의 지휘 아래 역사를 신화화하는 대기념비적 건축물(인민대학습당, 개선문, 주체사상탑)이 극장국가의 무대장치로 건설된다. 오공단과 해시그(pp.127~131)나 헌터(pp.117~120)도 평양의 건축물을 묘사하면서, 김정일이 연출가이고 평양은 '유리진열장 도시'와 같다는 주장을 하고 있다. 그러나 그들은 이 극장국가에서 건축물을 매개로 한 국가의례인 형이상학적 연극을 통해 지도자의 신성(神性)이 끊임없이 재생산

---

26) 임지현, "해방에서 동원으로: 제3세계와 반서구적 근대화론으로서의 사회주의," 에릭 홉스봄 외, 『노동의 세기: 실패한 프로젝트?』(서울: 삼인, 2000). 북한의 국가이념으로서 주체사상에 대한 해석 및 연구는 사실 새로운 지평을 필요로 한다. 한 축에서는 주체의 개념을 한국인을 한국인으로 만드는 모든 것, 즉 한국인 말고는 접근할 수 없는 민족적 유아주의(solipsism)로 해석한다. 그러나 다른 한편으로 주체사상은 제3세계 사회주의 일반에서 발견되는 동원 이데올로기로서 주의주의(主意主義)의 한 갈래로 설명될 수 있다. B. Cumings, *Korea's Place in the Sun: A Modern History*(New York: W. W. Norton & Company, 1997), p.404; 임지현, "해방에서 동원으로". 오공단과 해시그(pp.34~35)는 동독에서의 다양한 계층(엘리트와 대중)이 공식 이데올로기를 수용하는 태도에 대한 연구가 실려 있다. 앞으로 북한의 주체사상 및 북한의 변화 연구와 관련해 참고할 만한 연구성과라고 할 수 있다.

27) C. Geertz, *Negara: The Theatre State in Nineteenth-Century Bali*(Princeton: Princeton University Press, 1980), p.123.

되면서 가족국가의 기제, 즉 사회통합의 기제가 작동하고 있음을 포착하지는 못한다. 이 연구자들이 북한을 설명할 수 있는 적절한 '이론'을 가지고 있지 못하기 때문이다.

19세기의 발리처럼 냉전의 고도이기는 하지만 외부 세계와의 정치경제적 연관이 없다면 국가의 생존을 확보할 수 없는 북한에게 극장국가의 지속은 역동적 변화를 가로막는 장애물일 수 있다(和田, 156쪽). 극장국가에서는 외적 충격을 새로운 의례의 형태로 내면화하는 데 상당한 시간이 소요될 수밖에 없다. 기존의 고정된 무대장치를 재해석하기란 쉽지 않기 때문이다. 즉, 권력의 시학이 작동하는 극장국가의 소멸은 정치체의 붕괴를 의미한다. 극장국가의 또 다른 한계는, 이 국가가 인민대중의 경제적 생존을 담보할 수 없다는 것이다. 인민대중은 자발적으로 국가 의례에 참여할 수 있지만, 이 동의의 기제가 확보되기 위해서는 물질적 혜택이 전제되어야 한다. 극장국가 '이론'은 물질적 동의의 기제를 무대 뒤편으로 밀어낸다.

국가사회주의 체제야말로 정치·경제학적 연구가 필요한 대상이다. 코르나이의 지적처럼 정치적 영역(정치제도와 이데올로기)과 경제적 영역 사이의 관계 그리고 정치적 영역이 경제의 작동방식에 미치는 영향에 대한 분석이 필수적이기 때문이다. 그리고 더 나아가 사물들 사이의 관계가 아니라 인민들 사이의 사회관계를 분석하기 위해서도 정치경제적 접근이 필요하다.[28] 와다 하루키가 제시한 유격대국가론과 그 표현 형태인 가족국가와 극장국가 이론은 북한의 국가 연구를 정치체 수준으로 제한하고 있다. 즉 이 국가 이론의 한계는 그 이론 내부에 경제의 작동방식을 포함하지 못하는 데 있다. 즉, 상부 구조의 특수성이 토대와 연관 없이 이론화되고 있다. 북한의 국가에 대한 연구는, 정치 영역과 경

---

28) Kornai, *The Socialist System*, pp.11~12.

제 영역의 분리와 그 두 영역의 연관 기제를 해명할 때, 비로소 비유의
수준을 넘어서는 체계적인 이론화가 가능할 것이다.

3) 북한의 경제: 개혁과 개방을 중심으로

네 권의 책 모두 북한이 경제위기를 돌파하기 위해서는 이른바 개혁
과 개방이 불가피하다는 입장을 견지하고 있다. 북한의 경제위기의 원
인으로는 고전적 사회주의 체제의 계획경제와 연성예산 제약에 입각한
관료적 조정기제, 북한의 특수한 문제인 주체 이데올로기에 입각한 경
제운용과 유격대국가 특유의 군사경제 등을 제시하고 있다. 예를 들어,
와다 하루키는 인간이 자연을 지배할 수 있다는 발상에서 시작된 주체
농법을 식량위기의 원인으로, 그리고 전문가가 아닌 공장의 당위원회가
기업운영에 책임을 지는 대안의 사업체계를 생산력 저하의 원인으로 보
고 있다(227~240쪽). 오공단과 해시그는 경제위기의 원인이 정치체제에
있다고 주장한다(p.62). 놀란드는 북한이 외연적 축적체제에서 기술혁신
에 의거한 내포적 축적체로의 전환에 실패했다는 주장을 하고 있다(p.
141, p.85). 소련의 붕괴로 인한 원조 중단이 북한의 경제위기를 가속화
한 요인이었지만, 그 붕괴와 중단이 없었더라도 북한 경제는 위기에 직
면했을 것이라는 암묵적 동의 또한 이루어지고 있다.

북한 지도부가 경제위기를 해결하기 위해 선택한 새로운 축적 대안
에 대해서도 매우 비판적이다. 와다 하루키는 북한이 외국 자본의 도입
을 통해 경제재건을 도모했던 합영사업의 실패 원인으로, 재일교포 사
업가 전진식(全鎭植)의 말을 인용하면서, 관료주의, 대안의 사업체계, 계
약의 불이행, 유격대적 경제운용 등을 들고 있다(231~235쪽). 오공단과
해시그는 에버스타트를 인용하면서 시장경제와 사적 소유를 수용하지
않는 한 북한 경제의 개혁은 한계를 가질 수밖에 없다고 평가한다(p.63).

놀란드는 자급자족 경제는 경제의 과도한 다변화를 야기할 수밖에 없고 따라서 하위최적적(suboptimally)으로 소규모 공장을 양산할 수밖에 없음을 지적하면서, 노동 동원의 극대화, 라진-선봉 경제특구와 금강산 관광과 같은 일회성 프로젝트,[29] 위협과 벼랑끝 외교를 통한 자원의 추출 등은 근본적 개혁이 아닌 '전술적 대응'이라고 주장한다(p.85).

즉 와다 하루키, 오공단과 해시그, 놀란드 모두 북한의 축적체제가 가지는 지속의 측면을 강조하고 있다. 와다 하루키는 북한의 개혁과 개방이 생존을 위한 지상명령이라고 주장하지만 그 구체적 방향은 명시하고 있다. 후자의 두 책은, 북한 경제의 '자본주의적 시장경제'로의 전환이 있지 않는 한, 변화라는 단어를 수용하지 않을 것이다. 자본주의적 시장경제만을 유일한 경제적 표준으로 설정하는 오리엔탈리즘의 다른 표현이다. 이들은 북한의 점진적 개혁의 가능성도 부정하고 있다. 놀란드는 아시아 공산주의로 분류되는 중국, 베트남과 북한의 거시경제적 조건의 차이를 지적하고 있다(pp.257~260). 북한은 중국과 베트남에 비해 상대적으로 산업화가 진전된 국가다. 예를 들어, 중국과 베트남이 개혁을 시작했을 시점인 1973년과 1989년에 농업 부문이 약 70%를 차지하고 있었던 것에 반해, 북한의 농민시장이 활성화되기 시작한 1993년 시점에서 북한 산업에서 농업이 차지하는 비중은 약 30%였다. 이 수치는 북한이 중국이나 베트남과 같이 농업개혁이 공업개혁을 선도하는 경로를 밟기 어려운 거시경제적 초기 조건으로 제시되고 있다. 즉 북한과 같이 공업화된 중앙계획경제에서 점진적 개혁은 성공할 수 없다는 것이다. 와다 하루키도, 놀란드의 의견에 동의하면서 이 딜레마와 더불어 중

---

29) 중국의 경제개방 노력이 '누적적 확산 전략'이라면 북한은 체제위협을 최소화하는 '단속적 제한 전략'을 취하고 있다. 김연철, "북한의 탈냉전적 발전전략," 『창작과 비평』, 여름호(2002), 45쪽.

국과 달리 중앙집권화된 북한의 경제구조를 또 다른 점진적 개혁의 장
애물로 보고 있다(242~243쪽). 북한의 점진적 개혁을 가로막는 또 다른
장애물로는, '주체의 이데올로기', '제한적인 국제무역(GDP의 약 12% 정
도)과 남한과의 경쟁', '외적인 안보환경' 등이 지적되고 있다(Noland, pp.
281~284).

그렇다면 북한의 현실로 가보자.

1980년대 이후 경제성장이 둔화되면서 북한에서는 농민시장 및 장마
당30)이 활성화되고 있다. 국가 배급체계가 정상적으로 작동하지 못하면
서 농민시장이 배급체계를 대체하고 있다고 볼 수 있다. 특히, 사회주의
권의 붕괴 이후 북한이 심각한 식량위기와 경제위기를 겪으면서 농민시
장은 노동력 재생산 및 일상생활의 핵심 공간으로 부상하고 있다. 즉
자본주의 경제라고는 할 수는 없지만 '자생적인' 시장경제의 확산이 이
루어지고 있는 것이다. 오공단과 해시그는 농민시장을 계획경제를 벗어
난 자본주의 경제로 파악하고 북한이 개혁에 들어섰다고 평가하면서 이
2차 경제가 인민대중의 체제에 대한 저항을 흡수하고 있다고 보고 있다
(pp.63~67).31) 변하는 현실에 조응하지 못하는 북한 지도부의 인식 및

---

30) 한 연구에서는 농민시장과 장마당의 차이를 다음과 같이 기술하고 있다. "'농민시
    장'은 농촌에서 열리는 시장을 말하고, '장마당'은 도시지역에서 열리는 시장을 말
    한다. '장마당'은 농민시장의 거래 형태가 도시지역으로 확산된 것이기 때문에 '농
    민시장'과 개념의 차이는 없다." 박석삼, "북한의 사경제 부문 연구: 사경제 규모,
    유통현금 및 민간보유 외화 규모 추정," 한은조사연구(2002-3).
31) 북한의 2차 경제 추정방법으로는 각 부문별 합계, 소득-지출 격차법, 수요-공급
    방정식, 타국과의 비교, 전력소비량과 GDP와의 관계 등이 사용되고 있다. 그러나
    추정방법에 따라 약 세 배 정도의 차이가 나기도 한다. 가계 소득-지출 조사결과를
    사용할 때 북한의 사경제 부문은 약 7.23% 정도로 추정되지만, 전력소비량과 GDP
    관계를 이용할 때는 약 26.4%로 나타나고 있다(1999년 기준). 따라서 추정방법 사
    이의 격차를 메울 수 있는 대안의 모색이 필요한 것처럼 보인다. 만약 북한의 비공

정책의 한계를 지적하고 있는 것이다.

북한의 변화를 의식적으로 부정하는 또는 부정해야 하는 사람들에게
는 1990년대 후반에 접어들면서 북한이 이데올로기적으로 보수화하는
경향이 중요하게 부각될 것이다. 즉 1990년대 후반을 거치면서 북한은
계획경제에 대한 과도한 강조를 보이기도 한다. 예를 들어, 북한의 경제
이론지인 『경제연구』에서는 식량위기 이후에도 자본주의적 방법의 도
입이 '반동적 기회주의'라는 주장이 지속되고 있기도 하다.[32] 현실과 제
도 그리고 현실과 이론의 괴리가 나타나고 있는 것이다. 그러나 이 이데
올로기적 보수화 경향은 '부족경제의 심화와 공장 가동률의 저하에 따
른 잉여 노동력의 양산으로, 주민들은 시장경제에 의존하지 않고는 생
계를 유지할 수 없을' 정도로 시장경제가 확산된 상황에 대한 공식 부문

식경제 부문이 체제전환이 발생한 국가보다 높다고 할 때, 우리는 두 가지 예측을
할 수 있다. 첫째, 북한도 유사한 길을 걸을 것이라고 예측할 수 있다. 둘째, 북한의
높은 비공식 부문에도 불구하고 북한에서는 체제전환을 저지하는 특수한 메커니
즘이 작동하고 있다고 주장할 수 있다. 사실, 농민시장은 이 판단을 함에 있어 매우
중요한 위치를 차지할 수 있다. 농민시장은 북한의 계획경제체제하에서 '합법적'
부문이었기 때문에 농민시장을 단순히 소련과 동구와 같은 비공식 부문으로만 간
주할 수 없다. 즉 북한의 농민시장은 반(半)공식 부문 또는 반(半)비공식 부문으로
평가될 소지를 가지고 있다. 그럼에도 경향적으로 특히 식량위기를 겪기 시작하면
서 농민시장의 비공식 부문으로의 성격이 확대되고 있음을 부인할 수는 없다. 북한
의 사경제 부문 및 농민시장에 대한 연구로는, 박석삼, "북한의 사경제 부문 연구";
한상진, "북한 지하경제의 규모 추정과 경제변수들과의 관계 분석"(연세대학교 경
제학과 석사학위논문, 2000); 정은미 "농민시장을 통해 본 북한의 변화"(서울대학
교 사회학과 석사학위논문, 2000) 등을 참조.
32) 예를 들어, 최영옥, "경제사업에 대한 국가의 중앙집권적·통일적 지도를 강화하
는것은 강성대국건설의 중요한 요구," 『경제연구』, 4호(2000); 리명호, "경제관리와
경제제도의 련관을 부인하는 기회주의적 견해의 반동성," 『경제연구』, 1호(1998)
등을 참조.

의 '자연발생적' 반발일 수 있다.[33] 따라서 북한의 변화는 그 방향이 여전히 모호하기는 하지만 이미 시작되었다고 할 수 있다.

그러나 놀란드는 이 변화를 최소주의 전략을 통한 '그럭저럭 버티기'로 폄하한다(pp.323~327). 그리고 이 최소주의 전략을 인구, 소득, 사회적 지표, 산출의 구성, 일가족 사회주의라는 측면에서 북한과 유사성을 지녔던 루마니아의 개혁 과정과 비교한다. 그리고 북한이 10~20억 달러의 경화만 확보할 수 있다면 최소한의 생존조건을 갖출 수 있다고 주장한다. 그러나 놀란드가 보기에 이 '실행 가능한' 전략이 개혁과 함께 하지 않는다면 결국 종착점은 체제의 붕괴다. 그럼에도 놀란드는 하나의 유보조건을 달고 있다. 경제위기와 정치변동의 관계에 관한 이론화를 할 수 없다는 것이다. 북한의 변화 전망이 정확한 예측이 되기 위해서는 북한의 축적체제와 유격대국가로 표현되는 정치체의 관계에 관한 정교한 이론화(국가이론의 구성)가 이루어져야 한다. 북한 경제가 새로운 단계로 이행하고 있음에도 불구하고 북한의 정치체는 보다 예외 국가적 형태를 띠고 있다는 사실을 설명할 수 있을 때, 그것이 미네르바의 부엉이일지라도 북한의 변화를 정확히 예측할 수 있는 기초가 마련될 수 있을 것이다.[34]

---

33) 이영훈, "현 단계 북한의 경제발전전략과 체제변화"(2001년도 북한 연구학회 동계학술회의), 73, 88쪽.

34) 이 주제와 관련해 매우 흥미로운 설명이 제시되고 있다. 1990년대에 들어 북한에서는 '물동적 중앙집중제'라는 경제운영원리가 '일반균형의 가격동학'으로의 전환에 따른 조직화 기제와 충돌하면서, 갈등과 대결의 권력 모델링하기 시작할 조짐이 나타났고, 이는 수령제를 위협할 수도 있는 국가위기 상황으로 인식되었다는 것이다. 이 위기에 직면해 김정일은 한편으로는 정권과 체제와 국가의 항배를 동일시하는 담론을 강화하면서 다른 한편으로는 선군이라는 혁명적 이데올로기 엘리트 체제의 재구축을 통해 후계정권의 안정화에 돌입했다는 것이다. 즉 선군과 가격동학의 동시 전개라는 북한식의 실용주의적 개혁노선의 등장이다. 이정철, "사회주

북한의 입장에서 가장 이상적인 최적의 대안은 그 대안이 설혹 자연
사(自然死)로의 길일지라도, 체제의 붕괴를 야기하지 않는 방식의 개혁
과 개방의 모델을 만들어 경제를 재건하는 것일 것이다. 남한을 포함한
주변국의 입장에서도 북한의 급사(急死)는 예상하지 못한 정치·경제적
비용을 야기할 수 있다. 북한 경제의 재건을 위한 가장 중요한 요소는
새로운 자본의 '시초축적'이다. 중국이나 베트남과 달리 농업 부문의 개
혁을 통해 자본축적을 할 수 없는 조건에서 북한의 선택은 국영 부문의
효율성 제고를 위한 개혁(탈집중화와 시장논리의 도입)과 2차 경제의 공식
화일 것이다.

시장의 신호에 반응하는 경제의 영역을 넓히는 방식의 경제재건을
위해서는 북한의 국가와 사회를 지탱하는 주체사상의 수정이 불가피하
다. 주체사상을 통해 경제개혁이 정당화된다면, 내파(內破)의 위협은 감
소될 수 있다. 북한의 『경제연구』에는 계획경제를 강조하면서도 시장경
제를 배워야 한다는 논문이 실리기도 한다.35) 주체사상이 강조하는 창
조성과 의식성이 시장논리와 결합할 수 있는 여지가 있다는 주장도 제
기된다.36) 북한의 농민시장도 김일성의 1969년 글인 "사회주의 경제의
몇 가지 리론문제에 대하여"에 따르면 사회주의적 상업의 한 형태이기

    북한의 경제동학과 정치체제: 현물동학과 가격동학의 긴장이 정치체제에 미치는
    영향을 중심으로"(서울대학교 정치학과 박사학위논문, 2002).
35) 김철, "국제시장에 대한 연구에서 나서는 중요한 문제," 『경제연구』, 111호(2001);
    유철남, "가공무역형태의 자유경제무역지대 발생 발전과 그 특징," 『경제연구』,
    110호(2001) 등을 참조. 그리고 이미 북한은 자본주의 학습을 진행하고 있다. 2000
    년에 무역성 산하에 '자본주의 제도연구원'을 설립했고, 유럽연합, 미국, 말레이시
    아, 호주 등지에 자본주의 학습단을 파견하고 있다. 구갑우, "탈냉전시대, 북한과
    유럽연합의 관계: 한반도 평화의 국제정치경제," 『평화논총』, 제5권, 2호(2001),
    149~151쪽.
36) 김연철, "북한의 탈냉전 발전전략," 47쪽.

도 하다.[37] 즉 북한이 시장논리의 도입을 주체사상의 틀 안에서 정당화하는 것은 가능하다. 문제는 북한의 선택이다.

그러나 생산이 거의 공동화된 북한에서 자체적인 시초축적은 불가능한 듯이 보인다. 외부로부터의 자본 유입이 없는 한 북한 경제의 재건은 어려울 수밖에 없다. 그러나 북한은 내수시장으로서도 또한 수출기지로서도 매력을 가지지 못한 상태다. 김정일의 담화를 분석한 한 연구자는 해외 자본―외국인 직접투자, 국제기구로부터의 금융지원, 공적 개발원조 등―의 유입을 위한 북한의 대외 개방 가능성이 높은 것으로 추론하고 있다.[38] 그러나 투자여건이 마련되지 않은 북한에 외국 자본이 들어가는 것은 매우 어려운 선택일 것이다. 사실 북한의 딜레마가 바로 여기에 있다. 북한이 빈곤의 악순환을 탈피하기 위해서는 자본량을 일시에 대폭 늘려야 한다.[39] 설상가상으로 북한의 사회간접자본은 거의 붕괴된 상태다.[40] 따라서 북한의 입장에서는 사회간접자본의 (재)구축과 생산시설의 회복을 위한 투자가 동시에 요구된다. 결국, '누가' 북한에 투자를 할 것인가라는 문제로 집약될 수 있다. 남북한 경협과 북한과 미국, 북한과 일본의 관계개선은 북한 경제재건의 관건이 될 수밖에 없다. 즉, 이 관계 정상화가 한반도 평화 과정이 궤도에 올랐음을 나타내는 지표라고 할 때, 한반도의 평화야말로 북한식 개혁과 개방 및 북한의 경제재

---

37) 김일성, "사회주의 경제의 몇 가지 이론문제에 대하여," 통일문제연구소 엮음, 『북한경제자료집』(서울: 민족통일, 1989).

38) 김성철, "김정일의 경제 인식에 관한 담화 분석: 개혁·개방 가능성과 방식을 중심으로," 『현대북한연구』, 3권, 2호(2000).

39) 이것이 이른바 'big push' 전략이다. 이영훈, "현단계 북한의 경제발전 전략과 체제변화," 75쪽.

40) 자세한 내용은 구갑우, "남북한 경제협력과 북한의 사회간접자본: 기능주의적 통합의 모색," 서대숙 외, 『정상회담 이후의 북한: 남북관계의 변화와 전망』(서울: 경남대학교 극동문제연구소, 2002) 참조.

건을 가능하게 할 수 있는 필수조건이다.

4. 북한과 한반도의 평화 과정: 2003년 위기설을 중심으로

2003년은 북한과 서방 국가 사이에 새로운 관계가 설정되는 해가 될 것이다(Noland, p.13). 달리 표현한다면, 2003년은 1994년 전쟁 위기에 버금가는 위기의 해가 될 수도 있다. 그 이유는 간단하다. 2003년은 북한의 미사일 실험 유예시한이고 동시에 북한과 미국의 기본합의에 따라 KEDO가 경수로를 북한에 제공해야 하는 해이기 때문이다. 오공단과 해시그(p.197), 놀란드(p.344)는 2003년에 경수로를 제공하는 것이 불가능하다고 생각하고 있다. 더 나아가 놀란드는 KEDO 자체가 실행 불가능한 프로젝트라고 주장한다(pp.370~371). 미국은 경수로의 제공보다도 핵 비확산에 더 많은 정책적 관심을 두고 있기 때문이다.[41] 북한은 당연히 KEDO의 지연에 반발할 것이다. 셀리그 해리슨에 따르면 북한의 백남순 외상은 "미국과 남한, KEDO가 2003년까지 경수로 2기에 해당하는 전력을 공급하지 않을 경우 핵동결을 풀어버리겠다"고 경고했다고 한다.[42]

오공단과 해시그와 놀란드는 2003년에 예상되는 위기에 대한 나름의

---

41) 셀리그 해리슨은 다음과 같은 이유로 경수로 완공이 비관적이라고 말한다. 첫째, 경수로를 완공하려면 북한과 경수로 완공시기, 경수로 비용, 안전협정, 폐연료봉 외부반출, 손해배상 등의 내용을 담은 의정서를 체결해야 한다. 그러나 이는 모두 어려운 문제다. 둘째, 북한이 미국과 원자력협정을 맺지 않으면 경수로를 완공할 수 없다. 셋째, 특별사찰이다. 북한은 경수로의 핵심부품이 반입되기 전에 IAEA 협정의 완벽한 준수(full compliance)를 받도록 규정되어 있다(『중앙일보』, 2002.5.20.).

42) 같은 글.

정책적 대안을 제시하고 있다. 두 책은 1994년 제네바합의와 그 이후 전개된 페리 프로세스에 대해 비판적이지만 미국의 대북정책에 대해서 는 일정한 차이를 보이고 있다. 즉 안보쟁점화 패러다임에도 강경과 온 건의 형태가 있을 수 있다.

오공단과 해시그는 1994년 제네바합의가 북한의 핵 프로그램을 동결 하기 위한 도구이지, 북한 정권의 정책을 승인하거나 수용한 것이 아니 라고 주장한다. 그리고 군사적 억지를 민간의 사회간접자본과 교환하려 했다는 점에서 제네바합의는 결점을 가지고 있다고 평가한다(p.170, pp. 205~206). 결국, 북한이 국내 정책과 외교 정책의 변화를 이루지 못한다 면 북한과 미국의 관계 정상화는 요원한 일이 될 수밖에 없다는 것이다. 놀란드는 북미관계가 북한이 위기를 창출하고 미국이 뇌물을 주는 방식 으로 해결되고 있다고 본다. 제네바합의는 이 맥락에서 외교적 프로젝 트지 경제적 프로젝트가 아니라는 것이다. 그리고 경수로 제공과 관련 해서도 IAEA의 특별사찰이 이루어질 경우에도 북한의 핵개발 의혹에 대해 여전히 몇 퍼센트의 확률은 남을 것이라고 생각하고 있다(p.368, p.344).

오공단과 해시그, 놀란드가 제시하는 '미국의' 정책대안은 다음과 같 이 정리할 수 있다. 오공단과 해시그(pp.194~196, pp.206~212)는 북한의 핵무기, 중장거리 미사일, 재래식 군사력, 생화학무기 등 및 북한 정부 그 자체가 미국의 이익에 위협이 된다고 보면서 탈냉전시대에도 봉쇄 정책은 계속되어야 하지만 그를 보완할 수 있는 '제한된(limited) 포용정 책'이 필요하다고 주장한다. 이 정책의 목표는 한반도에서 갈등을 회피 하면서 북한 인민에게 민주주의로의 이행의 기회를 제공하는 것이고 동 시에 북한의 대량살상무기의 확산을 방지하는 것이다. 1994년 제네바 합의나 한국 정부의 햇볕정책은 북한의 정권과 인민을 분리하지 않는 문제를 가지고 있고 김정일 정권의 자발적 정책변화에 의존하는 한계를 가지고 있다고 비판한다. 오공단과 해시그의 정책대안은 장기적으로 북한 인민이 스스로의 문제를 결정할 수 있도록 하는 개입방식의 포용정책 (proactive engagement)이다. 즉 북한 인민에 대한 다양한 방식의 지원을 통해 궁극적으로는 김정일 정권을 약화시키려는 전략이라고 할 수 있다.

놀란드(pp.369~371)의 대안은 '신고전파 경제학'에 입각해 있다. 놀란드는 미국의 대북정책이 한반도에서 미국의 전략적 이익을 제고하지 않았을 뿐만 아니라 북한을 변화시키지도 못했다고 비판하면서, '국무부'가 개입하는 정책이 아니라 '시장'이 모든 것을 결정하게끔 하는 정책이어야 한다고 주장한다. 즉 북한이 정상적으로 국제적 경제활동에 참여하도록 경제 제재를 제거해야 한다는 것이다. 예를 들어, 북한에 대해 무조건적인 식량지원보다는 북한이 돈을 벌어 미국 농민의 식량을 살 수 있도록 하는 것을 더 좋은 대안으로 제시한다. 만약 식량지원이 필요하다면 조중 접경지역에 거주하고 있는 탈북난민에게 해야 한다는 것이다. 궁극적으로는 국제기구를 중심으로 '북한기금(North Korea Fund)'을 조성해 북한에 개입할 때 북한의 근본적 변화를 유도할 수 있다고 본다. 놀란드의 암묵적 결론은 시장을 통해 북한을 자연사시키는 것이라고 할 수 있다. 놀란드의 대안은 북한의 이익과 부합할 수도 있다. 그러나 북한의 미래는 놀란드가 지적하는 것처럼 북한의 경제와 정치의 관계에 대한 이론화가 부재하다면 예측하기 힘든 것일 수도 있다.

이 두 대안은 안보쟁점화 패러다임에 입각해 있기는 하지만 강압에 의한 북한 붕괴를 의도하지 않고 있다는 점에서는 공통점을 가지고 있다. 그러나 부시 행정부의 출범 이후 미국의 대북정책과는 일정한 거리가 있는 것도 사실이다. 미국의 북한에 대한 최우선의 정책적 관심이, 북한의 미사일의 생산과 수출의 금지 그리고 검증 가능한(verifiable) 핵사찰에 있음은 사실이다.[43) 이 정책목표는 미국 공화당과 민주당이 이견을 보이지 않는 부분이다. 또한 북한을 바라보는 시각에 있어서도 미국의 민주당과 공화당은 별 차이가 없다. 두 당은 북한이 살기 매우 힘든 이상한 나라로서 대량살상무기를 개발해 미국의 안보를 위협할 수도 있는 '깡패국가'라는 생각을 공유하고 있는 듯이 보인다.44) 그러나 민주당과 공화당은 정책목표를 달성하려는 방법론에 있어서는 차이를 보인다. 클린턴 행정부는 포용을 통해 북한의 위협을 제거하려 했다.45) 반면, 공화당은 북한의 위협을 미사일방어체계의 구출을 위한 명분으로 활용하면서 협상 자체가 불가능한 분위기를 조성하는 '공격적 방치(hawkish neglect)' 또는 비포용 정책을 구사하고 있다. 북한의 재래식 군사력을 의제로 상정한 것도 그 정책의 일환이라고 할 수 있다. 그리고 부시 행정부는 북한에 대한 군사적 응징으로 '역확산(counter-proliferation) 정책'과 미사일방어체계를 준비하고 있다.46)

결국 문제는 강압을 통해 북한의 붕괴를 유도할 것인가 아니면 북한을 포용하면서 변화시킬 것인가로 요약할 수 있다. 예측은 쉽지 않은

---

43) 미국은 탈냉전에도 불구하고 냉전시대에 유지했던 핵우위를 통한 국가안보의 달성이라는 정책을 쉽사리 포기하는 것처럼 보이지는 않는다. 박인휘, "국제안보와 미국의 안보전략: 합리성의 극복과 미국 핵전략의 변화," 『평화논총』, 제5권, 2호 (2001).

44) 이 정책목표와 북한에 대한 이미지는 '클린턴 정부'에서 대북조정관을 지낸 셔먼 (W. Sherman)의 생각이다. W. Sherman, "Sunshine Through Cloudy Skies: Peace and Security in Northeast Asia"(International Conference in Commemoration of the 30th Anniversary of the Institute for Far Easten Studies, Kyungnam University, 2002.5.23~24.).

45) 결국 현실화되지는 않았지만 2000년 10월 클린턴 행정부와 북한의 공동 커뮤니케는 향후 북한과 미국의 긍정적 관계개선을 위한 지침을 제공하고 있다. 주요 내용은, 정전협정의 평화협정으로의 전환, 1994년 북한과 미국의 기본합의의 준수, 북한의 미사일 실험 유예 등이었다.

46) 박건영, "부시 정부의 동아시아 안보전략과 제약 요인들," 『국가전략』, 제7권, 4호 (2001), 104~117쪽.

것처럼 보인다. 오공단과 해시그나 놀란드가 고민하는 것처럼 전자가
많은 비용이 드는 선택임은 분명하다. 북한에 대한 강압으로 북한에 대
한 중국의 영향력이 증대될 수도 있다. 놀란드가 우려하는 것처럼 북한
이 중국의 속국이 될 가능성도 배제할 수 없다. 그리고 더 나아가 중국
이 한반도의 분단을 불편하게 느끼고 통일 한국을 선호할 경우 한반도
에서 미국의 영향력을 제거하려 할 것이고 따라서 한국의 정책결정자는
통일인가 아니면 미국과의 지속적인 군사적 동맹의 유지인가를 선택하
게 되는 상황에 직면할 수도 있다(p.13, pp.372~374). 또한 강압이 야기
할 수도 있는 북한의 붕괴와 그 붕괴 이후에 나타날 수 있는 한반도의
불안정은 미국의 국가 이익에 도움이 되지 않을 수도 있다. 미국의 국가
이익을 군산복합체의 이익으로 환원할 수만은 없기 때문이다. 미국이
냉전시대의 포드주의적 축적체제에서 이른바 신자유주의적 축적체제로
전환했다고 할 때, 생산자본 및 금융자본의 자유로운 흐름이 미국에게
는 국가이익의 기초가 될 수 있다. 미국은 이 초국적 자본의 이해에 조
응할 수 있는 세계질서 및 동북아질서를 또한 필요로 한다.

　따라서 2003년은 미국의 국가이익뿐만 아니라 동북아의 역사적 구조
가 어떻게 구성되는지를 보여주는 해가 될 것이다. 미국은 동의에 기반
한 헤게모니적 구조를 창출할 것인가, 아니면 일방주의를 통한 군사적
패권을 추구할 것인가라는 선택의 상황에 직면할 것이다. 한 미국 연구
자의 표현처럼 후자가 무분별함이라면 전자는 비겁함이 아니라 용기일
수 있다.[47) 역사적 구조의 이행시기에는 안정적 재생산이 이루어지는
시기보다 훨씬 더 '행위자'의 의도와 능력이 중요할 수밖에 없다. 한반
도의 평화를 원하는 국가 및 사회 세력의 개입이 그 어느 때보다 중요한
시점이다.

---

47) J. Barry, *The Sword of Justice*(London: Praeger, 1998), p.166.

그 실체가 아직은 분명하지 않지만 '우리'가 분단체제의 현상 유지를 넘어서는 한반도의 평화를 추구하고자 한다면, 역사적 구조가 부과하는 제약 속에서 행위자의 자율성을 극대화하는 방안을 모색할 수밖에 없다. 행위자의 선택이 결국은 구조를 변경시킬 수 있는 힘이기 때문이다. 여기서 행위자의 선택은 구체적 상황에서 구체적 문제의 해결을 위해 자원을 동원할 수 있는 능력(capability)이다. 이 능력을 물질적 능력으로 환원할 수는 없다. 우리는 힘의 비대칭이 분명한 상황에서도 지혜로운 행위자의 능력이 발휘되는 것을 보기도 한다. 남북한 관계가 북한과 미국 관계에 종속적인 것은 사실이다. 그러나 남북한 관계의 진전은 국제 사회에서 북한을 정상 국가로 만드는 과정이기도 하다. 와다 하루키가 지적하듯, 조일수교는 북한이 항일의 굴레를 벗어 던질 수 있는 계기가 될 수 있다. 남북한관계의 진전은 그 과정을 추동할 수 있는 힘일 수 있다. 한반도의 평화 과정은 '한반도 문제의 재한반도화'를 통해 한반도 문제의 국제적 성격을 드러낼 때 비로소 시작될 수 있을 것이다.

5. 결론: 패러다임의 혁명은 가능한가?

이 글에서는 북한에 관해 외국인이 쓴 네 권의 책을 북한 연구의 시각, 북한의 지속과 변화, 북한과 한반도의 평화 과정이라는 세 주제에 걸쳐 검토했다. 특징적인 것은, 이 네 권의 책 모두 북한의 '모두'를 다루려는 경향이 있다는 것이다. 북한에 관한 개설서가 반복적으로 등장한다는 것은 북한 연구의 한계를 보여주는 것이라고도 할 수 있다. 연구자의 국적에 그 탓을 돌릴 수도 있다. 다른 한편으로 북한의 어느 특정 분야에 대한 미시적 연구가 불가능한 것은 북한이라는 연구대상의 특수성 때문일 수 있다. 그러나 글을 마치면서 그것이 북한에 대한 과도한

정책적 관심이 낳은 산물이 아닌가 하는 생각을 하게 된다.

　이 글에서 무엇보다도 관심을 가졌던 것은 연구자의 시각이었다. 책을 읽고 글을 쓰면서 가장 먼저 들었던 생각은 연구자의 편견이었다. 모든 미국인 연구자들이 그러한 것은 아니지만 이 글에서 다루고 있는 미국인 연구자들의 책은 오리엔탈리즘이라고 명명할 수 있는 편향된 가정들에 깊이 침윤되어 있었다. 오리엔탈리즘은 단순한 이데올로기가 아니다. 오리엔탈리즘은 정치권력의 행태 및 정책과 접착되어 있다. 미국의 연구자들은 북한을 자신들이 설정한 표준 속에 가두려 하고 있다. 그들의 보편이 곧 북한에도 보편이 되어야 한다는 생각이 책의 곳곳에 나타나고 있다. 스스로를 타자화하려는 일본인 연구자 와다 하루키의 연구태도가 돋보이는 것도 그리고 이 글에서 때론 와다 하루키를 과도하게 객관적 연구자로 취급한 이유도 바로 미국인 연구자들의 오리엔탈리즘적 사고 때문이었다.

　오리엔탈리즘의 정책적 대안은 한반도 문제의 궁극적 해결을 위해 현재의 북한을 제거하는 것이다. 그들이 생각하는 한반도 문제의 해결은 방법론에서의 차이를 무시하는 것도 아니고 그 작은 차이가 한반도 평화를 위해서는 중요한 함의를 가질 수 있다고 생각하지만, 철저하게 미국의 이익을 관철하는 것이다. 그들이 미국인라는 사실만으로 그 논리가 정당화될 수는 없다. 미국의 이익이 미리 주어져 있는 것이 아닐 뿐더러 미국의 이익과 인류 보편의 이익을 연계하려는 노력도 미국 내에 존재하기 때문이다. 같은 규범적 분석 틀이기는 하지만 평화 연구의 시각에서 북한을 바라볼 수도 있을 것이다. 즉 오리엔탈리즘의 극복이 오리엔탈리즘을 생산한 모국에서 가능할 수 있다면 그 기대가 대단히 순진한 것일 수도 있지만 바람직한 세계질서의 생산도 가능하리라는 생각을 한다.

　패러다임의 전환이 정치투쟁의 결과일 수밖에 없다는 주장을 부정하는 것은 아니다. 국제정치가 힘을 위한 투쟁임을 부정하는 것은 더더욱 아니다. 그러나 국제정치에서 특수의 차이를 관용하면서 합의할 수 있는 보편을 만들어가는 과정을 배제한다면 '희망의 원리'를 기대할 수 없다. 우리가 살아가는 세계는 시간이 부재한 정글이 아니다. 구체적 공간과 시간에서 희망을 찾으려는 노력들은 산재해 있다. 그리고 그 노력의 누적이야말로 패러다임 전환의 기초가 될 수밖에 없다. 패러다임의 전환이라는 시각에서 본다면 북한 연구야말로 학문 공동체 사이의 그리고 각각의 내부 정치투쟁이라고 해도 과언이 아니다.

오리엔탈리즘을 비판한다고 해서 북한에 대한 비판을 봉쇄하려는 것은 아니다. 사회주의와 민족주의의 이름으로 북한이 하려 했던 많은 실험은 그것이 오리엔탈리즘에 대한 비판이었다고 해서 정당화될 수는 없다. 오히려 대단히 역설적이지만 북한의 현실이야말로 오리엔탈리즘이 생명력을 유지하고 스스로를 재생산하게 하는 요인임을 부정할 수 없다. 따라서 북한 비판은 오리엔탈리즘을 넘어서는 대안의 모색 과정이기도 하다. 북한 비판의 잣대를 만드는 작업과 그 비판은 동시에 진행되어야 한다. 통약(通約)이 불가능하더라도 다양한 잣대의 공론장은 마련되어야 한다. 예를 들어 북한에 대한 오리엔탈리즘의 구체적 표현인 안보쟁점화 패러다임이나 북한에 대한 내재적 접근의 공과(功過)는 명확히 계산되어야 한다.

마지막으로 서평논문인 이 글을 마치면서 북한 연구의 진전을 위해 이 글의 문제의식이 투영되어 있는 몇 가지 제안을 해본다.

첫째, 북한 연구에서 이론의 위치에 대한 재고가 필요하다. 이 글의 대상이 되었던 책들을 보면 대부분 북한의 국내 정치경제나 외교관계에서 나타나는 반복적 유형을 발견한다. 그러나 그 반복을 설명할 수 있는 이론은 보이질 않는다. 이론의 부재는 자칫 역사적 시공간을 무시한 반복의 예측을 반복할 수 있다. 이론의 구성은 방법론 및 자료의 한계를 극복하는 또 다른 방법 가운데 하나다.

둘째, 한국어와 영어 이외의 언어로 쓰인 북한 연구성과의 영어화가 필요하다는 생각이다. 이 글의 서평 대상인 책들은 대부분 편향된 인용을 하고 있다. 부분적으로는 다양한 시각이 담겨있는 글들이 그들에게 텍스트로 제공되지 않기 때문일 수 있다. 외국인이 다양한 연구성과를 공유할 수 있게 하는 것은 오리엔탈리즘적 지식이 생산되는 과정에 대한 적절한 개입일 수 있다. 만약 지식이 권력이라면 그 필요는 더욱 절실하다.

셋째, 북한 연구만큼 연구 자체가 정치화되는 영역이 없다고 할 때, 연구자 스스로가 자신의 좌표를 반성적으로 바라 볼 수 있는 연구 태도를 가질 필요가 있다. 그래야만 소통이 가능하다. 탈냉전시대에 한반도의 평화를 추동할 수 있는 '우리'를 구성하는 문제를 현실 정치의 테두리 안에서 전개되는 정체성의 정치에 맡겨두는 것은 과학적 연구를 정치에 종속시키는 결과를 야기할 것이다.

참고 문헌

▪ 1차 자료

김철우, 『김정일 장군의 선군정치』(평양: 평양출판사, 2000).

『정치용어사전』(평양: 사회과학출판사, 1970).

『정치사전』(평양: 사회과학출판사, 1973).

『조선대백과사전』(평양:백과사전출판사, 2000).

유철남, "가공무역형태와 자유경제무역지대 발생발전과 그 특징," 『경제연구』 110호(2001).

최영옥, "경제사업에 대한 국가의 중앙집권적 통일 지도를 강화하는 것은 강성대국건설의 중요한 연구," 『경제연구』 4호(2000).

• 2차 자료

강상중, 이경덕·임상모 옮김, 『오리엔탈리즘을 넘어서』(서울: 이산, 2002).

강진웅, "북한의 가족국가체제의 형성," 『통일문제연구』, 제13권 2호(2001).

구갑우, "탈냉전 시대, 북한과 유럽연합의 관계," 『평화논총』, 제5권 2호(2001).

_____, "남북한 경제협력과 북한의 사회간접자본: 기능주의적 통합의 모색,"
　　　　서대숙 외, 『정상회담 이후의 북한(서울: 경남대 극동문제연구소, 2002).

김성철, "김정일의 경제 인식에 관한 담화 분석," 『현대북한연구』, 3권 2호
　　　　(2000).

김연철, "북한의 탈냉전적 발전전략," 『창작과 비평』 여름호(2002).

김일성, "사회주의 경제의 몇 가지 이론문제에 대하여," 『북한 경제자료집』(서
　　　　울: 민족통일, 1989).

김　철, "국제시장에 대한 연구에서 나서는 중요한 문제," 『경제연구』, 111호
　　　　(2001).

류길재, "'예외국가'의 제도화: 군사 국가화 경향과 군의 역할확대," 『현대북한
　　　　연구』, 4권 1호(2001).

리명호, "경제관리와 경제제도의 련관을 부인하는 기회주의적 견해의 반동성,"
　　　　『경제연구』 1호(1998).

박건영, 『한반도의 국제정치』(서울: 오름, 1999).

_____, "부시 정부의 동아시아 안보전략과 제약 요인들," 『국가전략』, 제17권
　　　　1호(2001).

박석삼, "북한의 사경제 부문 연구"(한은조사연구 2002-3).

박인휘, "국제안보와 미국의 안보전략," 『평화논총』, 제5권 2호(2001).

서동만, "북한 정치체제 변화에 관한 시론," 『정치비평』, 통권 5호(1998).

유호열, "김정일 지도자와 북한 체제 : 우상과 실제," 『현대북한연구』, 3권 2호
　　　　(2000).

이영훈, "현 단계 북한의 경제발전 전략과 체제변화"(2001년도 북한연구학회 동
　　　　계학술회의).

이정철, "사회주의 북한의 경제동학과 정치체제 : 현물동학과 가격동학의 긴장

이 정치체제에 미치는 영향을 중심으로"(서울대학교 정치학과 박사학위논문, 2002).

이종석, "'유격대국가론'의 성과와 한계 : 와다 하루끼의 논의에 대한 검토,"『한국과 국제정치』, 제10권 2호(1994).

이주철, "북한 국가의 역사적 변천 : 정치제도적 측면에서 본 시기 구분,"『현대북한연구』, 4권 1호(2001).

임순희, "문학예술론,"『김정일 연구 : 리더쉽과 사상(1)』, 통일연구원 연구총서 01-32(2001).

임지현, "해방에서 동원으로 : 제3세계와 반서구적 근대화론으로서의 사회주의," 에릭 홉스봄 외, 『노동의 세기 : 실패한 프로젝트?』(서울: 삼인, 2000).

정은미, "농민시장을 통해 본 북한의 변화"(서울대학교 사회학과 석사학위논문, 2000).

최진욱, "북한 선군정치의 정치적 함의,"『현대북한연구』, 4권 2호(2001).

최완규, "북한 국가 성격의 이론과 쟁점: 비교 사회주의적 관점,"『현대북한연구』, 4권 1호(2001).

한상진, "북한의 지하경제의 규모 추정과 경제변수들과의 관계 분석"(연세대학교 경제학과 석사학위논문, 2000).

황장엽, 『나는 역사의 진리를 보았다』(서울: 한울, 1999).

Barry, J., *The Sword of Justice*(London: Praeger, 1998).

Carroll, L., 손영미 옮김, 『거울나라의 앨리스』(서울: 시공주니어, 2001).

Cox, R., Production, *Power and World Order: Social Forces in the Making of History*(New York: Columbia University Press, 1993).

Cumings, B., *Korea's Place in the Sun*(New York: W. W. Norton & Company, 1997).

Eberstadt, N., "Hastening Korean Reunification," *Foreign Affairs*, 76: 2(1997).

Geerts, C., *Negara: The Theatre State in Nineteenth-Century Bali*(Princeton: Princeton University Press, 1980).

Harrison, S., *Korean Endgame: A Strategy for Reunification and U.S. Disengagement* (Princeton: Princeton University Press, 2002).

Kornai, J., *The Socialist System: The Political Economy of Communism*(Princeton: Princeton University Press, 1992).

Kuhn, T., *The Structure of Scientific Revolution*(Chicago: University of Chicago Press, 1970).

Sherman, W., "Sunshine Through Cloudy Skies: Peace and Security in Northeast Asia," International Conference in Commemoration of the 30th Anniversary of the Institute for Far Easten Studies, Kyungnam University, May 23~24, 2002.

Sigal, L., 구갑우 외 옮김, 『미국은 협력하려 하지 않았다』(서울: 사회평론, 1999).

Smith, H., "Bad, mad, sad or rational actor? Why the 'securitization' paradigm makes for poor policy analysis of north korea," *International Affairs*, 76: 1(2000).

Said, E., 박홍규 옮김, 『오리엔탈리즘』(서울: 교보문고, 1991).

제 10 장

패권의 굴레*

북미 갈등과 한반도의 평화

이혜정 (중앙대학교 교수, 정치학)

- 리처드 하스 외 지음, 『9·11 테러 이후 부시행정부의 한반도정책』, 장성민 책임 편역, (서울: 김영사, 2002).
- 박건영·박선원·박순성·서동만·이종석, 『한반도 평화보고서: 한반도 위기극복과 평화 정착의 방법론』(서울: 한울, 2002).
- 정욱식, 『2003년 한반도의 전쟁과 평화: 부시의 예방 전쟁과 노무현의 예방 외교』(서울: 이후, 2003).
- 셀리그 해리슨, 이흥동 외 옮김, 『코리안 엔드게임』(서울: 삼인, 2003).

1. 서론

정치는 현실과 이상, 권력과 도덕의 '숙명적 이중성(fatal dualism)'을 본질로 한다고 카(E. H. Carr)는 규정했다.[1] 이 명제가 한반도에서처럼

---

* 이 글은 경남대학교 북한대학원, 『현대북한연구』, 제6권 1호(서울: 한울, 2003)에 게재되었던 글입니다.

1) E. H. Carr, *The Twenty Years' Crisis, 1919~1939: An Introduction to the Study of Inte-*

극적으로 증명되고 있는 지역도 없을 것이다. 일제로부터의 해방은 분단과 전쟁의 현실로 이어졌고 한반도는 냉전의 전초기지가 되었지만 민족통일과 평화의 이상은 스러지지 않았다.[2] 한국의 민주화와 세계적 수준의 냉전 종언으로 한반도 통일과 평화의 이상은 '반체제' 운동가들의 염원에서 정책으로 발전했다. 이는 '반체제' 운동가 김대중의 대통령 당선과 김대중 정부의 대북 화해협력정책과 한반도 평화체제 구축의 모색, 그리고 2000년 6월의 역사적인 남북정상회담에서 그 정점에 이르러 '한반도 문제의 한반도화'를 통한 평화와 통일의 희망을 고취시켰다.[3]

그러나 한반도의 현실은 '한반도 문제의 한반도화'를 허용하지 않는 미국 패권의 굴레에 갇혀 있다. 1993~94년의 북한 핵위기는 같은 민족인 북한과 동맹국인 미국의 갈등이 한국의 안보를 위협하고 있으며, 한반도 전쟁의 '운명'이 미국의 패권정책에 달려있음을 보여주었다.[4] 냉전의 종언 이후 지구적 규모에서 대량살상무기의 확산방지를 군사적 패권정책의 최우선적 과제로 설정한 미국 클린턴 정부에게 북한의 핵과 미사일개발은 결코 한반도의 문제에 국한되는 것이 아니었고, 1994년의 제네바 기본 합의와 1999년의 페리 프로세스는 북미 갈등을 완전히 해소하지 못했다. 경수로 건설과 북미 관계개선은 지연됐고, 2000년 미국 대통령선거에서 일방주의 외교정책을 표방한 공화당 부시 정부가 탄생했다.

부시 정부는 핵과 미사일 문제는 물론 북한의 재래식 병력과 체제문

---

rnational Relations(London: Macmillan, 1946), p.236.

2) 노중선, 『남북한 통일정책과 통일운동 50년』(서울: 사계절, 1996).

3) 김달중·문정인·이석수 외, 『새천년 한반도 평화구축과 신지역질서론』(서울: 오름, 2000); Chung-In Moon, "Odd Arne West and Gyoo-hyung Kahng," *Ending the Cold War: Theoretical and Historical Perspectives*(Seoul: Yonsei University Press, 2001).

4) 하버드 대학교 케네디 스쿨 편, 『한반도 운명에 관한 보고서』, 서재경 옮김(서울: 김영사, 1998).

제를 대북정책의 의제로 설정함으로써, 전임 클린턴 정부의 대북정책을 전면적으로 부정하고 미국과 북한 관계의 시점을 제네바 기본 합의 이전으로 돌려놓았다. 2001년 9월 11일 미국에 대한 테러공격 이후 부시 정부는 예방적 선제공격을 포함하는 대테러전쟁을 선포했고, 2002년의 부시 대통령의 연두교서에서 북한은 단순한 불량국가가 아니라 대테러전쟁의 직접적 대상인 '악의 축'으로 규정되었다. 부시 정부가 유엔에서 '악의 축' 이라크에 대한 대테러전쟁의 국제적 지원을 모색하던 2002년 10월 미 국무부는 북한의 농축우라늄 핵계획 시인을 발표했다. 이후 미국은 북한에 대한 중유공급을 중단했고, 북한은 국제원자력기구 사찰단을 추방, 2003년 1월에는 비확산조약(NPT)의 탈퇴를 선언하고 미사일 실험발사유예의 취소를 시사했다.[5]

미국의 대이라크전쟁이 단기간에 종결된 이후 중국의 중재로 열린 2003년 4월의 베이징 3자회담에서 북한은 핵무기 보유를 시사하며 미국과의 포괄적인 협상을 시도했지만, 부시 행정부는 악행에 대한 보상이 없다는 원칙을 재천명하고 대북정책에서 군사적 수단을 포함한 모든 선택이 가능하다고 강조했다. 2002년 한국의 대통령선거에서 햇볕정책의 계승과 대등한 한미관계, 그리고 북핵문제의 평화적 해결을 주장했던 노무현 대통령은 2003년 5월 부시 대통령과의 한미정상회담에서 한미동맹을 강조하고 남북관계와 북미관계의 연동 및 북한에 대한 추가적 조치의 검토에 합의했다. 이로써 '한반도 문제의 한반도화'란 이상의 현실적 한계는 다시 한번 노정되었고, 한미정상회담 이후 광주에서 5·18 기념식에 참석하려던 노무현 대통령은 '나라와 민족의 운명을 미국의 손아귀에 내맡긴' 그의 '친미굴욕외교'에 항의하는 시위대와 마주하게

---

5) 박선원, "북핵 위기해결을 위한 신정부의 전략: 다각적, 중층적 해법의 추진,"『국가전략』, 9권, 1호(2003년), 12쪽.

되었다.[6)]

이 글은 미국의 부시 정부 출범 이후 한반도 위기를 다룬 네 권의 책을 검토한다. 2002년 초 부시의 '악의 축' 발언 직후 출판된 『9·11 테러 이후 부시 행정부의 한반도정책』은 주한대사를 역임했고 현재 한 국협회(Korean Society)의 회장인 그레그(Donald P. Gress)의 글을 제외하면, 부시 정부의 대테러 전략과 대북 강경노선을 보여주는 외교정책 결정자 들과 분석가들의 글을 모아놓고 있다. 나머지 세 권의 책은 부시 정부의 대북정책에 대해 비판적이다.

노무현 정부의 출범을 앞둔 2003년 1월에 쓰인 정욱식의 『2003년 한 반도의 전쟁과 평화: 부시의 예방전쟁과 노무현의 예방외교』는 부시 정 부의 패권정책에 반대하는 한국 시민사회 평화운동의 시각을 보여준다. 정책대안의 모색에 부심하고는 있지만 정욱식은 여전히 대중을 상대로 미국 패권의 도덕적 단죄에 주력하고 있다. 이에 비해 『한반도 평화보 고서: 한반도 위기극복과 평화정착의 방법론』은 미국 패권에 대한 비판 적 시각을 공유하면서도 한국 시민사회에게 국제정치의 현실을 '계몽' 하는 한편 정책결정에 직접적 영향을 미치려 한다. 김대중 정부의 햇볕 정책을 지지하는 진보적 소장학자들이 2002년 한국의 대통령선거 이전 에 펴낸 『한반도 평화보고서』의 주된 목적은 신정부의 미국 설득 '로드 맵' 구상이며, 이후 실제로 5명의 공저자들 중 3명이 노무현 정부에 참 여하고 있다. 미국 언론인 해리슨(Selig Harrison)의 『코리안 엔드게임』은 2002년 4월에 원본이, 2003년 3월에 한국어 번역본이 출간되었다. 해리 슨은 정욱식에 못지않게 부시 정부의 대북 강경책에 비판적이고, 『한반 도 평화보고서』의 한국 진보적 소장학자들과 마찬가지로 부시 정부의 대북 강경책이 한반도 평화는 물론 미국의 국익에도 배치된다고 주장한

---

6) "한총련, '사법처리' 방침에 대한 성명," 『동아일보』(2003.5.19).

다. 하지만 해리슨은 한반도에서 '2003년 위기'의 극복이란 단기적인 과제에 주목하는 평화운동가 정욱식이나 한국의 실천적 소장학자들과 달리, 남북한과 미국의 관계를 동북아시아 지역 전체의 역동성에 대한 거시적 시각에서 분석하며 무엇보다도 미국의 국익에 합치하는 한반도의 미래상을 그려내고 있다.

이 글에서 검토하는 네 권의 책은 모두 전문적 학술연구가 아니다. 세 권의 경우 저자들 자체가 부시 정부 외교전략의 공식적·비공식적 대변인들이거나, 미국의 원로 언론인 혹은 한국의 평화운동가이다. 이들 모두는 엄밀하고 독창적인 개념이나 이론의 정립을 추구하는 것이 아니라 특정한 목적과 의도에서 정치적(정책적) 주장을 제기하고 있다. 이는 한국의 소장학자들이 저술한『한반도 평화보고서』의 경우에도 마찬가지이다. 이에 따라, 이 글의 분석은 네 권의 책들이 지니고 있는 목적과 의도, 그 정치적 주장에 초점을 맞춘다. 다음에서는 우선 이들의 목적과 의도를 배태한 환경, 즉 한반도의 국제정치적 구조를 역사적으로 검토한 후에 한반도 위기의 원인과 그 해법에 대한 이들의 입장을 비교한다.

2. 한반도와 미국: 역사적 검토

현재 한반도 위기의 핵심축은 북한과 미국의 갈등이고, 한국의 딜레마는 북한과의 '민족공조'와 미국과의 '국제공조'의 상충이다. 한반도에서 하나의 민족과 두 개의 국가가 미국과의 관계에서 연출하는 이러한 갈등구조는 제국주의, 냉전, 탈냉전의 중층적인 '역사적 단층'을 지니고 있다. 제국주의는 한국의 저항적 혹은 반외세 민족주의를 배태했고, 냉전의 진영체제는 상이한 사회체제와 이념의 남북 분단국가를 탄생시켰으며, 탈냉전의 미국 단일 패권체제는 지구적 규모에서 근대 주권국가의 규범을 넘어서는 새로운 국제질서의 형성을 관리하고 있다. 이에 따라 한반도 안보위기의 해법은 미국이 주도하는 새로운 국제환경에서 19세기 후반 이후의 민족주의 문제, 제2차 세계대전 이후 동아시아 진영체제와 남북의 분단국가체제, 한국 사회의 '남남갈등'의 문제를 동시에 해결해야 하는 대단히 복합적인 성격을 지닌다. 다음에서는 이와 같은 복합적 갈등구조의 역사적 궤적을 추적한다.

1) 미국과 일본 제국주의의 '거래'

미국과 한반도의 관계는 19세기 후반 제국주의 시대부터 시작된다. 미국은 조선과 근대적 조약을 체결한 최초의 서구국가이다. 조미수교(1882)의 미국 측 협상대표였던 슈벨트(Robert Nelson Shufeldt)는 1860년대 후반부터 영국의 제해권에 도전하는 미국 해군력의 증강과 중남미와 중국으로의 제국주의적 팽창을 주장했다. 그에게 중국, 한국, 일본이 있는 태평양은 '미국의 신부(the Ocean bride of America)'이고, 태평양의 신부가 지닌 경제적 부는 캘리포니아 '예식장(the nuptial couch, the bridal chamber)'에 모이는 것이었다. 이 '결혼'을 미국에 의한 중국 문명의 교화, 미국 제국의 완성, 인류발전의 정점으로 규정하며 그는 태평양에서 미국의 경제적, 안보적 이익에 위협이 되는 모든 세력을 제압할 것을 주장했다.[7]

캘리포니아를 태평양 진출의 교두보로 설정하는 슈벨트의 주장은 미국의 제국적 팽창이 남북전쟁과 서북 개척을 통한 북미 대륙의 영토적 팽창의 연속임을 보여준다. 커스(James Kurth)에 따르면 미국의 팽창은 19세기의 영토적 팽창, 19세기 말 스페인과의 전쟁을 계기로 본격적으

---

7) Frederick C. Drake, *The Empire of the Seas: A Biography of Rear Admiral Robert Wilson Shufeldt, USN*(Honolulu: University of Hawaii Press, 1984), p.116.

로 시작되는 제국적 팽창, 제2차 세계대전 이후의 패권적 팽창 단계로 나누어 볼 수 있다. 각 단계는 지배적 팽창의 방식을 지니고 있으면서, 동시에 이전 단계의 유제와의 일정한 융합을 보여준다. 영토적 팽창은 영토의 확장과 미국 문화와 제도의 확립(또는 강제적 이식)을 특징으로 하며, 제국적 팽창의 특징은 배타적인 군사적 세력권의 확립이다. 제국적 팽창이 주로 군사력에 기반한 미국의 미주 대륙, 태평양을 중심으로 한 지역 강국으로의 성장양식이었던 데 비해, 패권적 팽창은 국제기구, 경제적 다자주의를 활용해 기존의 국제 정치경제의 중심이었던 유럽세력을 통합하는 새로운 국제질서의 창출과 관리에 나선 지구적 팽창이었다.[8]

미국이 태평양을 건너오는 경로는 영토적, 제국적, 패권적 팽창의 복합적 요소를 보여주며, 동아시아에서 미국의 영향력은 영국 패권과 일본 제국주의와의 관계에서 규정되었다. 20세기 초반의 시점에서 관찰해 보면, 하와이나 괌 등 태평양 도서에서는 영토적 팽창의 양상이 1946년에야, 미국이 독립을 허용하는 필리핀에서는 제국적 팽창의 이익과 민주주의의 이식이라는 영토적 팽창의 이상이 복합적으로 나타나고, 중국의 문호개방정책은 제국주의적 '지분'의 확보와 함께 시장개방의 패권적 팽창의 열망이 주요하게 나타난다. 이러한 팽창의 경로는 당시의 국제관계에서 미국의 상대적 힘의 역학관계에 의해 결정되었다.[9]

20세기 전반 한반도의 국제정치적 상황은 태평양 지역에서 영국, 일본과 미국의 힘의 관계에 의해 규정되었다. 제1차 세계대전 이전에 미국은 이미 산업생산력에서 영국을 앞섰지만 금융과 해군력에서는 여전히 영국이 우위였다. 일본은 미국의 산업기술과 (스탠더드 오일의) 에너

---

8) James Kurth, "America's Grand Strategy: A Pattern of History," *The National Interest*(1996 Spring).

9) Farred R. Zakaria, *From Wealth to Power: The Unusal Origins of America's World Role* (Princeton: Princeton University Press, 1998).

지레짐에 의존하고 있었고, 제국주의 경쟁에서는 루스벨트(Theodore Roosevelt) 대통령의 러일전쟁 강화의 중재와 태프트-가쓰라 각서를 통한 미국의 필리핀 지배와 일본의 한반도 지배에 대한 상호인정의 '거래'가 이루어졌다. 이 '거래'로 루스벨트는 노벨 평화상을 수상했고 조미조약은 종료되었으며 한반도는 일본의 식민지가 되었다. 루스벨트에게 한반도는 이미 태평양에서 미국의 이익을 확보하기 위한 주요한 전략적 지역이었고, 미국은 한반도의 분단 이전에 이미 한반도 운명의 주재자였던 것이다.[10]

제1차 세계대전을 계기로 미국은 산업뿐 아니라 자본의 측면에서도 영국을 대체하는 세계의 중심으로 부상해 윌슨주의를 통해 유럽의 전통적인 국제정치 질서의 전환을 요구하기에 이르렀다. 그러나 기존의 제국적 팽창의 전통은 미국의 국제연맹 참여를 좌절시키고, 정부의 원조가 아니라 민간자본에 의한 유럽 경제의 재건을 모색하게 만들었다. 한편 제1차 세계대전 이후 아시아에서 미국의 영향력 확대는 훨씬 공고한 것이었다. 미국, 영국, 일본의 해군력 비율을 5 : 5 : 3으로 정한 워싱턴 군축회의는 태평양을 미국의 '호수'로 만들었고, 일본의 미국 시장과 자본에 대한 의존은 깊어졌다. 미국의 압력에 의한 영일동맹의 폐기(1902~1922)는 아시아에서 영·미·일의 삼각관계가 미·영·일의 그것으로 변화되었음을 상징한다. 미·영·일의 삼각관계는 한반도를 교두보로 중국 대륙으로 향하는 일본의 북방진출을 허용했다. 윌슨의 민족자결주의는 한국의 3·1 운동과 중국의 5·4 운동을 촉발했지만, 제1차 세계대전의 전후 처리에서 민족자결주의는 유럽의 패전국에게만 적용되었고, 일본은 국제연맹의 이사국이 되었다. 20세기 아시아의 국제정치 구조에서 일본은 태평양전쟁을 제외하고는 지속적으로 미국과 영국의 패권구도에

10) 최정수, "T. 루스벨트의 먼로독트린과 '세계전략'," 『서양사론』, 73호(2002).

〈표 10-1〉 20세기 동아시아에서 일본의 지위

시 기	패권구도와 일본
1900~1922	영국-미국 패권하의 일본
1922~1941	미국-영국 패권하의 일본
1941~1945	동아시아의 지역패권 국가로서 일본
1945~1970	미국 패권하의 일본
1970~1990s	미국-유럽 패권하의 일본

출처: Bruce Cumings(1999).

종속되었으며, 태평양전쟁을 초래한 일본의 남방진출 자체도 미국의 일본에 대한 석유 공급중단에 의해 촉발된 것이었다.[11]

2) 한반도의 냉전구조

제2차 세계대전 이전 한반도의 국제정치적 구조는 일본 제국주의에 의해 규정되고, 일본 제국주의는 세계적 수준에서 미영 간의 패권전환에 의해 규정되는 것이었다. 제2차 세계대전 이후 한반도의 국제정치적 구조 역시 세계적 수준에서 미소의 냉전과 그에 의해 규정되는 미국의 대일정책에 의해 결정되었다.

미소 냉전의 결정적 계기는 독일이었다. 미국의 초기 계획은 독일을 '감자밭'으로 만들어 군국주의의 부활을 방지하는 것이었다. 그러나 미국 자본주의 체제는 세계 자본주의 체제의 재건 없이는 존속할 수 없고, 세계 자본주의의 재건에는 서구의 경제재건과 통합이 필수적이라는 패권의 논리는 독일의 재건을 미국 외교의 핵심적 과제로 설정했다. 이는 자국의 영토 안에서 3년 이상을 독일과 싸운 소련의 입장에서는 받아들

---

11) Bruce Cumings, *Parallax Visions: Making Sense of American-East Asian Relations at the End of the Century*(Durham: Duke University Press, 1999).

일 수 없는 것이었다. 독일 문제에서 소련과의 합의가 불가능하다고 판단한 미국의 트루먼 정부는 트루먼독트린을 통해 소련의 영역을 제2차 세계대전 종전 시 소련군이 진주했던 지역으로 국한시키고, 마셜플랜을 통해 독일의 분할과 재건을 추구한다. 독일 문제에서 미소 협상의 결렬은 일본의 재건을 통한 아시아 경제의 재건정책으로, 한반도에서 미소 공위의 결렬로 이어졌다. 소련 영토의 양극단에 위치한 서독과 일본에 대한 소련의 영향력을 봉쇄하는 한편, 유럽과 아시아 지역경제의 축인 독일과 일본을 경제적으로 재건시키는 동시에 그 외교적 군사적 독자성을 제한하는 '이중봉쇄'가 미국 패권의 핵심적 기제였다.12)

냉전은 단순히 기존의 민족국가들을 미소의 진영으로 분할한 것이 아니다. 냉전은 식민지 지역에서 새로운 국가와 사회의 형성을 규정했을 뿐 아니라, 서구에서도 전통적인 민족국가체제의 역사적 변형을 가져왔다. 캘도(Mary Kaldor)에 따르면 냉전시기 서구에서 미국 패권은 서구 민족국가의 주권을 제한하는 것이었다. 민족국가의 조직원리는 영토주권인 데 반해 진영체제에서 국가의 조직원리는 사회체제의 구성에 대한 이념이다. 즉, 진영의 이념에 대한 충성에 따라 국가로서 인정받는 것이다. 같은 원리로서 민족국가는 중앙은행의 통화발행과 관리가 상징하는 국가경제의 형성, 언어와 교육을 통한 민족문화의 창조, 영토 내에서 합법적 폭력수단의 독점을 특징으로 한다. 이에 따라 민족국가체제의 특징은 주권을 상호인정하는 복수의 민족국가간의 경쟁이다.

진영체제에서 경제는 개별국가의 통화가 아니라 패권적 통화가 상징하는 진영경제이며, 문화적으로도 각국의 엘리트들은 진영의 이념과 언어를 매개로 초국가적 연대를 형성한다. 폭력수단의 관리 역시 진영단위로

---

12) Robert Latham, *The Liberal Moment: Modernity, Security and the Making of Postwar World Order*(New York: Columiba Unviersity Press, 1997).

〈표 10-2〉 냉전의 이해: 민족국가체제와 진영체제

	민족국가체제	진영체제
국가의 조직원리	영토주권	사회체제 구성의 이념적 원리
국제관계의 특성	주권의 상호인정/독립적인 주권국가의 복수적 존재	이념에 따른 국가간의 결속/이념을 축으로 한 블록간의 대립
문화질서	문화적 동질성(민족문화)	각국 엘리트의 초국가적인 문화적 동질성
경제질서	개별통화(국가경제)	패권적 통화(진영경제)
군사질서	개별국가의 폭력수단의 독점	패권국가 이외의 개별국가에 의한 폭력수단 통제의 감소

출처: Mary Kaldor(1998).

이루어진다. 각 진영의 패권국가 또는 소수의 핵심적 국가들만이 폭력 수단을 독점하며, 진영 내의 하부국가들의 폭력수단 소유는 제한된다. 진영체제에서 국제관계는 주권국가간의 경쟁이 아니라 진영간의 대립 이며 이는 진영 내부의 결속, 더 정확히는 패권국가에 의한 진영 내부 국가들의 통제와 병행한다. 개별국가간의 전쟁은 억제되고 미소 두 진 영 간의 전쟁 역시 핵억지에 의해 회피되는 한편, 핵억지의 논리는 개별 국가에 의한 폭력수단의 독점을 제한하는 것을 정당화했다.[13]

캘도의 진영체제 개념은 한반도 냉전구조를 설명하는 데 일정한 적 실성을 갖는다. 한반도 전역을 영토로 규정하는 남북한 분단국가의 탄 생은 영토주권에 대한 국제적 인정이 아니라 미소의 진영대립에 의한 것이었으며, 남과 북의 정권은 각 진영의 이념에 충실한 사회세력에 의 해 장악되었다. 경제적 측면에서 보면, 미국 진영의 자본주의 체제에 편 입된 한국은 물론, 냉전의 종언 이후 비극적으로 증명되듯이 주체를 내

---

13) Mary Kaldor, "Nations and Blocs: Toward a Theory of the Political Economy of the Interstate Model in Europe," A. Hunter(ed.), *Rethinking the Cold War*(Philadephia: Temple University Press, 1998), pp.193~211.

세운 북한의 경제도 중국과 소련으로부터의 지원에 의존하는 것이었다. 진영체제의 군사적 논리, 즉 패권국에 의한 '이중봉쇄' 역시 한반도에 적용된다. 미소는 각기 남북의 독자적인 무기체계 개발, 특히 핵개발을 제한했고 미국이 한반도에 핵무기를 배치한 주요한 이유는 남북한의 독자적인 무력통일 시도를 억지하기 위한 것이었다.[14]

하지만 한반도를 포함한 동아시아의 냉전구조는 진영체제로 충분히 설명되지 않는다. 캘도의 설명틀은 근대 민족국가의 존재를 전제하고 이의 진영체제로의 변형을 주장하는 것인데, 동아시아의 경우 일본을 제외하면 근대 민족국가의 형성은 중국과 한국에게 아직도 미완의 작업이기 때문이다. 또한 부잔(Bary Buzan)에 따르면, 동아시아는 미국의 압도적인 영향력에 의해 독자적인 지역 안보질서를 형성하지 못한 경우이다.[15] 동아시아의 전통적 중화질서는 서구와 일본 제국주의에 의해 붕괴되었고, 태평양전쟁 기간 일본 제국주의는 서구 제국주의를 축출했고, 태평양전쟁에서 승리함으로써 미국은 동아시아 질서의 기획주체가 되었기 때문이다.

동아시아에서 미국의 과제는 일본 자체의 재건설과 함께 일본과 서구 제국주의에 대항해 온 동아시아 지역의 민족주의 문제였다. 진영의 논리는 민족문제의 독자적 해결을 허용하지 않았고, 미국 패권의 자본주의 논리는 일본의 경제적 재건을 동아시아 냉전전략의 최우선적 과제로 설정했다. 이에 따라, 미국의 정책은 내전의 형태로 전개된 중국, 한국, 베트남의 반제민족주의 운동에 대한 직접적 개입, 일본의 독자적인 외교적, 군사적 힘을 거세한 대동아공영권의 재건이었다. 미국 패권의

---

14) Donald Stone Macdonald, *U.S.-Korean Relations from Liberation to Self- Reliance*: *Twenty-year Record*(Boulder: Westview, 1992), pp.77~79.

15) Barry Buzan and Gerald Segal, "Rethinking East Asian Security," *Survival*, 36 (Summer 1994).

동아시아 기지로서 일본의 경제적 재건을 위해서는 자원의 공급과 상품
의 소비를 위한 경제적 배후지역의 확보가 필수적이었기 때문이다. 애
치슨(Dean Acheson)이 '거대한 초승달(Great Crescent)'로 부른 이 지역은
일본 열도에서 동남아시아를 거쳐 인도까지를 포함했다.[16]

미국은 새로운 일본을 건설하고 이를 미국 패권에 종속시켰으나, 동
아시아에서 일본 제국주의의 역사적 청산을 '거부'했다. 전후 일본을 단
독으로 점령한 미국은 군정을 통해 일본의 제국주의적 과거를 통제하
고, 미일평화조약과 일본을 미국 패권의 기지로 이용하는 미일안보조약
의 '거래'를 규정한 1951년 샌프란시스코평화회담을 통해 일본을 미국
패권에 종속시켰다. 샌프란시스코체제는 태평양전쟁중 직접적으로 일
본의 지배를 받은 필리핀 및 일본의 군사적 위협에 노출되었던 뉴질랜
드와 호주와 미국 간의 안보동맹을 포함했다.[17]

하지만 샌프란시스코체제는 일본 제국주의와 동아시아 민족주의와
의 역사적 화해는 주선하지 않았다. 즉, 미국은 동아시아에서 태평양전
쟁을 끝내지 않은 채 진영체제를 강요한 것이다. 한국전쟁 발발 이전
미국은 이미 호치민의 반제 민족주의를 미국 패권의 적으로 규정하고
프랑스를 지원했으며, 대만을 미국의 방위선에 포함시켜 중국 민족문제
의 독자적 해결을 봉쇄했고, 한국전쟁의 제한전 수행방침으로 한반도의
무력통일을 억지했다. 미국과 전쟁중이던 중공과 북한은 물론 한국조차
도 샌프란시스코회담에 초대받지 못했다. 외무장관 변영태는 미일평화
회담에 일본 제국주의의 최대 피해자인 한국이 배제되는 '엄청난 비합
리성(enormity of irrationality)'을 비판하며 미국의 한국에 대한 안보동맹

---

16) Bruce Comings, *The Origins of the Korean War, Vol. II: The Roaring of the Cataract 1947 ~ 1950*(Princeton: Princeton University Press, 1990), p.49.

17) Michael Schaller, *Altered States: The United States and Japan since the Occupation*(New York: Oxford University Press, 1997).

체결을 요구했지만, 한국의 '정당한 요구(legitimate demand)'에 미국은 귀를 막아버렸다.[18] 한국의 참여에 따른 재일 한국인의 연합국 시민 대우를 일본은 원하지 않았으며, 미국 패권에 종속되는 일본의 이러한 요구를 미국은 받아들였다. 더 중요하게는, 미국과 일본의 새로운 '거래'는 이승만의 북진과 반일정책을 용납할 수 없었다.[19]

한미관계를 중심으로 보면 한반도 냉전구조는 1953년의 한국전쟁의 휴전과 한미상호방위조약, 그리고 1954년의 한미합의의사록의 '삼위일체'로 구성된다.[20] 미국과 중국, 북한을 당사자로 한 정전협정은 한반도의 분단을 통한 각 진영의 경계를, 한미상호방위조약은 한미 간의 쌍무적 동맹관계를, 미국의 대한 경제, 군사원조의 조건에 대한 한미합의의사록은 미일 간의 새로운 '거래'의 틀에서 한국의 국가와 사회체제의 성격을 규정한다. 정전협정과 한미상호방위조약, 한미합의의사록의 군사조항에 의한 미국의 한국군 작전통제권 확보로 미국은 한국에 대한 '이중봉쇄'의 수단을 확보했고, 이는 이후 핵무기배치와 한미연합사체제로 강화된다.

한미합의의사록은 미국의 한국에 대한 군사적 통제를 넘어 미국 진영에서 살아가기 위해 한국이 갖추어야 할 조건을 규정하는 것이었고, 그 합의 과정은 결코 순탄한 것이 아니었다. 한미상호방위조약의 가조인으로 이어진 1953년 이승만-덜레스 회담에서부터 미국은 한국에 대한 경제, 군사원조의 조건으로 한일 관계 정상화와 이를 위한 미국의 중재권한을 요구했다. 이승만은 일본에 경제적 종속을 경계하며 이를

---

18) "Statement by Yung Tai Pyun, Minister of Foreign Affairs," August 20, 19151, 외교안보연구원 한국외교문서, 마이크로필름 번호 J-001, 문서철: 한미간의 상호방위조약.

19) John Price, "Cold War Relic: The 1951 San Francisco Peace Treaty and the Politics of Memory," *Asian Perspective25*, No.3(2001).

20) 김일영·조성렬, 『주한미군: 역사, 쟁점, 전망』(서울: 한울, 2003).

거부하고, 한국의 독자적 산업화를 위한 미국의 경제원조를 요구했다. 이에 대해 덜레스는 미국의 세계전략이 동아시아 지역전략을 규정하고, 이는 일본의 재건에 달려있음을 분명히 했다. 아시아에서 반공의 축인 일본이 공산화되면 한국의 안보도 위험하며 일본의 공산화를 막기 위해서는 경제재건이 필수적이고, 일본의 경제재건을 위해서는 원료공급지와 상품소비지를 확보해야 하고, 장기적으로 볼 때 아시아 국가들의 경제발전은 일본을 축으로 하는 다자간 무역밖에 없음을 덜레스는 강조했다.[21]

이승만의 북진통일 주장과 독자적 산업화의 추구는 한미합의의사록 작성의 최대 장애물이었으며, 그로 인한 갈등은 1954년 이승만-아이젠하워 정상회담 이후에도 지속되었다. 1954년 10월 기존의 한미 양국의 합의의사록 협상과 미국의 요구를 전면적으로 부정하는 이승만의 대국민담화가 발표되었고, 이에 미국은 한국에 대한 석유공급을 전면 중단했다. 이러한 파국을 고비로 작성된 1954년 11월의 한미합의의사록은 비록 한일 관계 정상화를 명문화하지는 않았지만, 한국의 군사력 운용과 경제정책에 대한 미국의 통제를 확보했다. 1941년 미국의 일본에 대한 석유공급중단이 태평양전쟁을 촉발했고 그 결과가 1945년 이후 미일의 공고한 동맹관계라면, 한미의 '혈맹'관계 역시 1954년 미국의 한국에 대한 석유공급중단에 의해 실현된 것이었다.[22]

한반도 냉전구조의 '삼위일체'는 미국의 세계전략, 일본을 중심으로 한 지역전략, 대한전략의 복합체이며, 그 관계는 위계적이다. 한국이나 한반도 전체의 상황이 독자적으로 결정하는 미국의 대한정책은 존재하

---

21) "Memorandum for the Recod: Second Meeting of President Rhee and Secretary Dulles," August 6, 1953, Record Group 59, Conference Files 49-63, Box 24, Folder: Dulles-Rhee Talks, Aug 1953, National Archives.

22) 구영록·배영수, 『한미관계 1882~1982』(서울: 서울대학교 미국학연구소, 1982).

지 않는다. 한국전쟁에서 미국의 '경찰역할'을 결정한 대통령 트루먼에게 한국은 '동방의 그리스'였으며, 미국의 한국전쟁 개입을 실제적으로 주도한 국무장관 애치슨은 1950년 9월의 의회증언에서 한국전쟁을 미국의 세계전략에서 이해할 것을 강조하며 한국전쟁의 시작과 끝을 독일의 재무장으로 규정했다.[23]

한반도 냉전구조의 안정화 혹은 내재화는 세계적·지역적·한반도 수준에서 미국의 전략과 부합하는 정책을 추진하는 한국의 국가-사회세력에 의한 것이었다. 미국과 한국과의 후견-피후견 관계는 박정희의 쿠데타 이후 군부권위주의정권에 의해 완성되었다. 이승만의 반공노선은 미국의 정책과 부합했지만, 그의 북진통일론은 진영의 경계를 허무는 것으로 미국이 용납할 수 없는 것이었다. 또한 일본에의 경제적 '종속'을 거부하고 한국의 독자적 산업화를 추구한 이승만의 정책도 미국으로서는 수용할 수 없었다. 한편 개인적 카리스마도 국내 정치적 정당성도 없던 박정희는 국내 정치에서 철저한 반공주의, 유엔을 통한 한반도 통일정책 수용, 한일국교정상화와 수출주도형 경제발전, 베트남전 파병 등을 통해 미국의 세계정책, 지역정책, 한반도정책에 '순응'했다. 특히, 박정희 정권의 한일국교정상화는 미국의 오랜 숙원을 해결한 것으로, 미국 패권에 의해 규정되는 한반도의 냉전구조가 완성되는 계기였다.[24]

군부권위주의에 의한 냉전의 내재화는 한국 정치의 대립구도를 결정했다. 1945년 이후 미국은 한국 민족주의의 독자성을 인정하지 않고, 또한 일본 제국주의의 역사적 청산을 거부했다. 이에 따라 한미동맹을

23) Heajeong Lee, The Making of American Hegemony from the Great Depression to the Korean War(Seoul: Seoul National University Press, 2000), p.278.
24) 신욱희, "동아시아에서의 후견-피후견 국가관계의 동학," 『국제정치논총』 32집, 2호(1992), "한미동맹의 내부적 역동성: 분석 틀의 모색," 『국가전략』 7권, 2호(2001).

정당성의 기반으로 하는 군부권위주의의 대립축은 민주화뿐 아니라 한
국의 저항적 민족주의 전통을 포함하게 되었다. 군부권위주의정권의 또
다른 정당성의 기반은 경제발전이었고, 이는 저항적 민족주의의 열망을
근대화의 동력으로 전환·순치시키는 성격을 지니고 있었다. 이에 따라,
이른바 '산업화세력'이 군부권위주의 세력과 더불어 냉전을 내재화시키
는 사회적 세력으로 부상했다. 정상적인 민주적 절차와 시민사회의 발
전을 억압한 군부권위주의－'산업화' 세력에 의한 냉전의 내재화는 그
국내 정치적 기반이 취약했고, 산업화의 사회적·계급적 문제에 의해 탄
생한 '민중'을 민족주의－민주화 세력의 '반체제' 운동 대열에 합세시켰
다. 한국의 정치·경제체제 자체가 한미동맹을 고리로 냉전구조와 긴밀
히 연관되어 있는 것이다. 냉전구조의 변화나 한국 국내 정치경제의 변
화는 필연적으로 한미동맹, 한국 민족주의의 입장에서 보는 미국의 문
제를 촉발하게 되어 있었다. 이를 비극적으로 증명하는 사례가 광주민
주화운동이다. 광주민주화운동은 미국의 한국군 작전통제권을 '원죄'로
만들었고, 군부권위주의 정권에 대한 '반체제' 운동은 반미를 매개로 한
민족-민주-'민중' 세력의 연합에 의해 전개되었다.[25]

3) 탈냉전, 9·11 테러와 한반도

　캘도는 진영체제 개념을 바탕으로 소련의 붕괴 이후 국제관계의 현실
적·이상적 전망을 제시한다. 현실적 전망은 전 지구적으로 확산된 미국
패권체제이고, 이상적 전망은 미국 패권체제를 비판하고 대안을 모색하
는 지구적 시민사회의 출현이다. 단극시대 미국 패권체제는 민주주의와

---

25) 이삼성, 『미국의 대한정책과 한국민족주의: 광주항쟁·민족통일·한미관계』(서울:
　　한길사, 1993).

〈표 10-3〉 탈냉전시대의 국제체제

	미국의 단일 패권체제	지구적 시민사회 모델
조직원리	민주주의와 시장경제 이념	지구적 이슈별로 다양
국제관계	선진 자본주의 국가의 결속	이슈별 개인, 집단, 국가의 연합
문화질서	자본주의 소비문화	지구적 문제해결을 위한 지역적, 국가적 정치문화
경제질서	통화 블록	민주적으로 통제되는 국제통화와 국가, 지역통화의 공존
군사질서	미국 주도의 폭력수단의 통합적 관리	다국적 평화유지군과 국제사회에 의한 군축의 관리

출처: Mary Kaldor(1998).

시장경제의 이념을 조직원리로 하며, 미국-유럽(독일)-일본 '삼각구도'에 의한 선진 자본주의 국가의 결속을 특징으로 한다. 문화질서의 측면에서는 미국 소비문화의 지구적 확산, 경제질서의 측면에서는 달러, 유로, 엔화의 경제적 '삼각구도' 그리고 군사적 질서는 전 지구적 규모에서 미국이 주도하는 위계적이고 통합적인 폭력수단의 관리가 그 특징이다.[26]

소련의 붕괴로 유라시아 내륙까지 미국 패권의 '거대한 체스판'이 되었다.[27] 그러나, 미국 진영의 조직원리는 여전히 이념적이다. 즉, 단극시대 미국 패권은 민주주의와 시장경제의 이념을 거부하는 민족주의와 종교적 근본주의를 미국 진영 외부의 적으로 설정하는 점에서 여전히 폐쇄적이다. 또한, 부시 정부 등장 이전 이미 미국 안보 전략가들은 테러리즘과 다양한 초국가적 위협, 예상하지 못하는 위협까지를 미국 패권의 새로운 적들로 규정하고, 대량살상무기확산의 방지를 중심으로 예방적 방위를 새로운 전략적 지침으로 설정했다.[28] 9·11 테러 이후 부시

---

26) Kaldor(1998).

27) Abigniew Brzezinski, 김명섭 옮김, 『거대한 체스판: 21세기 미국의 세계전략과 유라시아』(서울: 삼인, 2000).

정부는 탄도미사일협정(ABM)의 탈퇴, 미사일방어체제의 추진 및 선제
핵사용 전략을 통해 냉전시대의 핵억지 전략을 전면적으로 폐기하고,
대테러전쟁의 이름으로 미국의 새로운 적들에 대한 전쟁을 선포했다.

새로운 적들에 대한 미국의 대응은, 나토의 유고공습이나 대테러연합
을 통한 아프가니스탄과 이라크전쟁이 보여주듯, 최첨단 무기체계와 기
존의 동맹 혹은 새로운 연합을 동원한 군사적 제재이다. 미국의 군사적
제재는 적들의 군사적 주권을 전면적으로 부정하고 있다. 이는 냉전시
대 진영체제의 군사적 특징이었던 군사적 주권통제의 연장선상에서 이
해할 수 있다. 소련의 붕괴로 냉전시대 각 진영 내의 폭력수단의 위계적
통제에서 미소 간의 협력의 기반은 붕괴되고, 미국의 입장에서는 냉전
시기 미소 간의 상호확증 파괴능력에 입각한 핵전략을 넘어 독자적으로
전 지구적인 범위에서 폭력수단의 위계적이고 통합적인 관리체계를 수
립해야 했기 때문이다.

냉전의 진영체제에서 군사적 주권의 실제적 제한이 핵억지의 명분으
로 가려졌다면 냉전의 종언 이후에는, 특히 9·11 테러 이후에는 주권의
제한이 더욱 명시적으로 새로운 명분에 의해 이루어지고 있다. 9·11 테
러 이전 미국이 주도한 국제적인 군사적 제재는 걸프전에서 쿠웨이트의
주권보호란 전통적 덕목뿐 아니라 유고공습 사례에서의 인권의 보호에
대한 국제사회의 책무란 주권국가체제 운용의 새로운 원칙에 입각한 것
이었다. 9·11 테러 이후 부시 정부는 인권과 인도적 개입에 더해 미국의
자위권과 대테러전쟁에의 동참을 문명사회의 책무로 내세우며, 주권이
더 이상 모든 국가에게 부여되는 본연적 권리의 '백지수표(blank check)'
가 아님을 천명한다.29)

---

28) 이혜정, "단극시대 미국 패권의 이해," 『한국과 국제정치』, 16권, 2호(2000).

29) Richard Haas, "Sovereignty: Existing Rights, Evolving Responsibilities," Remarks to the

미국의 자위권, 즉 주권을 위해 전 세계 국가들의 주권이 제한되고 있는 셈이다. 이와 같은 부시 정부의 일방주의는 부시 대통령 개인의 종교적 성향이나 신보수주의의 일시적 득세에만 기인하는 것이 아니다.[30] 이는 9·11 테러 자체의 충격으로 이해할 수 있다. 앞서 설명한 것처럼, 미국의 대외적 팽창은 영토적·제국적·패권적 팽창이 중층적으로 축적된 것이며, 팽창의 범위는 미국의 힘에 의해 설정되었다. 그리고 모든 팽창단계의 핵심적 명분은 국익과 예외주의였다. 예외주의는 미국 외교의 수단에 관한 것이 아니고, 미국 체제의 예외적인 근대성과 자유주의 성격에 대한 '신화'이다.[31] 일방주의는 예외주의의 논리적 산물이다. 예외적인 미국 체제의 국익, 특히 안보를 확보하기 위해서는 어떠한 제한도 있을 수 없기 때문이다.[32]

미국의 안보를 확보하기 위한 '군사영역(sphere of insulation)'은 제국적 팽창의 단계에 이미 미국의 본토를 넘어, 제국의 영역 전체를 포함했다. 패권적 팽창은 '군사영역'을 기반으로 하는 것이고, 그 경계는 미국의 실제적 힘의 문제이다. 유럽에 대한 패권적 팽창을 추구한 윌슨 역시 중남미에 대한 군사적 개입에 결코 주저하지 않았다. 제2차 세계대전 이후 미국의 '경제영역(sphere of interest)'은 소련 진영 이외의 모든 지역, 미국의 '외교영역(sphere of influence)'은 국제기구를 통해 전 지구적으로

School of Foreign Service and the Mortara Center for International Studies, George Town University, Washington. D.C., January 14, 2003. http:www.state. gov/s/p/rem/2003/1668 pf.htm

30) 백창제, "미국 외교 정책의 일방주의의 기반," 『국가전략』, 9권, 1호(2003); 권용립, 『미국 정치 문명』(서울: 삼인, 2003).

31) Benjamin Schwarz, "Exporting the Myth of a Liberal America," *World Policy Journal* (Fall 1998).

32) Walter A. McDougall, "Back to Bedrock: The Eight Traditions of American statecraft," *Foreign Affairs*(March/April 1997).

확장되었고, 소련 진영의 외곽을 지역적·쌍무적 안보동맹을 통해 포위
했다.33) 하지만 미국의 안보는 핵 공포의 균형에 의존했다. 소련의 핵개
발을 막을 실제적 힘을 미국이 지니고 있지 않았기 때문이다. 소련 핵의
'볼모'가 된 미국을 일방주의 전통의 공화당 보수파는 수용할 수 없었
다. 그들의 해법은 소련 핵의 감축과 함께 스타워즈를 통해 미국의 '절
대안보(absolute security)'를 추구하는 것이었다.34) 소련의 붕괴는 미국 보
수파들에게 '절대안보'를 실현할 기회였다. 이를 위한 일방주의는 9·11
테러로 인해 광범위한 국내적 동의 기반을 확보했고, 미국의 '군사영역'
은 전 지구적으로 확장되었다. 본토 방위는 정파와 상관없이 전 미국인
이 양보할 수 없는 최우선적 국익이고, 미국의 정치, 경제, 군사적 심장
부를 타격한 테러리즘은 지구적 네트워크를 갖추고 있기 때문이다.

9·11 테러는 미국 대외적 팽창의 패권적 단층의 균열을 가져왔다. 제
국적 팽창에 고유한 '군사영역'의 전 지구적 확장이 일방주의에 의해
추구되면서, 최근 미국의 이라크전쟁에 대한 서구국가들에 비판에서 잘
나타나듯이, 미국의 '외교영역'은 오히려 축소되었다. 또한 영토적 팽창
의 특징인 미국 체제의(아메리카 원주민과 이민들에 대한) 강제적 이식은
독재와 테러지원 국가의 정권교체란 부시 정부의 테러리즘 근절 해법으
로 나타나고 있다. 이에 따라, 캘도가 현실적 전망으로 규정한 단극시대
미국 패권체제는 미국과 서구의 협력의 약화로 그 현실성이 감소하고,
이상적이라 규정한 지구적 시민사회의 부상 가능성은 높아졌다.

지구적 시민사회 모델은 인권, 안보, 환경, 자본통제 등의 지구적 이
슈들에 연계된 개별국가와 공식적인 국제기구는 물론 지역적·국제적

---

33) 군사, 경제, 외교 영역의 구분은 Kurth(1996), p.13.

34) James Chace and Caleb Carr, *America Invulnerable: The Quest for Absolute Security from
1812 to Star Wars*(Sumit Books, 1988).

비정부 시민단체 등의 다양한 행위자들을 구성원으로 한다. 이러한 조
직원리는 민주주의의 이상에 기반하고 있다. 구체적으로 국가하부의 작
은 정치적 조직들의 목소리도 국제사회의 동의를 확립하는 과정에서 반
영되어야 하며, 초국적 기구들의 정책결정 과정이 민주화되어야 하고,
국제적 거버넌스의 성격이 지역적 조직들에 대한 개입이 아니라 지역적
차원의 민주화를 가능하게 하는 것으로 바뀌어야 한다는 것이다. 이러
한 민주주의의 이상에 따라 지구적 시민사회 모델이 추구하는 문화의
모습은 초국적 문제의 해결에 대한 의지를 지니는 다양한 조직들의 민
주적인 정치문화의 혼합이다. 또한 경제적으로 지구적 시민사회 모델은
민주적인 국제기구에 의해 보장되는 국제화폐의 출현을 통해 국제경제
의 안정을 추구하며, 개별 국가의 폭력수단을 대폭적으로 감축시키는
국제사회의 새로운 군축을 요구한다. 지구적 시민사회 모델이 추구하는
이와 같은 목표들은, 미국의 이라크전쟁에 대한 반전 평화운동이나 신
자유주의 세계화에 대한 반대 등에서 이미 현실적으로 추구되고 있다고
볼 수 있다(<표 10-3> 참조).

　냉전의 종언과 9·11 테러는 한반도 냉전구조의 전면적 변화를 초래
하지 않았다. 한국이 중국, 러시아와 수교함으로써 한반도의 분단은 한
국에게 더 이상 건널 수 없는 진영체제의 대립선이 아니지만, 남북의
분단과 북한의 고립은 여전하다. 또한 남북교류가 확대되고 역사적인
남북정상회담이 있었지만, 한국전쟁의 산물인 정전협정과 한미동맹은
여전히 북한과 한미의 군사적 대치를 규정하고 있다. 한반도 냉전구조
의 한 축인 합의의사록이 상징하는 한국 사회체제의 성격에서도 보아
도, 한국은 미국이 주도하는 경제적 세계화에 의해 세계 자본주의 체제
에 더욱 확고하게 통합되어 있다. 일본과의 국교정상화를 이루지 못한
북한의 입장에서 보면, 한국전쟁은 물론 태평양전쟁도 아직 끝나지 않
았다. 한반도는 아직 제국주의의 청산을 거부하고 냉전을 강요한 미국

패권의 굴레에 갇혀있는 것이다.

한반도 냉전구조의 큰 틀은 변함이 없지만, 미국과 남북한 모두는 변화를 추구하고 있다. 냉전의 붕괴로 중소의 군사적·경제적 지원을 상실하고 '실패국가'로 전락한 북한이 가장 큰 현상변경의 의지를 갖고 있다. 정전협정의 평화협정으로의 전환을 통해 체제의 안전을 보장받고, 경제적 생존을 위해 국제사회의 지원을 끌어들이는 것이 북한의 사활적 이익이며, 이를 보장해 줄 수 있는 것은 오직 미국이다. 미국과의 관계 정상화는 북한 외교의 최우선적 목표이며, 북한의 핵과 미사일 개발은 체제생존의 그 자체가 목적임과 동시에 미국과의 협상을 위한 수단의 이중적 성격을 지닌다. 한편, 한국에게 민주화의 진행은 국내 정치에서 군부권위주의 정권의 안보론의 독점을 붕괴시키고 민족과 주권 담론의 정치적 부상을 가져왔다. 이러한 정치적 변화는 냉전의 종언 이후 기존의 남북한 군사력 균형의 변화 및 북한 핵에 대한 미국의 강경한 대응과 맞물려, 한미동맹의 목적에 대한 회의와 한반도 냉전체제의 해체에 대한 열망을 고취시켰다.

남북한에게 한반도 냉전구조는 해체의 대상이지만, 미국에게는 그렇지 않다. 2000년 3월 미 하원의 아시아태평양소위원회에서 국무부의 데밍(Deming)은 "냉전의 종언은 한 시대의 종언일 뿐이지 이 지역에서 미국의 주요 동맹이나 강력한 미군의 주둔필요성의 종언은 아니다"라고 천명한다.[35] 일본은 여전히 미국 패권의 기지이고 주일 미군의 주둔을 위해서나 미래의 중국에 대한 봉쇄를 위해서나, 한국은 미국의 군사적 교두보로 남아있어야 한다. 북한의 대량살상무기는 예방적 방위를 내세

---

35) "U.S. Security Concerns in Asia," Hearing before the Subcommittee on Asia and the Pacific of the Committee on International Relations, House of Representatives, 106th Cong., 1st sess., p.64.

운 클린턴 정부나, 특히 9·11 테러 이후 지구 전체를 미국의 '군사영역'
으로 설정하고 있는 부시 정부에게는 결코 한반도만의 문제가 아니며
용납할 수 없는 것이다. 기존의 한국에 대한 '이중봉쇄'를 유지하면서,
미국은 한국에게 미래의 잠재적인 지역갈등의 예방과 대테러전쟁에서
의 협력을 요구하고 있다.

3. 한반도 안보위기

이상에서는 한반도의 제국주의, 냉전, 탈냉전의 역사적 단층을 관통
하는 미국의 영향력을 고찰해 보았다. 이 논의를 배경으로 아래에서는
현재 한반도 안보위기의 원인에 대한 『9·11 테러 이후 부시행정부의
한반도정책』(이하 『한반도정책』), 『2003년 한반도의 전쟁과 평화』(이하 『전
쟁과 평화』), 『한반도 평화보고서』, 『코리안 엔드게임』의 분석을 비교한다.

1) 패권, 주권, 민족

한반도 안보위기의 직접적 주체는 남북한과 미국이다. 남북한은 주권
과 민족의 시각에서 한반도 냉전구조의 변화를 추구하고, 미국은 패권
의 시각에서 한반도 문제를 다루고 있다.

9·11 테러 이후 미국 패권의 시각은 『한반도정책』이 대변한다. 국무
부 정책기획국장 하아스(Richard Haas)는 테러리즘을 미국 안보의 최대
위협이자 문명에 대한 파괴행위로 규정한다. 이를 바탕으로 그는 대테
러전쟁에서 미국의 일방주의를 자위권의 명분으로 정당화하고, 대테러
전쟁을 위해 미국이 동원하는 순환연합(revolving coalition)을 설명한다. 순
환연합은 각국의 상황과 능력에 따라 미국의 대테러전쟁에 협력하는 것

이다. 이는 기존의 동맹과 달리 임시방편적이며 지속적으로 변화하는 것으로, 미국의 고정적이고 장기적인 의무를 규정하지 않는다. 미국의 대테러전쟁에서 '다자주의는 그 자체가 목적이 아니라, 목적을 위해 필요한 수단'인 것이다(45).

즉, 미국의 대테러전쟁 연합은 패권적 팽창의 주요 기제였던 다자주의의 부정이며, 주권원칙을 바탕으로 하는 동맹과 구분되는 것이다. 신보수주의의 대표적 인물 중 하나인 펄(Richard Pearl)의 테러리즘 논의는 9·11 테러 이후 주권원칙을 부정하는 미국의 탈근대적 패권논리를 더욱 명확히 보여준다. 테러에 대한 일반적 정의는 집단에 의한 미리 기획되고, 정치적 의도를 지닌 폭력이다. 테러의 주체가 국가가 아니라는 점에서 9·11 테러는 이미 탈근대적인 국제정치 현실의 도래를 증명한다. 펄은, 여기서 더 나아가, 테러의 정의를 더욱 확장시키고, 총체적인 대응수단을 제안함으로써 미국의 기존제도 및 국제체제의 관행을 전면적으로 바꿀 것을 제안한다. 우선 펄은 집단이 아니라 개인도 테러의 주체로 설정할 것과 정치적 의도가 없는 폭력, 파괴행위 역시 테러로 정의해야 한다고 주장한다. 펄은 테러에 대한 포괄적인 대응방안을 논의하면서, 대테러 비밀공작의 근거가 될 수 있는 법무부의 의견, 즉, "대통령은 국익이 요구하는 한 통상적인 국제법을 위반할 권한"을 지니고 있음을 지적한다(65). 또한, 그는 '비상경제 권한법(International Emergency Economic Powers Act)'을 활용해, 비상사태를 선포하고 광범위한 경제제재를 가할 수 있음을 밝히고 있다.

펄은 기존의 긴밀한 동맹국가가 미국의 대테러전쟁에 적극적으로 협력하지 않을 경우가 미국의 딜레마라고 지적하는데, 이에 대한 해답은 2003년 2월에 발표된 부시 정부의 '대테러 전략(National Strategy for Combatting Terrorism)'에서 찾을 수 있다. 이 보고서가 제시하는 미국의 대테러전쟁 연합의 전략은 다음과 같다. 미국은 대테러전쟁에 대한 협력의 의지와 능력이 있는 국가와는 기존의(동맹)관계를 강화하고 새로운 대테러연합을 결성하며, 협력의 의지는 있지만 능력이 약한 국가에게는 지원을 하고, 의지가 약한(reluctant) 국가에게는 설득을 위한 압박을 가하며, 협력을 거부하는(unwilling) 국가에 대해서는 그 위협에 강력하게 대응해 테러지원의 중단을 강제한다.[36]

미국의 대테러전쟁에 대한 협력의 의지에 따라 전 세계 국가들의 등급이 매겨지고, 기존 동맹관계에 대한 존중이 이루어지는 것이다. 미국의 대테러전쟁에 적극적으로 협력하는 대표적인 국가가 일본이다. 『한반도정책』은 이에 대한 미국의 평가를 보여준다. 코사(Ralph Cosa)는 일본의 적극적인 협력의지가 대테러전쟁이 일본의 '보통국가화'의 기회로 작용하기 때문이라고 분석한다(101). 워츨(Larry Wortzel)은 일본의 반테러 특별조치법을 미국의 대테러전쟁에 대한 강력한 협력 의지로 높이 평가하면서, 지역적·지구적 문제에서 일본의 군사적 지원을 요구한다. 구체적으로 그는 일본의 자위대가 미국의 대테러전쟁 수행에 통합될 것을 제안한다(115). 앞서 언급되었듯이, 냉전 초기 미국이 '거대한 초승달'로 명명한 일본의 영역은 일본열도에서 동남아시아를 거쳐 인도에 이르는 지역이었다. 대테러전쟁의 일환으로 일본의 자위대가 페르시아만까지 진출한 것은 일본의 '거대한 초승달' 지역이 확대되었을 뿐 아니라 일본의 역할도 이제는 단순히 경제적인 것이 아니라, 군사적인 성격을 띠고 있음을 보여준다. 물론, 이러한 변화는 미국의 전반적인 패권 전략 안에서 미국의 요구로 이루어지고 있다.

정욱식의 『전쟁과 평화』는 미국의 패권논리를 인정하지 않는다. 9·11 테러 이후 세계가 '문명세계와 문명질서 도전세력집단으로 양분'되

---

36) The White Hosue, "National Strategy for Combatting Terrorism," (Feburuary 2003), p.12.

었으며, 북한이 대테전쟁에 협력하지 않고 테러지원국으로 남아 있으면, 한국은 '대북응징연대에 동참'해야 한다는 조선일보의 이상우 교수 칼럼은 그에게 미국의 입장을 무비판적으로 추종해, 북한의 위협을 과장하고 김대중 정부를 비판하는 보수세력의 친미적 주장일 뿐이다(109). 또한, 정욱식의 시각에서 미국은 북한의 미사일수출을 통제할 권한이 없다. "이것은 북한의 '주권사항'인 것이다"(296). 정욱식은 미국에게 "북한의 주권행사를 '도발'이라고 해석하고 행동을 펼칠 의지와 능력"이 있음을 인정한다(245). 그러나 그에게 북한은 단순히 주권국가가 아니라 "화해와 협력, 평화와 통일의 대상"이다(300). 정욱식의 평화운동은 민주화와 냉전의 종언 이후 한국 시민운동이 보편적인 가치를 위한 지구적 연대를 추구하는 하나의 시도이다. 한국 시민사회가 "내적으로도 반전평화군축 활동이 활발하지 못했을 뿐더러, 국제사회의 평화 문제에도 대체로 무관심했다는" 반성(291)은, 그가 캘도가 제시하는 탈근대적인 지구적 시민사회의 전망과 한반도의 제국주의, 냉전 단층에서 유래하는 민족과 주권의 문제를 어떻게 조화시킬지를 고민하고 있음을 보여 준다. 하지만 그는 아직 이에 대한 뚜렷한 해답을 갖고 있지는 않으며, 근대적인 민족과 주권의 문제가 여전히 그에게는 큰 비중을 차지하는 것 같다. 그래서 그는 한미의 종속적 관계에 분노하고, 한반도 안보위기를 "'반전, 반핵, 평화'라는 보편적인 가치와 함께 국익과 민족의 관점에서 이 문제를 접근해야" 한다고 주장한다(179).

주권과 민족의 원칙에서 정욱식의 논리는 정당하다. 문제는 그가 단순히 미국 패권에 대한 도덕적 단죄를 넘어서서, 미국이 압도적인 영향력을 행사하는 한반도의 '뼈아픈 현실'(11)을 직시하고, "문제의 본질을 짚고 '대안'을 제시"하고자 한다는 데에 있다(269). 현실은 19세기 후반 이래 한반도가 국제정치에서 한 번도 자유로운 역사가 없으며, 주권과 민족의 원칙이 온전하게 지켜진 역사는 더더욱 없다는 것이며, 문제의 본질은 냉전의 종언과 9·11 테러 이후 미국은 예방적 방위나 대테러전쟁에 협력하지 않는 국가에게 동맹이나 주권에 대한 형식적인 예의 이상의 고려를 하고 있지 않다는 것이다.

"민족의 자결과 단결은 '이루기 힘든 이상'"이라고 『한반도 평화보고서』는 지적한다(19~20). 정욱식에게 군사적 패권주의로 무장한 미국은 한반도의 평화와 통일의 협력자가 아니지만, 민족주의의 '이상'에서 벗어나 한반도 국제정치구조의 '현실'로 내려와 한반도 안보위기의 평화적 해결을 추구하는 『한반도 평화보고서』의 저자들에게 미국은 비판과 배척의 대상이 아니라 설득과 협상의 대상이다. 그들은 미국의 대한정책 변화를 유도할 수 있는 '도덕적 권위와 현실성, 보편타당성과 설득력을 지닌 정책대안'의 제시를 추구한다. 또한 그들은 정욱식과 같은 시민단체 운동가들이 한반도의 '현실'을 '정확히 이해하고 올바른 운동방향'을 정립하는 데 도움을 주고자 한다(22). 정욱식이 한국의 주권과 민족주의의 '이상'으로 미국 패권의 '현실'을 비판한다면, 『한반도 평화보고서』의 저자들은 미국 패권의 현실과 한반도 평화란 한국의 국익의 조화를 추구한다고 볼 수 있다.

하지만 『한반도 평화보고서』가 민족주의의 '이상'에서 국제정치의 '현실'로 완전히 내려왔다고 보기는 힘들다. 민족의 자결은 여전히 민족의 본연적인 권리로 강조되고, 한반도 문제해결에서 남북의 의사와 배치되는 외세의 개입은 '국제법의 정신'뿐 아니라 '인간의 기본권을 침해하는 행동으로 규정될 수도 있다'고 지적된다. 물론, 『한반도 평화보고서』의 저자들은 '남북주도론'이 외세의 배격이 아니라 "남과 북이 먼저 일을 진척시키면서 외국의 협조"를 모색함을 의미한다는 밝힘으로써, 민족주의의 '이상'을 분명히 제한한다(160). 그러나 민족의 본연적 권리를 미국 독립선언문에서 찾아내는 것은 지나친 비약이며, '남북주도론'은 국가간 차원의 문제로 끌어내려지고 있지는 않다.

9·11 테러 이후 미국 패권의 '현실'에 대한 『한반도 평화보고서』의 인식 역시 문제가 있다. 저자들은 부시 정부의 일방주의가 대테러전쟁에서 '다자주의적 접근의 필요성'에 대한 이해를 통해 완화되고 있고, 미국 국민도 '다자주의와 공동안보를 통해 분노와 좌절감을 예방하는 것이 어떠한 군사적 수단보다도 더 효과적이며 값싼 대안'임을 인식하고 있다고 지적한다(86, 89). 이러한 인식은 국무부 정책국장 하아스가 강조하는 수단으로서의 다자주의, 즉 다자주의의 실제적 부정이나 부시 정부의 대테러 전략 보고서의 강경한 입장과 배치된다. 또한, 이는 앞서 설명한 미국의 예외주의, 일방주의의 역사적 맥락에서의 9·11 테러의 충격에 대한 이해가 충분하지 못함을 드러낸다. 이러한 '현실' 인식으로는 부시 정부의 군사적 패권주의를 최첨단 공격무기의 개발이나 미사일 방어체제 구축현황의 분석을 통해 강조하는 평화운동가 정욱식에게 국제정치의 '현실'을 '계몽'하기 힘들다.

2) 북한과 미국의 위협

『한반도 평화보고서』는 냉전의 종언 이후 북한과 미국의 갈등에 대한 체계적 분석을 시도한다. 북미의 군사적 갈등은 한반도 평화와 안정의 위협 요소들로 정의되는 한반도 문제의 핵심이며 그 구조적 원인은 '냉전해체의 비동시성'과 미국의 일방주의이다. 세계적 수준에서 냉전해체에도 불구하고 한반도에서는 냉전 이념과 정치군사적 대립은 '북미, 북일 간의 적대성, 남북 간의 상호불신, 한미동맹, 북중 동맹'을 통해 지속되고 있다(33). 한편, 소련 진영의 몰락은 북한의 경제, 안보적 취약성을 증가시키는 한편, 전 세계적 차원에서 미국의 일방주의를 가져와 "냉전시기 미국의 통제 밖에 있었던 국가들의 반미적 행동이나, 그들이 보유하거나 개발중인 대량파괴무기가 현안으로 떠오르게 되었다"(34).

북한은 냉전의 종언 이후 한반도 상황변화의 최대의 피해자이며, 북한의 대량살상무기 개발시도는 미국과의 협상을 통해 체제안전과 경제적 보상을 끌어내기 위한 것이다. 북한은 '미국과의 관계개선을 대외 생존전략의 주축'으로 설정하고(47), 2000년 6월의 남북정상회담 이후 10월에는 클린턴 정부와 양국관계의 '전면적 개선'을 위한 공동성명을 이끌어낸다. 양국은 기존의 제네바 기본합의를 재확인하는 한편, 정전협정의 평화보장체계로의 전환을 통한 한국전쟁 종식과 북한의 미사일 개발문제의 포괄적 타결을 추구했다. 하지만 미사일협상의 지체와 미국의 대통령선거로 양국관계의 '전면적 개선'을 위한 기회는 유실되고, 양국공동성명은 일방주의와 '혐공주의'에 기반한 부시 정부에 의해 '무시' 되었다(39). 부시 정부는 엄격한 상호주의와 검증의 원칙을 내세우며 북한에게 핵사찰을 요구하는 한편 경수로 건설 지연보상에 대한 북한의 요구를 일축한다. 미사일 주권의 포기에 대한 북한의 경제적 보상요구 역시 부시 정부는 거부한다. 주일 미군의 안전, 미사일과 기술의 확산에 대한 우려, 그리고 "소위 반미 불량국가들에 대한 미국의 무력응징을 용이하게 하기 위해 장거리 미사일의 비확산을 담보"(67)할 필요성 때문이다. 더 나아가, 부시 정부는 북한의 재래식 전력, 생화학무기, 인권문제까지도 대북정책의 의제로 설정하고 있다. 즉, 부시 정부는 "화해·협력을 통해 협상을 성사시키고 북한을 국제사회로 끌어들이는 정책이 아니라, 무관심과 억압을 통해 굴복시키려는 비화해협력정책(non-engagement policy)을 기본 원칙"으로 설정하고 있는 것이다(76).37)

이 같은 분석에서 북한은 체제위기의 해소를 위해 노력하는 '합리적'

---

37) 미국의 대북정책에 대한 이론적 검토는 전재성, "관여(engagement)정책의 국제정치 이론적 기반과 한국의 대북정책,"『국제정치논총』, 43집, 1호 (2003).

행위자이고, 부시 정부는 북한을 군사적 일방주의로 위협하는 '이념적' 행위자이다.[38] '합리적' 행위자 북한은 경제 개방과 개혁을 추구하며, 비록 대량살상무기의 개발을 시도하고 있지만 이는 미국과의 관계개선과 한반도 냉전구조의 해체, 즉, 평화를 위한 것이다. '이념적' 행위자 부시 정부는 북한과의 협상을, 즉, 한반도 평화체제 구축을 거부할 뿐 아니라, 전 세계적 차원에서 미사일방어체계와 공세적인 역확산정책을 추진하고 있다. 이러한 정책은 한반도의 평화를 위협할 뿐 아니라 미국의 국익에도 배치된다고 『한반도 평화보고서』는 강조한다.

동북아에서 미국의 핵심적 국익은 기존 동맹체제의 유지와 중국에 대한 견제이다. 부시 정부의 대북 비포용 강경정책은 무엇보다도 한반도의 평화를 위협해 동북아의 현상유지란 미국의 국익에 배치되며, 한국, 중국, 러시아의 반대에 직면하며, 북한에 대한 중국의 영향력 강화와 반미 민족주의의 정치적 부상을 가져올 수 있고, 일본 역시 "타의에 의한 연루"의 우려 때문에 미국에 적극적으로 협력하지 않을 가능성이 크다. 미사일방어체계는 비용과 기술의 문제를 지니고 있을 뿐 아니라, 러시아와 중국의 대미 연대, 이들을 비롯한 전 세계의 군비증강을 촉발해 오히려 대량살상무기의 확산을 초래할 수 있다. 이로 인한 불안정은 "미국의 상업자본, 산업자본, 금융자본들에게는 중대한 불이익"이다(85).

정욱식의 『전쟁과 평화』는 더욱 단호하게 한반도 안보위기의 원인이 미국이라고 주장한다. 탈냉전의 변화에 대한 북한의 대응은 "내부적으로는 체제결속을 다지고, 남한과는 현상유지를 지속하며, 국제사회와의 관계개선을 통해 체제생존을 모색"하는 것이었다(48). 그 핵심적 수단이 핵카드였다. 소련의 붕괴 이후 '새로운 악마'를 찾던 미국의 강경파들은

---

38) 북한에 대한 오리엔탈리즘에 대해서는 구갑우, "북한 연구의 '국제정치': 오리엔탈리즘 비판," 『현대북한연구』, 5권, 1호(2002).

새로운 주적으로 중국과 함께 "체제와 이념도 다르고 말도 잘 안 듣고 적절하게 위협적인 군사력을 보유하고 있으며, 제대로 손봐주지 못한 북한"을 지목했다(52). 미국은 북한 핵개발 의혹의 모호한 증거들에도 불구하고, 그 위협을 과장하며 북한의 '주권'을 무시하는 국제원자력기구의 특별사찰을 요구했고, "대북 군사행동이 야기할 한반도에서의 전면전이 재앙을 가져올 수 있다는 점을 알고 있었음에도 불구하고 한반도 전쟁계획을 강행하려 했다"(39).

정욱식은 1994년의 북한 핵위기가 카터의 중재와 제네바 기본합의로 '봉합'되었다고 본다. 제네바 기본합의는 합의이행의 강제장치가 없고, 미국과 남한, 일본의 선거로 '행위자의 연속성'이 보장되지 않았다. 제네바 기본합의는 북한의 과거 핵규명을 미래의 과제로 남긴 점과 중유 공급 등 '악행에 대한 보상' 때문에 미국 보수파들의 비판의 표적되었다. 북한의 미사일 개발과 금창리 핵시설 의혹으로 1998~99년 북미관계는 다시 악화되었지만, 금창리 핵의혹 시설은 '텅빈 동굴'로 밝혀지고 북한이 미사일 추가발사를 자제하면서, 페리 프로세스에 의해 북미대화 국면이 조성되어 2000년의 남북정상회담과 북미공동성명에 이르렀다. 그러나 한반도 평화의 기대는 "부시행정부가 북미 간의 유망한 요소를 걷어차고 문제를 다시 원점으로 돌림으로써 물거품이" 되었다(94~95). 9·11 테러는 부시 정부의 대북 강경노선을 강화했고, 2002년 10월 북한이 농축 우라늄 핵카드를 다시 "꺼내든 것은 근본적으로 미국의 제네바 합의 불이행 및 부시 행정부 출범 이후 가중되는 체제위협에 대한 '반작용'이기 때문이다"(158). 북한의 핵개발 시인은 여전히 체제보장과 핵개발 포기의 타협가능성을 열어두었으나, 부시 정부는 이를 핵 공갈에 대한 보상은 없다고 강조하며 '일축'했다. 이후 미국은 북한에 대한 중유 공급을 중단하고, 북한은 NPT 탈퇴를 선언했다. 부시 정부의 "평화적 해결"은 경제 제재와 외교적 고립을 통해 북한의 '굴복'을 강제하는 것이다. 그러나 북한에 대한 제재의 '효과'는 "굴복이 아니라 반발이고 위기의 증폭이다"(178). 현재 한반도 안보위기의 "핵심에는 부시 행정부로부터 제기되는 전쟁위기가 도사리고 있다"(195).

『한반도정책』에서 나타나는 미국의 시각은 물론 다르다. 2001년 후반의 시점에서 코사는 김대중 대통령이 미국에게 북한과의 대화를 촉구한 것을 이해할 수 없다고 밝힌다. 그의 시각에서 북미대화의 전제를 단 것은 북한이고 대화를 거부한 것도 북한이다. "김 대통령이 미국의 대화의지를 칭찬하고 대신 북한이 대화재게를 위해서 최선의 노력을 다해야 한다고 훈계하는 것이 더 사리에 맞다"(103). 정욱식은 북한 핵개발 의혹이 미국 보수파에 의해 과장됨을 지적하고 그 대표적인 경우로 '텅빈 동굴'로 밝혀진 금창리 핵의혹시설을 들고 있는데 반해, 닉쉬(Larry A. Niksch)는 비록 미국이 금창리 사찰에서 핵활동의 증거를 찾을 수 없었다고 선언했지만, "이러한 선언 이전에 발표된 보고서들에 따르면, 북한은 금창리 시설의 장비를 다른 데로 옮겼다고" 지적한다(177). "북한에 대해 깊은 불신을 가지고 있으며, 책임 있는 대화를 통해서 북한에 개입하기보다는 북한과 대결해 붕괴시키기를 선호하는 〔부시 정부의〕 관리들"이 한반도 안보위기의 한 원인이라는 전 주한대사 그레그의 지적은 『한반도정책』에 실린 글들 중 예외적인 것이다(144).

발비나 황(Balbina Hwang)은, 9·11 테러 이후 대테러전쟁에의 협력을 '주권의 의무(sovereign responsibilities)'로 설정하는 미국 전략의 기조에 따라,[39] 북한이 테러지원국에서 벗어나려면 "대량살상무기를 포함해 테러조직에 무기들을 공급하지 않음으로써 국제공동체의 책임 있는 일원임을 증명해야 할 의무"가 있다고 강조한다(127). 황의 시각에서 부시

---

39) The White Hosue, "The National Security Strategy of the United States of America"(September 2002), p.6.

정부의 대북정책은 강경책이 아니라 '단순히 현실적(simply realistic)'인 것이고, 그 '효과'는 정욱식이 주장하듯 북한의 '거부'가 아니라, 북미, 남북관계의 '진정한 개선의 초기 증후들(the initial signs of genuine progress)'이다. 엄격한 상호주의와 검증을 요구하는 부시 정부의 입장은 정당하며 제네바 기본합의의 붕괴는 엄연히 북한의 책임이다. 한국의 반미감정은 미국에 직접적 책임이 있은 것이 아니라, 한국이 지니는 북한의 위협감소 인식, 민족적 자부심의 증대, 그리고 냉전의 종언과 연관된 측면이 더 크다. 따라서 반미감정 대응의 최우선 과제는 한국인들이 북한의 핵위협에 대한 정확한 이해를 갖게 하는 것이다.40)

『코리안 엔드게임』은 미국인에 의해, 미국의 국익에 부합하는 한반도정책의 수립을 목적으로 씌어진 책이지만, 북한의 위협에 대한 미국 패권의 시각을 담고 있지는 않다. 오히려 북한을 비합리적 행위자로 규정하는 미국의 오리엔탈리즘을 거시적인 시각에서 철저히 비판한다. 정욱식이나 『한반도 평화보고서』의 저자들은 미국, 특히, 부시 정부의 대북정책을 강경하다고 비판하고, 발비나 황은 부시 정부의 대북정책이 현실적이라 주장하지만, 해리슨은 미국의 대북정책이 장기적 정책목표가 없이 '평양이 조성한 위기에 말려들어 임시 변통책'으로 일관했다고 비판한다(44). 미국의 대북정책이 정책적 혼선을 빚은 이유를 해리슨은 미국 정책결정자들의 인식이 북한붕괴론과 체제의 경직성으로 인한 북한변화불가론 사이를 헤매고 다녔기 때문이라고 진단한다. 즉, 미국의 북한 인식의 오류가 정책적 혼선의 근본원인이라는 것이다. 그가 보는

---

40) Balbina Hwang, "Overcoming the Stalemate on the Korean Penninsula," Heritage Lectures no.750(may 8, 2002), "North Korea and the End of the Agreed Framework," Backgrounder(Heritage Foundation) no.1605(October 18, 2002), "Defusing Anti-American Rhetoric in South Korea," Backgrounder(Heritage Foundation) no.1619(January 23, 2003).

북한은 민족주의와 유교적 전제주의에 기반하는 개인숭배의 전체주의 사회이지만, 북한은 국제정치환경의 변화 속에서 생존을 추구하는 합리적 행위자이다. 그는 '북한의 지도부가 비합리적이지 않다는 걸 보여주기 위해' 노력한다(224).

해리슨은 북한이 미국에 대해 느끼는 위협은 한국전쟁의 경험에서 유래하는 것이라 설명한다. 한국전쟁에서 제공권을 장악한 미군의 공습과 핵무기 사용위협은 북한에게 '상시포위심리(permanent siege mentality)'를 가져다주었다(51). 정전협정체제에서 북한은 미국의 핵무기와 한미동맹의 군사적 우위에 포위당해 살아왔다. 특히, 냉전의 종언 이후 북한의 재래식 전력이 약화되면서, 북한은 한편으로는 군축제의를 다른 한편으로는 핵과 미사일 개발을 통해 체제의 안전을 지키려 했다. 경제위기 속에서 북한은 '비밀스런 방식'으로 경제개혁을 추구하고 있으며, "미국과 남한의 침공을 두려워하고 있고 남한을 군사적으로 해방시킬 능력을 상실했다"(213). 해리슨은 북한의 핵개발 노력이 "미국의 한반도에 대한 핵대응 태세에 의해 촉발된 것"(311)이며, 군사적 열세인 북한의 군축과 평화제안은 진지하고 탄력적이라 강조한다.

3) 한국 민족주의

부시 정부의 시각에서 북한은 신뢰할 수 없는 '악의 축'이지만, 해리슨의 시각에서는 생존을 위한 합리성을 갖춘 약자일 뿐이다. 북한에 대한 오리엔탈리즘 비판에서 해리슨은 한국 시민사회의 평화운동가 정욱식이나 『한반도 평화보고서』의 진보적 소장학자들과 입장을 같이 한다. 그러나 해리슨은 자신의 시각이 "한국 내에서 일반화되어 왔던 생각과 다르고, 진보적인 지식인들의 생각과도 차이가 있다"고 한국어판 서문에서 밝히고 있다(5). 대체 어떤 차이가 있는 것인가? 역자들조차 이를 심각하게 고려하지 않는다. 역자들은 비핵중립국 통일 한국의 "미래에 가장 큰 장애물이 바로 미국의 한반도에 대한 부당한 개입정책이라고" 해리슨이 주장한다고 설명한다(13). 그러나 해리슨 자신의 설명은 다르다. 남북주도 통일이 "얼마나 빨리, 얼마나 희생을 적게 치르면서 진행될 수 있을지는 궁극적으로 남한이 이 책에서 제시한 바와 같은 한반도 내에서의 미국의 역할을 근본적으로 바꿀 수 있는지 여부에 달려 있을 것이다"(6).

통일의 가장 큰 장애로 해리슨은 한국을 시사하고 있고, 해리슨의 책을 번역한 한국의 진보적 신문 『한겨레』의 기자들은 해리슨이 미국을 지목했다고 설명하고 있다. 해리슨의 주장은 과연 무엇이고, 그의 진정한 의도와 목적은 무엇인가? 우선, 한반도 평화와 통일의 장애물에 대한 그의 주장을 확인해 보자. 그의 시각에서 한반도의 분단과 갈등은 한국전쟁과 그 산물인 한미동맹에서 기인한다. 그리고 한미동맹을 통한 미국의 한반도 개입의 최대 수혜자는 "최소 부담으로 최대한의 방위를 유지하는" 한국이다. 따라서 한반도 평화와 통일의 최대 장애물 역시 한국이다. "특히 남한의 소수 중상위 소득계층들은 부분적으로 현상유지(status quo)를 통해 기득권을 누려 왔기 때문에, 남한은 미군주둔을 완충장치로 갖고 있는 한 북한과의 공존과 통일에 대한 타협책을 만들어 내려고 하지 않을 것이다"(25).

한국의 '냉전세력'이 한반도 통일과 평화의 가장 큰 장애인 것이다. '냉전세력'에 대한 비판은 한국의 진보진영도 공유하는 것이다. 한국의 진보진영의 시각에서 '냉전세력'은 친미세력이다. 하지만 한국의 '냉전세력'은 해리슨의 입장에서는 한국의 안보와 경제적 번영에 미국의 자원을 낭비하게 만드는, 그리고 무력적인 북한 체제의 변화시도란 한국의 내전에 미국을 연루시킬 수 있는, 미국의 국익을 저해하는 반미세력이다. 한미동맹의 출범 자체도 이승만의 휴전반대와 북진의 '공갈'에 대한 미국의 보상으로 시작되었고, 한국의 군사력 향상과 상관없이 주한 미군의 지속적인 주둔을 요구한 것도 한국의 '냉전세력'이었다. 미국이 "한국에 붙어 있는 중요한 이유는 남한이 어떠한 변화도 막아내는 남다른 재주와 결의를 보여 왔다는 점이다"(290). 역자들이 강조하는 "미국의 한반도에 대한 부당한 개입정책"의 원인을 해리슨은 한국, 특히, 한국의 '냉전세력'에서 찾고 있다. 결국, 해리슨에게 미국의 한반도 개입 정책은 '부당한' 것이라기보다 어리석은 것이다. 미국은 한미동맹의 안보적 이해관계 때문에 1998년 한국에 대한 구제금융을 제공했고, 그 결과는 미국의 이익에 반하는 '무역과 외국인 투자 부문에서 불평등하면서도 중상주의적 성격을 지닌 극단적인 정책'일 수 있다고 해리슨은 우려한다(39).

이와 같은 해리슨의 시각은 한반도 냉전구조와, 더 넓게는, 1945년 이후 동아시아에서 미국 패권에 대한 '일반적인' 분석과 상당한 거리가 있다. 앞서 설명한 것처럼, 미국의 일본과 한국에 대한 '이중봉쇄', 그리고 일본의 '거대한 초승달'로의 한국의 편입이 동아시아와 한반도에서 냉전의 핵심적 기제였다. 해리슨은 미국의 한국에 대한 '이중봉쇄'를 인정하지 않는다. 미국은 한국에 대한 북한의 위협을 봉쇄했지만, 한국에 대한 통제에 실패했다는 것이다. "본질적으로 미군의 임무는 더 이상 남한 방위에 한정되지 않고 남북한간의 상호침략을 억지하는 영역까지 포괄하는 쪽으로 확대되어야 한다"(192). 미국의 한국에 대한 '이중봉쇄'를 부정하는 것은 미국의 한국에 대한 '패권의 굴레'를 인정하지 않는 것이다. 해리슨의 시각에서 미국은 한국의 '인질'이었지, 한국에게 '패권의 굴레'를 씌우지 않았다. 그래서 그는 한반도 분단에서 미국의 역할이나 책임을 설명하지 않고, "한국인들이 왜 미국에게 분단의 근본적인 책임을 지우는지를 설명"한다(143). 또한, 그래서 그는 한일국교정상화가 한국의 입장에서는 "미국이 가장 어려운 역사적 상황에서 한반도를 일본에 다시 한 번 넘겨주는 것과 같았다"(188)고 지적하면서도, 이로 인한 한국의 경제적 발전 및 안보에서 한국의 '무임승차'를 강조한다. 같은 맥락에서 그는 일본의 '무임승차'도 비판한다. "냉전시기를 통틀어 미국은 일본한테 남한 방어에 의미 있는 역할을 맡기려고 노력했으나 번번히 실패했다"(529). 즉, 그는 미국의 일본에 대한 '이중봉쇄' 역시 실패했다고 보는 것이다. 일본과 한국의 '무임승차'에 대한 그의 '분노'는 경제적 민족주의의 발로이다. 그래서 그는 미국 패권의 신자유주의적 공세로 해석되는 한국의 'IMF' 위기에서도 미국의 경제적 손실을 우려하는 것이다.[41]

미국의 경제적 민족주의자 해리슨은 한국 민족주의의 친구일 수 없다. 그러면 그는 왜 미국의 탈개입과 한국의 중립화 통일을 주장하는가? 한국의 민족주의를 견제하기 위해서이다. 고대로까지 한국의 역사를 거슬러 올라가면서, 그가 강조하는 것은 한국의 민족주의와 유교적 전제주의의 전통이다. 그 산물은 '소용돌이의 정치'이고, "한반도의 정치 역학에 대한 이런 식의 조망은 이후의 사태를 해석하는 데도 유효하다"(72). 이러한 해석은 한국 민족주의에 대한 '오리엔탈리즘'이다. 그런데 왜 그는 북한에 대한 오리엔탈리즘은 비판했는가? 북한에서 민족주의의 저항적 성격이 희석되었고, 무엇보다도 북한은 약하기 때문이다. "김일성이 전파한 민족주의는 주로 국민들을 고무하고 사기를 높이기 위한 것"으로 반외세주의의 성격이 약한 반면에, 한국에서는 "반미민족주의가 놀랍게도 적의에 차 있고, 미국에 대한 군사적 종속으로 인해

---

41) Selig S. Harrison and Clyde V. Prestowitz(eds.), *Asia after the "Miracle": Redefining U.S. Economic and Security Priorities*(Washington D.C.: The Economic Strategy Institute, 1998); Barry K. Gills, "The Crisis of Postwar East Asian Capitalism: American Power, Democracy and the Vicissitudes of Globalization," *Review of International Studies*, 26(2000).

외국인 혐오의 강한 기류가 흐르고 있다"(65, 181).

냉전의 종언과 민족주의의 뿌리깊은 전통으로 인해 미국이 더 이상 한국의 통일을 통제할 수 없다는 것이 그의 중립화 통일론의 대전제이다. 미국의 일방적인 한반도 통제가 불가능하다면, 차선책은 다른 국가들의 한반도에 대한 영향력을 배제하는 것이다. "따라서 통일된 한반도가 완충국가가 되도록 함으로써 강대국 분쟁의 장인 한반도를 중립화시키는 것이 동북아를 안정시켜 미국의 국가이익을 확보하는 방안이 될 것이다"(190). 핵으로 무장한 통일 한국을 봉쇄하기 위해서는, 체제안전을 위해 핵카드를 사용하는 북한의 요구를 들어주어야 한다. 또한, 국력이 신장되고 강력한 반외세 민족주의를 지니고 있는 한국에 의한 북한의 흡수통일 역시 막아야 한다. 그래서 그는 한국이 주체가 되는 평화협정에 강력히 반대하고, 북한의 연방제통일안을 열렬히 지지한다. 비록 그가 세계적 차원에서 전개되는, 그래서 지역의 고유한 특징을 무시하는 미국 패권의 논리에 반대하지만, 그의 목적은 여전히 미국 패권의 예방적 논리에 복무하는 것이다.[42]

4. 한반도 평화의 조건

누구나 평화를 원한다. 평화운동가 정욱식은 물론 부시 정부도 한반도 안보위기의 평화적 해결을 추구한다. 문제는 누구의 이익이 되는, 어떠한 조건의 평화인가이다. 부시 정부의 『한반도정책』은 한반도 안보위기의 구체적 해법에 대한 글을 싣고 있지는 않지만, 부시 정부의 입장에

---

42) Robert A. Manning and James J. Przystup, "Asia's Transition Diplomacy: Hedging Against Future Shock," *Survival 41*, No.3(1999).

서는 남북한이 미국 패권에 복속되는 것이 한반도 평화의 조건임을 짐작하기는 어렵지 않다. 정욱식의『전쟁과 평화』,『한반도 평화보고서』, 그리고 해리슨의『코리안 엔드게임』은 한반도 안보위기의 구체적 해법을 모색하고 있다. 냉전의 종언 이후 북한의 취약성을 강조하고 부시 정부의 대북 강경책에 비판적인 이들이 제시하는 한반도 안보위기의 해법은 미국은 북한의 생존을 보장하고 북한은 대량살상무기 개발을 포기하는 것을 공통점으로 한다.

하지만 북미간의 평화적 '거래'란 공통분모는 각 저자들이 보는 상이한 평화의 주체와 조건에서 배태된 것이다.『한반도 평화보고서』의 저자들과 정욱식은 한반도에서 전쟁이 한민족의 이익에 절대적으로 배치된다는 대전제를 공유하지만, 이러한 평화의 조건을 현실화하기 위해 전자는 미국의 설득을 후자는 지구적 시민사회와의 연대를 강조한다. 한국 민족주의는 해리슨의 한반도 평화구상에서도 역시 주요한 요소이다. 그러나 그에게 최우선적인 목표는 한반도의 평화 자체가 아니라 미국의 국익을 저해하지 않는 한국 민족주의의 전망이다.

1) 북한의 생존

『한반도 평화보고서』는 군사적 수단의 배제, 남북주도, 협력안보를 위한 다자주의, 공존공영과 교류협력을 한반도 문제해결의 기본원칙으로 제시한다. 군사적 수단의 배제 원칙에 대한 저자들의 입장은 단호하다: "심지어 한반도 문제해결을 위한 모든 평화적 수단을 사용한 후에라도 북한으로부터 전쟁의 실질적 위협이 없다면 군사력의 사용은 배제되어야 한다"(159). 한반도 군사적 갈등의 해결에 대한 저자들의 정책대안은 클린턴 정부 말기의 시점으로 되돌아가서 북한은 대량살상무기 개발의 '주권'을 제한하고 미국은 북한의 안보와 경제에 대한 지원을 시행하라는 것이다.

저자들의 입장에서 북한의 재래식 병력문제는 한반도 군비통제의 큰 틀에서 단계적으로 풀어가야 하는 것으로 북한의 핵과 미사일문제해결의 직접적 조건이 되어서는 안 되며, 북한의 생화학무기문제 역시 그러하다. 북한은 생물무기금지협약의 의무를 이행하고 화학무기금지협약에 가입해야 하지만, 미국 역시 지금까지 거부하고 있는 생물무기금지협약의정서 초안을 수용해야 하지만 북한의 생화학무기에 대한 문제제기를 할 수 있다. 그리고 북한의 인권문제에 대한 압박은 "북한 내 반체제진영을 간접적으로 육성 또는 지원하는 효과보다는 체제단속과 통제기제의 강화를 낳을 뿐이다"(176). 미국은 북한을 테러지원국 명단에서 제외해야 하고, 북한은 미국의 대테러전쟁에 협력해야 한다.

즉, 저자들은 부시 정부의 새로운 대북정책 의제들을 부정하는 것이다. 그들의 시각에서 기존의 "북미협상을 중단했던 측이 미국이므로," 부시 정부는 "북한에 대한 전략적 모호성"을 제거하고 협상을 재개해야 한다(166). 부시 정부는 한국 정부가 2000년 3월 베를린에서 밝힌 대북전력지원을 시행하는 것에 협력해야 하며, 북한에 대한 소극적 안전보장을 제공하고, 클린턴 정부 말기의 시점에서 시작해서 북미 미사일 협상을 완결해야 한다. 북한의 미사일 '주권'의 포기에 대한 대가로 부시 정부는 현물제공 등의 경제적 보상을 통해 북한을 '포용'해야 한다. 저자들은 또한 북한의 경제위기 해소를 위해 조건 없는 인도적 지원, 금강산 관광사업의 한국정부 주도, 대북 경제지원의 국제적 협력과 제도화를 제안한다. 이들의 시각에서 부시 정부는 클린턴 정부의 유제인 제네바 기본합의와 미사일협상을 완결해야 할 뿐 아니라, 북한을 위한 "동북아 '마셜 플랜'"에 참여해야 하는 것이다. 저자들이 제시하는 북한의 '의무'는 제네바 기본합의에 규정된 북한의 과거 핵 규명을 위한, 국제원자력기구와의 조속하고 '진지한 협의', 그리고 비무장지대의 경계초

소 재배치와 같은, 한국의 전력지원에 대한 "획기적인 긴장완화조치"이
다(170~172).

또한 저자들은, 대량살상무기와 관련된 북미의 군사적 갈등의 해소를
넘어, 한반도 평화체제의 구축을 위한 정책제안들도 내놓고 있다. 저자
들은 남북이 주도하는 평화협정에 대한 국제적 보장을 최선책으로 규정
하지만, 한반도 문제의 관련당사국들 간의, 즉, 남북, 북미, 한중, 미중의
쌍무적 평화협정의 교차방식도 긍정적으로 제안한다. 평화협정의 체결
과 관련해 저자들이 우려하는 사항은 주한미군의 역할이 중국의 견제를
포함하는 지역적 안정으로 확대되는 것이다. 이 문제에 대한 저자들의
입장은 단기적으로는 주한 미군 역할의 '전략적 모호성'을 유지하는 것
이다. 이러한 입장이 주한 미군을 잠재적 지역갈등과 도전세력의 견제
에 이용하려는 미국의 전략에 대한 '수동적 저항'이라면, 재래식 병력문
제에서 한국의 주도권, 한국군의 군비수입선 다변화, 한국군의 작전통
제권 환수, 동북아의 다자안보질서 확립은 미국의 전략에 대한 '적극적
저항'이라 할 것이다(179~193).

저자들이 규정하는 한반도 평화의 조건은 민족의 평화이익, 북한의
생존, 그리고 한국의 주권이라 할 수 있다. 그리고 한반도 평화가 미국
의 현상유지이익에 필수적이라는 것이 그들의 미국 설득의 주요한 논리
이다. 한국의 주권 혹은 자주에 관한 저자들의 입장은 한반도 평화의
원칙만큼 단호하다. "대북 협상력을 제고하고 한반도의 평화와 통일을
군사적으로 담보할 수 있는 능력을 갖추기 위해서는 전시작전통제권이
환수되어야 한다. 냉전종식 후 이념 차이에 기초한 진영간 대결이 포괄
적 국가이익에 기초한 개별국가간 보편경쟁(normal competition)으로 회귀
하고 있는 국제관계의 동학에 능동적으로 적응해 우리의 국익을 제고하
기 위해서는 자주방위력의 보유가 필수적이다"(188).

이러한 저자들의 제안이 "도덕적 권위와 현실성, 보편타당성과 설득

력"(22)을 지녔는가를 간단히 살펴보자. 저자들의 제안과 달리, 부시 정부는 새로운 포괄적 대북정책의 의제를 포기하고 클린턴 정부 말기의 북미관계로 돌아가지 않았고, 오히려 제네바 기본합의는 폐기되고 부시 정부는 2003년 베이징에서 중국의 주선으로 북한과 대화를 재개했지만 북한의 악행에 대한 보상은 없다는 원칙 아래 북한에 대한 고립과 제재 조치를 고려하고 있다. 그 주요한 요인은 물론 『한반도 평화보고서』가 출판된 이후에 발생한 2002년 10월의 북한의 농축 우라늄 프로그램 시인이다. 이는 북한이 비록 냉전의 종언으로 미국의 위협에 반응해 생존을 모색하는 합리적 행위자일지라도, 농축 우라늄 핵개발이 기술적 문제로 부시 정부가 강조하는 것처럼 직접적인 것은 아니라 해도, 그리고 미국이 제네바 기본합의의 이행사항을 북한보다 더 많이 지키기 않았다 해도, 북한은 위험한 행위자임을 보여준다.[43]

'합리적이지만 위험한 행위자'로서 북한에 대한 인식이 전제되지 않는 한, 테러와 독재에 대한 전쟁을 선포한 부시 정부를 '설득'하기는 대단히 어려울 것이다.[44] 북한의 핵 보유는 오리엔탈리즘 비판으로 해소되지 않은 '현실적' 위험이다. 이는 한미동맹에서 한국의 자주권 확보를 어렵게 하고, 미국의 미사일방어체계 구축 시도를 가속화할 것이며, 저자들의 정책제안의 '도덕성'과 '보편타당성'을 훼손한다. 냉전의 종언 이후 진영체제가 보편적 국익경쟁의 민족국가체제로 회귀했다는 저자들의 인식은, 앞서 설명한 냉전의 종언 이후 진영체제의 붕괴의 맥락에서 나타난 미국 패권의 전 지구적 확산 및 초국적·보편적 가치를 추구하는 지구적 시민사회의 부상에 대한 몰이해를 보여준다. 미국 패권의

---

43) Vcitor Cha and David Kang, "The Korean Crisis," *Foreign Policy*(May/June 2003).

44) John Lewis Gaddis, "A Grand Strategy of Transformation," *Foreign Policy*(Nov/Dec 2002).

시각이나 초국적 시민사회의 시각에서 모두 북한의 핵 보유는 용납될 수 없다.

또한 합리적이지만 현실적 위험인 북한에 대한 인식이 전제되지 않고서는, 대북지원에 대한 한국의 국내 정치적 기반 마련과 협력안보에 기초한 북한 문제의 다자주의적 해결의 '현실성'을 확보하기 어렵다. 대북 전력지원은커녕 한국의 국내 정치는 2000년 6월의 남북정상회담에서 한국의 대북 송금에 대한 특별검사의 수사가 진행 중이고, 2003년 베이징 3자회담은 저자들이 '희망'하는 협력안보의 다자주의가 아니라 북한을 압박하는 수단으로서의, 미국의 시각에서는 중국이 북한위협에 대한 자신의 책임을 이행하기 시작한, 다자주의였다. 유럽식의 다자주의적 협력안보에 대한 저자들의 '희망'은 단순히, 수단으로서의 다자주의란 미국 패권의 논리나 북일관계 개선의 지연에 의해, 거부되고 있는 것이 아니다. 유럽에서의 포괄적·협력안보의 다자주의 발전에는 1975년의 헬싱키협약을 통한 인권문제의 의제화가 주요한 요인이었다.[45] 북한 인권에 대한 '조용한 접근'(178)은, 북한 체제의 생존과 안정적인 분단관리에는 도움이 되겠지만, 협력안보의 제도화가 '현실성'을 지니고, 저자들의 정책제안이 '도덕성'과 '보편타당성'을 확보하는 데는 치명적인 결함이다.

2) 한국의 평화적 리더십

정욱식이 『전쟁과 평화』에서 제시하는 한반도 안보위기의 해법은 『한반도 평화보고서』가 제시하는 정책대안의 틀을 공유한다. 한반도 안보

---

45) 구갑우, "국제기구의 인도적 '포용' 정책: 유럽안보협력 기구(OSCE) 인권정책의 가능성과 한계," 『국가전략』, 7권, 2호(2001).

위기의 원인이 미국에 있다고 보는 정욱식에게 부시 정부의 대북 강경책은 '언어도단'이다. "북한을 벼랑끝으로 내몰면서 북한이 벼랑끝 전술을 쓴다고 비난하는 것 자체가 이미 언어도단인 것이다"(291). 부시 정부가 북한의 재래식 전력, 생화학무기를 대북정책의 의제로 포함하는 것은 "현실적이지도 않을 뿐 아니라 타당하지도 않다"(298). 또한, 북한의 '주권사항'에 속하는 미사일문제에 대한 미국의 보상은 "당연하다"(296). 결국, 북한 핵문제의 해결을 위해서는 미국의 북한에 대한 체제보장, 경제지원, 한국의 대북 전력지원, 그리고 북한의 핵사찰 수용이 불가피하다. 그리고 한국의 평화이익과 미국의 패권논리가 상충하는 현실에서 "관성에 익숙한 한미공조로는 진정한 한반도 평화체제 구축과 통일실현을 도모할 수 없을 뿐만 아니라, 예상가능한 위기를 예방하기도 힘들다"(73~74). 노무현 '대통령 만들기'에 성공한 한국 시민사회의 평화운동가로서 정욱식은 노무현에게 한반도 '평화 만들기'를 위한 '예방외교'를 주문한다. 그 내용은 군사행동반대, 대화와 협상을 통한 평화적 해결, 추가적인 대북 제재반대, 북한의 금지선 수용, 남북교류협력의 가속화, 그리고 주변국 외교 강화이다(300~309).

정욱식의 한반도 안보위기 해법은 두 가지 측면에서 『한반도 평화보고서』의 정책제안과 차이가 있다. 하나는 정욱식의 『전쟁과 평화』는 『한반도 평화보고서』와 달리 2002년 10월의 북한 핵 파문 이후에 출판되었다는 점이고, 다른 하나는 정욱식은 미국의 설득이 아니라 대내외적인 한국의 평화적 리더십을 강조한다는 점이다. 출판시점의 차이에 따라, 그리고 반전반핵의 평화운동가의 입장에 따라, 정욱식은 제네바 기본합의로의 회귀를 주장하지 않고, "기존의 제네바 합의를 일부 수정·보완할 수밖에" 없음을 지적하며, 그 수정보안의 주요 내용으로 북한의 모든 형태의 핵개발 금지와 영변 핵시설에 대한 사찰수용시기의 확정을 들고 있다(182~183). 또한, 정욱식은 "합리적이지만 위험한 행위자" 북한의 문제를 심각하게 고민한다. "부시 행정부가 북한을 '악의 축'으로 규정한 가장 큰 이유는, 그것이 정당하든 그렇지 않든, 실재하든 그렇지 않든 북한의 대량살상무기 위험 때문이다. 즉, 부시 행정부의 북한 위협론 제기의 타당성과 정당성을 비판하는 것 못지 않게, 그 '현실성'에도 주목할 필요가 있다는 것이다"(269).

정욱식이 추구하는 한국의 평화적 리더십은, 국가 차원에서 노무현의 미국, 북한 및 주변국과의 '예방외교'를 넘어서서, 한국 사회 안에서 그리고 지구적 시민사회에서 한국 시민사회 평화운동의 강화이다. 그리고 이러한 목표는 반미-친북의 민족주의 구호로는 성취될 수 없는 것이다. 북한은 '합리적이지만 위험한 행위자'이기 때문이다. 여기에 정욱식의 고민, 아니 통일과 민주화운동에서 배태된 한국 시민사회 평화운동의 실존적 고민이 있다. 북한 핵의 '현실적 위험'이나 북한의 인권상황은 반전반핵과 인권의 지구적 시민사회 시각에서 용납될 수 없다. 이 문제는 또한 '남남갈등'의 핵심이다. 대북 문제가 정략적으로 이용되는 것은 사실이지만, 정치인에게 정략의 포기를 압박할 수는 있어도 기대할 수는 없다. 정략의 차원을 떠나서, '남남갈등'의 근원은 한국의 자유민주주의와 상이한 체제를 지닌 북한의 '원죄'이다.

정욱식은 한반도 안보위기의 원인을 검토하며, "북한의 핵문제에 대해서는 과민 반응과 과도한 강경대응 주문이 잇따르고 있는 반면에, 지속적으로 있어 왔던 미국으로부터의 핵 위협에 대해서는 이상하리만큼 둔감"한 한국사회의 "반북-친미라는 이념적 정서"를 비판했다(187). 하지만 북한의 '현실적 위험'을 인정한, 그리고 정책대안의 공론화를 통해 '남남갈등'을 극복하고자 하는 그는 북한 핵문제에 대한 '양비론'—"미국도 잘못하지만 북한도 잘못하고 있다"—를 경계하면서도, "한반도 위기 예방을 '반미'적 관점에서 접근할 경우, 우리 사회의 관성상 '친미/반미'식의 남남갈등으로 우리의 소중한 힘과 지혜가 소진될 위험성"을 고민한다(270~271). 미국의 대북 강경책으로 인한 한반도 전쟁의 예방을 위해서는 친북-반미가 불가피하고, 남남갈등의 극복과 북한의 '현실적 위험'에 대응하기 위해서는 친미-반북, 혹은 반미의 희석이 불가피하다.

2003년 4월 베이징회담에서 북한은 핵 보유를 선언했고, 5월의 한미 정상회담에서 노무현 대통령은 북한에 대한 추가적 조치의 검토에 합의했다. 『한반도 평화보고서』의 저자들 중 한 사람인 박선원은 노무현정부의 출범 직후 그리고 미국의 이라크전쟁과 베이징회담 이전의 시점에서 한반도 문제의 평화적 해결 원칙을 재확인하면서도, "북한과 미국이 한국의 역할을 크게 기대하지 않는" 남북주도와 다자적 접근의 실제적 한계를 인정한다. 그래서 그는 이라크전쟁에 한국의 비전투병력 파견, 새로운 한미동맹의 비전 제시, 주한미군재배치 협의를 통해 한미동맹을 강화하고, 북미의 양자협상을 한국의 이익을 반영하는 다자적 협상으로 보완할 것을 제안한다.46) 『한바도 평화보고서』의 또 다른 저자인 박건영은 한미정상회담 이후의 시점에서, 북한의 핵 보유 발언이 한반도의 군사적 갈등의 위험성을 증가시켰지만, 북한이 실제로 핵 보유를 시인했는지 분명치 않으며 미국도 그에 대한 분명한 증거를 제시하지 않고 있음을 강조한다. 그는 북한이 미국의 대테러전쟁의 대상이 아니라고 규정하고, 북한에 대한 경제 재제는 한반도의 안정을 위협할 뿐이며, 북한 핵문제의 해결은 제네바 기본합의의 틀로 회귀하는 것이라 주장한다.47)

한편, 정욱식은 2003년 3월 북한의 '현실적 위협'에 대한 평화운동가의 대응을 마련했다. 북한에게 '군사주의'의 포기를 제안한 것이다. 북

---

46) 박선원(2003), p.25.

47) Kun Young Park, "The Ontology and Epistemology of the North Korean Nuclear Problem," 경남대 극동문제연구소, IFES 포럼(May 24, 2003).

한의 핵카드로는 미국의 '군사패권주의'를 이길 수 없다고 강조하며, 정욱식은 북한에게 "일방적 군축선언을 통해 부시 행정부 시대의 한반도에서 문제해결의 주도권을 확보하고 새로 출범한 노무현 정부와 함께 튼튼한 민족공조"를 추구하라고 충고한다. 하지만 2003년 4월 베이징 회담에서 북한은 다시, 핵 보유를 기정사실화하는 '군사주의'로 미국에 맞섰고, 미국의 대응은 확고한 '군사패권주의'였다. 5월의 한미정상회담에서는 노무현 대통령이 '평화 만들기'의 기대를 배반했고, 정욱식의 기대는 '대통령 바로잡기'를 위한 비판으로 바뀌었다. 노무현의 '얼굴 바꾸기'로 한국 내의 평화적 리더십의 기반을 약화시키고, 북한의 신뢰를 상실하고, 미국의 '군사패권주의'의 길을 열어주었다는 것이다.[48]

3) 통일 한국과 미국 패권

2002년 10월 이후 북한 핵위기의 재연은, 북한의 대량살상무기 개발이 냉전의 종언 이후 체제의 취약성과 미국의 위협에 대한 반작용이며, 대북 협상과 보상을 통해 미국은 북한의 대량살상무기 문제를 해결해고 평화협정을 통해 한국전쟁을 종식시켜야 한다는 해리슨의 기본 입장을 변화시키지 않았다. 카네기재단과 포드재단, 그리고 시카고대학의 동아시아연구센터가 공동으로 후원하고 해리슨이 의장을 맡은 한국문제연구팀의 2003년 2월 보고서는, 제네바 기본합의로의 회귀가 불가능하다고 보고, 경수로 건설을 2기에서 1기로 줄이는 대신 경수로 1기의 손실 전력에 대한 지원을 하고, 이에 대해 북한은 농축 우라늄을 포함한 모든

---

48) 정욱식, "'군사주의'로는 '군사패권주의' 이길 수 없어: 북한, 새로운 체제생존전략 추진해야, 북한의 결단을 촉구하며," 2003년 3월 11일; "한미정상회담, 어떻게 볼 것인가?" 2003년 5월 19일. http://www.peacekorea.org/main/index.php

형태의 핵개발을 중지할 것을 제안한다.49) 대북 전력지원의 한 수단으로 해리슨은 러시아의 천연가스를 이용할 것을 다른 글에서 제안하기도 했다.50)

『코리안 엔드게임』에서 해리슨의 주된 관심은 북한의 대량살상무기가 아니고 동북아지역에서 미국의 국익을 훼손시키지 않은 방식으로 한국전쟁을 종식시키는 것이다. 한국전쟁의 종식을 원한다고 해서 해리슨이 정욱식이나 『한반도 평화보고서』의 저자들의 민족주의적 입장을 공유하는 것은 아니다. 한반도의 냉전이 한국민족에게 비극임을 해리슨은 충분히 이해하지만, 미국인 해리슨은 한반도의 냉전이 미국에게는 절대 비극이 아니었음을 명확히 인식하고 있으며, 냉전의 종언 이후 한반도가 동북아 불안정의 진원지가 될 것을 우려한다. "한반도의 분단이 한 민족의 비극이긴 하지만 동북아시아를 불안정하게 하지는 않았다. 그러나 탈냉전의 환경 속에서 분단된 한반도는 미국을 포함해 인접국들간에 대결의 초점이 될 가능성이 있다"(190).

해리슨의 그러한 우려는 일본의 핵능력과 한국의 민족주의에서 기인한다. 원자력발전시설과 우라늄연구시설을 통해 일본은 플라토늄과 고농축우라늄 핵개발의 능력을 지니고 있고, 장거리 미사일 개발능력도 보유하고 있다(19장). 한국의 보수파 역시 핵과 미사일 개발의 '희망'을 완전히 포기하지 않았다(20장). 또한 한국의 민족주의의 부상으로 미국의 지속적인 한국 주둔은 어렵다. "남한의 경제적 성공과 민주주의적 문민 정부 시대가 도래하면서 자신만만한 자기 확신의 분위기가 생성됨에 따라 점차 미군의 주둔은 비정상적인 것이고 국가 주권에 대한 모독

---

49) Reprot of the Task Force on U.S. Korea Policy, "Turning Point in Korea: New Dangers and New Opportunities for the United States"(February 2003).

50) Selig S. Harrison, "Gas and Geopolitics in Northeast Asia: Pipelines, Regional Stability, and the Korean Nuclear Crisis," *World Policy Journal*(Winter 2003).

으로 보여 지고 있다"(299). 일본의 핵무장을 촉발할 가장 큰 변수는 "북한, 남한 또는 통일된 한국의 핵무기 배치 여부," 특히 "남북한의 기술적 역량과 자원을 결합한 핵 프로그램"이 될 것이다(381).

해리슨의 시각에서 경제적 역량과 강력한 민족주의로 무장한 한국에 의한 한반도 흡수통일, 그리고 통일된 한국의 핵무장은 미국 국익의 최악의 시나리오이다. 현재 주한미군이 한미동맹에 의해 한국의 '인질'이 되어 있다고 보는 해리슨으로서는, 한국에서 미국의점진적인 탈개입이 불가피하다. 한국의 '인질'에서 지역안정의 "성실한 중재자"로 미국의 역할 변화는 점진적 탈개입의 핵심적 기제이다. 이는 한국의 독자적 행동에 대한 미국의 통제를 의미하며, 한반도의 전반적인 군비통제협상과 연계되어 진행되어야 하고, 그로 인해 "미국의 행동의 자유가 제약받지 않아야 한다"(306). 미국과 북한, 중국간의 평화협정과 남북 간의 별도의 동반자협정, 그리고 주변국의 중립화와 비핵화가 완결될 때까지 미국은 한국군에 대한 작전통제권을 이양해서는 안 되고, 한미상호방위조약의 폐기는 북한에 대한 중국과 러시아의 지원이 완전히 폐기되어야만 가능하다. 한반도의 통일은 불가피한 미국의 탈개입을 한반도의 핵무장 가능성의 제거와 주변국의 영향력 배제를 통해 보완하는 과정의 부산물인 것이다. "성실한 중재자"로서 미국의 궁극적인 목표는 한반도에 "어떤 다른 외부 세력도 군대를 주둔시키지 못하게" 하는 것이다(536).

5. 결론

역사의 교훈은 보는 시각에 따라 다르다. 부시 정부의 일방주의에 비판적인 시각은 흔히 제국의 흥망성쇠의 역사에서 미국 패권의 궁극적인 종말을 본다. 그러나 제국의 흥망성쇠에서 얻을 수 있는 역사의 교훈이 반드시 이것만은 아닐 것이다. 어느 제국도 스스로 제국을 포기하지는 않았으며, 제국의 흥망성쇠는 결연한 의지나 오만한 수사의 문제가 아니라 결국은 힘의 문제라는 것도 또 다른 교훈일 것이다.

미국 패권의 역사는 이미 반세기를 넘었다. 동아시아에 미국이 영향을 미치기 시작한 제국적 팽창의 역사는 그보다 더 오래되었다. 미국의 전략가들이 자주 강조하듯이, 미국은 19세기 후반 이후 아시아 세력이었으며, 여기서 태평양전쟁, 한국전쟁, 베트남전쟁이란 커다란 전쟁을 치렀다. 미국의 쇠퇴가 팽창의 역순으로 진행된다면 유럽에서 미국의 패권적 영향력이 쇠퇴하더라도, 아시아에서 미국의 제국적 팽창의 역사는 쉽게 거두어들여지지 않을 것이다. 패권은 이미 미국 체제의 역사적 전통이다. 패권의 의지는 종교적 수사로 무장한 부시 정부가 아니더라도 결연히 계승될 것이다. 특히, 9·11 테러 이후 절대 안보의 군사영역 확보를 위한 일방주의는 더 이상 공화당 보수파의 독점물이 아니다. 그리고 무엇보다도 미국의 힘은, 적어도 군사력에서는, 어떠한 패권의 대체세력도 허용하지 않는다.

미국이 패권의 결연한 의지와 능력을 지니고 있는 한, 한반도에서 미국 패권의 굴레는 벗겨지지 않을 것이며, 북한의 '현실적 위험'은 용납되지 않을 것이다. 한반도가 미국 패권의 굴레에 갇혀있는 한, 그리고 미국과 북한의 군사적 갈등이 한반도 전쟁의 위협을 가져오는 한, 한국 민족주의의 저항은 그치지 않을 것이다. 또한 북한의 '현실적 위험'이 존재하는 한, 그리고 북한 체제의 '원죄'가 사라지지 않는 한, 민족공조와 국제공조의 갈등을 축으로 하는 '남남갈등'은 쉽게 사라지지 않을 것이다.

민족이나 주권, 혹은 보편적 인권의 그 어떠한 이상도 한반도에서 '순결'하게 존재할 수 없다. 이들의 실현은 미국 패권과 연관된 복합적인 현실의 권력관계에서 이루어질 수밖에 없다. 남북한은 민족적 정체성의 측면에서 하나지만, 국가와 사회체제의 측면에서 대립적이다. 북한과의 민족공조는 미국과의 국제공조 요구와 상치될 뿐 아니라, 한국 전쟁과 이후의 군사적 대립 그리고 자유민주주의라는 한국사회의 체제와 이념의 문제이기도 하다. 민족의 측면에서는 북한이 '우리'지만 체제와 이념에서는 미국이 '우리'이다. 냉전의 산물인 한미동맹을 바탕으로 미국은 한국에게 또 다른 '우리' 북한이 결코 '우리'가 아님을 환기시키는 동시에, 지역적, 지구적 차원에서 새로운 내용의 협력을 요구한다. 미국의 국제공조와 북한의 민족공조 요구는 한국의 대외 정책의 문제만이 아니라, 한국의 정체성에 관한 것으로 '남남갈등'은 필연적이다.

갈등과 혼돈의 한반도는 이상과 현실, 도덕과 권력의 "숙명적 이중성"의 실험장이다. 현실주의는 권력에 대한 복종이 아니라 권력에 대한 비판과 냉소이고, 이상주의는 미래에 대한 낙관이 아니라 현실의 절망에서 그 극복의 도덕적 명령에서 자라나는 것이다. 한반도에서 권력에 대한 고려는 비판의 정신을 잃지 말아야 하며, 이상에 대한 고려는 권력의 현실을 간과한 '순결'한 이념에 의한 것이어서는 안 된다. 이익이나 희망의 이름으로 모순과 갈등의 현실에 눈감지 않는 것이 한반도의 '숙명적 이중성'을 온전히 파악하는 온전한 정치적 이해와 실천의 기본일 것이다.

⁞참고 문헌

구갑우, "북한 연구의 '국제정치': 오리엔탈리즘 비판,"『현대북한연구』5권 1호 (2002).
_____, "국제기구의 인도적 '포용' 정책: 유럽안보협력 기구(OSCE) 인권정책의 가능성과 한계,"『국가전략』7권 2호(2001).
구영록, 배영수,『한미관계 1882~1982』(서울: 서울대학교 미국학연구소, 1982).
권용립,『미국 정치 문명』(서울: 삼인, 2003).

김달중·문정인·이석수 외, 『새천년 한반도 평화구축과 신지역질서론』(서울: 오름, 2000).

김일영·조성렬, 『주한미군: 역사, 쟁점, 전망』(서울: 한울, 2003).

노중선, 『남북한 통일정책과 통일운동 50년』(서울: 사계절, 1996).

박선원, "북핵 위기해결을 위한 신정부의 전략: 다각적, 중층적 해법의 추진," 『국가전략』 9권 1호(2003년).

백창제, "미국 외교 정책의 일방주의의 기반," 『국가전략』 9권 1호(2003).

신욱희, "동아시아에서의 후견-피후견 국가관계의 동학," 『국제정치논총』 32집 2호(1992), "한미동맹의 내부적 역동성: 분석틀의 모색," 『국가전략』 7권 2호(2001).

이삼성, 『미국의 대한정책과 한국민족주의: 광주항쟁·민족통일·한미관계』(서울: 한길사, 1993).

이혜정, "단극시대 미국 패권의 이해," 『한국과 국제정치』 16권 2호(2000).

전재성, "관여(engagement)정책의 국제정치이론적 기반과 한국의 대북정책," 『국제정치논총』 43집 1호(2003).

정욱식, "'군사주의'로는 '군사패권주의' 이길 수 없어: 북한, 새로운 체제생존 전략 추진해야, 북한의 결단을 촉구하며," 2003년 3월 11일.

_____, "한미정상회담, 어떻게 볼 것인가?" 2003년 5월 19일. 평화네트워크 웹사이트(http://www.peacekorea.org/main/index.php).

최정수, "T. 루스벨트의 먼로독트린과 '세계전략'," 『서양사론』 73호(2002).

하버드 대학교 케네디 스쿨 편, 서재경 옮김, 『한반도 운명에 관한 보고서』(서울: 김영사, 1998).

Brzezinski, Abigniew, 김명섭 옮김, 『거대한 체스판: 21세기 미국의 세계전략과 유라시아』(서울: 삼인, 2000).

Buzan, Barry and Gerald Segal, "Rethinking East Asian Security," *Survival* 36 (Summer 1994).

Carr, E. H. *Carr The Twenty Years' Crisis, 1919~1939: An Introduction to the Study of International Relations*(London: Macmillan, 1946).

Cha, Vcitor and David Kang, "The Korean Crisis," *Foreign Policy*(May/June 2003).

Chace, James and Caleb Carr, *America Invulnerable: The Quest for Absolute Security from 1812 to Star Wars*(Sumit Books, 1988).

Cumings, Bruce, *Parallax Visions: Making Sense of American-East Asian Relations at the End of the Century*(Durham: Duke University Press, 1999).

_____, *The Origins of the Korean War, Vol.II: The Roaring of the Cataract 1947 ~ 1950*(Princeton: Princeton University Press, 1990).

Drake, Frederick C., *The Empire of the Seas: A Biography of Rear Admiral Robert Wilson Shufeldt*, USN(Honolulu: University of Hawaii Press, 1984).

Gaddis, John Lewis, "A Grand Strategy of Transformation," *Foreign Policy*(Nov/Dec 2002).

Gills, Barry K., "The Crisis of Postwar East Asian Capitalism: American Power, Democracy and the Vicissitudes of Globalization," *Review of International Studies* 26(2000).

Haas, Richard, "Sovereignty: Existing Rights, Evolving Responsibilities," Remarks to the School of Foreign Service and the Mortara Center for International Studies, George Town University, Washington. D.C., January 14, 2003. http:www.state.gov/s/p/rem/2003/1668pf.htm

Harrison, Selig S., "Gas and Geopolitics in Northeast Asia: Pipelines, Regional Stability, and the Korean Nuclear Crisis," *World Policy Journal*(Winter 2003).

Harrison, Selig S. and Clyde V. Prestowitz, eds., *Asia after the "Miracle": Redefining U.S. Economic and Security Priorities*(Washington D.C.: The Economic Strategy Institute, 1998).

Hwang, Balbina, "Overcoming the Stalemate on the Korean Penninsula," *Heritage Lectures* No.750(may 8, 2002).

_____, "North Korea and the End of the Agreed Framework," *Backgrounder* (Heritage Foundation) No.1605(October 18, 2002),

_____, "Defusing Anti-American Rhetoric in South Korea," *Backgrounder*(Heritage Foundation) No.1619(January 23, 2003).

Kaldor, Mary, "Nations and Blocs: Toward a Theory of the Political Economy of the Interstate Model in Europe," A. Hunter. ed, *Rethinking the Cold War*

(Philadephia: Temple University Press, 1998).

Kurth, James, "America's Grand Strategy: A Pattern of History," *The National Interest*(1996 Spring).

Latham, Robert, *The Liberal Moment: Modernity, Security and the Making of Postwar World Order*(New York: Columiba Unviersity Press, 1997).

Lee, Heajeong, *The Making of American Hegemony from the Great Depression to the Korean War*(Seoul: Seoul National University Press, 2000).

Macdonald, Donald Stone, *U.S.-Korean Relations from Liberation to Self- Reliance: Twenty-year Record*(Boulder: Westview, 1992).

Manning, Robert A. and James J. Przystup, "Asia's Transition Diplomacy: Hedging Against Future Shock," *Survival* 41, No.3(1999).

McDougall, Walter A., "Back to Bedrock: The Eight Traditions of American statecraft," *Foreign Affairs*(March/April 1997).

Moon, Chung-In, Odd Arne West, Gyoo-hyung Kahng, *Ending the Cold War: Theoretical and Historical Perspectives*(Seoul: Yonsei University Press, 2001).

Park, Kun Young, "The Ontology and Epistemology of the North Korean Nuclear Problem," 경남대 극동문제연구소, IFES 포름(May 24, 2003).

Price, John, "Cold War Relic: The 1951 San Francisco Peace Treaty and the Politics of Memory," *Asian Perspective25*, No.3(2001).

Report of the Task Force on U.S. Korea Policy, "Turning Point in Korea: New Dangers and New Opportunities for the United States"(February 2003).

Schaller, Michaelr, *Altered States: The United States and Japan since the Occupation*(New York: Oxford University Press, 1997).

Schwarz, Benjamin, "Exporting the Myth of a Liberal America," *World Policy Journal* (Fall 1998).

The White Hosue, "National Strategy for Combatting Terrorism,"(Feburuary 2003).

The White Hosue, "The National Security Strategy of the United States of America"(September 2002).

Zakaria, Farred R., *From Wealth to Power: The Unusal Origins of America's World Role* (Princeton: Princeton University Press, 1998).

제5부 남북한 관계

제 11 장

햇볕정책을 넘어서[*]

논쟁과 대안의 모색

정규섭 (관동대학교 교수, 정치학)

- 구영록, 『한국과 햇볕정책: 기능주의와 남북한 관계』(서울: 법문사, 2000).
- 동북아평화연구회 편, 『국민의 정부 대북 포용정책』(서울: 밀레니엄북스, 1999).
- 황장엽, 『어둠의 편이 된 햇볕은 어둠을 밝힐 수 없다』(서울: 월간조선사, 2001).

1. 서론

한국 정부의 대북정책은 몇 차례의 변화를 보여왔다. 국가 수립 이후 1970년 박정희 대통령이 8·15 기념 경축사를 통해 북한을 대화와 협상의 대상으로 인정하기 이전까지 한국 정부는 북한 정권이라는 실체를 인정하지 않는 적대적 대결정책을 전개했다. 그후 1987년까지 한국 정부는 1972년 '7·4 남북공동성명'으로 대표되는 남북대화와 1984~85년

---

[*] 이 글은 경남대학교 북한대학원, 『현대북한연구』, 제3권 2호(서울: 지식공작소, 2000)에 게재되었던 글입니다.

간 다양한 당국간 대화를 가졌음에도 불구하고 기본적으로 북한에 대해 대결적 공존정책을 추진했다. 1988년 2월 25일 제6공화국 출범과 함께 한국은 북한을 '민족 번영을 위해 협력하는 동반자'로 규정하고, 북한과의 화해·협력을 모색하기 시작했다. 그리고 1998년 2월 25일 출범한 김대중 정부는 제6공화국 이후 대북 화해·협력의 수준을 뛰어넘는 '화해·협력의 적극 추진'이라는 '햇볕정책', '포용정책'을 전개하기 시작했다.[1]

이러한 김대중 정부의 햇볕정책은 정립 초기 단계에서부터 많은 논란을 야기했음에도 불구하고, 2000년 6월 분단 55년 만에 남북정상이 처음 만나고 '남북공동선언'이라는 실천사항에 대한 합의를 도출하는 성과를 거두었다. 남북정상회담 이후 남북 간에는 다양한 당국간 대화 통로가 열리고 수많은 합의사항을 쏟아내는 동시에 남북관계 개선을 상징적으로 나타내는 각종 행사가 봇물을 이루기도 했다. 그러나 2001년 3월 이후 북한이 이미 합의된 각종 회담을 무산시킴으로써 남북관계는 소강상태에 들어갔으며, 9월과 10월 두 차례의 장관급회담 개최 결과 남북대화의 연속성이 단절되는 상황에 이르렀다.

한편 햇볕정책의 추진 과정을 통해 한국 사회 내부에서는 햇볕정책을 지지하면 진보·통일 세력이고, 이를 비판하면 보수·반통일 세력이라는 이분법적 사고가 확산되고, 이는 정치적 이해관계와 지역감정이 얽혀 한국 사회의 중층적인 균열 구조를 심화시키는 양상을 드러내었다. 이러한 남남갈등은 2001년 8월 '평양 통일대축전'을 둘러싸고 첨예하게 표출되기도 했다. 거의 4년간에 걸친 일관된 정책추진 결과 여러 성과가 산출되었음에도 불구하고, 남남갈등의 심화는 햇볕정책의 한계를 극명하게 나타내는 예이다.

---

1) 양영식, 『통일정책론』(서울: 박영사, 1997); 심지연, 『남북한 통일방안의 전개와 수렴』
(서울: 돌베게, 2001) 참조.

북한을 다각도로 연구하는 목적은 효율적인 대북정책 수립에 기여함으로써 궁극적으로 남북통일과 민족통합에 일조하는 데 있으며, 이런 인식하에 이 주제서평은 새로운 차원의 대북정책인 햇볕정책을 둘러싼 논쟁과 함께 그 대안을 다루려 한다. 이 글에서는 쟁점이 상황전개에 따라 상이하게 표출되었다는 점을 고려해 햇볕정책의 정립단계, 남북공동선언의 내용, 남북정상회담 이후의 상황전개로 구분해 구체적인 정책시행 및 남북관계의 전개와 함께 논쟁의 주요 내용을 살펴보려 한다. 햇볕정책을 둘러싼 논쟁은 일간지의 시론을 비롯해 다양한 양식을 통해 전개되었으나, 여기에서는 정부의 공식 입장과 단행본이나 논문으로 출간된 글에서 나타난 쟁점을 논의대상으로 삼는다.

2. 햇볕정책의 정립과 논쟁

1) 햇볕정책의 정립과 전개

김대중 대통령은 1998년 2월 25일 취임사에서 "남북관계는 화해와 협력 그리고 평화정착에 토대를 두고 발전시켜 나가야 한다"고 전제하고, '남북기본합의서' 실천의 중요성을 강조하면서 ① 일체의 무력도발 불용, ② 흡수통일 배제, ③ 화해·협력의 적극 추진이라는 대북정책의 3원칙을 천명했다. 이어서 김 대통령은 북한의 국제적 교류협력 지원 용의, 경수로 건설 및 식량지원, 이산가족 문제해결 촉구, 문화·학술 교류 및 정경분리에 입각한 경제교류 확대, 남북기본합의서 이행을 위한 특사교환, 정상회담 용의 등을 밝혔다.[2]

---

2) "국난극복과 재도약의 새 시대를 엽시다"(제15대 대통령 취임사, 1998. 2. 25), 통일

김 대통령의 취임사에서 표명된 새로운 대북정책은 이른바 '햇볕정책', '포용정책', '화해협력정책'으로 불리게 되었는데, 그것은 ① 안보와 협력의 병행 추진, ② 평화공존과 평화교류의 우선 실현, ③ 화해·협력으로 북한 변화 여건 조성, ④ 남북 간 상호이익 도모, ⑤ 남북 당사자해결 원칙하에 국제적 지지 확보, ⑥ 국민적 합의에 기초한 대북정책추진 등을 추진기조로 해, ① 남북 간 대화를 통한 남북기본합의서 이행·실천, ② 정경분리 원칙에 입각한 남북 경협 활성화, ③ 이산가족 문제의 우선 해결, ④ 북한 식량 문제해결을 위한 대북지원의 탄력적 제공, ⑤ 대북 경수로 지원사업의 차질 없는 추진, ⑥ 한반도 평화환경 조성등을 정책추진 방향으로 체계화한 것이었다.[3]

이러한 대북정책의 핵심 내용은 '화해·협력의 적극 추진' 원칙과 대북정책 추진기조 가운데 '화해·협력으로 북한의 변화 여건 조성'이다. 이에 대한 정부의 논리는 북한 체제붕괴론에 근거한 대북 압박정책보다는 북한 대남정책의 점진적 변화 유도가 현실적 대안이며, 북한의 변화를 강요하기보다는 북한 스스로가 변할 수 있도록 자신감을 가지고 대북 포용정책을 추진하겠다는 것이며, 북한의 선동·위협 등 비합리적인자세에 대해서는 의연히 대처하되, 보다 많은 접촉·대화·협력을 추진해북한이 스스로 변할 수 있는 여건과 환경을 조성하려는 것이었다.

김대중 정부는 출범 직후인 1998년 3월 18일 민간 차원의 대북지원활성화 조치를 취해 새로운 대북정책을 구체화하기 시작했으나, 4월 11~17일 3년 9개월 만에 개최된 남북 당국간 회담에서는 이산가족 문제및 비료지원과 관련해 '상호주의'를 견지함으로써 성과를 도출하지 못

부, 『1998 통일백서』(서울: 통일부, 1999), 276~277쪽.
3) 통일부, "'국민의 정부' 대북정책의 추진기조," 보도자료(1998.3.16.); 통일부, 『'98 통일백서』, 35~46쪽.

했다. 그러나 햇볕정책은 4월 30일 대기업·경제단체의 수시 방북 제도 확대를 주요 내용으로 한 남북경협활성화 조치에 이어 북한 방송·출판물 개방, 8·15 판문점 통일대축전 수용, 사상전향 제도 폐지 등으로 방향성을 세웠다. 이와 함께 5월 2~12일 리틀엔젤스 예술단의 평양 공연에 이어 6월 16일 정주영 현대 명예회장 일행이 소 500마리와 옥수수 5만 톤을 지원하기 위해 판문점을 경유해 북한을 방문했고, 6월 22일 조선아세아태평양위원회와 '금강산 관광을 위한 계약서'를 체결했다. 정주영 회장의 방북은 햇볕정책의 핵심 내용인 정경분리 원칙의 구체적 실천을 의미하는 것이었다.

이러한 상황에서 6월 22일 북한 잠수정이 속초 앞 영해에서 어망에 걸려 예인되고, 7월 12일에는 북한 무장간첩의 시신이 묵호에서 발견되는 등 안보사건이 발생하자, 정부는 초기에는 미온적으로 대응했으나 7월 15일 국가안전보장장회의를 개최해 잠수정 및 무장간첩 침투사건에 대한 시인·사과, 재발방지를 촉구했다. 결국 금강산 관광 계획의 성사와 북한 잠수정 침투라는 두 가지 사건은 남북관계의 이중적 성격을 상징적으로 드러내는 것이었으며, 햇볕정책의 실효성을 둘러싼 논쟁을 야기하는 발단이 되었다.[4]

김 대통령은 1998년 8·15 경축사를 통해 대북 3원칙 견지, 경제협력 지원, 분야별 공동위원회 가동, 대화상설기구 설치, 특사파견 용의 등을 표명했으나, 북한은 8월 20일 이를 사실상 거부했다. 그러나 북한의 냉담한 반응에도 불구하고, 한국 정부는 9월 3일 '민족화해협력 범국민협의회' 결성, 9월 10일 대한적십자사를 통한 민간단체의 대북 개별 지원 허용 등의 조치를 취했다. 북한은 당국간 대화에는 호응하지 않았으나, 8~9월 『중앙일보』와 『동아일보』 대표단의 방북 허용 등 남한 인사의

---

4) 백학순, "대북정책," 『국가전략』, 제4권 2호(1998), 17~24쪽 참조.

방북과 1998년 10월 김정일의 정주영 회장 면담 및 11월 18일 금강산 관광 개시 등 민간 차원의 남북교류에는 적극적인 입상을 보였다.

한편 1998년 8월 북한의 금창리 지하 핵시설 의혹이 제기되고, 8월 31일 북한이 다단계 로켓(대포동 1호)을 발사함으로써 국제사회의 대북 불신이 고조되자, 김 대통령은 12월 페리 미 대북정책조정관과의 면담 시 한반도 관계 국간 상호위협 감소와 호혜 관계 구축을 위한 안보, 정치, 경제, 외교, 통상 등 제반 문제를 포괄적으로 접근해 한반도 냉전을 종식한다는 구상을 제의했다. 이러한 국제협력을 통한 한반도 냉전 종식이라는 포괄적 접근은 1999년 5월 5일 김대중 대통령의 CNN과의 회견에서 제시한 한반도 냉전 종식을 위한 5대 과제, 즉 ① 남북관계 개선, ② 미·북한, 일·북한 관계개선 정상화, ③ 북한의 국제사회 참여 및 개방, ④ 대량살상무기 위협 해소 및 군비통제, ⑤ 정전체제의 평화체제로의 전환으로 집약되었다.5)

이외에도 김대중 정부 출범 이후 유엔과 북한 간 장성급회담, 4자회담 본회담과 함께 KEDO를 통한 대북 경수로 건설 지원은 계속 진척되었다.

1999년에 들어 한국 정부는 1월 15일 현대의 금강산개발계획 승인, 2월 10일 대북지원 창구 다원화 조치 발표 등 햇볕정책을 일관되게 추진하는 한편, 현대의 대북 사업과 4월 민주노총 대표단의 방북 등 민간 차원의 남북교류 활성화를 지원했다. 6월 22일~7월 3일간 2차례의 차관급회담이 개최되었으나, 6월 15일 서해에서 남북 간 교전(연평해전)에 따라 성과 없이 종료되었다. 6월 20일에는 금강산 관광객 억류사건이 발생해 금강산 관광이 일시 중단되기도 했다.

김 대통령이 1999년 8·15 경축사를 통해 남북 간 정부 차원의 교류를

---

5) 한반도 냉전구조 해체의 과제에 대해서는 통일부, 『2000 통일백서』(서울: 통일부, 2000), 35~38쪽 참조.

촉구했지만 당국간 대화는 성사되지 않은 채, 8월 남북노동자축구대회, 9월 남북통일농구대회, 12월 민족통일음악회의 평양 개최 등 민간 차원의 교류와 현대의 대북 사업은 활성화되었다.

한편 김 대통령은 1999년 10월 19일 국회 시정연설을 통해 '남북경제공동체' 건설을 피력한 바 있으며, 2000년 1월 3일 남북경제공동체 구성을 위한 국책연구기관간 협의를 제의했고, 3월 10일 한반도 냉전구조 해체 및 항구적 평화와 남북 화해·협력을 이룩하기 위한 '베를린선언'을 발표했다. 베를린선언을 통해 김 대통령은 북한이 경제적 어려움을 극복할 수 있도록 도와줄 준비가 되어 있으며, 본격적인 남북 경제협력을 실현하기 위해서는 도로, 항만, 철도, 전력, 통신 등 사회간접자본이 확충되어야 되고, 북한 당국의 요청이 있을 때 이를 적극 검토할 준비가 되어 있다고 밝혔다.[6]

김대중 정부의 일관된 햇볕정책에도 불구하고 '햇볕정책이야말로 가장 악랄하고 반민족적이며 반통일적이고 반북대결책동'이라고 지속적으로 비난하던 북한은 2000년 4월 8일 마침내 남북정상회담 개최(6월 12~14일, 평양)에 호응했으며, 이로써 햇볕정책은 새로운 결실을 얻기에 이르렀다.

2) 옹호와 비판

햇볕정책에 대한 김대중 정부의 입장은 통일부의 『'98 통일백서』와

---

6) 베를린선언은 이외에 ① 현 단계에서 우리의 당면 목표는 통일보다는 냉전종식과 평화정착이며, 북한은 우리의 화해와 협력 제안에 적극 호응하기 바란다. ② 북한은 무엇보다도 인도적 차원의 이산가족 문제해결에 응해야 한다. ③ 이를 해결하기 위해서는 남북한 당국간 대화가 필요한 바, 북한은 우리의 특사교환 제의를 수락할 것을 촉구하는 내용이었다. 통일부, 『2001 통일백서』(서울: 통일부, 2001), 20 ~21쪽.

『2000 통일백서』를 통해 체계화되어 제시되었는데, 『2000 통일백서』에는 『'98 통일백서』에 비해 다음과 같은 내용이 확대·보완되었다.

첫째, 추진배경과 관련해 북한에 대한 인식이 주로 보완되었는데, 그 내용으로 ① 북한 체제는 이미 실패했고 변화 없이는 회생이 불가능하지만 북한이 조만간 붕괴할 가능성이 희박하다는 점, ② 북한이 중국이나 베트남과 같이 점진적 변화의 길을 걸을 수밖에 없으며, 이미 그 같은 변화가 시작되고 있다는 점, ③ 이러한 긍정적인 변화에도 불구하고 북한이 근본적인 체제개혁을 할 때까지는 대남 혁명 전략과 군사노선을 포기할 가능성이 매우 적다는 점 등이 지적되었다. 이와 함께 '평화를 지키는 정책'과 함께 '평화를 만들어가는 정책'의 추진 필요성을 강조했다.

둘째, 대북 포용정책의 목표를 '평화와 화해·협력을 통한 남북관계 개선'으로 규정하는 동시에, 역사적 의미와 관련해 한국의 정책대안은 봉쇄정책, 불개입정책, 포용정책 등 세 가지가 상정되나, 포용정책만이 안보와 화해·협력을 추진하기 위한 가장 현실적인 대안이며, 포용정책은 전쟁 억제, 전략적 포용, 남북관계의 평화적 관리라는 세 가지의 전략적 요소를 포함하고 있다는 것이다.

셋째, 주요 과제와 관련해 상호주의 원칙을 견지하되, 이를 신축적으로 적용한다는 논리가 보완되었다.

넷째, '한반도 냉전 종식을 위한 노력'이 보완되었는데, 그 주요 내용으로 1998년 12월 김대중 대통령의 포괄적 접근 제의를 비롯해 한반도 냉전구조 해체의 주요 과제로 김 대통령이 1995년 5월 CNN과의 회견에서 제시한 5대 과제와 '사실상의 통일(de facto unification)' 실현에 관한 내용이다.

그후 대북 포용정책의 목표와 관련해서는 『2001 통일백서』를 통해 사실상의 통일이라는 사항이 첨부되어 체계화되었다. 즉 김대중 정부의 대북정책의 목표는 안보태세를 통해 평화를 유지하면서 화해·협력을 추구함으로써 북한으로 하여금 스스로 변화와 개혁을 할 수 있는 환경을 조성하고, 한반도의 평화와 안정을 도모함으로써 남북 평화공존을 실현시키자는 것이다. 또한 이는 법적·제도적 통일 실현보다는 남북 주민들이 자유왕래하면서 상호이해의 폭을 넓히고 민족 동질성을 회복하게 되는 '사실상의 통일' 실현을 목표로 한다는 것이다.[7]

이와 같이 정부의 공식 입장의 변화는 햇볕정책에 대한 논리적 보완작업과 사태 진전에 따른 논리적 정당성 확보 노력이 반영된 것으로 평가된다.

김대중 정부 출범 직후 이종석 박사는 '역사상 처음으로 탈냉전 지향의 통일정책을 기본노선으로 하는 정치세력을 정부로 맞이한' 기대와 함께 새 정부의 대북정책의 방향과 과제를 제시하면서 특히 정경분리의 필요성을 강조했으며,[8] 수많은 기고를 통해 햇볕정책을 적극적으로 옹호했다. 햇볕정책이 정립되는 과정에서 이에 대한 옹호와 논리개발, 홍보에 관해서는 동북아평화연구회 편, 『국민의 정부 대북 포용정책』 및 Chung-in Moon and David I. Steinberg(eds.), "Kim Dae-jung Government and Sunshine Policy: Promises and Challenges," 2권의 저작이 공헌을 했다.

『국민의 정부 대북 포용정책』은 대북 포용정책에 대한 국민적 합의 계기 제공, 종합적 정리, 쟁점과 논란 해소를 위해 집필된 것이다. 이 책은 김대중 대통령의 통일철학과 평화사상을 기반으로 대북 포용정책이 추진되고 있음을 강조하고, 대북 포용정책의 연원으로 김대중 대통령이 1960년대에 주장한 '선민주화 후통일'을 시발로 1971년 '4대국에 의한 한반도 평화보장', '남북 간의 평화교류를 통한 남북관계의 개선과

---

7) 통일부, 『2001 통일백서』, 20쪽.

8) 이종석, 『분단시대의 통일학』(서울: 한울, 1998), 242~276쪽 ; 이종석, "새정부 대북정책의 방향과 과제," 『통일문제연구』, 제10권 1호(1998), 5~27쪽.

점진적인 평화통일방안', 그 이후의 '3단계 평화통일방안' 및 1980년대
중반 '공화국연방제' 통일방인, 1993년 8월 영국 런던 대학교 연설 "북
한에 대한 새로운 접근," 1994년 5월 미국 프레스센터 연설을 통한 "북
한 핵문제의 일괄타결 방안" 등을 지적하고 있다.9)

이 책에서는 기존의 대북정책과의 차별성을 논의하면서 냉전기에는
북한을 공존의 대상으로 설정할 수 없었으며, 1990년대 이후 남북관계
에는 긍정적인 변화가 수반되기도 했지만 대북·통일 문제가 국내 정치
와 매우 밀접한 연관을 가지고 있었으며, 중·장기적 프로그램을 추진하
지는 못했다는 문제의식에서 포용정책이 출발했음을 강조했다.10)

이와 함께 대북 포용정책이 ① 평화적 공존·공영 관계 형성의 급선무,
② 안보와 화해·협력 동시 추진, ③ 북한 스스로 변화할 수 있도록 유도,
④ 적극적 참여정책, ⑤ 정경분리 원칙에 입각한 신축적인 비연계적 상호
주의를 통해 남북관계 개선 모색, ⑥ 대북정책의 실패를 경험하면서 구체
화된 현실적인 정책 등의 의의 및 특징을 지니고 있음을 지적했다.11)

이 책에서 논의하고 있는 북한에 대한 인식, 대북정책의 유형, 신축적
상호주의 등의 내용은 정부의 『통일백서』에도 그대로 반영되었으며, 특
히 포용정책을 강자의 정책이라고 강조하고 있다. 또한 이 책에서는 대
북 포용정책의 성과로 ① 한반도 문제해결에 있어 한국의 확고한 주도
권 확보, ② 금강산 관광 실현 등 민간 차원의 교류 확대, 정경분리 원칙
의 타당성 입증, ③ 대화 채널의 복권 및 진전, ④ 북한의 개혁·개방
유도 여건 조성 등을 들었다.

문정인 교수는 위에서 언급한 영문 논문을 기반으로 "김대중 정부의

---

9) 동북아평화연구회 편, 『국민의 정부 대북 포용정책』(서울: 밀레니엄북스, 1999), 4
   4~47쪽.
10) 위의 책, 92쪽.
11) 위의 책, 96~99쪽.

햇볕정책 2년"이라는 논문을 통해 햇볕정책의 이상(ideals)으로 ① 한반
도에서의 어떠한 전쟁이나 군사적 분쟁 거부, ② 사실상의 통일, ③ 북
한의 변화 유도 및 정상국가로의 전환을 통한 한반도의 평화공존 계기
제공, ④ 한반도 문제와 안보환경의 관리에서 한국의 중심적 역할, ⑤
국내적 합의와 초당적 지지 도출 등을 제시하고 이에 따른 성과를 평가
했다.12) 또한 문정인 교수는 "햇볕정책은 김대중 대통령의 신념이자 철
학이며, 그 이상의 다른 어떤 대안도 존재하지 않는다. 햇볕정책은 파국
적 결말을 피해가면서 한반도에 평화와 안정을 보장해 줄 수 있는 유일
한 방안이다"13)라고 강조하면서, 햇볕정책과 그 반대론자 사이에는 뚜
렷한 이데올로기적, 정치적, 실천적 차별성이 존재하고 있는바, 김대중
정부가 햇볕정책의 핵심적 전제를 양보하고 절충함으로써 그들의 비판
을 수용하기는 어려울 것이므로, 냉전적 틀에 기초한 기득권을 갖고 규
합된 보수세력들과의 대결이 불가피해 보인다고 지적했다.14)

　한편 이론적 차원에서 햇볕정책을 분석한 대표적인 저작은 구영록,
『한국과 햇볕정책: 기능주의와 남북한 관계』이다. 남북관계를 기능주의
국제정치이론의 맥락에서 연구해 온 구영록 교수는 햇볕정책의 발상은
기능주의적인 것이라고 규정했다. 즉 임동원 외교안보수석은 포용정책
의 의미를 선이후난(先易後難), 선경후정(先經後政), 선민후관(先民後官),
선공후득(先供後得)이라고 요약했는데, 이 가운데 선공후득을 함께 혹은
아울러 얻는다는 의미로 선공공후득(先供共後得)으로 바꾼다면 전통적인
기능주의 이론과 완전히 같다는 것이다.15)

---

12) 문정인, "김대중 정부의 햇볕정책 2년: 이상과 현실," 『평화논총』, 제4권 1호
　　(2000), 46~56쪽.
13) 같은 글, 59쪽.
14) 같은 글, 57쪽.
15) 구영록, 『한국과 햇볕정책: 기능주의와 남북한 관계』(서울: 법문사, 2000), 219,

구 교수는 기능주의에 입각한 대북정책 발상의 부분적·단편적 시도는 박정희 정권 이후 역대 한국 정부에서 간헐적으로 존재해 왔으며, 특히 노태우 정부 시기 체결된 남북기본합의서, 부속합의서는 기능주의적 발상에 근거한 것이라고 간주했다. 그러나 김대중 정부는 북한을 동등한 주권국가로 인정하고 햇볕정책으로 명명했을 뿐만 아니라, 정경분리원칙 수용 및 일관성 있는 추진, 냉전구조 해체라는 선명한 정책의 개발 등에서 역대 정권의 정책과 차이점이 있음을 지적했다.16)

구 교수는 대북관계에 있어서 햇볕정책 외에 대안이 있는 것은 아니고, 국가 이익과 민족 이익에 합치하는 유일한 정책이라고 강조하면서도,17) 햇볕정책에서 제기되는 문제로 햇볕정책의 상대는 비합리적이며 폐쇄적이고 전체주의적인 체제라는 점, 상당 수준의 기능망 확장에 소요되는 긴 시간, 이를 지연시키거나 파괴시킬 수 있는 돌발적이거나 계획적인 사태의 발생이라고 주의를 환기시켰다.18) 결론적으로 구 교수는 햇볕정책의 성공을 위해서는 북한의 핵·생화학무기·미사일 위협을 완화하고 궁극적으로는 제거해야 한다는 점과 햇볕정책을 현 정권의 임기 내에 크게 진전시키겠다는 속박감에서 벗어나야 한다는 점을 강조했다.19)

구영록 교수의 저작이 햇볕정책에 대한 이론적 분석이라면 황병덕 외, 『신동방정책과 대북 포용정책: 브란트와 김대중의 민족통일 대구상』은 경험적 차원에서 독일의 신동방정책과 한국의 대북 포용정책을 비교 분석해 포용정책을 보완·발전시키려는 목적에서 집필된 것이다. 통일연구원의 황병덕·김학성·박형중·손기웅 4명의 연구진이 공동 집필한

237쪽.

16) 위의 책, 21쪽.

17) 위의 책, 31, 246쪽.

18) 위의 책, 149, 175~176쪽.

19) 위의 책, 244~246쪽.

이 책의 결론에서 저자들은 신동방정책과 대북 포용정책은 현상유지를 통한 점진적 현상타파 정책, 선평화 후통일, 선민족통일 후국가통일, 작은 걸음마정책 등 기본 발상에서 일맥상통한다고 주장했다.[20]

그러나 독일과의 차이점으로는 국제환경의 차별성에 따른 냉전구조 해체 과정의 복잡성과 함께 특히 교류협력을 강화하는 '사실상의 통일 상태'는 북한 체제의 와해를 야기할 수 있으므로 결코 북한이 수용할 수 없다는 점을 지적하고 있다. 따라서 이 책에서 제시하고 있는 결론은 한국의 대북정책은 교류협력 위주의 접근을 통해 북한의 체제변화를 유도하기보다는 북한 스스로 변화·발전할 수 있도록 환경을 조성해 주는 '발전을 통한 변화' 전략을 구사해야 한다는 것이다.[21]

햇볕정책 2년의 성과와 장애요인을 분석한 대표적 연구로는 백학순 박사의 논문을 들 수 있다.[22] 이 논문을 통해 백 박사는 햇볕정책의 성과로 ① 외자 유인을 통한 금융위기 극복 일조, ② 비정부적 차원의 대북 경제협력 구축 성공, ③ 북한이 외부 세계와 보다 많은 접촉과 대화 및 협력을 할 수 있도록 지원, ④ 강대국의 지지동원 성공 등을 들고, 김대중-임동원 라인은 정책결정과 정책수행의 일관성을 유지하는 핵심 요인이었다고 긍정적으로 평가했다. 한편 햇볕정책의 장애요인으로는 권력 엘리트 집단의 반공주의적 성향 및 특히 제도권 언론의 공격, 북한의 비협조적 반응, 미 공화당의 반대 등을 지적했다. 백 박사는 북한의 비협조적인 반응과 관련해 기능적 차원에서의 분리된 리더십과 제한된 자원의 전략적 사용에 대한 이해를 제고할 필요성을 강조했다.

---

20) 황병덕 외, 『신동방정책과 대북 포용정책: 브란트와 김대중의 민족통일 대구상』 (서울: 두리, 2000), 529쪽.
21) 위의 책, 526~542쪽.
22) 백학순, "햇볕정책: 성과, 장애요인 그리고 전망,"『평화논총』, 제4권 1호(2000), 101~115쪽.

이상은 햇볕정책에 대한 옹호·지지 또는 발전방향을 제시한 저작에 대한 논의였으나, 이에 반해 남만권 박사와 김구섭 박사 등은 햇볕정책에 대한 비판적 관점을 논문으로 발표했다.

남만권 박사는 포용정책은 북한 스스로의 필요에 의한 점진적 변화구도와 맞물릴 경우에야 비로소 가시적인 성과를 나타낼 수 있다고 보고, 기존 대북정책의 주요 가정 자체가 오류일 수 있다고 주장했다. 즉 ① 남북 문제는 대화·협상을 통해 해결할 수 있을 것, ② 우리가 도와주면 북한은 개혁·개방을 수용할 것, ③ 김정일 정권과 정치적 화해와 평화공존이 가능할 것, ④ 남북 간 합의를 통해 평화적인 통일 달성이 가능할 것이라는 가정 자체가 오류일 수 있다는 주장이다. 이와 함께 남 박사는 탈냉전의 세계질서와는 별개로 한반도는 여전히 냉전 상황이 지속되고 있으므로, 냉전적 상황에서는 냉전적 사고로 대응하는 것이 문제의 핵심이라고 주장하고, 감성과 이상주의보다는 이성과 현실주의적 대북 인식이 더 중요하고 우선시되어야 한다는 논리를 전개했다. 결론에서 남 박사는 북한에 개인독재와 수령절대주의체제가 존재하는 한 북한은 우리의 평화공존 요구를 절대 허용하지 않을 것이라는 대북 인식이 타당한 명제이며, 따라서 포용정책은 한계가 있을 수밖에 없다고 강조했다.[23]

김구섭 박사는 햇볕정책은 북한에 대한 변화론적 시각에 기초한 것으로 대북 강경책의 한계를 극복할 수 있는 당위론적 측면과 정책추진 1년에 걸쳐 대화 채널을 복원함으로써 민간교류 및 남북 경협이 이루어지고 대북지원사업이 확대된 등의 성과가 있었음을 인정하면서도, 햇볕정책의 함정으로 다음의 사항을 지적했다. ① 햇볕정책은 그 자체가 목

---

23) 남만권, "대북정책의 기본 가정에 대한 논증적 고찰," 『국방정책연구』, 통권 제45호(1999), 33~54쪽.

적일 수는 없기 때문에 정책의 맹목적 추진은 배제되어야 한다. ② 햇볕
정책은 상대인 북한의 상응한 태도변화나 인식의 전환 없이는 성공하기
어려운 정책이다. ③ 햇볕정책은 일방적으로 '주기만 하는 정책'의 함정
에 빠질 수도 있고, 따라서 남북관계 주도권을 상실할 수도 있다. ④
햇볕정책에 의한 일방적 포용과 시혜들이 장기적으로 북한 체제의 연성
화 쪽 변화로 연결되리라는 것은 지나친 낙관적 기대일 수 있다. ⑤ 남
북관계 개선의 저해요인으로 상호불신과 함께 평화와 통일에 대한 남북
한의 개념 및 접근방식의 차이를 들 수 있는데, 햇볕정책은 전자에만
너무 경도되어 있다.

김구섭 박사는 햇볕정책은 목표가치가 아니라 하나의 수단가치로서
취약점이 드러날 때는 수정·보완되어야 한다고 주장하고, 햇볕정책은
평화상태 유지, 민족공동의 발전과 번영, 국제사회와의 협력 주도, 평화
통일이라는 대북정책 추진의 핵심적 이익을 관철할 수 있어야 하며, 위
에서 논의한 햇볕정책의 한계점을 고려해 실효성을 제고하기 위해서는
① 대북지원·협력의 규모와 속도 조절, ② 상호주의 견지, ③ 한미공조
유지, ④ 조건부 수용 전략을 배합한 정책추진, ⑤ 은근하고 지속적인
경협정책 등의 방안을 추진해야 한다고 제시했다.[24]

한편 김재한 교수는 게임이론을 적용해 상호주의와 일방주의를 분석
해 북한의 정책이나 행동을 변화시키기를 원한다면 상호주의를 채택해
야 한다고 주장했다.[25] 홍관희 박사는 대북 포용정책의 성과와 문제점
을 분석한 후 대북 포용정책의 범위와 한계는 북한의 호응 정도에 따라
결정되어야 하며, 변화에 대한 인센티브와 도전에 대한 억지를 함께 제

---

24) 김구섭, "대북 '햇볕정책'의 평가와 실효성 제고 방안," 『국방정책연구』, 통권 제
   45호(1999), 55~79쪽.
25) 김재한, "상호주의 대북정책의 조건과 효과," 『통일정책연구』, 제8권 1호(1999),
   1~18쪽.

공하는 병행 전략의 필요성을 강조했다.[26]

　이상의 논의에서 볼 때 햇볕정책의 정립 단계에서 드러난 핵심 논쟁점은 북한 체제 및 변화에 대한 기본적인 인식과 세계적인 탈냉전 추세, 한반도 상황에 대한 인식 차이로부터 시작해 정책수단으로서 일방주의와 상호주의에 있었다고 요약할 수 있다.

3. 남북공동선언과 논쟁

1) 남북정상회담과 남북공동선언

　김대중 대통령의 베를린선언 이후 북한이 비공개적으로 다양한 경로를 통해 특사접촉을 제의하고, 이 접촉에서 남북정상회담 개최 문제를 논의할 수 있다는 입장을 표명함에 따라 이루어진 3차례(3.17., 3.23., 4.8.)의 특사접촉(박지원 문화관광부 장관과 송호경 조선아시아태평양평화위원회 부위원장)이 이루어진 결과, 2000년 4월 8일 남북정상회담 개최가 최종 합의되었다.

　'4·8 남북합의서'에 따라 남북정상회담 개최 절차 문제 협의를 위한 준비접촉이 4월 22일부터 5월 18일까지 5차례 개최되었으며, 제5차 준비접촉에서 '남북합의서(2000년 4월 8일) 이행을 위한 실무절차 합의서'에 서명했다. 이 합의서에서 정상회담 의제를 "역사적인 7·4 남북공동성명에서 천명된 조국통일 3대 원칙을 재확인하고 민족의 화해와 단합, 교류와 협력, 평화와 통일을 실현하는 문제"로 합의했다. 이와 함께 통신·보도 실무자 접촉, 의전·경호 실무자 접촉과 정상회담 선발대의 방

---

26) 홍관희, 『전환기의 대북정책: 포용과 억지의 병행전략』(서울: 통일연구원, 1999).

북을 통해 실무사항을 확정했다.

남북정상회담은 합의된 날짜보다 하루 늦은 6월 13일부터 15일까지 김대중 대통령 내외와 130명의 수행원, 기자단 50명이 평양을 방문함으로써 이루어졌다.[27]

3차례의 정상회담 결과, 6월 15일 ① 통일문제의 자주적 해결, ② 통일방안의 공통성 인정, ③ 이산가족 교환 및 비전향장기수 문제해결, ④ 경제협력과 제반 분야의 협력·교류 활성화, ⑤ 당국간 대화 개최, ⑥ 김정일 국방위원장의 서울 답방을 내용으로 한 '남북공동선언'을 발표했다.

2) 긍정적 평가와 비판

역사적인 남북정상회담 개최의 의의에 대해서는 비판의 여지가 없었으나, 남북공동선언의 내용에 대해서는 논란이 야기되었다.

정부는 남북정상회담과 6·15 남북공동선언의 의의로 ① 분단 55년 만에 첫 정상간의 만남 및 실천사항 합의 도출, ② 남북 당사자 해결의지 구현, ③ 남북 호혜협력의 제도화, ④ 동북아 평화에의 기여, ⑤ 대북 화해협력정책의 지속적 추진의 결실이라고 정리했다. 이와 함께 남북공동선언의 조항별 의미를 다음과 같이 해석했다.[28] 첫째, 통일문제의 자주적 해결이란 북한이 기존에 주장해 왔던 외세 배격, 미군 철수 주장과 연결되는 개념이 아니며, 국제사회와의 적극적인 협조를 바탕으로 남과 북이 주인이 되어 통일문제를 해결함을 의미한다. 둘째, 통일방안의 공통성 인정과 관련해 김대중 대통령의 '연합제'안 설명에 대해

---

27) 통일부, 『2001 통일백서』, 27~36쪽.
28) 위의 책, 44~54쪽.

김정일 국방위원장은 그 현실성을 인정하고, '낮은 단계의 연방제'는 남북이 현존하는 2체제 2정부를 유지하면서 상호협력해 단계적으로 통일을 지향한다는 것으로서 남북연합과 사실상 같음을 인정했다.29) 셋째, 김 대통령은 이산가족 문제의 구체적 해결방안을 제시했고, 김 위원장도 공감하면서 이산가족 방문단 교환과 함께 비전향장기수 송환을 요구했으며, 김 대통령은 넓은 의미의 이산가족 문제해결 차원에서 또 이산가족 문제해결을 촉진시키기 위해 비전향장기수 송환을 수용했다. 넷째, 남북 교류·협력은 상호신뢰와 민족적 동질성을 회복하게 하며 남북관계를 실질적으로 진전시키는 견인차이다. 다섯째, 당국간 대화 개최는 합의의 구체적 실천을 의미하고, 김 위원장의 서울 답방 약속은 남북관계 개선에 대한 북한의 의지를 확인할 수 있는 대목이다.

이러한 정부의 공식 입장과 더불어 이종석 박사는 남북정상회담의 성과로 ① 역사상 처음으로 남북한 지도부가 서로 인간적 신뢰구조를 쌓으려는 구체적인 노력을 보인 점, ② 남북의 최고지도자가 얼굴을 맞대고 남북 간에 거론될 수 있는 문제들을 거의 논의했다는 점, ③ 남북의 최고지도자가 직접 합의하고 서명한 최초의 문서인 공동선언에 합의한 점 등을 들고 있다. 이와 함께 이 박사는 공동선언의 특징을 ① 실천가능한 내용 명기, ② 인식 공유가 이루어진 용어 사용, ③ 처음으로 통일방안의 공통성 인정, ④ 대북 포용정책의 당면과제들이 대부분 실천사항으로 명기된 점과 함께 평화문제에 관해서는 상당 부분 인식을

---

29) 정부는 '연합제'안과 '낮은 단계의 연방제'안의 공통점을 ① 두 방안 모두 통일의 형태를 말하는 것이 아니라 통일의 전 단계, 준비 과정의 형태를 말하고 있다. ② 2체제 2정부를 유지하면서 두 정부간에 협력체제를 필요로 하고 있다. 즉 남북 정부가 정치·군사·외교권을 각각 갖고 협력기구를 운영해 나간다는 공통점이 있다. ③ 단계적·점진적 접근방식을 특징으로 하고 있다. ④ 남북 양측이 전제조건을 붙이지 않고 있다. 위의 책, 46쪽.

공유했지만 생략된 것이라고 주장했다.30)

서동만 박사도 역시 남북정상회담 전체를 관통하는 정신은 상호 체제 인정이라고 강조하고, 특히 자주통일 원칙을 주한미군 주둔에 대한 일정한 이해의 성립으로 규정하는 동시에 이를 통해 남북한은 북미, 남북 간의 평화정착을 위한 토대를 마련했다고 평가했다.31) 정성장 박사, 김근식 박사, 김용호 교수도 남북정상회담의 성과에 대해 긍정적인 평가의 논문을 발표했다.32)

이러한 긍정적 평가에 반해 남북공동선언의 내용에 대한 비판적 견해가 대두되었으며, 이는 역설적으로 통일부, 『남북공동선언 쟁점과 설명 관점』이라는 자료에서 나타난다. 이 자료는 남북공동선언이 발표된 이후 약 1개월 동안 한국 사회 내부에서 표출되고 있는 논란에 대한 대응차원에서 나온 것으로 해석된다. 이 자료는 ① 남북정상회담의 성격, ② 자주문제, ③ 연방제 수용, ④ 이산가족 문제, ⑤ 남북경협 등에 관한 총 16개 항목의 논쟁점에 대한 해설로 구성되어 있다. 이 가운데 몇몇 주요 쟁점을 살펴보면 첫째, 남북정상회담의 성격과 관련해 합의항목에 긴장완화, 평화문제가 제외된 이유, 기본합의서가 부각되지 못한 점, 둘째, 자주문제와 관련해 북한의 배타적 자주 수용 및 국제공조 포기 여부, '자주'가 주한미군 철수 주장의 근거가 될 가능성, 셋째, 연방제 수

---

30) 이종석, "남북정상회담의 성과와 향후 과제," 세종연구소 편,『정상회담 이후 남북관계 개선 전략』(성남: 세종연구소, 2000), 19~34쪽.

31) 서동만, "남북정상회담과 국제협력," 위의 책, 47~51쪽.

32) 정성장, "남북정상회담의 평가와 향후 과제,"『한국정치연구』, 제5집(2001), 221~245쪽 ; 김근식, "정상회담 이후 남북관계: 평가와 전망,"『평화논총』, 제5권, 1호(2001), 36~52쪽; 김용호, "정상회담 이후 남북관계에 대한 평가," 통일연구원,『제2차 남북정상회담과 평화체제 구축』(제40회 국내학술회의 발표논문집, 2001.5.), 10~16쪽.

용과 관련해 북한의 연방제 통일 전략에 동의 여부, 한국의 통일방안의 기초가 김 대통령의 '3단계 통일방안'인가 '민족공동체 통일방안'인가 하는 문제, 넷째, 이산가족 문제와 관련해 국군포로·납북자 처리 문제, 다섯째, 남북경협과 관련해 당국간 협력에서 상호주의 포기 여부, 북한의 대남전략 변화 없이 경협 추진 시 우리에게 위협이 될 가능성 등에 관한 정부의 입장을 밝힌 것이다.[33]

한편 필자는 남북정상회담에 대한 북한의 정책목표는 대내·대외·대남 차원의 복합적인 것이며, 김정일이 직접 연출가로서 남북정상회담을 총괄함으로써 그 목표를 달성하려 했다고 주장했다.[34] 첫째, 대내 차원에서 북한은 자주통일과 비전향장기수 문제해결을 공동선언에 명시함으로써 체제우월성 및 김정일의 통치력 선전에 활용할 수 있게 되었으며, 남한으로부터의 대규모 경제지원 도출도 4항의 명시를 통해 달성했다는 것이다. 둘째, 대외 차원에서 북한은 남북정상회담을 활용해 대외정책 활성화를 적극 추진할 수 있게 되었다는 것이다. 셋째, 대남 차원에서 북한은 민족적 화해 단합 도모, 한반도의 자주적 통일 등 중·장기적이며 원칙적인 문제에 초점을 두는 한편, 체제유지에 별반 위협요인으로 작용하지 않으면서 남북관계의 상징적 사안에는 호응하려는 입장이었다고 볼 수 있다.[35] 이와 함께 북한은 제1항 '민족 단합, 자주통일'을 명분으로 필요에 따라 외세배격과 주한미군 철수를 주장할 수 있으

---

33) 통일부, "남북공동선언의 쟁점과 설명 관점," 보도자료(2000.7.12.).

34) 정규섭, "북한의 남북정상회담 전략," 『북한연구학회보』, 제4권 제1호(2000), 5~
23쪽.

35) 즉 공동선언 제1, 2항 모두는 중·장기적이며 원칙적인 문제들이며, 제3항 8·15
이산가족 교환만은 남북관계 개선의 상징적 사안으로 남한의 요구를 수용한 것이
다. 제4항의 경제협력과 제반 분야의 협력 교류의 활성화, 제5항의 당국간 대화
개최, 김정일의 서울 방문 등은 북한이 조절 가능한 사안들이다. 같은 글, 20쪽.

며, 이를 통해 남한의 국론분열 및 한미공조의 약화를 야기할 수도 있고, 공동선언에서 긴장완화와 평화정착 문제를 제외한 것은 한반도 평화에 관한 한 북한은 미국과의 평화협정 체결을 목표로 설정하고 있다는 주장이다.

오일환 박사도 필자와 대동소이한 견해를 피력했다.[36] 이러한 시각과는 다소 다르나, 고유환 교수는 남북정상회담을 북한은 대미일 압박카드로 사용하고, 경제위기 해소를 도모하는 동시에 김정일의 지도력 강화에 이용하고 있다고 분석했다.[37]

햇볕정책의 최대 성과인 남북정상회담 성사와 남북공동선언의 발표를 둘러싼 논쟁의 핵심 사안은 공동선언의 내용을 둘러싼 것으로 제1항 '자주통일'과 제2항 통일방안의 공통성 인정의 의미와 해석, 평화조항의 부재 등에 두어졌다.

남북공동선언을 둘러싼 논쟁에도 불구하고 남북정상회담 이후 경제협력 및 사회·문화 교류 활성화, 군사적 긴장완화와 평화체제 구축, 통일방안의 수렴 등 분야별 남북관계 개선방안에 대한 수많은 연구가 산출되었다.

4. 남북공동선언 이행과 논쟁

1) 남북공동선언 이행 상황

6·15 선언 이후 북한이 2001년 3월 13일 개최 예정인 제5차 남북장

---

36) 오일환, "평양 남북정상회담의 평가와 과제," 『북한연구학회보』, 제4권 제1호 (2000), 26~50쪽.

37) 고유환, "김대중 정부의 대북전략과 정책과제," 『통일경제』, 제72호(2000), 54~56쪽.

관급회담 연기를 요청하기 이전까지 남북 간에는 6개 유형의 당국간 회담을 총 16회 개최해 31개에 달하는 합의사항을 산출하는 동시에,[38] 2000년 8월 제1차 이산가족 방문단 교환, 9월 시드니올림픽 개회식 공동입장 등을 시작으로 남북관계 개선의 상징적 행사가 다양하게 이루어졌다.

그러나 2001년 3월 8일 한미정상회담 이후 북한은 대미 강경입장을 취하고 남한에 대해 '민족공조'를 촉구하는 한편, 이미 합의된 남북당국간 회담 일정을 전면 동결함으로써 남북관계 개선은 답보상태에 처하게 되었다. 이러한 상황에서 북한이 임동원 통일부 장관의 해임건의안 국회 표결을 이틀 앞둔 2001년 9월 2일 남북당국간 대화를 조속히 재개하자고 제의함으로써 9월 15일부터 18일까지 제5차 남북장관급회담이 개최되어 교착상태의 남북관계가 개선될 수 있는 계기가 마련되는 듯했다.

그후 9월 11일 미국의 테러사건 이후 북한의 태도는 다시 경색되었고, 10월 3일부터 5일까지 금강산 관광 활성화를 위한 당국간 회담이 한 차례 개최되었지만, 10월 12일 북한은 제5차 장관급회담의 합의사항인 제4차 이산가족 방문단 교환과 태권도 시범단의 서울 방문 연기를 일방적으로 통보했다. 회담 개최 장소를 둘러싼 공방 끝에 11월 9일부터 14일까지 금강산에서 제6차 장관급회담이 개최되었음에도 불구하고 합의사항이 도출되지 못하고 결렬됨으로써 남북대화의 연속성이 단절되는 상황에 달했다.

2001년 12월 현재 공동선언 이행의 내용을 개괄적으로 살펴보면 다음과 같다.

---

38) 남북정상회담 이후 2001년 3월까지 남북 간에는 장관급회담 4회, 특사회담 1회, 국방장관회담 1회, 군사실무회담 5회, 경제실무회담 2회, 적십자회담 3회 등 총 16회의 당국간 회담이 개최되었다.

첫째, 공동선언 1항과 2항의 내용은 중·장기적으로 해결될 성격의 사안이나, 남북 당국간에는 공식 논의조차 이루어지지 않고 있다.

둘째, 공동선언 3항 이산가족 방문단 교환과 비전향장기수 해결 등 인도적 문제는 3차례의 적십자회담 개최를 통해 이행되었으며, 3차례의 이산가족 방문단 교환으로 3,600여 명의 이산가족이 상봉했고, 2차례의 생사·주소 확인 자료 교환 및 남북 각 300통의 서신교환(2001.3.15.)이 이루어졌다. 이와 함께 2000년 9월 2일 비전향장기수 63명의 북송이 이루어졌다. 그러나 제1차 적십자회담의 합의 내용이었던 이산가족면회소 설치·운영 문제는 지켜지지 않았을 뿐만 아니라, 2001년 4월 3일 개최예정이었던 제4차 적십자회담이 무산됨으로써 이산가족 문제해결은 더 이상 진전을 보이지 못했다. 제5차 장관급회담 결과 제4차 이산가족 방문단 교환(10월 16일~18일)이 합의되었으나, 10월 12일 북한이 연기를 통보함으로써 무산되었다.

셋째, 경제협력을 통한 민족경제의 균형발전과 제반 분야의 협력·교류 활성화로 신뢰를 다진다는 공동선언 4항의 이행 역시 답보상태를 벗어나지 못하고 있다. 민족경제의 균형발전과 관련해 제2차 남북장관급회담(2000.9.1.)을 통해 경의선 연결과 문산↔개성 간 도로 개설, 임진강 수해방지 사업 추진, 제4차 남북장관급회담(2000.12.16.)을 통해 남북경제협력추진위원회 구성·운영 및 이 위원회에서 전력 협력, 철도 및 도로 연결, 개성공단 건설, 임진강 유역 수해방지 사업 추진 문제 등 실무 문제를 협의·해결할 것을 합의했다. 특히 제2차 남북경협 실무 접촉 (2000.11.8.~11.) 결과 투자보장, 이중과세방지, 상사분쟁 조정절차, 청산결제 등 4개 분야 합의서가 가서명됨으로써 남북경제·교류의 제도적 장치를 마련했다. 이 모든 사항이 답보상태에 있었으나, 제5차 장관급회담에서 상당 부분 해결의 실마리를 찾았다. 그러나 당국간 대화의 동결로 남북경제협력 활성화를 위한 합의사항 중 2001년 12월 현재 본

궤도에 올라 이행되고 있는 것은 전혀 없다.[39]

사회·문화·체육 분야의 교류는 남북관계의 과거 어느 시점보다도 활성화되고 있는 양상을 보이고 있다. 정상회담 이후 사회·문화·체육 분야의 교류 및 접촉의 대표적인 사례로는 2000년 8월 언론사 사장단 방북 및 남북 언론교류에 관한 합의서 채택, 남북 교향악단 서울합동연주회, 9월 백두산 관광단 방북, 올림픽 공동입장, 10월 남측 방문단의 조선로동당 창건 55주년 행사 참가, 2001년 2월 춘향전 평양공연, 4월 김연자 함흥 공연, 5월 남북노동자대회, KBS의 방북 취재, 6월 민족통일대토론회, 8월 평양 통일대축전 등을 들 수 있다.

남북정상회담 이후 2001년 5월까지 금강산 관광객을 제외한 북한 방문자는 7,318명, 남한 방문자는 647명으로 급격한 증가추세를 보이고 있다. 그러나 2001년 3월 김한길 문화관광부 장관의 방북을 통해 합의한 제46회 세계탁구선수권대회 단일팀 구성에 대해 북한은 3월 28일 불참을 통보했다. 또한 제5차 장관급회담에서 태권도 시범단 교환(10월 북측 대표단, 11월 남측대표단)에 합의했으나, 북한이 서울 방문 연기를 일방적으로 연기했다. 사회·문화 분야 남북교류에서 나타나는 특징적인 점은 과거에도 그랬듯이 당국간 회담이 동결된 상황에서도 민간 차원의

---

39) 제5차 남북장관급회담에서 남북경제협력 활성화 관련된 합의사항은 다음과 같다: ① 경의선 철도-도로 연결공사를 곧 착수하고, 가급적 빠른 시일 내 개통, ② 개성공단 건설을 위해 빠른 시일 내 실무접촉 개최, ③ 육로관광 등 금강산 관광 활성화 문제 협의를 위한 당국간 회담 개최(10.4.), ④ 남·북·러 철도 연결 협력, 가스관 연결 사업 검토, ⑤ 민간선박의 상호 영해 통과를 협의하기 위해 해운 실무접촉 개시, ⑥ 임진강 유역 수해방지 대책 협의를 위해 11월중 현지조사 착수, ⑦ 경협 관련 4개 합의서 빠른 시일 내 발효, ⑧ 동해 공동어로 문제를 협의하기 위한 실무접촉 개최, ⑨ 제2차 경제협력추진위원회(10.23.~26.) 및 실무협의회 개최 등이다.

남북교류는 지속되고 있다는 사실이다.

넷째, 당국간 대화 개최 문제와 관련해 정상회담 이후 2001년 3월까지 적십자회담을 시작으로 6개 유형의 총 16회에 이르는 공식회담 이외에 2000년 7월 외무장관회담 개최와 2001년 3월 문화·체육 교류 협의를 위한 문화관광부 장관의 방북 등이 있었다. 그러나 2001년 3월 이후 남북 당국간 대화가 전면 동결되었다가 9월에 들어 재개되어 11월까지 두 차례의 장관급회담이 개최되었으나, 제6차 장관급회담 결과 차기 회담 일자도 합의하지 못함으로써 남북 당국간 대화는 재차 동결되었다. 이와 함께 김대중 대통령의 거듭되는 촉구에도 불구하고 김정일 국방위원장의 서울 답방은 불투명한 상태이다.

한편 남북정상회담 이후 한국 정부는 북한에 대해 2000년 9월 28일 식량차관 제공(외국산 쌀 30만 톤, 옥수수 20만 톤) 및 2001년 4월 26일 20만 톤(680억 원)의 비료지원, 2001년 10월 쌀 30만 톤과 옥수수 10만 톤의 차관 또는 무상 지원을 발표했으며, 대북 경수로 건설공사에 2001년 4월 말까지 총 5억 1,707만 달러의 재원을 투입했다.

이와 함께 남북관계가 소강국면에 처한 상황에서 2001년 6월 2일과 3일 북한 상선의 제주해협·북방한계선(NLL) 침범은 정전협정 체결 이후 처음으로 새로운 쟁점을 야기했다. 또한 6월 10일 현대 아산은 북한의 조선아태평화위원회와 연체 지불금 송금, 관광객 수에 비례한 관광대가 지불, 금강산 육로관광, 금강산 일대 관광특구 지정 등에 합의했다고 발표함으로써 자본잠식으로 중단위기에 처한 '햇볕정책의 옥동자' 금강산 관광의 지속과 함께 육로관광이라는 남북관계의 새로운 합의사항이 등장했다. 교착상태의 남북관계에도 불구하고 2001년 12월 16~30일 북한의 경수로 관계자 20명이 방한해 원자력발전소 등을 시찰했다.

한편 남북정상회담 이후 한국은 6·15 선언에 대한 국제적 지지 확보에 외교적 노력을 적극 경주한 결과 긍정적인 성과를 도출했으나, 북한과 미국 관계의 개선 여지가 축소됨으로써 어려움을 겪고 있다.

첫째, 6·15 선언에 대한 국제적 지지 확보와 관련해 2000년 10월 서울에서 개최된 아셈(ASEM) 정상회의의 '한반도 평화선언' 채택과 제55차 유엔총회에서 남북정상회담과 남북공동선언을 환영하는 '한반도 평화와 안전 및 통일' 결의안이 만장일치로 채택되는 성과를 거두었다.

둘째, 미·북한 관계의 답보는 한국의 효율적 대북정책 추진을 저해하고 있다. 남북정상회담 이후 북한과 미국의 관계는 2000년 10월 북한의 조명록 국방위원회 부위원장의 방미에 따른 공동성명 발표(10월 12일), 10월 23일 올브라이트 미 국무장관의 방북 등을 통해 개선되는 양상을 보였다. 그러나 2001년 1월 20일 출범한 부시 행정부는 클린턴 행정부의 대북정책을 유화적인 것으로 평가하면서 북한에 대해 회의적인 시각을 가지고 엄격한 상호주의의 필요성을 강조했다. 이러한 미국의 입장에 대해 북한은 강력히 반발하기 시작했다.[40] 북한의 반발에도 불구하고 미 국무부는 2001년 3월 9일 클린턴 행정부에 비해 강경한 대북정책 6대원칙[41]을 발표하면서 대북정책 재검토 작업에 착수한 결과, 6월 6일 부시 대통령은 대북정책 검토의 완료와 함께 ① 핵 관련 제네바 합의 이행 개선, ② 북한 미사일 검증 가능한 규제 및 금수, ③ 재래식 군비태세 등을 의제로 그간 중단된 북한과의 대화를 재개하고, 북한이 긍정적

---

40) 북한은 미국의 대북 강경발언에 반발해 2001년 2월 21일 외무성 대변인 담화를 통해 제네바 합의 및 장거리 미사일 유예 파기를 경고한 바 있다. "미국의 그 어떤 대조선정책에도 준비되어 있다," 조선중앙통신(2001.2.21.); 연합뉴스, 제1,252호 (2001.3.1.).

41) 미 국무부가 발표한 대북정책 6원칙은 ① 한·미·일 정책공조, ② 김대중 대통령의 한반도 긴장완화 정책 지지, ③ 북한 정권에 대한 정확한 현실 인식, ④ 대북정책 전면 재검토, ⑤ 대북 검증과 점검, ⑥ 북한의 무기확산 활동 주목 등이다. 『동아일보』(2001.3.12.).

으로 응해 적절한 조치를 취한다면 북한 주민에 대한 지원 확대, 제재 완화, 기타 정치적 조치를 취할 것임을 발표했다.42)

이에 대해 북한은 6월 18일 외무성 대변인 담화를 통해 미국의 대화 재개에 대한 입장을 공식 표명했다. 이 담화를 통해 북한은 미국이 제시한 협상의제는 대북 적대시 정책의 산물로, 특히 재래식 군비(상용무력)에 관한 문제는 주한미군철수 전에는 논의 대상이 아니라고 강력히 반발하면서 미국·북한 기본합의문과 공동성명 이행의 실천적 문제가 의제가 되어야 하며, 경수로 제공 지연에 따른 전력 손실 보상을 선차적인 의제로 설정할 것을 주장했다.43)

이후 북한의 대미 입장은 비난의 강도를 높이고, 내부적으로 대대적인 반미의식을 고취하는 한편, 미국과의 대화와 관련해 미국의 전제조건을 단 대화에는 절대 응할 수 없으며, 부시 행정부가 대북 강경정책을 중지하고, 최소한 클린턴 행정부 말기에 취했던 수준에 도달할 때 가능하다는 입장을 견지하고 있다.44)

더욱이 9월 11일의 미국 뉴욕테러사건은 미북 관계개선의 또 다른 장애요인으로 작용하고 있다. 북한은 미국이 지정하고 있는 7개 테러지원국 가운데 하나이기 때문이다. 북한은 9·11 테러 직후인 9월 12일 외무성 대변인의 중앙통신 회견을 통해 "유엔 성원국으로서 온갖 형태의 테러와 그에 대한 어떠한 지원도 반대하는 우리 공화국의 립장에는 변함이 없다"라고 반테러 입장을 천명했지만,45) 미국의 아프가니스탄 공

---

42) "Statement by the President on North Korea," The White House, Office of Press Secretary(2001.6.6.).

43) 조선중앙통신(2001.6.18.); 연합뉴스, 제1,269호(2001.6.28.).

44) 이러한 북한의 입장은 2001년 8월 8일 외무성 대변인의 중앙통신사 기자가 제기한 질문에 대한 대답에서 대표적으로 나타난다. 연합뉴스, 제1,276호(2001.8.16.).

45) 조선중앙통신, "테로반대립장 불변"(2001.9.12.); 연합뉴스, 제1,281호(2001.9.20.).

격 개시에 대해 10월 9일 미국의 테러 응징방법에 대해 우려를 표명했
다.[46] 북한은 11월 12일 '테러자금 조달 억제에 관한 국제협약'과 '인질
억류방지에 관한 국제협약'에 가입하면서 미국의 폭력적인 보복전쟁을
비난하는 동시에 미국에 대해 대북 적대시 정책의 포기와 테러지원국
해제를 요구했다.[47]

이와 같이 미·북한 관계가 개선되지 않는 상황은 한국의 햇볕정책의
성과를 무색하게 만들고 있다. 더욱이 한국은 미국과 북한 체제에 대한
인식, 협상행태, 정책공조 등의 측면에서 드러난 차이점의 폭을 충분히
좁히지는 못하고 있다.[48]

2) 긍정적 평가와 비판

6·15 선언 1년에 대해 한국 정부는 2001년 5월 남북관계가 대결에서
화해로, 긴장에서 평화로, 분단에서 공존으로 전환함으로써 공존과 상
생의 기반을 마련한 것으로 평가하고 있다. 정부의 설명은 첫째, 남북정
상회담 1년을 통해 남북관계는 과거의 대립·갈등 관계에서 화해·협력
의 관계로 대전환했으며, 남북정상회담 이후 남북한은 필요한 일을 협
의하는 관례를 정착하는 한편, 6·15 선언이 구체적으로 이행됨으로써
남북관계의 기본틀로서 정착했다. 둘째, 남북정상회담을 통해 전쟁 재
발 방지, 긴장완화, 평화정착에 공감하고, 제1차 남북국방장관회담을 통
해 이 문제의 논의가 개시됨으로써 남북관계가 긴장에서 평화로 전환되

---

46) 조선중앙통신(2001.10.9.); 연합뉴스, 제1,284호(2001.10.18.).
47) 조선중앙통신, "테로문제에 대한 원칙적 립장"(2001.11.12.); 연합뉴스, 제1289호
    (2001.11.22.).
48) 그 단적인 예로 미국이 북한과의 대화를 선언한 후 제시한 제네바 합의 이행 개선,
    재래식 군사력 감축과 같은 의제는 한국이 원하는 내용과는 거리가 있는 것이다.

었다. 셋째, 남북공동선언에서 '자주통일'에 합의함으로써 분단 극복 문
제를 우리 민족 스스로 해결하는 분위기가 정착되는 한편, 정상회담으
로 통해 사실상 상호체제를 인정하고 평화공존을 우선하는 점진적·단
계적 통일 실현에 합의했다는 것이다. 이와 함께 한국 정부는 다양한
남북대화를 통해 총 31개 현안에 대해 합의 및 이행 중이므로 남북 간
합의·이행이 일과성이 아니라 제도화되고 있는 것으로 평가하는 한편,
2001년 3월 이후 북한이 당국간 대화를 거부하고 있는 것에 대해 합의
이행을 다소 지연시키는 모습으로 간주하고, 과거처럼 합의 자체를 무
실화시키려는 의도는 아니라고 판단하고 있다.[49]

이러한 6·15 선언 이후 1년의 시점에서 내린 정부의 평가와 함께『남
북정상회담과 한반도 평화』(세종연구소 편)는 정상회담 이후의 후속 대
화에 대한 평가와 정책과제, 주변 4국의 대북정책과 한국의 대응방향,
군사적 긴장완화와 한반도 평화정착 방안 등으로 구성되어 있으며, 대
체로 성과에 대한 긍정적 평가에 입각한 정책과제가 논의되어 있다.[50]

이에 반해 필자는 '자주통일'을 정부가 호도하고 있으며, 대북정책
목표와 수단에는 근본적 문제점이 내재하고 있을 뿐만 아니라, 대화통
로 및 관계개선의 제도화, 국민적 합의도출이 미흡하고, 한미공조의 문

---

49) 통일부, "남북정상회담 1주년 해설자료: 평화와 협력의 시대로," 보도자료(2001.
   5.), 20~23쪽.
50) 세종연구소 편,『남북정상회담과 한반도 평화』(성남: 세종연구소, 2001). 정세현
   박사는 남북정상회담 이후 1년의 성과를 긍정적으로 평가하면서 남북 화해·협력
   의 지속을 위한 과제로 ① 긴장완화와 평화정착을 위한 구체적 조치 및 일정 합의,
   ② 대북정책에 대한 국민적 지지기반 확충, ③ 대북지원 필요성 설득 등을 제시했
   다. 정성장 박사는 '민족공조'를 군사 분야뿐만 아니라 경협과 사회·문화 분야로의
   확대 발전을 주장했다. 이장희 교수는 국내적 과제로 남남대화를 통한 보혁 간 갈
   등을 중단하고 주체적인 민족 화해와 협력의 실천을 강조하면서 냉전의식의 불식
   과 냉전적인 법령 정비를 주장했다.

제점을 야기하고 있다는 비판을 제기했다.[51] 특히 필자는 대북정책 목
표의 핵심 사항인 '평화'가 6·15 공동선언부터 실종되어 제자리를 찾지
못하고 있는 점에 우려를 표명하는 동시에, '사실상의 통일'과 '북한의
변화'라는 목표도 유일 폐쇄체제라는 북한 체제의 근본 속성과 통일의
상대인 남한의 존재로 인해 조속한 시일 내에 달성되기 어려울 것이라
고 보았다. 또한 대북정책의 수단인 신축적인 '비연계적 상호주의'는 남
북관계 개선의 주도권 및 국내적 지지기반 상실 가능성이라는 취약성을
내재하고 있다고 우려했다. 또한 남북기본합의서의 사문화에 따라 남북
관계 개선의 제도화가 저해되고 있으며, 대북 저자세 협상 태도와 함께
정부가 이벤트성 행사에 주력하고 있다는 비판을 제기했다.

이와 함께 김대중 정부의 햇볕정책에 대한 전면적인 비판은 황장엽
전 조선로동당비서가 『어둠의 편이 된 햇볕은 어둠을 밝힐 수 없다』는
제목의 책을 발간함으로써 제기되었다.[52] 황장엽 씨가 근본적으로 반대
하는 것은 적대적인 두 체제의 대립을 초월해 민족화해의 방법으로 민
족통일을 이룩할 수 있다는 민족화해주의자들의 주장이며, 그는 통일문
제와 관련된 견해 차이를 ① 북한의 본질을 어떻게 볼 것인가 하는 문
제, ② 한반도에서 전쟁방지와 평화보장과 관련된 문제, ③ 평화적 통일
방도와 관련된 문제에 귀착된다고 보고, 각각에 대한 논쟁점을 다음과
같이 정리했다. 첫째, 대북관의 논쟁점은 ① 남북 간 대립의 본질을 양
립할 수 없는 두 정치체제 간의 대립으로 보는가 안 보는가, ② 남북
대립 문제를 국제 문제의 일환으로 보는가, 아니면 순전한 민족 내부의
문제만으로 보는가, ③ 북한 공산독재정권과 북한 인민을 분리해서 보

51) 정규섭, "남북정상회담 이후 새로운 통일외교정책의 구상," 『북한연구학회보』, 제
    5권 제1호(2001), 155~160쪽.
52) 황장엽, 『어둠의 편이 된 햇볕은 어둠을 밝힐 수 없다』(서울: 월간조선사, 2001).

는가 그렇지 않은가 하는데 있다. 둘째, 한반도 평화보장 문제의 논쟁점은 ① 한반도에서 전쟁의 화근을 북한의 수령 독재체제와 군국주의로 보는가 안 보는가, ② 남침 위협 대비에 우선할 것인가, 아니면 남북 간 신뢰구축과 긴장완화에 우선할 것인가 하는 데 있다. 셋째, 평화통일 문제와 관한 논쟁점은 ① 남북 간의 평화적 경쟁을 평화통일의 기본방도로 보는가 안 보는가, ② 북한의 민주화를 위해 적극적으로 노력할 것인가 말 것인가 하는 데 있다는 것이다.[53] 전자는 황장엽 씨의 견해이고, 후자는 이른바 햇볕론자의 견해라고 그는 주장했다.

한편 정부는 2001년 10월 대북정책의 성과로 첫째, 안보태세 면에서 우리의 국방태세는 굳건히 유지되고 있으나, 북한의 군사력은 심각한 경제난으로 정체되고 있으며, 연평해전을 통해 북한의 도발의지를 꺾었고, 국민들이 안보 열세의 불안감에서 벗어나 자신감을 갖게 되었다. 둘째, 긴장완화와 평화정착 면에서 휴전선에서 도발과 비방·중상의 중지 등 과거에 비해 긴장이 현저히 완화되고, 평화정착을 추진할 수 있는 계기가 마련되는 동시에 경의선 철도 연결 합의 등을 계기로 비무장지대의 평화적 이용과 군사적 신뢰구축 조치가 실질적으로 시작될 수 있게 되었다. 또한 금강산 관광사업 등 남북교류협력 활성화로 북한의 미사일 발사 및 연평해전시 전쟁 위기가 확산되지 않았다. 셋째, 남북관계 개선 면에서 정상회담의 성공적 개최와 다양한 남북 간 대화를 통해 실질문제를 협의하고 실천하는 방향으로 나가고 있다. 넷째, 북한의 변화 면에서 국제사회에 참여할 수 있도록 적극 유도함으로써 북한의 대외개방과 의존도가 제고되는 동시에 북한 주민들의 대남 적대감도 약화되고, 북한은 변화의 필요성을 공개적으로 언급하고 있다. 다섯째, 국제사회와 북한과의 관계개선의 측면에서 핵·미사일 문제를 비롯한 미북 간

---

53) 위의 책, 353, 398~416쪽.

현안문제를 대화를 통해 해결하는 방향으로 접근이 이루어지고 있으며, 주변국과 EU 국가들이 북한의 국제사회 참여를 유도하고 있다. 이러한 결과를 통해 '사실상의 통일상황'의 '시작 단계에 진입'하고 있다는 것이다.[54]

이러한 긍정적 평가와 함께 대북정책에 대한 이견이 분출되는 원인으로 정부는 남북관계의 전환기적 상황 및 화해·협력과 평화실현에 동의하면서도 비용부담에 반대하는 경향으로 설명하고 있다. 즉 남북관계는 적대 관계와 화해협력 관계가 병존하는 이중성을 갖고 있으며, 국민 내부에도 냉전의식과 탈냉전의식이 혼재해 있는 동시에 북한을 보는 시각과 북한 변화의 잣대가 다르기 때문에 이견이 야기되고 있다는 것이다. 또한 비용부담과 관련해 장묘문화 개선과 화장장 건립 문제를 예로 들면서 현대사회에서 공공 목적 실현과 관련해 일반적으로 나타나는 현상으로 설명하고 있다.[55]

이러한 정부의 견해와는 다른 측면에서 남궁영 교수는 정상회담 이후 대북정책을 둘러싼 서로 다른 견해와 갈등이 심각한 수준에 이르게 된 이유를 대북정책의 국내 정치적 이용이라는 신뢰성 문제, 대북정책 평가가 정권에 대한 인물적·지역적 선호를 반영하고 있는 점, 상대방에 대한 지나친 매도, 중도적 입장을 인정하지 않는 태도 등을 지적했다. 이와 함께 남 교수는 대북정책을 둘러싼 갈등을 야기하는 논제로 ① 햇볕정책의 실효성, ② 북한의 전략적 변화 여부 및 신뢰성, ③ 대북정책의 국내 정치적 이용 문제와 이에 결과한 대북 저자세 협상 태도 비판, ④ 대한민국의 자유민주주의 정체성 손상 여부, ⑤ 통일론의 문제, ⑥ 대북정책의 투명성 및 국민적 합의, ⑦ 대북지원의 상호주의 등을 지적

---

54) 통일부, "통일과정에서 본 우리의 대북정책," 보도자료(2001. 10. 13), 12~15쪽.
55) 같은 글, 17쪽.

했다.56)

한편 정부는 대북정책의 실패를 주장하는 근거로 북한 체제의 완전한 변화, 대남 적화 전략의 포기, 대남 군사위협의 현저한 감축 등에 성과가 없다는 것을 들고, 이는 당장 얻을 수 있는 것은 아니라고 설명하고 있다.57) 이러한 정부의 설명은 결국 한국 사회 내에 증폭되는 햇볕정책에 대한 비판적 평가를 반증하는 예로 볼 수 있다.

남북정상회담 이후 남북공동선언을 이행해 가는 과정에서 드러난 논쟁은 햇볕정책의 정립단계와 6·15 공동선언의 내용에 대한 논쟁의 연장선상에 있는 것으로 민족공조와 국제공조의 우선순위 문제와 남북관계 개선의 제도화 문제 등이 부각되기도 했으나, 결국 북한이 합의사항을 지키지 않음으로써 햇볕정책의 실효성이 근본적으로 의문시되고 있음을 부인할 수 없다.

5. 결론: 대북정책 재정립 방향

1998년 2월 김대중 정부의 출범 이래 남북한 화해·협력을 적극적으로 추진하기 위한 햇볕정책 추진이 표방·추진되면서 이를 둘러싼 논쟁이 지속되어 왔는데, 논점 또는 시각 차이는 북한 체제의 본질 자체 및 북한의 변화에 대한 인식에서부터 역사적 남북정상회담의 산물인 6·15 공동선언의 내용, 햇볕정책의 목표 및 수단, 협상 태도 등에 이르기까지

---

56) 남궁영, "대북정책의 국내 정치적 갈등: 쟁점과 과제," 『국가전략』, 제7권 4호 (2001), 79~101쪽.

57) 통일부, "남북관계와 대북정책의 이해," 보도자료(2001. 9), 21쪽; 통일부, "통일과정에서 본 우리의 대북정책," 16쪽.

광범위하게 펼쳐져 있다.

6·15 선언의 내용을 둘러싼 논쟁에도 불구하고 역사적인 남북정상회담 개최와 함께 우리 사회에서는 한반도의 진정한 화해·협력 시대가 도래할 수 있다는 낙관적 기대가 고조되었다. 그러나 북한의 거부로 남북관계 개선이 교착상태에 처하게 되자 이러한 기대는 급격히 냉각되면서 햇볕정책을 둘러싼 갈등은 더욱 표면화되고 실효성 자체가 의문시되는 상황에 이르렀다. 햇볕정책의 실효성은 결국 햇볕정책의 상대가 합의사항을 지키지 않음으로써 손상되고 있는 것이다.

한국의 대북정책의 상대인 북한이 안정적으로 기능하면서 개혁·개방으로 나가고 남북관계가 진정한 화해·협력 관계로 개선되면서 평화통일로 연계된다면 이는 한민족 전체에게 매우 바람직할 것이다. 그러나 스탈린식 전체주의체제와 술탄체제의 조합이라는 국가체제를 바탕으로 한 김정일 유일체제를 상대로 한반도의 평화와 통일을 기대하기는 무리일 수도 있다는 회의를 불식하기도 어렵다.[58] 이와 함께 대북정책을 둘러싼 한국 사회 내부의 갈등양상을 고려할 때 햇볕정책은 재정립되어야 필요성에 직면하게 된다. 당면해서 추진되어야 할 정책과제는 북한의 남북 합의사항 이행 유도, 남북관계 개선의 제도화, 평화문제 보완, 정책수단의 전환, 대북정책의 원칙과 투명성 확보, 한미협조체제 구축, 성급한 통일논의 자제 등이다.

한편 한국의 역대 정부는 자유민주주의 체제로 운용되는 통일국가 건설을 통일의 최종 목표로 삼고 있지만, 남북한의 이질화 및 정치·군사적 대결상태 등 현실상황을 감안해 그 중간 과정으로 남북 당국 간

---

58) 북한의 국가 성격에 관한 논의는 최완규, "북한 국가 성격의 이론과 쟁점: 비교사회주의적 관점," 최완규 엮음, 『북한의 국가 성격 변용에 관한 연구: '예외국가'의 공고화』(서울: 한울, 2001), 11~42쪽 참조.

대화 및 남북한의 상호 교류와 협력을 통한 민족공동체 회복·발전을 설정해 왔다. 자유민주주의 체제하의 통일은 남한 주민들에게는 당위로서 받아들여지고 있으며, 이는 정부 교체와는 관계없이 지속되어야 하는 당위인 것이다. 이렇게 볼 때 한국이 자유민주주의 체제로의 평화통일 달성을 궁극적 목표로 하는 한 대북정책의 궁극적 목표 역시 '북한 사회의 민주화'에 있을 것이다. 즉 북한 사회의 민주화는 한국이 목표로 하고 있는 자유민주주의 체제하의 민족통일을 실현하기 위한 기본 전제인 것이다.

그러나 김정일 체제라는 북한의 실체를 무시하고 남한이 북한의 체제변화를 유도할 수 있는 대북정책을 구사하기는 불가능하다. 이러한 정책은 곧 한반도의 긴장고조와 대결상황을 야기할 수 있기 때문이다. 결국 한국은 통일의 과도적 조치인 평화정착을 위해 북한 정권이라는 실체를 인정하고 대화도 할 수밖에 없으나, 실질적으로는 북한의 다원주의 체제로의 변화, 즉 북한 사회의 민주화를 원하는 상반된 입장에 있는 것이 사실이다. 한국의 대북정책은 이러한 딜레마를 감안하면서 재정립되어야 할 것이다. 따라서 한국은 외형적으로 대북 화해·협력 정책을 표방하더라도 실질적으로는 북한의 체제변화를 유도하기 위해 우선적으로 북한 주민을 포용하고 강경과 유화를 병행하는 새로운 대북정책 기조를 수립할 필요가 있다.

한편 한국 정부는 효율적인 대북정책 추진을 위해서는 무엇보다도 국민적 역량이 결집되어야 한다는 점을 명심해야 한다. 국민적 지지기반이 취약한 정책 추진은 성공적으로 달성될 수 없다. 한국은 우리 내부의 안정·번영과 함께 남북평화체제가 가시화될 때까지 철저한 국가안보태세를 확립해 나가면서, 북한과 대화와 협상뿐만 아니라 체제변화를 유도할 수 있는 대북정책을 추진하는 동시에, 국제적 통일기반을 조성하는 것이 통일의 지름길이라는 점을 분명히 인식해야 한다.

참고문헌

고유환, "김대중 정부의 대북전략과 정책과제,"『통일경제』, 제72호(2000).

구영록,『한국과 햇볕정책 : 기능주의와 남북한 관계』(서울: 법문사, 2000).

김구섭, "대북 '햇볕정책'의 평가와 실효성 제고 방안,"『국방정책연구』, 통권 제45호(1999).

김근식, "정상회담 이후 남북관계 : 평가와 전망,"『평화논총』, 제5권 1호(2001).

김용호, "정상회담 이후 남북관계에 대한 평가," 통일연구원,『제2차 남북정상회담과 평화체제 구축』(제40회 국내학술회의 발표논문집, 2001.5.).

김재한, "상호주의 대북정책의 조건과 효과,"『통일정책연구』, 제8권 1호(1999).

남궁영, "대북정책의 국내 정치적 갈등: 쟁점과 과제,"『국가전략』, 제7권 4호(2001).

남만권, "대북정책의 기본 가정에 대한 논증적 고찰,"『국방정책연구』, 통권 제45호(1999).

동북아평화연구회 편,『국민의 정부 대북포용정책』(서울: 밀레니엄북스, 1999).

문정인, "김대중정부의 햇볕정책 2년: 이상과 현실,"『평화논총』, 제4권 1호(2000).

박형중,『정상회담 이후 남북관계의 안정과 지속을 위한 전략 구상』(서울: 통일연구원, 2000).

백학순, "대북정책,"『국가전략』, 제4권 2호(1998).

_____, "햇볕정책: 성과, 장애요인 그리고 전망,"『평화논총』, 제4권 1호(2000).

서동만, "남북정상회담과 국제협력," 세종연구소 편,『정상회담 이후 남북관계 개선 전략』(성남: 세종연구소, 2000).

세종연구소 편,『남북정상회담과 한반도 평화』(성남: 세종연구소, 2001).

심지연,『남북한 통일방안의 전개와 수렴』(서울: 돌베게, 2001).

양영식,『통일정책론』(서울: 박영사, 1997).

오일환, "평양 남북정상회담의 평가와 과제,"『북한연구학회보』, 제4권 제1호(2000).

이 근, "구성주의 시각에서 본 남북정상회담: 양면게임을 통한 정체성 변화 모색,"『국가전략』, 제7권 4호(2001).

이장희, "남북정상회담이 남긴 국내적 과제," 세종연구소 편.『남북정상회담과 한반도 평화』(성남: 세종연구소, 2001).

이종석, "새 정부 대북정책의 방향과 과제,"『통일문제연구』, 제10권 1호(1998).

_____, 『분단시대의 통일학』(서울: 한울, 1998).

_____, "남북정상회담의 성과와 향후 과제," 세종연구소 편,『정상회담 이후 남북관계 개선 전략』(성남: 세종연구소, 2000).

이항동, "대북포용정책에 대한 북한의 반응: 1997~1999,『로동신문』논평을 중심으로,"『한국정치학회보』, 34집 1호(2000).

전재성, "변화하는 국제정세와 바람직한 대북정책의 추진 방향,"『계간 사상』(2001).

정규섭, "북한의 남북정상회담 전략,"『북한연구학회보』, 제4권 제1호(2000).

_____, "남북정상회담 이후 새로운 통일외교정책의 구상,"『북한연구학회보』, 제5권 제1호(2001).

정성장, "남북정상회담의 평가와 향후 과제,"『한국정치연구』, 제5집(2001).

_____, "향후 남북관계의 발전 방향," 세종연구소 편,『남북정상회담과 한반도 평화』(성남: 세종연구소, 2001).

정세현, "남북정상회담 이후 1년의 평가," 세종연구소 편,『남북정상회담과 한반도 평화』(성남: 세종연구소, 2001).

최완규 엮음, 『북한의 국가 성격 변용에 관한 연구: '예외국가'의 공고화』(서울: 한울, 2001).

통일부, 『'98 통일백서』(서울: 통일부, 1999).

_____, 『2000 통일백서』(서울: 통일부, 2000).

_____, "남북정상회담 결과 해설," 보도자료(2000.6.15.).

_____, "남북공동선언의 쟁점과 설명 관점," 보도자료(2000.7.12.).

_____, 『2001 통일백서』(서울: 통일부, 2001).

_____, "남북정상회담 1주년 해설자료: 평화와 협력의 시대로," 보도자료(2001.5.).

_____, "통일과정에서 본 우리의 대북정책," 보도자료(2001.10.13.).

홍관희, 『전환기의 대북정책: 포용과 억지의 병행전략』(서울: 통일연구원, 1999).

황병덕 외, 『신동방정책과 대북포용정책: 브란트와 김대중의 민족통일 대구상』

　　(서울: 두리, 2000).
황장엽, 『어둠의 편이 된 햇볕은 어둠을 밝힐 수 없다』(서울: 월간조선사, 2001).

Moon, Chung-in and Steinberg, David I.(eds.), Kim Dae-jung Government and
　　Sunshine Policy: Promises and Challenges(Asian Studies Program, Georgetown
　　University, Yonsei University Press, 1999).

『동아일보』.
연합뉴스
조선중앙통신.

제 12 장

북한 이탈주민에 의한, 북한 이탈주민의, 북한 이탈주민을 위한*

이우영 (북한대학원대학교 교수, 사회학)

- 윤대일, 『'악의 축' 집행부 국가안전보위부의 내막』(서울: 월간조선사, 2002).
- 임홍군, 『북한은 죽어 살고 남한은 미쳐 산다: 법이 없어 매맞는 북한여자, 사는 게
  바빠 좁쌀이 된 남한남자』(서울: 통일도서, 2003).
- 황장엽, 『어둠이 편이 된 햇볕은 어둠을 밝힐 수 없다』(서울: 월간조선사, 2001).
- 윤여상, 『북한 이탈주민의 적응과 부적응』(서울: 세명, 2001).
- 전우택, 『사람의 통일을 위하여』(서울: 오름, 2000).

1. 여전히 북한 이탈주민들은 ……

최근 북한 이탈주민이 중요한 사회적 관심사가 된 것 같다. 무엇보다
도 남한으로 입국하는 북한 이탈주민의 수가 급증한 것이 가장 중요한
원인이라고 할 수 있다. 1990년대 후반부터 점증하기 시작한 국내 입국

---

* 이 글은 경남대학교 북한대학원, 『현대북한연구』, 제7권 2호(서울: 한울, 2004)에
  게재되었던 글입니다.

북한 이탈주민의 수는 1999년 148명으로 처음으로 세 자리 수를 기록하더니 2002년에는 1,141명으로 1,000명대를 돌파했고, 2004년도에는 이미 상반기에 전년도와 입국자와 맞먹은 1,200여 명이 들어왔다. 사실 중국 등 제3국에서 방황하는 UN추산 10여 만 명의 북한 이탈주민들이 반인권적 현실을 고려한다면 남한으로의 입국 러시는 앞으로도 지속될 가능성이 크다고 보인다.

한편 남북관계가 진전되면서 과거와 같은 냉전적 대결의식이 점차 약화되면서 남한에 입국한 북한 이탈주민의 입장도 예전과 다르게 바뀌고 있다. 1980년대까지는 '귀순용사'로 대접받고 체제경쟁 과정에서 대한민국의 우월함을 온몸으로 보여주는 증언자로 반공교육의 일선을 누볐던 이들은 북한에서 탈출한 '탈북자' 시대를 거쳐 거주지역의 이동이 중시되는 '이탈주민'의 처지로 바뀌었다. 이들에 대한 국가와 시민사회의 환영도 다분히 의례적이 되었다. 도리어 일부에서는 이들을 남북관계의 걸림돌이나 어쩔 수 없이 부양해야 하는 짐으로 생각하는 경향도 생겨났고, 따라서 북한 이탈주민들은 경쟁을 덕목으로 삼는 남한체제에서 생존하기 위해서 힘든 나날을 지내야 하는 처지에 빠졌다고 할 수 있다.

국가와 사회의 태도변화에도 불구하고 남한에 입국한 북한 이탈주민이 갖는 정치, 사회적 의미는 여전히 적지 않다고 볼 수 있다. 무엇보다도 이들은 아직도 닫힌 문을 활짝 열지 못하고 있는 북한에 대한 다양한 정보를 제공할 수 있는 원천이며, 교류와 통합 과정에서 남북한 주민들이 겪을 다양한 문제를 미리 보여주는 본보기라고 할 수 있다. 동시에 '같으면서도 다른' 사회적 소수자로서 북한 이탈주민의 문제는 한국사회의 건강성과 성숙함을 드러내주는 지표이기도 하다고 볼 수 있다.

지금까지 이야기한 여러 가지 이유에서 북한 이탈주민에 대한 관심은 과거와 다른 형태이기는 하지만 오늘날에도 적지 않다고 볼 수 있다. 이러한 관심은 당연히 다양한 형태의 출판물의 형태로 나타나게 되는데

이 가운데 몇 개의 책을 검토해 보려 한다.

2. 북한 이탈주민에 의한 ……

1) 『'악의 축' 집행부 국가안전보위부의 내막』

북한 이탈주민이 남한 사회에서 갖는 첫 번째 존재의의는 북한정보의 제공자로서의 역할이라고 할 수 있다. 과거와 달리 1년에 북한 지역을 방문하는 남한 사람이 금강산 관광객을 제외하고도 1만 5천여 명에 이르고 있는 등 북한의 개방이 계속되고 있다고는 하지만 여전히 북한에 대한 정보에 대해서는 '목마른' 것이 분명한 현실이다. 따라서 정부의 대북정책 수립이나, 북한학자들의 연구활동 그리고 일반인에 대한 북한관련 호기심 충족을 위해서 북한 이탈주민들의 증언은 높은 가치를 가질 수밖에 없다. 더욱이 과거와 달리 다양한 성격의 북한 이탈주민이 남한에 들어오고 있다는 사실은 보다 풍부한 북한관련 지식을 남한에 제공할 수 있는 토대가 되고 있다고 볼 수 있다. 북한에 대한 관심이 정치 중심에서 북한 사람을 포함한 일상생활로 확대되고 있다는 경향도 있지만 여성이나 아동과 같은 다양한 남한 입국 북한 이탈주민들의 존재가 없었다면 새로운 관심은 관심 자체로 끝나버릴 수 있었을 것이다.

윤대일의 『'악의 축' 집행부 국가안전보위부의 내막』(서울: 월간조선사, 2002, 이하 『악의 축……』)은 북한관련 증언의 전형적인 책이라고 할 수 있다. 북한 이탈주민이 아니라면 알기 어려운 북한내부 그것도 권력핵심부와 관련된 정보를 충실히 전달하고 있다.

권력의 개인 집중을 바탕으로 체제를 유지하고 있는 북한에서 물리적 억압기구는 권력유지 뿐만 아니라 체제유지의 근간의 하나라고 할 수 있다. 당연히 북한 연구자를 항상 '당서열'로 대변되는 권력핵심의 동향에 관심이 갈 수 밖에 없으며, 권력의 작동 과정에 대해 궁금증을 가지고 있다고 볼 수 있다. 그럼에도 불구하고 과거 북한의 정치구조나 권력체제연구는 말 그대로 구조나 체제의 성격을 논리적으로 아니면 때로는 역사적으로 접근하는 것에 그치는 경향이 있었다고 볼 수 있다. 반면에 실제로 권력핵심부를 비롯한 주요한 국가적 권력기구의 정치 과정에 대한 논의는 상대적으로 빈약했던 것도 사실이다. 이러한 경향은 무엇보다도 폐쇄적인 북한 체제에서 특히 더욱 폐쇄적인 권력 중심에 대한 자료가 부족했기 때문이라고 할 수 있다. 이러한 맥락에서 본다면 『악의 축……』은 그동안 중요한 정치 과정의 한 부분을 알아볼 수 있다는 중요한 자료적 가치를 지닌다고 볼 수 있다.

『악의 축……』은 국가안전보위부의 실체, 주민통제 메커니즘, 김일성 사후 중대사건들, 북한 사회의 숨겨진 장면들, 북한 주미들의 가치관 등 5부로 나뉘어 있다. 각 부는 다루는 주제별로 일반론과 현장의 경험이나 사실들을 예시하고 있는 구조로 이루어져있다. 예를 들어 국가안전보위부를 다루는 일부의 경우 국가보위부의 발생과 특성을 다루면서도 필자가 경험한 접경지역 보위부의 활동을 경험적으로 이야기하고 있다는 것이다.

『악의 축……』은 냉전시대 이래 지속되었던 '폭로식'의 북한관련 증언서의 전통(?)을 충실하게 이어받고 있다고 볼 수 있다. 무엇보다도 전편에 걸쳐 북한 체제에 대한 정보제공보다는 체제비판에 집중되고 있으며, 기본적으로 남한의 '몽매한' 사람들에게 북한의 '처참한' 현실을 보여주겠다는 것에 충실하다. 이러한 특성은 이 책의 출판사의 정치적 성향과 무관하지 않다고 생각하는데 최소한 책을 읽은 후 북한 체제에 대한 혐오감은 확대될 것이며, 김대중 정권이래의 대북정책에 대해서는 깊은 회의가 들게 된다. 그렇다고 해서 과거의 일방적인 '반공교재'의 틀에서 벗어나지 못했다고 보는 것도 문제가 있다.

앞에서 이야기했듯이 무엇보다도 국가안전보위부라는 북한의 핵심 권력기관에 대한 많은 정보를 제공한다는 점도 그렇지만, 최근 북한 내부의 알려지지 않았던 여러 가지 사건들에 대한 증언이 풍부하다는 점이다. 책의 주제와는 다소 벗어났지만 북한 주민들의 최근 일상 그리고 북한 이탈주민을 직접 다루면서 겪은 다양한 경험들은 다른 곳에서 찾아보기 어려운 자료들이라고 할 수 있다. 또한 북한의 최근 상황에 대한 증언이라는 점도 이 책의 자료적 가치를 높이는 것이라고 할 수 있다.

2) 『북한은 죽어 살고 남한은 미쳐 산다: 법이 없어 매맞는 북한여자, 사는 게 바빠 좁쌀이 된 남한남자』

임홍군의 『북한은 죽어 살고 남한은 미쳐 산다: 법이 없어 매맞는 북한여자, 사는 게 바빠 좁쌀이 된 남한남자』(서울: 통일도서, 2003, 이하 『북한은……』)는 앞의 책과는 다소 성격이 다르다. 일단 북한 이탈주민에 의한 남북비교라는 것도 점도 그러하지만 주로 다루고 있는 내용이 정치나 체제가 아니라 일상적인 삶에 집중되고 있다는 점에서 그러하다. '경계인'을 자처하고 있는 저자의 북한에서의 직업이 작가였다는 점도 이러한 주제 선정과 관계없다고 할 수 없다고 보여지는데, 한편으로는 최근 수년 동안 남한 사회의 북한 일상에 대한 관심 증대 경향과도 맞닿아 있다고 할 수 있다.

무엇보다도 이 책은 '양아치와 조폭,' '전투배낭과 복권지갑,' '베란다에 사는 돼지와 TV보는 애완견' 등 소제목만 보더라도 읽고 싶은 호기심을 자극한다. 실제로 책의 내용도 매일 매일의 삶과 밀접하게 연결되어 그동안 모르고 지냈던 북한의 다양한 측면들을 알게 해주고 그동안 깨닫지 못했던 남한의 일상을 다시 한번 생각하게 된다. 이 책의 덕목은 바로 이점에 있다. 지나치게 김일성·김정일 그리고 주체사상에만 매몰되었던

'남한적 시각'의 사각지대였던 북한의 일상을 알게 됨으로써 북한도 사람이 살고 있는 세상이라는 것을 깨닫게 해준다고 할 수 있다. 또한 과거의 '증언집' 류가 줄기차게 고집했던 '북한=나쁨, 남한=좋음'의 등식을 어느 정도 극복하고 있다는 점도 이 책이 갖는 신선함이라고 할 수 있다.

『북한은……』이 갖는 중요한 의의 가운데 하나는 실제로 북한 이탈주민이 독자적(?) 시각으로 남북한을 보고 있다는 점이다. 그동안 비슷한 종류의 증언들이 저자의 목소리를 빌려서 남한의 정부나 출판사 혹은 특정 집단의 주장을 대신하고 있었다고 볼 수 있다. 그러나 북한 이탈주민이 증가하고, 남북관계가 변화함에 따라 그들의 홀로서기가 강요되고 있고 결국 북도 아니고 남도 아닌 '경계인'으로서 이들만의 관점이 형성되고 있다고 할 수 있다. 이와 같은 이들만의 '눈'과 '생각'이 『북한은……』에 나타나고 있다는 것이다.

따라서 단순히 북한에 관한 정보뿐만 아니라 북한 이탈주민의 생각이라는 점에서 이 책은 충분히 검토할 만하다고 할 수 있다.

3. 북한 이탈주민의……

1) 『어둠의 편이 된 햇볕은 어둠을 밝힐 수 없다』

북한 이탈주민이 나름대로의 목소리를 내고 독자적인 주장을 하게 되었다는 것은 분명히 주목할 만한 사실이다. 이러한 현상이 나타난 것은 일차적으로 남북관계의 변화에서 비롯되었다고 볼 수 있다. 과거 체제경쟁이 치열했던 시기에는 '귀순용사'는 그 자체로 체제의 우위를 증명해 주는 살아있는 증거였다. 따라서 남한이나 북한이나 귀순용사와 의거자(북한의 표현)는 극진히 대우했고, 국가가 그들의 삶을 전적으로

책임졌다고 볼 수 있다. 상당한 금품을 귀순의 대가로 지불했을 뿐만
아니라, 방공연사로 활용하고 직장을 알선하는 등 완벽하게 국가가 이
들을 대우했다. 이것은 곧 북한 이탈주민들이 생활과 사고가 국가와 분
리되지 못한다는 것을 의미한다.

그러나 더 이상 남북한 간 체제경쟁이 의미가 없어진 현실에서 최소
한 남한에서 이들의 정치적 가치는 하락할 수밖에 없었다. 물론 상대적
으로 뒤쳐진 북한은 아직도 남한을 탈출한 '의거자'의 정치적 효용가치
가 있지만. 국가가 이들을 책임지기보다는 관리의 대상이나 구호 혹은
원조의 대상으로 보기 시작하면서, 이들의 삶도 적지 않은 변화를 겪게
되었다. 일단 지원체제가 과거와 비교할 때 턱없이 작아졌기 때문에 경
제적으로 자립한다는 것이 최대의 과제가 되었고, 생활에 대한 통제도
상대적으로 약화되었다. 이러한 변화는 삶의 독자성 회복과 더불어 독
립적 사고의 확립으로 발전했다고 볼 수 있다.

북한 이탈주민이 국가와의 관계 재설정의 상징적인 위치에 있는 사
람이 전 조선로동당 국제비서 출신의 황잡엽이라고 할 수 있다. 김영삼
정부시절의 황장엽의 망명은 그가 '주체사상의 창시자' 혹은 '김정일의
스승'이라는 수사와 더불어 체제경쟁에서 남한이 승리했다는 결정적 증
거로 제시되었다. 그동안 남한에 입국한 북한 이탈주민 가운데 최고위
직을 경험했다는 차원에서 본다면 그의 망명의 정치적 효과는 분명히
적지 않았다. 또한 주체사상의 성립에 중요한 역할을 했다는 점에서 논
란의 여지는 있지만 그의 저서(『나는 역사의 진리를 보았다』)와 그의 증언
은 관련 북한 연구에 많은 기여를 한 것도 사실이다. 그가 입국한 당시
북한 연구자들이 제일 만나고 싶어하는 사람이었던 것도 이러한 사실을
반증한다고 할 수 있다.

문제는 정권이 교체되고 정상회담이 개최되는 등 남북관계가 비약적
으로 발전하면서 발생했다고 볼 수 있다. 북한 이탈주민들이 더 이상

정치적 가치가 없어졌다면 그 정점에 있었던 황장엽의 경우는 더욱 극적인 반전을 겪을 수밖에 없었다는 것이다. 국가와 관계가 멀어지면서 이제는 더 이상 정부의 뜻을 대변할 필요도 없어졌을 뿐만 아니라 황장엽은 반대로 정부와의 대립점에 서게 되었다는 것이다. 이러한 극적 반전을 알 수 있는 책이 『어둠의 편이 된 햇볕은 어둠을 밝힐 수 없다』(서울: 월간조선사, 2001, 이하 『어둠의……』)이다. 출판사(월간조선)나 발문의 성격을 썼던 조갑제가 대표적인 반정부 언론, 언론인이었다는 것은 북한 이탈주민 황장엽이 처한 남한에서의 정치적 위치를 상징하고 있다고 볼 수 있다.

물론 『어둠의……』 역시 그동안 북한 이탈주민이 써왔던 책들과 마찬가지로 북한의 실상을 고발(?)하기는 마찬가지이다. 수령절대주의나 인권유린 실태 등과 관련된 부분이 그것인데, 사실 이 책은 제목에서 알 수 있듯이 김대중 햇볕정책의 위선과 환상이라는 2부가 핵심이라고 할 수 있다. 정상회담의 문제를 제기하면서 정부의 대북정책을 신랄하게 비판하고 있다. 다시 말하자면 이 책은 북한에 관한 책이면서 사실은 남한 정부의 대북정책을 주제로 하고 있는 책이라는 점이다. 과거 어떤 북한 이탈주민도 정부에 대한 비판적인 입장을 표현한 적이 없다는 점에서 이 책은 북한 이탈주민의 남한 내 지위와 관련해서 기념비적인 책이라고 할 수 있다.

사실 북한 이탈주민과 같이 다른 체제를 선택한 사람들이 과거 체제에 대한 비판적인 입장을 보이는 것은 자연스러운 일이라고 할 수 있으나, 사회주의의 신봉자 황장엽이 우리 사회의 대표적인 극우인사와 결합하는 것은 사실상 아이러니라고 할 수 있다. 그가 사상적 전향을 했는지는 모르겠으나 어쨌든 김대중 정부라는 공동의 적을 위해 손을 잡은 것이 사상적인 것인지 아니면 정치적 이해 때문인지는 불분명하다. 어쨌든 평생을 사회주의의 이상향 실현을 위해 살아온 사람과 그것의 저지에 모든 것을 바친 사람 간의 결합이라는 점은 흥미로운 일이다.

책의 앞뒤를 장식하고 있는 조갑제의 표현을 따르면 '지옥을 경험한' 사람 정확히 말한다면 지옥의 핵심에 혹은 그 언저리에 있었던 사람의 대북정책 비판은 일견 설득력이 있다고 볼 수 있다. 따라서 햇볕정책을 포함한 남북한 화해협력에 대해 비판적인 입장을 보인 사람들의 자기만족에는 적지 않게 기여할 수 있을 것이다. 그러나 무엇보다도 이 책의 관심은 북한의 5년 내 붕괴를 철석같이 믿었던 대표적 북한 이탈주민이 사고 전환이라고 할 수 있다. 황장엽은 붕괴론을 포기하면서 남한체제가 우선하는 것을 알았다고 말하고 있는데, 이 부분은 여러 면에서 검토할 필요가 있다. 즉, 북한을 가장 잘 알고 있다는 글쓴이가 남한에서 생활하면서 생각을 바꾸었다는 것인데 논리적으로 본다면 그가 북한을 잘못 알고 있었거나 아니면 생각보다는 남한이 훨씬 문제가 있다는 것이 된다. 그런데 전자의 경우라면 그의 존재 가치 자체가 문제가 될 수 있다. 둘 다 아니라면(아마도 글쓴이는 이 입장인 것 같은데) 남한이 잘못된 대북정책이 그의 생각을 바꾸게 된 결정적인 동기가 될 것이다.

제목이 암시하고 있듯이 황장엽은 국내의 극우세력이 보는 것과 마찬가지로 김대중 정부는 '빨갱이'와 다름 아닌 것(어둠의 편)으로 보고 있는 것이 분명하다. 사실 이와 같이 대상을 규명한다면 그 자체로 논의는 끝난다고 볼 수 있다. 따라서 이러한 주장을 하기 위한 책이라면 왜 정부 혹은 햇볕론 지지자들이 어둠이 편인가를 세밀하게 증명하는 데 집중해야 한다. 그러나 이 책은 북한은 나쁘기 때문이라는 전통적인 틀에서 벗어나고 있지 못하며, 남한 내 많은 극우 보수주의 논리와 커다란 차이를 보이고 있지 못하다. 단순히 어둠의 편에 있었던 사람이 하는 말이기 때문에 설득력이 있다는 식의 생각은 문제가 있다. 그러하기 때문에 남한 내 햇볕론 비판론자와 질적인 차이를 보일 필요가 있는데 이 부분에 대해서는 논리적으로 경험적으로 그다지 차별성이 없다는 말이다.

따라서 이 책은 햇볕정책에 대한 충실한 비판서라는 가치보다는 북한 이탈주민이 국가와 독립된 자기 발언이라는 차원에서 주목하는 것이 나을 것이다. 국가에 종속되어 국가의 이념적 선전대의 역할을 했던 처지에서 벗어나 독립적으로 그것도 정치적인 발언을 하기 시작했다는 차원에서 이 책을 검토할 필요가 있다는 것이다. 이것은 그가 탈북자 연합회 대표라는 직책을 생각할 때 개인적 차원에서가 아니라 집단의 차원에서도 북한 이탈주민이 독자적인 사회세력화될 가능성을 보여주고 있다는 것을 의미하기도 한다.

어떤 집단이나 사회세력화하기 위해서는 일정한 규모의 소속원이 필요하기도 하지만 국가나 다른 집단으로부터의 분리가 선행되어야 한다. 북한 이탈주민의 현재의 상황이 그러하다고 볼 수 있다. 물론 북한 이탈주민 가운데서 황장엽과 같은 생각을 갖지 않는 사람이 없는 것은 아니지만 황장엽이 갖는 상징성을 고려할 때 이 책을 통해 북한 이탈주민이 사회세력화 혹은 정치세력화해 지향할 목표를 어느 정도 가늠하게 해주고 있다고 볼 수 있다.

그러나 문제는 여전히 남고 있는데, 이 책의 토대가 국내 극우 세력에 있다는 점이다. 실제로 김대중 정부와 대척점의 정점에 있다고 생각하고 있는 김영삼 전 대통령이 그와 동거를 제안했던 것처럼(사실 이것은 대단히 회화적인 사건인데 김영삼 정부시설 북한 이탈주민의 정부보조가 가장 형편없었다). 황장엽의 말을 '금과옥조'로 활용하는 것도 이들이다. 따라서 국가로부터 분리된 북한 이탈주민이 사회정치적으로 홀로서기를 하는 것이 아니라 또 다른 정치세력에 포섭되는 것은 아닌가 하는 의구심을 떨쳐버릴 수 없다. 그렇다면 결국 냉전시대 보수적 정권이 이들을 정치적 이해를 위해서 이들을 활용했듯이 이용의 주체만 바뀐 결과를 가져올 수 있다. 그렇다면 결국 홀로서기는 실패할 것이고 정치적으로가 아니라 사회적으로 남한 사회에서도 그들이 버려질 수 있다는 문제를 갖게 된다.

4. 북한 이탈주민을 위한 ……

1) 『북한 이탈주민의 적응과 부적응』, 『사람의 통일을 위하여』

앞에 소개했던 책들이 북한 이탈주민들이 직접 쓴 책들이라고 한다
면 『북한 이탈주민의 적응과 부적응』(윤여상, 서울: 세명, 이하 『북한 이
탈……』), 『사람의 통일을 위해』(전우택, 서울: 오름, 2000, 이하 『사람의……』)
는 남한의 북한 이탈주민 전문가들이 쓴 책이다.

윤여상이나 전우택 모두 그동안 꾸준히 북한 이탈주민을 연구해 온
탁월한 학자들로서 북한 이탈주민의 남한 사회 정착에 적지 않은 공헌
을 해왔다고 볼 수 있다. 『북한 이탈……』나 『사람의……』는 그동안 글
쓴이가 북한 이탈주민의 남한정착을 위해 학문적이고 실무적으로 활동
하면서 축적한 연구결과가 정리된 것이라는 공통점을 갖고 있으며, 이
두 권의 책을 읽는다면 북한 이탈주민이 남한 사회에서 겪는 문제에 대
한 공감이 가능하리라고 보인다.

특히 단순히 정부차원에서 생각하는 구호의 대상이나 피상적인 것과
같은 민족이나 통일의 실험과 같이 북한 이탈주민들을 대상화하는 것이
아니라 우리 사회의 공동체의 일원으로서 그들과 어떻게 더불어 지낼
것인가를 고민하고 있다는 점이 이 책들이 갖고 있는 가치라고 할 수
있을 것이다. 동시에 그동안 북한에 대해서와 마찬가지로 북한 이탈주
민에 대해서도 만발했던 추상적인 이론이나 이념적 논의가 실제적이고
경험적인 연구라는 점에서 정책담당자나 일반 시민들에게 실질적인 도
움이 되리라고 생각된다.

  북한 이탈주민의 정착을 다룬다는 점에서 두 책이 비슷한 성격을 갖고 있지만 구체적인 내용을 본다면 다소 두 책이 갈라진다. 전우택은 정신의학자라는 본인의 전공에 부합하게 정신적인 차원의 적응문제에 집중하고 있다. 심리적응, 문화적응, 청소년 문제 그리고 정신건강 프로그램을 설명하고 있으며, 정신건강치료의 경험을 구체적으로 설명하면서 대안을 제시하고 있다. 반면에 윤여상의 『북한 이탈주민……』은 적응문제를 다루지 않는 것은 아니나, 그의 기본 관심은 현황, 적응 프로그램, 북한 이탈주민 문제해결과제 등 정책적 차원에 집중되는 경향이 있는데 그가 정치학도라는 것과 무관하지 않다고 할 수 있을 것이다.

  두 개의 책이 같고 다른 만큼 서로 상보적일 수 있다고 보이는데, 구조적이고 거시적인 차원에서 윤여상의 책이 시사점을 준다면 전우택의 책은 일상적이고 미시적인 차원에서 북한 이탈주민을 생각하게 하는 데 도움이 된다.

  뚜렷한 성과에도 불구하고 다소 남는 아쉬움은 없지 않다. 정확히 말한다면 아쉬움보다는 바람이 되겠지만 이제는 좀더 세밀한 부분의 논의가 필요하지 않은가 하는 것이다. 전우택의 경우 청소년 집단을 별도로 다루고 있지만 북한 이탈주민의 규모 증가와 더불어 사회적 성격이 다변화되고 있다는 점에서 심리적응의 차원에서나 정책적 차원에서도 이제는 사회 집단별로 차별화된 연구와 대책이 필요한 시점이 되었다는 점이다. 사실 고학력의 젊은 여성과 할아버지의 문제는 차별적으로 나타날 수 있으며, 대책도 다를 수 밖에 없기 때문이다. 이러한 점에서는 통일연구원에서 2003년 발간한 『북한 이탈주민 적응실태조사연구』를 참조할 필요가 있다.

  또한 북한 이탈주민의 적응문제가 그들만의 문제가 아니라 이들을 받아들이는 남한 사회의 문제라는 점에서는 북한 이탈주민문제와 관련된 남한 사회에 대한 경험적 연구도 부가될 필요가 있다.

5. 우리에게 북한 이탈주민은?

통일담론이 일상생활과 유리되어 당위의 수준 그리고 체제의 수준으로 겉돌게 된 것처럼, 북한 이탈주민 관련 담론도 마찬가지이다. 통일담론을 분단유지에 활용한 것처럼 북한 이탈주민들도 정치 경제적 이해로 이용되어 왔다는 것이다. 사실 북한 이탈주민 일인당 정부에서 지출하는 비용이 7,000만 원에서 8,000만 원 정도인데 이에 대해서 알고 있는 사람들은 그다지 많지 않다. 이 비용문제를 이야기하면 의외로 많은 사람들이 받아들이지 말자고 말한다. 그러면서도 일부 사람들은 북한 이탈주민을 무조건 받아들여야 한다고 주장한다. 우리사회의 정서적 물질적 수용능력을 무시하고 정치적으로 이들을 이용하는 것이다. 이렇게 된 것은 그동안 우리사회를 철저하게 지배해 왔던 반공이데올로기와 무관하지 않다. 반공이데올로기는 단순히 북한 체제를 반대하는 것에 그치는 것이 아니라 북한 체제에서 살고 있는 사람들도 반대하게 만들었다. 반공시대의 상징인 머리에 뿔이 달린 북한 사람의 이미지는 반공이념이 체제에 국한된 것이 아님을 이야기하는 것이다. 북한 사람들은 무섭고, 싸움도 잘하고, 무식하고 못 믿을 사람 즉 '빨갱이'로 남한 사람들의 뼛속에 박혀있다는 것이다. 따라서 북한 체제를 무시하는 것처럼 북한 사람들도 무시하는 것이고 이용해도 전혀 양심에 걸리지 않는 것이다.

냉전구조가 점차 완화되면서 북한 체제에 대한 생각이 바뀌고 있지만 오히려 북한 사람에 대한 생각은 쉽게 변하지 않고 있다. 오히려 급격한 자본주의화는 물신주의를 강화시켜 없는 사람을 업신여기는 분위기를 조장하고 있으며, 극심한 경제난을 겪고 있는 북한을 그리고 북한 사람을 깔보게 되고 있다. 이념적인 잔재가 여전히 남아있는 상황에서 반공주의는 맹목적인 반북주의로 변화해 강화되는 경향조차 없지 않다.

더욱이 문화적 배타성도 북한 이탈주민의 잘못된 시각에 한몫을 하고 있다. 사실 다른 사람 다른 문화를 쉽게 받아들이지 못하는 문화적 배타성은 분단구조가 심화되면서 더욱 강화되어 왔다. 조선후기의 획일적 유교이념과 가부장제는 일제 식민지 지배를 통해 확장되었으며, 분단 이후 냉전구조하에서 문화제국주의와 결합해 배타적 문화 풍토로 발전되었다고 볼 수 있다. 즉 분단문제와 문화적 배타성은 깊숙이 연결되어 있다고 볼 수 있는데 분단문제의 하나인 북한 이탈주민문제에 문화적 배타성이 영향을 미치는 것은 당연하다고 볼 수 있다.

기본적으로 북한 이탈주민의 문제는 분단으로부터 파생된 것이지만 분단극복의 차원에서 해결될 수 있는 것은 아니다. 왜냐하면 통일이 된다고 하더라도 북한 이탈주민의 문제는 전사회적으로 확산되는 결과를 가져올 것이기 때문이다. 북한이 현재보다 좀더 낫게 되어 북한을 이탈하는 주민이 줄어든다고 하더라도, 남북한간 평화분위기가 확산되면서 남북한 사람들의 접촉은 더욱 확대될 것이고, 통일되면 남북한 사람들의 만남은 전면적으로 이루어질 것이다. 이 과정에서 북한 이탈주민을 대한 남한 사람들의 태도의 문제는 더욱 커다란 문제로 발전할 수밖에 없다는 것이다. 또한 현재 북한 이탈주민의 문제는 단순히 분단문제뿐만이 아니라 다름을 인정하지 못하는 남한의 문화적 태도와 연결되어 있다는 점에서 분단문제인 동시에 남한 사회내부의 문제이기도 하다는 점을 생각해야 한다. 성적 차별, 지역적 차별 혹은 제3국 노동자에 대한 차별과 같은 맥락이기도 하다는 것이다. 따라서 북한 이탈주민 문제의 해결은 분단구조의 극복 노력과 아울러 소수자에 대한 차별해소라는 노력이 경주될 때 가능하다고 볼 수 있다.

소수자 문제라고들 이야기하지만 정확하게 말한다면 소수자가 문제가 아니라 다수자가 문제가 있기 때문에 소수자문제는 생겨난다. 다수자로서 남한에서 살아왔던 사람들이 어떤 태도를 갖는가, 어떤 생각을 갖는가가 북한 이탈주민 문제의 발생과 해결에 결정적일 수 있다는 것이다. 양자도 될 수 있고, 사위도 삼을 수 있다는 생각이 가능해진다면이들에 대한 지원정책과 같은 문제는 부차적인 문제가 될 수 있다. 그리고 북한 이탈주민 문제를 해결할 수 있다면 곧 우리 사회 소수자 문제해결이 가능하다는 것이며, 궁극적으로 통일의 시작일 수도 있다는 것이다. 이를 위해서 무엇보다 먼저 필요한 것은 그들이 어떻게 살고 있고, 어떤 고민을 하고 있는지에 대한 관심이 출발점이 될 수 있다.

북한 이탈주민에 대한 생각이 바뀌면서 이들에 대한 책들도 바뀌는 것도 당연하다고 할 수 있다. 그렇다고 해서 북한 연구에서 그들이 수행할 수밖에 없는 자료의 역할은 여전하다고 할 수 있다. 다만 중요한 것은 이들을 정치적으로 사회적으로 대상화해 특정한 목적을 위해 이용하는 것은 바람직하지 않다는 것이다. 이것은 저서에서도 마찬가지이다. 또한 이들을 위한 책이건 이들에 의한 책이건, 이들의 책이건 간에 텍스트로서 갖는 가치와 문제를 정확하게 인식하는 것이 중요하다. 특히 필자로서 북한 이탈주민은 다른 필자와 마찬가지이다. 이들의 말이나 글을 절대시할 필요도 없고, 전적으로 무시할 필요도 없다. 그들의 의견으로 받아들이고 이해하면 되는 것이다.

마지막으로 남한에 와서 말이나 글을 쓰고자 하는 북한 이탈주민들은 남의 이야기가 아니라 자신의 이야기, 자신이 하고자 하는 이야기를 하기 바란다. 이러한 방식의 말하기와 글쓰기가 이루어질 때 비로소 자신들의 말이 진정성을 띨 것이고 남쪽 사람들도 진지하게 듣고 볼 것이다.

제 13 장

소프트해진 통일교육, 그 쟁점과 위상*

전효관 (서울시 청소년직업체험센터 부소장, 사회학)

• 임수경, 『참 좋다! 통일세상』(서울: 황소걸음, 2003).
• 정진경, 『북한에서 온 내 친구』(서울: 우리교육, 2002).
• 박찬석, 『통일교육』(서울: 인간사랑, 2003)

1. 들어가며

최근 주목할 만한 통일교육 교재들이 발간되었다. 흥미로운 것은 통일교육의 방향을 설정해야 한다는 추상적인 논의 수준을 벗어나 교육현장에서 적용할 수 있는 '매뉴얼' 성격의 책들이 잇따라 발간되고 있다는 사실이다. 논의 차원의 수준에서 현실적으로 적용 가능한 수준으로 옮겨 오기까지의 과정을 되짚어보면, 그동안 통일교육에 관한 연구

---

* 이 글은 경남대학교 북한대학원, 『현대북한연구』, 제6권 2호(서울: 한울, 2003)에 게재되었던 글입니다.

가 상당한 진전이 있다는 사실에 별다른 이의가 있을 수 없다. 이론적 지식과 실천적 지식 사이의 간극이 상당 부분 메워졌다는 지적에 전적으로 동의하게 된다.

이 긍정적인 변화에는 많은 요인이 개입되어 있을 것이다. 정치적으로는 대북 포용정책이 남북한 간의 관계를 일정하게 수정하는 데 기여했으며, 사회적으로는 냉전적 의식에서 벗어나려는 시민 영역의 노력이 일정한 성과를 거둔 것도 중요하게 작용했다. 통일문제를 둘러싼 사회적 환경의 부분적 개선은 전문가의 언어로만 제한적으로 허용되었던 통일문제를 대중과 소통하려는 작업으로 이어보려는 노력을 자극했다. 남과 북 사이의 관계개선과 시민사회 차원의 노력이 분단으로 인한 언어의 금기를 깨나갔던 것이다.

또 좀더 구체적인 현실에서는 통일교육과 관련해 정부와 민간이 협력하는 모델이 만들어지기도 했고, 학교 차원에서는 통일교육 시범학교가 지정되어 현실적인 논의를 진행해야 하는 근거로 작용하기도 했다. 통일교육과 관련해 새로운 차원의 합의가 이루어진 것은 아니지만, 인식과 방법의 수준에서 좀더 현실 적합적인 방향으로 전환해야 한다는 생각은 과거에 비해 합의에 거의 다다르고 있는 것으로 판단된다. 특히 통일문제에 대한 무관심이 의제화되면서 교육 대상에 접근하려는 노력이 강조되기도 했다.

이 서평의 대상인 임수경의 『참 좋다! 통일세상』, 정진경의 『북한에서 온 내 친구』, 박찬석의 『통일교육』이 그동안의 진전을 가장 잘 보여주는 대표적 성과라는 데는 많은 사람이 동의할 것이다. 특히 이 책들은 '감동스럽다'는 표현을 해도 무방할 만큼 통일이라는 문제를 안고 고민해 온 저자들의 노력을 잘 읽어낼 수 있다. 통일문제와 관련해 역사적 사건을 겪은 임수경의 책은 말할 것도 없고, 『남북어린이 어깨동무』 등의 작업이 기반이 된 정진경의 책이나 학교 현장에서 통일문제를 고민해 온 박찬석의 경우도 현장에 충실한 사람들의 지적 작업이라는 점에서 공통점을 가지고 있는 것이다.

그래서 이 책들의 성과에 토를 다는 것은 어쩌면 '예의'가 아닐 수 있다. 그런가 하면 작품을 비평하는 평론이 작가에 대한 '콤플렉스'의 산물일 수 있듯이, 이 서평 또한 필자 자신의 지적 게으름에 대한 '콤플렉스'일지도 모른다는 생각에서 자유롭지 않다. 그럼에도 지적 작업에 대한 서평은 그 의미를 다른 각도에서 접근해 봄으로써 새로운 문제 차원을 개방하는 임무를 갖는다. 이 글은 '통일교육이란 무엇인가', '어떤 인식의 준거로 문제에 접근하는가', '그 실천적 수단들은 적합성이 있는가' 이런 질문들을 가지고 새로운 말걸기를 시도하는 것이다.

2. 이 책들에 주목해야 하는 이유

이미 밝혔듯이 이 책들은 실천적이다. 이 책들에 대해 주저 없이 '실천적'이라고 하는 이유는 적용의 대상이 분명히 존재하고 이를 의식한 글쓰기가 이루어지고 있다는 사실에서 비롯된다. 임수경과 정진경의 책은 실제로 적용 대상을 명기하고 있으며, 박찬석의 『통일교육』의 경우에도 제6장 "통일교육 실천과 전망"을 서평의 대상으로 한정하면 적용 대상이 명확한 셈이다.

임수경은 자신을 소개하는 글에서 이 책의 목적을 명확히 하고 있다. "아줌마에게는 소원이 하나 있어요. 뭐냐고요? 바로 우리나라가 통일을 이루어 어린이 여러분들이 통일 조국에서 행복하게 사는 거랍니다. 아줌마가 이 책을 쓴 것은 우리 어린이들과 함께 통일을 꿈꾸고 생각하는 자리를 만들고 싶었기 때문입니다." 임수경의 책은 '아줌마'가 '어린이'들에게 들려주는 이야기 형식을 취하고 있다. 마찬가지로 정진경의 책

은 초등학생용 문화 이해지라는 대상을 가지고 있으면서 교사들이 활용
할 수 있는 형식으로 구성되어 있고, 박찬석의 경우 역시도 교사들이
활용할 수 있는 통일교육 교재를 염두에 두고 매뉴얼 형식으로 구성되
어 있다.

이 책들이 실천적인 이유는 명시적으로든 그렇지 않든 통일교육의
문제를 관념적인 차원에서 접근하는 것이 아니라 '현장'에서 이용 가능
한 형태로 바꾸어야 한다는 문제의식이 녹아있기 때문이다. 그런 점에
서 이 책들이 통일교육 패러다임과 교육 내용 및 방향을 재구성해야 한
다는 문제의식을 공유하고 있다고 할 수 있다.[1] 학계 내에서 진행된 토
론의 쟁점이 현장에서 어떻게 구체화할 수 있는지를 보여주는 대표적인
결과물인 것이다.

또 하나 주목해야 할 것은 이 책들은 단순한 연구결과물이 아니라는
사실이다. 통일학이 '실천학'이어야 한다는 원론을 거론하지 않더라도
통일문제에 대한 연구는 직면하고 있는 문제를 풀어가는 문제해결력을
갖춘 학문이어야 한다. 실천적 지식은 적용 대상을 가질 뿐만이 아니라
문제해결의 과정에서 습득된 지식이어야 한다. 말하자면 실천적 지식으
로서 통일연구는 '과정 속에서 습득된 경험을 정보화하는 차원'에 위치
해야 한다. 관념적 논의를 실천화해야 한다는 지향성이 구체적인 작업
과정에서 드러나는 작업이어야 한다는 말이다.

이 책들의 의의는 이러한 차원에서 재조명될 수 있다. 임수경의 책은
통일이라는 화두를 안고 살아온 자신의 역사를 다른 경험을 하고 살고
있는 세대들에게 이어보려는 작업이라는 점에서 자신의 관심사를 변화

---

1) 이런 변화 필요성에 대한 구체적인 논의로는 이우영, "대학통일교육의 문제점과
   개선방향," 연세대학교 통일연구원 편, 『통일관련 교양과목 개설을 위한 연구』가
   있다.

된 상황 속에서 구체적으로 풀어내려는 시도로 평가될 수 있다. 마찬가지로 정진경의 책처럼 사회심리를 전공한 학자가 당대의 문제인 통일과 관련해 통일교육에 관한 새로운 차원의 시도를 하는 것이나, 박찬석의 경우처럼 통일교육을 과제로 안고 있던 개인이 '통일교육의 실질적 조율 작업이 요구된다'는 문제의식에 기반해 작업을 한 것은 바로 자신의 경험, 나아가 그동안의 실천적 작업을 정리하는 중요한 작업으로서 자리매김될 수 있다.

이들은 자신의 문제의식을 다음과 같이 설명하고 있다.

아이들이 갖고 있는 그 많은 혼란들, 질문들에 어느 하나 시원하게 대답해 주지 못한 저는 답답함을 느꼈습니다. 자라면서 그 혼란과 질문들을 더해 갈 텐데, 아이들이 분단과 철조망을 직접 경험하도록 내버려둘 수는 없었습니다. 이 책은 그렇게 시작되었습니다. 너무나 많은 궁금증을 갖고 있는 재형이와 성표에게, 또 이 아이들의 친구들에게, 이 땅에서 태어나 세상을 이끌어나갈 어린이들에게 제가 그동안 소중하게 가져온 통일의 바람들을 조금이나마 전하고 싶었습니다(임수경, 머리말).

한국에 태어나 살면서 사회심리학을 공부하는 사람으로서 수년 전부터 '남북의 만남, 화합, 평화'라는 주제에 관심을 가지게 되었고, 연구논문의 형태가 아닌 다른 일을 해보고 싶은 마음이 생겼습니다. 평화교육에 좀더 직접적으로 활용할 수 있는 교육자료를 만드는 것이지요(정진경, 4쪽).

우리 사회는 아집과 무관심, 혹은 자기 주장과 반발 등으로 연일 남북한 화해와 협력이 가져다준 결과물에 대해 자기 입장으로 손재단을 하고 있습니다. 이제 통일교육을 하는 한 사람으로 저는 통일교육에 대해 다시 각오를 새기고 싶었습니다. 지나친 이상론과 경직된 현실관 속에서 통일을 향한 출구는 찾아져야 합니다(박찬석, 5~6쪽).

이 책들의 문제의식에서 자신의 위치를 깨닫는 모습들, 연구논문을

넘어서는 실천적 관심의 중요성, 문제를 해결해 갈 수 있는 통일교육의
정립 필요성 등이 잘 요약되어 있다. 여기서 통일문제와 관련해 저자들
의 실천적 관심이 갖는 정당성을 확인할 수 있다.

특히 젊은 세대들과의 대화가 필요하다는 공통된 인식은 저자들이
단순히 교육자의 포지션에 서있기 때문이 아니라 통일문제가 한국 사회
구성원 모두의 과제일 수밖에 없다는 현실적 인식에 기초하고 있다. 젊
은 세대가 통일에 대해 무관심하다는 이야기는 어제오늘의 이야기가 아
니다. 저자들 역시 통일의 당위성을 부인하지는 않는 기성세대에 비해
통일의 당위성 자체를 의문에 부치는 젊은 세대들의 인식을 의식하고
있다. 그래서 이 책의 독자들은 젊은 세대, 혹은 젊은 세대와 관계를 맺
고 있는 현장 교사로 설정되고 있다. 저자들은 이러한 세대간 간극을
좁히려는 차원에서 자신의 작업을 위치시키고 있는 것이다.

마지막으로 이 책들의 의의는 상대적으로 남쪽 입장에서 벗어나려는
노력이 엿보인다는 사실이다. 지금까지 존재했던 통일교육은 반공교육,
통일/안보교육이 축을 이루면서 방공교육, 멸공교육, 승공교육, 국방안
보교육, 이데올로기 비판교육, 이념교육, 국민정신교육, 통일대비교육
등의 다양한 명칭으로 존재해 왔다. 이런 식의 교육은 대체로 감상적이
며 현실적이지 못하고 경우에 따라서는 북한에 대한 불신만 심화시킨다
는 점, 통일의 당위성만 강조하거나 민족동질성 회복의 중요성을 맹목
적으로 부각하면서 시대적 요구에 따라가는 임기응변의 차원을 벗어나
지 못했다는 점, 미래 지향적이지 못하고 정부의 홍보 역할을 수행하는
것에 그쳤다는 점, 사회 전반적인 이데올로기를 통합하지 못하고 교육
을 뚜렷한 소신 없이 구태의연한 사실전달이나 개념 설명 방식으로 교
육하고 있다는 점 등의 문제점을 지적받고 있다.[2]

---

2) 고병헌, "통일을 만드는 평화교육," 민족화해협력범국민협의회 사이트 자료, http://

이 책들은 이러한 과거 교육과 비교해서 보면 매우 진일보한 시도이다. 무엇보다도 탈냉전과 세계화라는 조건, 통일 이후의 문제점을 예상하면서 통일 논의를 구체적으로 현실화하기 위한 고민이 반영되어 있는 것이다. 특히 남북 사이의 차이를 어떻게 이해하고 서로 공존할 수 있는 방법론을 찾을 수 있는지에 대해 초점이 맞추어져 있다. 각 책들의 논점이 서로 다른 전제를 가지고 있음에도 불구하고 큰 변화의 축에서 보면 '평화', '공존', '다양성'이라는 가치가 상대적으로 부각되어 있다.

이러한 차원에서 통일교육이 실천적인 지점으로 문제의식을 이동하고 좀더 다양한 맥락을 읽어야 한다는 점에 이 책들은 충실하다. 다시한 번 강조하자면 이 책들은 변화에 주체적으로 대응해야 한다는 문제의식의 발로라는 측면에서 그 의미가 분명하다.

3. 통일교육의 쟁점들

1) 통일의 위상

서평의 대상으로 삼은 세 권의 책은 큰 방향성에서 보면 기존의 통일교육과는 구별되는 지점이 있다. 그럼에도 불구하고 통일의 위상, 특히 통일을 해야 하는 이유와 그 상에 대한 이야기는 조금씩 차이가 있다. 이론적인 차원에서 보면 '민족'이라는 범주에 대한 강조 여부, 그리고 '동질성'에 대한 인식 등과 깊게 연관되어 있다. 즉, 통일의 단위를 민족이라는 범주를 중심으로 사고하는 인식과 개인 단위의 차원에서 이해하는 방식 사이의 차이가 존재하고, 이와 밀접하게 연결되어 있는 문제겠

---

www.kcrc.or.kr에서 인용.

지만 남과 북 사이의 공통된 요소를 발견해 발전시켜야 한다고 보는 시각과 서로의 차이를 인정하고 그 차이를 조율해 가야 한다고 보는 방식 사이의 의견 차이가 존재하고 있는 것이다.

임수경과 박찬석의 책은 크게 보면 민족을 중심으로 하는 동질성론에 가깝다. 일단 구성에서만 보더라도 임수경의 경우, 전반부에 "북녘 사람들도 우리처럼 통일을 하고 싶어하나요?", "우리는 왜 분단되었나요?," "우리 민족이 자주적으로 통일하자는 건 무슨 뜻이에요?", "북녘은 왜 그렇게 못살아요?" 등의 구성을 통해 통일문제에 접근하는 약간 전통적인 '정공법'의 주제들로 구성되어 있다. 크게 보면 외세에 의한 분단을 극복하는 것이 통일이며, 그 통일을 위해서는 민족이 힘을 합쳐 서로 이해하고 단합해야 한다는 메시지를 전달하고 있다. 당연한 이야기겠지만, 이러한 차원에서 민족 중심의 단합을 이루기 위해서는 북한의 사회와 문화에 대한 이해가 중요한 차원에 놓이게 된다. 그래서 후반부에서는 북한의 교육, 언어, 의복, 놀이, 동화, 생활, 명절 등에 대해 설명하고 있다.

박찬석의 경우도 비슷한 문제의식을 구성면에서 보여준다. 일차적으로 통일교육이란 학생들에게 통일의지를 함양시키는 활동과 유사하게 이해하면서 안중근이나 동명성왕 이야기를 통해 민족 이야기를 전개시키고 있다. 이러한 전제에서 북한을 객관적으로 바라볼 수 있는 준비로서 북한의 사회상에 대한 이야기들이 주요하게 다루어지고 있다. 특히 북한 학생들의 생활상이나 입학, 교과목 등이 강조되어 있다. 이러한 구성은 "북한에 대해 객관적인 사실을 바탕으로 해 현실을 정확히 판단할 수 있도록 도와주는 사실적 접근이 필요"(박찬석, 258쪽)하다는 저자의 인식과 궤를 같이한다.

이에 반해 정진경의 책은 전제가 다소 다르다. 이 책은 문화 이해지(culture assimilator)라는 방법에 기반해 남과 북 사이의 문화를 이해할 수 있는 사례로 구성되어 있다. 문화 이해지는 "서로 다른 문화에서 온 사람들이 그 문화의 차이 때문에 상대방을 이해하기 어려워 갈등이 발생할 수 있는 상황을 여러 가지로 설정해 놓고, 각각의 상황마다 상대방의 행동의 이유를 다각도에서 생각해 보게 하고 그 행동의 이유를 문화적 배경 속에서 이해하게 함으로써 상대방에 대한 이해를 하게 하는 방법"이라고 설명되고 있다. 굳이 구분하자면 문화 이해지는 민족이라는 범주의 중요성이나 동질적인 것의 가치 등에 대해 무관심하다. 문화 이해지 자체가 의도하는 것은 타문화에 대한 자신의 고정관념을 발견하고 깨닫는 것이고, 바로 이것이 문화 이해지가 갖는 자기 충족적인 목적으로 설정되어 있다.

각각의 책에서 통일에 대한 상은 다르게 설정된다. 다음은 통일에 관한 기본적인 생각을 비교해 보기 위해 인용한 것이다.

서로 다른 의견이 있으면 공통점을 찾기 위해 상대방의 주장에 귀를 기울이잖아요. 그러면서 조금씩 양보해 합의점을 찾고요. 우리의 통일방안도 그런 식으로 찾아가야 해요. 서로 다른 점을 강조하는 것보다 공통점을 찾아내서 조금씩 양보하고 남과 북이 모두 만족할 만한 통일방안을 만들어야겠지요. 공통점을 발견하고 한 걸음 더 상대방과 가까워지는 것, 그게 통일로 가는 지름길 아닐까요?(임수경, 64쪽).

학교현장에서의 통일교육은 통일정책에 대한 이해나 우리의 노력을 말로 하는 것이 아니라 일상적인 생활 속에서 시도되어야 할 것이다. 학생들은 그러한 목표의 시도를 통해 남북한에 살고 있는 우리의 동포를 이해하고, 그 이해 정도를 통해 민족 동질성을 가질 수 있게 되는 것이다. 이러한 의미에서 통일교육을 할 수 있는 교육 환경은 각급 학교에서 실현되어야 한다(박찬석, 239쪽).

우리는 '다름'을 받아들이고 인정하고 화합할 수 있는 태도 또는 능력을 가지고 있을까? 역사적으로 우리는 '우리와 다른' 사람들과 섞여 살며 화합을 이루어 본 경험이 별로 없는 편이다. 우리의 경험 부족과 미성숙 은 요즘 주변에서 흔히 볼 수 있는 중국 동포나 동남아시아 등지에서 온 외국인 노동자를 대하는 우리의 태도에서 단적으로 드러난다. … 남북한 은 '다름'을 적극적으로 다루어 낼 기본적 시각과 언어를 갖고 있지 못해 서 사회 통합 작업에 많은 어려움이 예상된다는 것이다(정진경, 107~108쪽).

위의 첫 번째 인용문에서 '공통점'이라는 말은 '동질성'의 초등학생 용 어휘이다. 이 인용문에서 드러나는 것처럼 '동질성'을 확대하거나 '차이'를 성찰할 수 있는 능력이라는 기본 관점은 상당한 인식 차이를 내재하고 있다. 이 차이를 어떻게 해석하고 판단할 것인지는 그 자체로 서 평가될 수도 있지만, 한국 사회 자체에 대한 인식 근거와 맞닿아 있 다는 맥락에서 비교해 볼 수도 있다.

무슨 말이냐 하면 현존하는 남과 북의 질서를 주어진 것으로 놓고 통일문제를 다루는 입장과 남과 북의 현실에 대한 극복이라는 문제의식 을 축으로 통일문제를 바라보는 입장 사이의 차이일 수 있다는 말이다. 이를테면 남과 북의 장점을 취하면 된다거나 민족이라는 고유성을 확인 함으로써 통일문제에 접근하는 것은 '통일우선론'이고 '통일환원론'으 로 해석될 수 있다. 한국 사회의 문제가 분단으로 인해 비롯된 것이기에 통일을 통해 사회의 문제를 풀 수 있다고 당연히 가정하는 것이다. 이런 틀에서 통일은 '우리나라를 더욱 풍요롭게 하는 일이면서 세계 평화와 인류의 행복에 기여하는 일'로 곧바로 등치된다.

이런 점에서 동일성 확대론에서 분단이라는 사실은 외재화되어 있다 고 필자는 생각한다. 분단이 제거되면 문제를 해결할 수 있는 가장 기본 적인 조건이 마련된다고 판단하는 점에서 통일이 최우선적 과제로 자리 매김되는 것이다. 하지만 이와는 달리 분단의 효과는 그물망처럼 사회 와 개인에게 내재하고 있다는 관점 또한 가능하다. 정진경의 책에서 '심리적 화합'이라는 문제가 제기되는 것은 분단과 개인성과의 관계에 주목하는 하나의 사례인 것이다. 달라진 현실을 인정하고 그 현실 속에 놓여있는 구체적인 개인들 사이의 문제를 풀어가는 연습을 통해 공존 가능하고 갈등을 해결해 나가는 방법이 제시될 수 있다고 보는 것이다.

정진경의 경우 사회인식은 다음과 같은 대목에서 충분히 읽을 수 있다. "사회는 어차피 다양한 가치관과 욕구를 가진 사람들로 이루어지는 곳이고, 민주적인 사회라면 그 다양성을 인정하고 존중해 주어야 한다. 그러려면 타인들의 감정을 읽고 그에 공감해 주며 그들의 관점에서 세상을 보면 어떠할 것인가를 이해하는 능력이 필요하다. 이러한 관용의 태도와 융통성 있는 사고 능력은 훈련에 의해 키울 수 있다"(정진경, 108쪽). 여기서는 더 이상 미완의 과제인 민족국가의 수립이라는 문제의식은 거의 존재하지 않는다.

따라서 남북 사이의 문제는 상대체제와 구성원리를 이해하는 수준의 문제에서 훨씬 구체화되어 있다. 그것은 통일교육이라는 차원에서만 이야기하면 훨씬 교육 대상의 일상 문제에 접근해 있다는 것을 의미하며, 소프트해진 글쓰기 방식을 넘어서는 문제의식의 전환을 내포하고 있다.

말하자면 정진경의 책은 다른 책에 비해 일상과의 관련 속에서 통일문제를 인식할 수 있는 기본적인 문제 틀을 보여준다고 할 수 있다. 그런 점에서 통일문제는 좀더 개인의 삶의 영역에서 다루어질 수 있는 것이다.

2) 사회문화적 접근의 의미

세 권의 책에서 통일의 상에 대한 이야기를 제외하고 나면, 통일문제에 접근하는데 두 가지 공통점이 눈에 띈다. 물론 상대적인 차이는 존재하지만, 크게 보면 통일문제에 대한 정치적 접근에서 벗어나 사회문화적 접근을 택하고 있다는 공통점이 존재하며, 평화통일이라는 방식을 적극 선호한다는 유사점을 가지고 있다.

먼저 사회문화적 접근은 정치적 주제가 상대적으로 약화되어 있다는 점에서 일차적으로 논의될 수 있다. 정치와 사회·문화 사이의 연관성 여부를 논외로 하면, 사회문화적 접근은 통일교육을 얽매였던 과거의 틀과 부분적으로 단절하는 효과가 있다. 예를 들면 임수경의 책에서 가장 흥미로운 "북한 사람들은 왜 우리나라를 남조선이라고 하지요?"라는 장에서 남과 북을 지칭하는 언어문제가 제기되고 있다. 이는 문제를 정치의 장에서 떼어내면서 새로운 언어의 필요성을 설득력 있게 제기하는 사례일 수 있다.

> 우리나라의 이름은 대한민국이에요. 줄여서 한국이라고도 하지요. 그래서 우리는 흔히 남과 북을 '남한', '북한'이라고 불러요. '남한'은 '남쪽에 있는 대한민국'이라는 뜻이고, '북한'은 '북쪽에 있는 대한민국'이라는 뜻이지요. 그럼 북에서 부르는 나라 이름은 무엇일까요? '조선민주주의인민공화국'이랍니다. 줄여서 '조선'이라고도 해요. 그래서 북쪽 사람들은 남쪽을 '남조선'이라고 부릅니다. '남쪽에 있는 조선민주주의인민공화국'이란 뜻이겠지요. 그런데 어린이 여러분, 북쪽 사람이 우리를 남조선 사람이라고 부르면 어색하고 싫지요. 아마 북쪽 사람들도 우리가 북한 사람이라고 부르는 것을 싫어할 거예요(임수경, 24쪽).

남과 북 사이의 체제문제를 떼버리면 서로 이해할 수 있는 맥락이 도출되는 것이다. 서로를 배제하는 언어가 아니라 제3의 새로운 언어를 만들어야 한다는 필요성을 논의할 수 있는 공간을 창출하는 것이다. "남과 북이 다른 나라가 아니라는 뜻이 담기면서도 서로 존중하는 말"(임수경, 28쪽)을 찾을 수 있는 것이다. 그 결과 '남녘', '북녘'이라는 새로운 명명법이 성립하는 것이다.

사회문화적 접근의 의의는 정진경의 책에서도 잘 드러나고 있는데, 가장 주목할 만한 것으로는 남북 사이의 단순한 대비와 비교의 틀을 넘어서서 문제를 이해해야 한다는 중요성을 보여주는 사례들이 존재한다. 남과 북 사이의 단순 대조는 사회·문화 영역을 체제 연역적으로 설명해 왔던 기존의 통념에서도 재생산되고 있으며, 특히 최근에는 경제적 격 차를 배경으로 해 남과 북을 풍요와 빈곤이라는 대쌍 개념으로 대비하 는 경우들이 흔하게 발견된다.

하지만 정진경의 책에 있는 예문을 보면 이런 식의 대비가 자신의 고정관념이라는 것을 깨닫게 해준다. 다음은 『북한에서 온 내 친구』 3 장 광남이와 슬기 편에 있는 하나의 사례이다.

> 어느 날 오후 슬기 외삼촌이 슬기네 집에 와서 놀이공원에 데려가겠다 고 했습니다. 슬기는 너무 기뻐하며 광남이에게도 같이 가자고 했습니다. 광남이도 좋아하며 같이 가겠다고 했습니다. 놀이공원에 가는 길에 슬기 는 문득 북한은 경제적으로 어려워서 놀이공원이 있어도 많은 시설이 없 을 거라는 생각이 들어 광남이에게 놀이기구 타는 법을 알려주면 좋겠다 싶었습니다. 그래서 "광남아, 여기 놀이공원에는 청룡열차, 바이킹, 도깨 비바람, 마법의 양탄자 같은 게 있거든…" 하고 놀이기구에 관해 설명하 기 시작했어요. 하지만 광남이는 전혀 호기심을 보이지도 않고, 슬기 설 명을 재미있어 하는 기색을 보이지 않았습니다. 왜 그랬을까요?
>
> 1. 광남이는 놀이공원에서 노는 것을 별로 좋아하지 않아서
> 2. 슬기가 또 남한자랑을 하니까 듣기가 불편해서
> 3. 북한에도 그런 놀이공원이 많이 있어서
> 4. 슬기가 말이 많은 게 귀찮아서

이 문제에 대한 답은 3번이다. 북한의 놀이공원이 규모가 크고 적지 않다는 사실 여부와 관계없이 북한 사람에 대한 과잉 배려가 남한 사람 의 고정관념의 산물일 수 있다는 점을 드러내주는 사례라고 할 것이다. 이와 같이 자신이 가지고 있는 암묵적인 체제 비교나 경제력 격차 등의 판단 기준에 대해 자신을 성찰할 계기를 마련해 주는 것은 사회·문화적

접근이 현실적으로 유용한 한 지점이라는 것을 보여주기에 충분하다.

이미 강조했듯이 사회·문화적 접근은 정치적 가치판단의 문제를 뛰어넘어 새로운 문제 영역을 개방할 수 있다. 그럼에도 불구하고 사회·문화적 접근이 그 자체로 자신의 의미를 설정하지 않고 정치적 접근의 수단으로 존재하는 경우에는 문화를 도구화하는 경향을 드러낼 수도 있다. 이를테면 정치적 입론을 문화적으로 푼다는 의미 외에 통일의 상이나 규범적 통일론에서 자유롭지 않을 수도 있는 것이다.

박찬석의 책에 제시된 프로그램들에서 이러한 문제점이 눈에 띈다. 프로그램을 운영하면서 유의할 점으로 제시된 것을 인용해 보면 다음과 같다. "남북은 역시 한민족임을 알도록 한다, 남북 문화교류가 왜 필요한지 생각하게 한다, 남북 문화유산의 교류는 민족의 동질성 회복의 중요한 실마리가 된다, 문화유산 교류는 인적 교류를 가져와 남북이 서로 이해하는 데 도움을 준다, 정치적/경제적 대결과 이익을 떠나 순수하게 같은 민족의 뿌리임을 확인할 수 있는 계기를 마련해 준다"(박찬석, 276쪽). 이러한 유의사항은 교육의 목적을 서술하는 것인데, 이 경우 프로그램을 통해 특정한 통일의 상을 제시해야 한다는 문제의식이 전면에 배치되어 있다. 즉, 문화유산 조사의 목적을 미리 규정하고 있어 문화에 대한 관심이 단순히 도구 차원에서 제기되고 있다는 문제점을 드러낸다.

문화 자체가 정치적 규정으로부터 자유로울 수 있는가는 하나의 쟁점일 수 있다.[3] 문제는 통일교육과 관련한 사회·문화적 접근이 그동안의 정치적 금지 효과를 넘어 새로운 인식 차원을 개발하고 있는가 여부

---

3) 문화를 토대의 규정성과 관련해서 파악될 수 있는 '상부구조'로 보느냐, 아니면 각 장의 고유한 논리를 가지고 있는 '영역'으로 보느냐는 이론적인 쟁점일 수 있다. 또한 문화를 '영역' 구분을 통해 인식하느냐, 그렇지 않고 사회 현상의 내적 원리 같은 것으로 인식하느냐도 별도의 논쟁점일 수 있다.

일 것이다. 이런 차원에서 보자면 문화의 독자성을 강조하는 것은 시의 적절하다. 이 세 권의 책이 일정한 의미가 있다면 그것은 단순히 북한 사회나 문화에 대한 이해를 촉구한다는 차원보다는 문제를 새롭게 제기하고 자신의 판단 근거를 성찰할 수 있는 계기를 제공한다는 점일 것이다.

3) '평화'라는 문제의식

서평의 대상으로 삼고 있는 세 권의 책에서 공통적으로 발견할 수 있는 또 하나의 코드가 있다면 그것은 평화에 대한 적극적이고 능동적인 인식이라고 할 수 있다. 흔히 평화교육의 문제의식은 관련 주제들과 영역들을 유기적으로 포함해 통일교육의 상을 재구축하고 현 시기의 문제점을 넘어 새로운 패러다임을 구축하려고 한다는 특징을 갖는다. 이런 문제의식의 연장선상에서 평화교육의 문제의식은 일상에 관계하는 성차별의 문제나 군사화/발전주의의 문제까지를 포괄해 다루고 있는 경우가 많다.

다음은 평화교육의 관점을 엿볼 수 있는 인용문이다.

세계가 당면하고 있는 문제의 절대 다수가 바로 바로 이 군사문화 속에서 길들여진 사고와 행동에서 기인한다. 모든 불의한 물리적·제도적·구조적 폭력들이 경쟁과 생존이라는 이름 아래 합리화되고, 국방이라는 이름 아래 대인지뢰를 포함한 온갖 인권유린이 묵인되고, 오직 '승자'만이 존재하고, 일단 승자가 되면 그 과정에서 있었던 모든 편법과 술수, 억지와 역설이 통치철학으로 미화되어 버리는 문화, 특히 여성적인 모든 것이 유약하다 해 버려져야 하거나 지배되어야 할 그 무엇으로 여겨지는 문화가 바로 군사문화이다. 그렇기 때문에 평화교육적 관점에서 통일교육을 접근하게 되면 포함하는 주제의 폭이 훨씬 넓어지고, 그 결과 선언

적이고 명분에 치우친 것에서 탈피해 더욱 '현실적'인 통일교육이 가능하
게 된다.4)

인용문에서 설명되고 있듯이 평화교육의 의미는 평화의 적극적 의미
를 창출하기 위한 교육 과정에서 우리의 일상을 둘러싸고 있는 제반 불
평등 요소를 드러내고 이를 통해 새로운 세계를 구축하려는 문제의식을
포괄하고 있다. 여기서 평화는 소극적이고 방어적인 의미의 평화가 아
니라 세계를 재구축하려는 문제의식에 가깝다고 할 수 있다.

이 세 권의 책은 공통적으로 '평화'를 강조한다. 모두 평화통일의 상
에 동의하지만, 세부적으로는 평화의 소극적 의미에서 적극적 의미에
이르는 스펙트럼 내에 존재하고 있다.

> 우리가 통일을 하는 데 또 무엇이 필요할까요? 바로 평화적인 방법이
> 에요. 남과 북이 이렇게 한다고 생각해 보세요. "자, 우리 전쟁을 해서
> 이긴 쪽이 통일을 하는 걸로 약속하자". 이것도 분명히 자주적인 통일 방
> 법이기는 해요. 하지만 평화적인 방법은 아니죠?… 우리 민족끼리 싸워서
> 다른 나라 좋은 일만 해줄 필요는 없잖아요? 전쟁을 통한 통일은 반드시
> 피해야 해요. 그래서 필요한 것이 평화적인 방법으로 통일을 하자는 약속
> 이에요(임수경, 70~71쪽).

> 통일교육은 한반도의 긴장을 완화할 수 있는 평화교육적 입장이 실시
> 되어야 한다. 즉, 평화교육은 일체의 전쟁에 대해 정당성을 부여하지 않
> 는 폭력에 의한 통치나 반전, 반핵을 외치면서 북한의 핵무기를 정당화하
> 지도 않는 좌·우를 포괄한 정의의 이름의 대결을 지양하는 근원을 기본
> 으로 삼아야 한다. 이러한 평화교육의 의식구조 속에 평화통일의 의미는
> 건설되어야 한다(박찬석, 285~286쪽).

---

4) 고병헌, "통일을 만드는 평화교육".

전쟁을 겪지 않은 젊은 세대는 점차 적색 혐오증에서는 벗어나고 있는 것으로 보인다. 그러나 그들도 우리 사회의 병폐로 지적되는 다른 여러 종류의 도식적 사고로부터는 자유롭지 못하다. 혈연, 지연, 학연; 성별 등은 비공식적이지만 포괄적인 사회 조직 원리로 작용하고 있으며, 외집단 사람들을 소외시키고 차별하는 행위들도 워낙 일상화되어 있어서 당하는 사람들조차 어느 정도는 으레 그러려니 하고 그냥 넘어가고 있다(정진경, 111쪽).

이 세 개의 인용문에서 평화의 의미는 각기 다른 함의를 갖는다. 첫 번째 인용문은 평화교육의 문제의식이 상대적으로 약하다. '평화'는 주로 수단적이고 방법적인 의미에 한정되어 있다. 평화는 통일을 이루어 나가는 과정에서 평화적인 '방법'에 의존해야 한다는 의미로 사용되고 있다. 두 번째 인용문의 경우는 평화의 가치를 일관되게 견지할 필요성을 강조하고 있지만 초점은 좀더 정치적인 맥락에 놓여있으며, 세 번째 인용문은 평화를 좀더 폭 넓은 일상의 구조 속에서 성찰할 것을 강조하고 있다.

특히 정진경의 책에 실려 있는 "남북어린이어깨동무"에서 실시하고 있는 평화교육 프로그램은 어린이 평화교육의 한 사례를 제공해 주고 있다. 평화교육 프로그램은 남북문제를 축으로 평화 인식을 제고할 수 있는 실천적 프로그램과 이벤트가 중심을 이루고 있는데, 프로그램 내에서 보편적 평화교육과 분단 상황의 특수적 평화교육을 결합시키려는 지향성이 시사하고 있는 바가 적지 않다. 즉 평화교육의 대상이 될 수 있는 주변에 대한 평화 인식의 문제에서 시작해 국제사회의 다양한 문화를 이해하고, 더 나아가 인간과 환경과의 공존을 도모하는 '보편적 평화교육'과 우리 사회 성찰과 분단의 이해를 도모할 수 있는 '특수적 평화교육'의 내용을 결합시키려는 지향성을 분명히 하고 있다.

통일교육과 평화교육 사이의 연관관계에서 평화교육적 입장에 대한 강조는 중요하다. 왜냐하면 평화교육의 틀은 남북 사이의 평화적 방법에 의한 통일이라는 문제 틀을 넘어 분단이 일상생활에 미치고 있는 연관 관계를 파악하고 민족국가 이상의 비전을 설정하는 문제와도 밀접하게 관계가 되기 때문이다. 일례로 강한 국가주의나 민족우선주의, 발전주의적 전망을 넘어서기 위해서도 평화교육의 관점은 유용할 수 있다.

이 세 권의 책에서 확인할 수 있는 것은 통일과 민족의 강한 연관 관계가 평화교육의 관점과 병행되지는 않는다는 사실이다. 통일이 선험적으로 민족의 중대한 과제로 설정되는 경우 통일이라는 과제가 일상의 폭력적인 경험과 맺는 경험이나 국민국가 수준을 넘어 통일이 지향해야 할 바가 설정되고 있지 않다. 이러한 차원에서 평화교육의 문제 틀이 갖고 있는 개방 효과가 민족주의에 의해 봉쇄되고 있다는 문제를 지적할 수 있다.

4) 통일교육에서 '교육'의 문제

통일교육에서 핵심적인 문제는 문제를 교육 대상자에게 얼마나 개방할 수 있는가일 수 있다. 사실 앞에서 다루었던 통일의 위상, 사회·문화적 접근의 의미, 평화교육의 문제설정 등의 문제 역시도 규범적이고 당위적인 통일교육의 상에서 얼마나 새로운 문제 영역을 개발할 수 있는가의 문제라고 할 수 있다.

이와 관련해서 한 가지 짚고 넘어가야 할 문제는 '교육'이라는 틀의 문제이다. 전통적인 교육은 교육자와 피교육자 사이에 일방적인 관계를 설정한다. 말하자면 미리 정보를 습득하고 있는 교사가 정보를 알지 못하는 학생에게 전달하는 과정이 교육이라고 가정하는 것이다. 하지만 이와 같은 교육 패러다임의 문제는 교육이 이루어지는 과정을 정보전달 과정으로 전제하면서 그것을 상호 간의 소통의 과정으로 바라보지는 못한다.

이 문제와 관련해서 검토해 보아야 할 점은 기존의 교육 패러다임이 유의미한가의 문제일 것이다. 좀더 최근에 대두되고 있는 교육학은 개인이 현실을 살아가고 이해하는 데 자신에게 의미 있고 적합하고 타당한 것을 발견하는 과정으로 교육을 파악한다.[5] 특히 통일교육과 같이 상황이 가변적이고 실제적인 문제로 존재하는 경우에 절대적인 진리를 추구하는 대신 상황을 이해하고 이에 대처할 수 있는 식으로 교육이 변화하는 것은 필수적일 수 있다. 이처럼 지식의 과제가 실제적이고 상황적이라고 할 때 교사와 학습자의 관계 역시도 조언자와 주체의 관계로 변화하는 것이 바람직하다.[6]

교육 패러다임의 변화가 필수적이라는 입장에서 볼 때 이 책에서 나타난 기본적 관심사는 대상의 상태에 맞는 교육방식이라는 틀에 머물러 있다. 말하자면 '눈높이'에 맞춘다는 관심을 넘어 교육이 이루어지는 방식을 개방하는 효과는 그리 크지 않아 보인다. 예를 들어 "통일교육의 내실화를 기하기 위해서는 목표(why), 내용(what), 교수방법(how)이 중요하다"(박찬석, 239쪽)는 문제의식에서 전통적인 교육 패러다임과 그다지 멀지 않은 틀을 발견한다. 이런 식의 문제틀에서 교육 패러다임의 문제는 '전달의 효율성'이라는 차원에서 다루어지게 된다.

이 점에서는 아주 편한 형식으로 통일 이야기를 전달하는 듯한 임수경의 책에서도 예외가 아니다. 사실 이 책은 지금껏 관심이 없어 모르던 북한 이야기에 호기심을 갖게 되는 것, 이를 위해 북한의 사회·문화에 대한 제반 사항들을 이해하는 것에 대부분의 지면이 할애되어 있다. 사실 통일의 문제를 생각하고 자신의 입장에서 의미 있게 생각해 볼 수

---

5) 우창구, "구성주의 교수-학습 원리를 통한 학교 통일교육방안," 『학교경영』, 11월호(서울: 한국교육생산성연구소 교육연구사, 1998), 103쪽.

6) 같은 글, 103쪽.

있는 여지는 생각보다 넓지 않을 수 있는 것이다. 특히 초등학생이 일상을 살고 있는 주변에 대한 이야기를 통해 통일 이야기로 넘어가기보다는 분단에 대한 이해와 통일에 대한 호소라는 측면을 넘어서지는 않고 있다. 임수경의 책에서 강조되어 있듯이 "애초부터 길이던 곳은 아무데도 없습니다"는 말은 통일의 문제를 결단의 문제로 파악하는 것이기도 하다. 그것은 교육이 곧 '계몽'을 의미하는 맥락에서 다루어지고 있음을 의미한다.

다만 정진경의 경우는 문화 이해지의 효과가 답을 맞히는 과정에 있는 것이 아니라는 점을 지적하고 있다. "문화 이해지의 궁극적 효과는 답이 무엇인가를 아는 것도 중요하지만, 자신의 고정관념이나 즉각적인 감정에 따른 판단이 섣부르고 틀리기 쉽다는 것을 인식하도록 하는 것"이며, 아이들은 "이런 훈련을 통해 선입견을 자제하고, 상대방의 행동을 맥락 안에서 이해해야 한다는 것, 조심성과 융통성을 가지고 상대방을 이해하기 위해 노력해야 한다는 것을 배울 수 있다"(정진경, 9쪽)고 강조하고 있다. 이러한 문제의식은 사례들을 해설하면서 같이 해볼 만한 활동들을 예시하는 노력으로도 드러난다.

결론적으로 강조하자면 통일교육에 있어 주체와 대상을 고정적으로 놓고 접근할 때 변화의 여지는 그리 크지 않을 수 있다. 교육 패러다임을 전환시킴으로써 새로운 주체와 대상의 관계를 설정할 수 있을 뿐 아니라 교육이 이루어지는 방식을 전환시킬 수 있다. 통일교육의 경우는 특히 실천적인 동기를 형성하는 것이 매우 중요할 수 있다. 이 때 실질적인 참여를 허용하지 않는 교육의 패러다임보다는 문제를 나름대로 해석하고 해결하는 능력을 키울 수 있는 공간이 확보되어야 한다.

아마도 이런 식의 전환이 제한되는 것은 통일의 중요성에 대한 과도한 욕망일지도 모른다. 기존의 실천이 가지고 있는 열망을 해체하는 것이 통일교육의 토론 공간을 좀더 활성화할 수 있다면 선험적으로 정당

화되는 통일교육의 상에 대해 근본적으로 재검토하는 것은 더 이상 유
보될 수 없는 과제일 수도 있다.

4. 통일교육의 새로운 패러다임을 찾아서

1) 기존의 통일교육이 빠뜨리고 있는 요소들

통일교육의 문제점을 거론하는 글들에서 제기하고 있는 문제는 단지
용어상의 문제만은 아니다. 최근 다문화 이해교육, 평화교육, 인권교육
등의 맥락에서 통일교육의 문제점을 지적하는 것은 통일교육의 실천에
내재적 어떤 요소를 지시하고 있다.

이를테면 이 글에서 서평의 대상으로 삼은 글 중에는 다음과 같은
문장이 있다.

> 우리가 통일된 후를 생각해 봐요. 남녘에는 기술과 자본이 풍부하고,
> 북녘에는 인력과 자원이 풍부해요. 남과 북이 서로 장점을 살리고 힘을
> 합쳐 고속도로, 댐, 공장 등을 많이 만들고 경제발전을 꾀한다면, 우리나
> 라는 세계의 어느 선진국 못지않게 잘 살 수 있을 것 같아요. 그렇게 되면
> 통일조국에서 사는 우리들은 정말 행복할 것 같아요(임수경, 80쪽).

이 글이 아주 쉽게 어린아이들에게 통일의 필요성을 설명해야 한다
는 일차적 목적을 가지고 있다는 사실을 인정한다고 하더라도, 통일이
필요한 이유를 설명하는 과정에서 근본적으로 '강해지기 위해서'라는
틀을 벗어나지 않고 있다. 좀더 부연해 보자면 통일은 '결핍된 것을 채
우는' 욕망의 프로세스에 호소하고 있는 것이다. 이러한 열망은 이 책의
마지막 장 "참 좋다! 통일세상"에서 그리고 있는 통일된 한국 사회에
대한 진술에서 최고조에 이르고 있다. 마치 마르크스의 공산주의 묘사

에 비견되는 진술들은 통일 과정에서 제기될 수 있는 여러 문제점을 압도하고 있다.

이는 기존에 통일의 당위성을 설명하는 진보적 통일론과 보수적 통일론에 공통적인 가정을 드러낸다. 분단은 세계사의 질서에서 약자로서 겪은 비극이며, 이를 극복하는 통일이란 세계사에서 강자로 재도약하기 위한 것이라는 인식을 포함하고 있다. 이런 인식틀 내에서 통일은 세계적 힘의 질서를 아주 수동적으로만 의문에 부치면서 그 질서에 순응해야 하는 필연성을 내재하고 있다. 말하자면 힘의 질서는 부당한 것이지만 그 질서에 따르지 않을 수 없는 내재적 모순을 범하게 된다.

이와 같은 상황인식은 통일의 절대성이라는 문제로 연장되게 마련이다. 통일은 세계질서에서 민족의 삶을 보존하는 문제로 인식되며, 그래서 통일은 절대 선이 된다. 특히 통일의 필요성이 도덕적인 가치판단의 문제로 존재함에 따라 '통일을 왜 해야 하는가'와 같은 질문은 자동적으로 기각된다. 현실적으로 '통일을 왜 해야 하는지'라는 의문이 존재하지만, 이런 질문은 민족의 구성원으로서의 자격을 박탈해도 좋은 질문으로 간주된다.

하지만 역설적으로 말하자면 통일의 당위성을 의문에 부치는 것이 통일교육의 첫 출발점일 수 있다. 젊은 세대가 통일 자체에 관심이 없다는 데이터를 인용할 필요도 없다. 통일에 대한 무관심은 이미 젊은 세대의 문제만이 아니기 때문이다. 통일의 당위성에 '괄호'를 친다는 것은 통일이 내게 무엇을 의미하는지, 그리고 일상과 통일이 어떻게 관계를 맺고 있는지 이야기를 꺼내기 위해 반드시 필요한 과정일 수 있다. 통일이 필요한 이유가 단지 한민족이기 때문이거나 분단이 비정상적이기 때문이라고 말하는 것만으로 문제가 해결되는 것은 아니다. 이미 주어진 답변으로는 기존의 통일 논의의 문제점, 즉 비판적이고 생산적인 토론 공간을 주지 않았던 통일 논의의 문제점을 넘어설 수 없다.

2) 통일의 이상론과 현실론 사이

또 하나 기존의 통일교육의 문제점은 통일에 대한 무관심을 사실에 대한 인식 부족으로 환원하는 것이다. 특히 통일에 대한 의구심이 객관적 사실을 왜곡해서 알고 있기 때문에 생기는 것으로 가정하고, 통일교육을 잘못된 현실 인식을 교정하는 문제로 위치시킨다.

하지만 통일에 대해 의구심을 갖는 것이 북한 사회에 대한 인식 부족이나 역사 인식의 결여 때문에 생기는 것일까? 이 질문을 던지는 이유는 통일교육의 전제 중 하나가 남북한의 분단 원인과 북한 사회에 대한 이해가 통일의 당위성을 설득하는 중요한 근거라고 보기 때문이다. 한 사례를 인용해 보자.

> 통일요? 절대로 하면 안 됩니다. 저는 경상도 출신이고 제 처는 마침 전라도에서 태어났는데, 처남하고는 정치 이야기를 못합니다. 이렇게 우리끼리도 제대로 지내지 못하는데 북쪽이라는 새로운 지역이 보태지면 어찌 되겠습니다. … 저만 해도 지금 일 없으면 놀고 경기에 따라 돈을 버는 준실업 상태인데 더 이상 불안해지는 것을 원치 않습니다(열심히 살아온 30대 중반의 피아노 조율사의 말).7)

이 인용문에서 보듯 한 사람이 통일을 부정하는 이유는 매우 현실적인 근거를 가지고 있으며, 자신이 체험하고 있는 현실에 기반해 판단하고 있다. 이 사례를 통해 말하려고 하는 요지는 이러한 인식의 진위 여부를 '교육'을 통해 수정해 내는 것이 문제가 아닐 수 있다는 점이다. 잘못된 인식을 교정해야 한다는 발상은 어떤 점에서 엘리트주의적 요소

---

7) 조혜정, "분단과 공존: 제3의 공간을 열어가는 통일교육을 지향하며," 연세대학교 통일연구원 편, 『통일관련 교양과목 개설을 위한 연구』, 2쪽에서 재인용.

를 가지고 있다.

예를 들어 통일비용과 분단비용에 대한 토론이 진행되다 보면 그 논쟁이 현실적인 대중의 문제인식의 차원에서 떠나 무엇이 통일비용에 포함되는 것인지의 문제로 전환되는 경우가 있다. 이 문제가 이데올로기 지형에서 중요성을 가지고 있다는 사실을 부정할 생각은 없지만, 통일비용의 논쟁구도 자체가 갖는 관념성을 문제 삼을 수도 있는 것이다. 좀더 현실적인 차원에서 통일교육이 이러한 현실적 근거와 대화하지 못할 때 그 효과는 대단히 제한적일 수밖에 없다.

이런 점에서 통일문제는 단순한 사실에 대한 인식으로 해결될 수 있는 것이 아니라고 할 수 있다. 그럼에도 불구하고 "자신의 잘못된 통일에 대한 인식을 변화시켜 학생들이 적극적으로 통일을 홍보하는 입장을 취하도록 해야 한다"(박찬석, 240쪽)는 인식은 통일의 규범성을 당연히 전제하고 교육을 통해 규범성을 인식시키는 방향으로 통일교육을 전개시킨다. 사람들의 현실적 인식을 대상화해 수정하려는 통일교육의 방향은 사람들의 참여를 통해 문제 지점을 교감하는 과정과는 차별적일 수 있다.

좀더 추가하자면 통일교육이 북한 사회에 대한 인식을 주요 축으로 해서 전개되는 것은 남한 우월론을 함축하는 것일 수도 있다. 통일교육에서 텍스트상의 진술과는 별개로 북한 사회에 대한 인식을 통해 문제를 해결해 갈 수 있다고 보는 것은 남한 사회의 문제점을 건너뛰는 것과 상관관계가 있다. 남한이 문제해결의 이니셔티브를 갖고 있다는 무의식적인 전제가 남한 사회의 문제보다 남한 사람에게 북한 사회를 인식시키는 방향으로 통일교육을 전개시키는 기반이 된다.

실제로 통일의 문제는 분단에 기반한 남북 사회의 지양일 것이다. 그럼에도 불구하고 현실적인 근거에서든, 이념적인 근거에서든 통일교육이 북한 사회의 이해를 통해 이루어질 수 있다고 믿는 것은 남한 사회에 준거하고 있는 도그마일 수 있다는 점을 숙고해 볼 필요가 있다.

3) 다문화 이해교육의 문제와 남북 간 이해의 문제

북한에 대한 편견을 없애고 서로 이해하자는 식의 통일교육은 상당히 대세로 자리잡은 듯하다. 다양성의 공존과 차이의 인정, 평화와 인권이라는 보편적 문제설정의 중요성은 통일교육의 문제설정을 개방할 수 있는 틀로 제시되고 있는 것이다. 이런 문제의식과 다소 거리는 있지만, 서평의 대상으로 삼은 책에서도 이런 관점은 상당히 부각되어 있다.

> 사람마다 다른 생각을 가질 수도 있어요. 생각이 서로 달라도 함께 얘기해서 좋은 결과를 얻을 수 있도록 노력해야 해요. 상대방은 어떤 생각을 가질까 헤아리고 이해하면 의외로 쉽게 공통점을 발견할 수 있답니다. 그래서 남녘 사람들의 생각을 내세우기 전에 북녘 사람들은 어떻게 생각하는지, 그동안 어떻게 살아왔는지 알아보고 이해하는 것이 중요해요(임수경, 153쪽).

상호이해를 통해 문제해결책을 찾는 것은 아주 기본적인 다문화 이해교육의 틀이라고 할 수 있다. 말하자면 문화를 평가의 대상으로 삼는 것이 아니라 이해의 대상으로 삼아 상호이해를 증진해 나가는 방식이 통일교육에 적용되고 있는 것이다.

이러한 기본 관점은 문화 이해지의 경우에 좀더 명확하게 제시되고 있다. 문화 이해지의 기본 가정은 문화적 감수성(cultural sensitivity)을 신장시켜 자기를 조율하는 능력과 타인을 배려하는 능력을 함양시키는 것이다. 따라서 문화 이해지는 상대방의 맥락에 대한 이해를 최우선적 학습 목표로 설정한다. 문화 이해지의 효과는 다음과 같이 설명된다.

상대방이 왜 그렇게 생각하고 행동하는가에 대한 이해와 더불어 나는 왜 이렇게 생각하고 행동하는가에 대한 이해도 생기게 된다. 나를 이루고 있는 모든 것들을 당연한 기준으로 삼는다면 상대방에 대한 이해는 듣기 좋은 말에 그쳐 버리고, 속으로는 내가 옳고 우월하므로 저 사람이 결국 내 쪽으로 변화되어야 한다고 믿고 있게 된다. 인류학에서 이야기하는 자민족 중심주의적 사고이다. 문화 이해지는 자신의 사회화 과정, 나와 내 문화의 역사에 대한 성찰도 가능하게 해준다(정진경, 117쪽).

문화적 상대주의에 기반한 타자의 이해가 중심적 범주로 설정되어 있다. 이와 같은 문화상대주의적 인식 태도가 타문화 이해를 위해 필요한 기본적 태도일 수는 있을 것이다.

하지만 현실적으로 다문화 이해교육의 문제틀을 남북 간 이해의 문제로 등치하는 것은 현실적인 어려움을 극복하는 데 제한적인 의미만을 가질 수도 있다. 최근 탈북자 교육에서 직면하고 있는 딜레마는 문제를 좀더 심층적으로 다룰 필요성을 제기한다. 다문화 이해교육이나 평화교육 등에서 이야기하는 내적 성찰과 반성의 필요성을 전제한다고 해도, 그로부터도 풀리지 않는 구체적이고 실천적인 장애가 있을 수 있다.

매우 가설적인 수준에서 주장하는 것이지만, 분단구조에서 형성된 인성의 문제, 특히 사회적 억압의 지속 과정에서 형성된 인성의 문제는 타자와 소통하는 능력에 근본적인 제한을 가져올 수 있다.[8] 공포 상황 속에서 말의 기능이 타인이 원하는 것을 이야기하는 것으로 제한되거나 주관적인 상황 판단을 하지 않는 방식을 발전시킬 수 있다. 이런 판단에 동의한다면 서로를 이해하고 문화적 차이를 다양화하자는 주장만으로 문제풀이가 가능하지 않을 수 있다는 점을 염두에 둘 필요가 있다.

---

8) 이러한 주장의 이론적 근거로는 한스 요하임 마즈, 『사이코의 섬』(서울: 민음사, 1994)을 참조할 수 있다.

남북 사이의 문화 통합의 과정에서 남북 차이를 보편적 틀 내에서 다루면서 차이를 낭만화하는 것이 아닌가 질문해 볼 필요도 있을 것이다. 좀더 전개하자면 이 질문은 남북한 이해라는 보편적 틀을 넘어 문제를 사고해야 할 필요성을 지시하는 것이기도 하다. 정확히 말하자면 남쪽의 사회구성 원리나 북쪽의 사회구성 원리를 문화적 상대주의로 인정하고 존재 가치를 인정해도 되느냐의 질문이 필요하다. 특히 강조하고 싶은 것은 경험적인 차원에서 남과 북 사람들 사이의 소통 불가능성을 문화적 상대주의적 인식의 결여로 해석할 수 있을까에 대한 현실적인 의구심이 존재한다.

문화상대주의적 인식의 긍정성을 인정하는 것은 지금까지의 통일 논의의 분명 진일보한 것일 수는 있다. 그럼에도 불구하고 북한 사회를 이해하는 것이 단순한 차이의 문제로 넘어갈 수 없는 점이 있다는 것 역시도 강조할 필요가 있다. '공포'를 유지시키는 사회 내적 기제들에 대한 분석, 이념 통제를 보장하기 위한 의례들, 개인의 욕망을 억압하는 담론적 장치들, 실제적 처벌 체계 등의 문제를 분석하지 않고 북한 사회를 이해하자는 것은 지나치게 낭만적인 이야기일 수도 있는 것이다.

남북의 현실적 존재를 인정하지 않는 기존의 통일 논의가 위험한 것만큼 남북의 차이를 상대적으로 인식하면서 그 현실을 있는 그대로 인정하자는 것도 위험할 수 있다는 인식이 필요한 것은 아닐까? 통일이라는 복합적인 과제를 풀어나가기 위해서는 남과 북의 현실을 일방적으로 재단하는 것도 위험하지만 현실에서 겪는 대중의 상태를 분석하지 않고 교육을 통해 풀어갈 수 있다고 가정하는 것도 마찬가지로 위험할 수 있다.

특히 남과 북의 화해가 일정하게 직면하면서 실제 만남의 과정이 진행되고 있다. 이 경험 속에서 이미 실천적으로 직면하고 있는 난관과 곤란함의 문제는 남과 북이 만나는 문제가 단순히 인식의 차원에 위치하는 것이 아니라는 점을 실증하고 있다. 이런 점에서 통일교육의 틀은 좀더 현실 분석에 근거해 심화될 필요가 있다.

5. 맺음말

최근에 발간된 통일교육에 관한 세 권의 책을 대상으로 통일교육의 문제들을 검토해 보았다. 자신이 현장에서 경험한 것들을 충실하게 정리한 이 책들은 지금까지의 통일교육에 관한 책들에 비해 매우 실천적인 지향을 담고 있었다. 특히 그 내용과 글쓰기 방식은 대상의 특성을 고려한 '유연한' 접근을 통해 통일교육 교재로서의 접근성을 확장할 수 있는 가능성을 보여준다.

통일교육에 대한 실천적 관심은 사실 개인의 삶의 맥락과 분리될 수 없다. 이 책들에서 확인할 수 있는 것이지만 통일교육에 대한 관심은 개인의 삶과 밀착되어 있다. 통일이라는 과제가 개인의 삶과 밀착될 수밖에 없었던 것은 다른 차원에서 분단 사회의 역사적 단면을 드러내는 것이고, 그런 점에서 통일교육에 대한 저자들의 글쓰기가 충분히 존중되어야 한다는 점에 대해서는 별다른 이의를 제기하고 싶지 않다. 아마 그래서일 것이다. 이 책들에서 부분적으로 발견되는 당위와 규범의 언어들이 크게 불편하지 않은 이유는 삶과 밀착된 언어일 수 있기 때문일 것이다.

그럼에도 불구하고 통일을 해야 하는 이유는 하나의 당위적 명제로 존재할 수는 없다. 현시점에서 통일의 문제는 역사적 원인으로 환원되기보다는 사회 내의 과정으로 내재화된 현실과 대면하는 문제일 수 있다. 이러한 차원에서 통일교육의 문제는 남북 사회의 형성 과정을 분단과 관련해 이해하고 각각의 현실에서 이야기될 수 있는 분단과 통일의 문제에 대해 이야기를 시작하는 것을 의미한다.

분단 현실은 통일에 대한 논의만을 금지한 것이 아니라 통일에 대한
다양한 언어를 획일화시킨 측면이 존재한다. 통일 논의의 금지만을 넘
어서는 것이 아니라 통일 논의의 정형화도 넘어서야 한다. 이를 위해
분단이 말의 공간을 억제해 왔다는 인식을 전제할 필요가 있다. 통일에
관한 정형화된 말을 해체하는 것은 통일의 문제를 분산시키는 것이 아
니라 분단효과를 해체시키는 것일 수 있다. 이러한 차원에서 이 글에서
는 통일교육에 관한 텍스트들이 얼마만큼 새로운 토론 공간을 허용하는
가라는 기준으로 비판적인 토론을 전개했다.

이 글에서 검토하면서 드러내려고 했던 통일교육에 내재화된 한계는
통일에 대한 규범적 접근, 통일에 관한 지식인 중심적 접근, 나아가 통
일에 관한 문화상대주의적 접근 등으로 압축될 수 있다. 이런 요소들은
대상에 접근하려는 실천적 시도에도 불구하고 통일 논의에 참여하고 개
입할 수 있는 요소들을 배제하는 담론적 기제들이기도 하다. 그것은 통
일과 관련된 상에서도 그러하고, 교육을 사고하는 방식에서도 마찬가지
일 수 있다.

그렇다면 통일교육의 문제는 새로운 과제에 대면하고 있다고 할 수
있다. 대상에 접근하려는 의지 수준을 넘어 그것이 사람들의 일상과 호
흡하고 참여할 수 있는 공간을 확보하고 있는지 물어야 할 것이다. 이것
이 통일교육에 대한 새로운 텍스트들이 '토론 공간을 허용하는지' 물어
야 하는 이유일 것이다.

참고문헌

고병헌, "통일을 만드는 평화교육," 민족화해협력범국민협의회 사이트 자료, http://www.kcrc.or.kr.

박찬석, 『통일교육』(서울: 인간사랑, 2003).

우창구, "구성주의 교수-학습 원리를 통한 학교 통일교육방안," 『학교경영』, 1998년 11월호, 한국교육생산성연구소 교육연구사.

이우영, "대학통일교육의 문제점과 개선방향," 연세대학교 통일연구원 편, 『통일관련 교양과목 개설을 위한 연구』.

임수경, 『참 좋다! 통일세상』(서울: 황소걸음, 2003).

정진경, 『북한에서 온 내 친구』(서울: 우리교육, 2002).

조혜정, "분단과 공존: 제3의 공간을 열어가는 통일교육을 지향하며," 연세대학교 통일연구원 편, 『통일관련 교양과목 개설을 위한 연구』.

한스 요하임 마즈, 『사이코의 섬』(서울: 민음사, 1994).

찾아보기

기타

■ 지은이 (가나다순)

고현욱: 경남대학교 경제무역학부 교수(미국 코네티컷대 경제학 박사)
구갑우: 북한대학원대학교 교수(서울대 정치학 박사)
김연각: 서원대학교 정치행정학과 교수(서울대 정치학 박사)
박순성: 동국대학교 북한학과 교수(프랑스 파리 10대학 경제학 박사)
박종철: 통일연구원 남북관계연구실장(고려대 정치학 박사)
유호열: 고려대학교 북한학과 교수(미국 오하이오주립대 정치학 박사)
이우영: 북한대학원대학교 교수(연세대 사회학 박사)
이정철: 삼성경제연구소 북한연구팀 수석연구원(서울대 정치학 박사)
이혜정: 중앙대학교 정치외교학과 교수(미국 노스웨스턴대 정치학 박사)
전영선: 한양대학교 아태지역연구센터 연구교수(한양대 문학 박사)
전효관: 서울시 청소년직업체험센터 부소장(연세대 사회학 박사)
정규섭: 관동대학교 정치외교학과 교수(연세대 정치학 박사)

한울 아카데미 **815**
북한 연구의 성찰

ⓒ 경남대학교 북한대학원, 2005

엮은이 │ 경남대학교 북한대학원
지은이 │ 고현욱·구갑우·김연각·박순성·박종철·유호열·이우영·이정철
        이혜정·전영선·전효관·정규섭
펴낸이 │ 김종수
펴낸곳 │ 도서출판 한울

편집 │ 신상미

초판 1쇄 인쇄 │ 2005년 12월 20일
초판 1쇄 발행 │ 2005년 12월 30일

주소 │ 413-832 파주시 교하읍 문발리 507-2(본사)
       121-801 서울시 마포구 공덕동 105-90 서울빌딩 3층(서울 사무소)
전화 │ 영업 02-326-0095, 편집 02-336-6183
팩스 │ 02-333-7543
홈페이지 │ www.hanulbooks.co.kr
등록 │ 1980년 3월 13일, 제406-2003-051호

Printed in Korea.
ISBN 89-460-3484-X   93910

* 가격은 겉표지에 표시되어 있습니다.